カント
「純粋理性批判」
の研究

新装版

岩 崎 武 雄

勁 草 書 房

はしがき

カント哲学についての研究書はもとより多数存在するが、一般的な啓蒙的書物を除いて考えてみると、それは大きく二つの傾向に分けることができるのではないかと思われる。第一のものは、著者がみずから特定の立場を取ることなく、カント自身の思想をできるだけ客観的に理解してゆこうとするものである。たとえばペイトン（H. J. Paton）の「カントの経験の形而上学」（*Kant's Metaphysic of Experience*）などはその最も典型的なものであろう。またペイトンの書物にくらべればはるかにカント哲学に対して批判的ではあるが、ケンプ・スミス（Norman Kemp Smith）の「カント純粋理性批判の註釈」（*A Commentary to Kant's "Critique of Pure Reason"*）などもやはりこの傾向に属すると言えるであろう。これに対して、第二のものは、カント哲学の含む欠陥を認めながら、著者みずからの立場からカント哲学を見直し、そこにカント哲学の持つ意義を新しく見出そうとするものである。この種の研究書の代表的なものとして、われわれはコーヘン（Hermann Cohen）の「カントの経験理説」（*Kants Theorie der Erfahrung*）や、ケイアード（Edward Caird）の「カントの批判哲学」（*The Critical Philosophy of Kant*）などを挙げることができよう。コーヘンは言うまでもなく新カント学派の立場から、そしてケイアードはヘーゲル的立場からカント哲学を批判・解釈しようとしているのである。私はもとより本書をコーヘンやケイアード等の名著に比較するつもりはないが、しかし少くともその傾向において、本書はこの第二の種類の研究書に属するものである。

私はカント哲学のなしとげたコペルニクス的転回というものは、カントみずからの言うような、主観のうちに先天的な認識形式が存し、この形式によって対象が構成されるという考えのうちに存するのではなく、自然科学的認識の本質を洞察し、そこに行われている実験的方法を形而上学に導入することによって今までとは全く異なった新しい形而上学を打ち立てようとしたところに存するのではないかと考えたのである。もとよりこのような見方はカント哲学の純粋に客観的な解釈でないことは言うまでもない。しかし私はこういう見方をすることによって、カントの打ち立てようとした形而上学が決して物自体についての学ではなく、対象的・客体的にとらえられない実践的な主体の形而上学であると解することが可能となり、それによってまたカント哲学の意義を現代においても新しく認めることができるのではないかと思うのである。カントについてのこのような基本的見方は、私が前に書いた書物「カント」においても多少は述べられているが、そこでは、枚数の制限とその書の持つ啓蒙的目的という制約のために、十分に展開されることができなかった。本書において私はこの見方を、「純粋理性批判」の全体にわたって貫こうと試みた。

このように私の見方は根本的に主観的色彩を持っていることは否定できないが、しかしそれだからと言って、私は「純粋理性批判」を全く勝手に解釈しようとしたのではない。その客観的理解についても私は私なりにできるだけの努力をした。私は「純粋理性批判」の各部分について、まずカントの言おうとするところを客観的にとらえようとし、ついでその難点を指摘することによって、何故に私のような見方を取るべきかということを述べるという叙述の仕方を取った。難解にして深遠な「純粋理性批判」を前にして、私の貧しい思索が果してどれだけの成果を挙げているかはもとより甚だ覚束ない。私のカント理解は恐らく多くの誤解を含み、また私のカント批判は多くの誤りをおかしているであろう。しかし、とにかく私は本書が、カント哲学を研究しようとされる人々に対して、たとえ私の批判と解釈とに同意されないとしても、なお多少の参考となり得ることをひそかに望んでいる。わが国では「純粋理性批判」の研究は盛んのように思われるが、その全体にわたっての詳細な研究はなぜかほとんど見当らないようである。本書がこの方面の欠を補う意味を持つことができれば、私にとってこの上ない幸いである。

本書の執筆は私が以前から意図していたものであるが、徒らに分量のみ多く専門的な本書のようなものが出版されるかどうか分らないまま延引していた。今回勁草書房の御好意によって刊行されることができたのは、非常にうれしいことである。勁草書房に対し、また校正その他で協力して下さった同書房の方々、わけてもいつもながら熱心にこの仕事に当って下さった別所久一氏に深い謝意を表するしだいである。

一九六五年九月五日

著者

目次

序論「純粋理性批判」に対する本書の態度……一
第一章「純粋理性批判」の意図と方法……九
一　実験的方法の形而上学への導入……九
実験的方法（九）　合理論と経験論（一三）　カントの独自性（一五）
二　実験的方法と認識論的主観主義……二四
認識論的主観主義（二四）　カントの混乱（二六）　混乱の原因（二九）
三　先天的総合判断……三一
誤った問題提出（三三）　自然科学的認識（三七）　数学的認識（四〇）
四　カントの意図と実際の業績……四五
認識論的主観主義の実験不可能性（四五）　実際の業績（五一）
第二章　感性と悟性（先験的感性論とカテゴリーの形而上学的演繹）……五四
一　先験的感性論……五六

直観形式としての空間・時間(五六)　カントの論証(五八)　論証の検討(六三)
物自体の問題(七四)　直観形式と純粋直観(八四)
二　カテゴリーの形而上学的演繹……八五
悟性の先天的概念(八五)　カントがカテゴリーを考えた理由(八九)　判断表から
のカテゴリーの導出(九四)　その問題性(九八)

第三章　認識の具体相（カテゴリーの先験的演繹）……一〇五

一　先験的演繹の課題とその解決……一〇五
課題とその困難性(一〇五)　カントの解決(一〇八)
二　第一版の先験的演繹……一一七
一般的注意(一一八)　(1) 直観における覚知の総合(一一九)　(2) 構想力における再現
の総合(一二三)　(3) 概念における再認識の総合(一二五)　総合的統一(一二七)　先験
的統覚と構想力(一三〇)　先験的親和性(一三三)　感性と悟性の二元論の修正(一三六)
三　第二版の先験的演繹……一四三
第一版と第二版の相違(一四三)　第二版の叙述(一四九)
四　認識論的主観主義の限界……一五五
先天的総合判断の客観性の問題(一五五)　カントの意図の挫折とその原因(一六二)

五　カントの認識論の理論的意義……一七二
現象としての自然(一七二)　人間的立場の真理(一七五)

第四章　理論的認識の発展（原則の分析論）……一八二

一　図式論……一八六
先験的図式(一八六)　図式論は必要か(一九五)　悟性と先験的統覚(二〇〇)　悟性と判断力(二〇三)　判断力と構想力(二〇六)

二　原則論……二一〇
(1)　総合判断の最高原則……二一〇
(2)　原則の体系……二一七
(a)　直観の公理……二二三
カントの証明(二二三)　証明の検討(二二五)
(b)　知覚の予料……二二九
カントの証明(二二九)　証明の検討(二三四)
(c)　経験の類推……二四一
カントの証明(二四一)　証明の検討(二四四)　構成的原則と統制的原則(二四六)　関係のカテゴリーとその図式(二四七)　「類推」の意義(二五〇)

(イ)（第一の類推） 実体の持続性の原則……二五三
カントの証明（二五四）　証明の検討（二五七）　失敗の原因（二六二）
(ロ)（第二の類推） 因果律に従う継起の原則……二六四
六個の証明（二六四）　二種類の証明のまとめ（二七五）　若干の注意（二七六）
証明の検討（二七九）　失敗の原因（二八七）
(ハ)（第三の類推） 交互作用あるいは相互性の法則に従う同時存在の原則……二八九
この原則の意味（二八九）　カントの証明（二九一）　若干の注意（二九四）
証明の検討（二九八）　失敗の原因（三〇五）　類推の原則と判断表との対応
関係（三〇六）　カントの原則論の意義（三〇七）
(d) 経験的思惟一般の要請……三一七
この原則の特殊性（三一七）　可能性の要請（三二〇）　現実性の要請（三二七）
必然性の要請（三四一）　この原則の意義（三四三）
(3) 観念論論駁および現象界と可想界……三四四
「観念論論駁」（三四四）　現象界と可想界（三五三）
第五章　理論的認識の限界（先験的弁証論）……三五七
一　先験的弁証論の課題……三五七
カントの説明（三五八）　「弁証論」の消極的性格（三六九）　理性についてのカントの考
えの動揺（三七二）　理性と悟性（三七八）　「弁証論」の積極的意義（三八六）

二　純粋理性の誤謬推理……三九一
カントの説明とその検討（三九一）　第一版における第一・第二・第三の誤謬推理（三九七）　第二版の場合（四〇二）　第四の誤謬推理（四〇八）
三　純粋理性の二律背反……四一五
カントの説明とその問題点（四一五）　二律背反の必然性の問題（四二四）　第一の二律背反（四三五）　第二の二律背反（四四三）　第三の二律背反（四四六）　第四の二律背反（四五三）　カントの解決（四五九）　解決の検討（四六六）
四　純粋理性の理想……四七三
カントの説明（四七三）　「理想」の意義（四八四）
五　先験的弁証論の意義……四九三
理論的認識の限界（四九三）　弁証論と弁証法（五〇二）　ディアレクティークと実験的方法（五〇八）　形而上学における実験的方法（五一〇）
索　引……巻末

＊　＊　＊

「純粋理性批判」からの引用は第一版（A）、第二版（B）のページ附による。

その他のカントの著作の引用は、すべてアカデミー版カント全集のページ附によった。ローマ数字はその巻数、アラビア数字はそのページ数を示す。

序論　「純粋理性批判」に対する本書の態度

「純粋理性批判」は言うまでもなく極めて難解な書物である。ケンプ・スミスはその「コンメンタリー」の中で、「〔純粋理性批判の〕難解さは詳しく研究してゆけばゆくほど減少するよりはむしろ増加してゆく」と歎じているが(Norman Kemp Smith, *A Commentary to Kant's Critique of Pure Reason*, p. vii)、実際われわれは「純粋理性批判」を読むとき、カントの真意がどこにあるかをつかみ得ない箇処に無数に出会うことを否定することができない。そしてそれは単にカントの説明があいまいでまた難しい表現を用いているということによるばかりではなく、カントが多くの箇処において両立し得ないような考え方をしているということ、すなわちカント自身の思想のうちに不整合の存することによっているのである。感性と悟性との関係、あるいは悟性と構想力の関係など多くの点についてカントの考えは決して一義的であるとは言うことができない。とくにカント哲学において重要な役割を演じている物自体(Ding an sich)の概念についてのカントの考えなどは場所によっていろいろに変化していて、われわれはそれを決して整合的に解釈しつくすことができないのである。後に見るように、物自体の概念は、あるいはわれわれの感性を触発する対象という意味を持っているように見えるかと思うと、あるいはまた全くその存在すら積極的に主張し得ない単なる限界概念と考えられ、しかもまたそれは「実践理性批判」において展開された実践的形而上学に移るための重要な役割を果すのである。それではこのようなカントの不整合ないし混乱についてわれわれはどう考えるべきであろうか。

ある人々はこれを「純粋理性批判」の成立の事情から説明しようと試みる。「純粋理性批判」は謎の空白の十二年を背景にして出現した。一七七〇年ケーニヒスベルク大学の正教授に就任した際の就任論文「感性界および叡知界の形式と原理について」(De mundi sensibilis atque intelligibilis forma et principis) を最後にカントはそれまでの多作の活動を停止して沈黙してしまった。そしてそれから一七八一年の「純粋理性批判」にいたるまでの批判哲学建設のためのカントの思想の発展の過程はわれわれにとって不明のままに残されているのである。そして、その間のマルクス・ヘルツ (Marcus Herz) などに対する手紙の中のことばからも、カントの歩んだ道が決して容易なものでなかったことははっきり現れている。すでに一七七一年六月に「感性と理性の限界」(Die Grenzen der Sinnlichkeit und der Vernunft) という標題のもとに一つの著作を完成しようとしている (六月七日ヘルツ宛書簡) と述べたカントは、その後しばしば思想的難関に突当り、その難関を克服することによってしだいに批判哲学の思想を打建ててゆくと同時に、予定した書物の計画に変更を加えながらも、幾度となく間もなくその書物が完成するであろうと予告している。しかしその予告はその度ごとに実現せず、ついに一七八一年までのばされてしまったのである。しかもその長い間の思想的苦闘を経て現れた「純粋理性批判」は決して完全に推敲された著作ではなく、僅か数ヶ月の間に完成された即製の書物であった。一七八三年のメンデルスゾーン (Moses Mendelssohn) 宛の書簡の中でカントはみずから次のように述べている。「……私は少くとも十二年間の思索の成果をほとんど四、五ヶ月以内に、もとより内容については最大の注意を払いましたがしかし文体や読者にたやすく理解させるようにするという点には余り気を使わずに、いわば飛ぶようにして完成しました。この決心を私は今でも後悔してはいません。なぜなら、もしこうしないで通俗性を入れるためにもっとのばしていたら、恐らくこの著作は完成されないままに終ったであろうからです……」(八月十六日附書簡)。そしてこれとほとんど同様の告白をわれわれはやはり同年のガルヴェ (Christian Garve) 宛の書簡のうちにも見出すのである。「私は私の著作が始めからすぐ即座に好評を博するとは考えていなかったことを率直に認めます。なぜなら私は十二年間以上も綿密に考え抜いた材料を論述したのですが、その論述は一般の理解に十分適するようにはでき上っていないからです。そのためには恐らくなお数年かかったでしょうが、私はそれを約四ヶ月から五ヶ月でしあげたのです。それはもっと逡巡していると、このように大きい仕事はついに重荷になり、私の加わりゆく年齢が（私は今すでに六十歳ですから）、私は今や全体系を頭の中に持っていますのに、この仕事を恐らく不可能にしてしまうのではないかとおそれたからです」（八月七日附書簡）。このようにしてあれほど大きな「純粋理性批判」が僅か数ヶ月のうちに完成されたということは、カントがこの書物を一気に書下したのではなく、十二年間の苦闘のうちに書きためてあった手稿をもとにしてそれを整理し手を加えて編纂したのであろうという推測を生ぜしめる。そしてこのことはカントがその間にしばしば近いうちに書物が完成すると予告しているところから見て、すでにかなりまとまった形で手稿が存在していたに違いないということによってさらに裏付けられるのである。

こうしてファイヒンガー（Hans Vaihinger）によって提唱され、ケンプ・スミスによってさらに徹底した形で受けつがれたいわゆる「つぎはぎ細工説」（patchwork theory）が生じてくる。すなわちカントは「純粋理性批判」をいろいろの時期の手稿をもとにして編纂したため、批判哲学の立場からは当然否定されねばならない思想もその中に含まれてしまったのであり、そのためそこには多くの混乱と不整合が見出されるというのである。われわれはこのような見方を決して一概に否定し去ってしまうことはできないであろう。四、五ヶ月でこの書物を完成したカントがすでに書きためてあった手稿を利用したということは極めてありそうなことであるし、また事実われわれは「純粋理性批判」のうちにどうしても早い時期に書かれた部分と考えるべき箇処の存することを認めねばならないのである。* そしてまたこの

「つぎはぎ細工説」にしたがえば、「純粋理性批判」のうちに見出される矛盾撞着が容易に解決されてしまうことも確かである。しかしそれにしても、われわれはこの「つぎはぎ細工説」というものが元来問題を解決するものではなく、むしろ問題を回避しようとするものであることに注意しなければならない。なぜなら、それはカント哲学を何とかして統一的に理解しようとする努力を捨てて、われわれが整合的に理解し得ない諸部分を異なった時期の手稿に由来すると考えてしまうものであるからである。それはある意味では極めて安易な考え方と言うべきであろう。それは極めてつまらないひとりよがりに堕する危険性を蔵していると言わねばならない。

＊　たとえば「先験的弁証論」の二律背反の解決の箇処などはその最も顕著な例であると思う（本書四七一ページ参照）。

上に引用した書簡のうちでもカントは叙述には余り気を使わなかったけれども「内容には最大の注意を払った」旨を述べている。しかもそのカントが、たとえそれまでに書きためておいた手稿があったとしても、多くの異なる時期に由来する手稿の間の不整合に頓着せず、単にその手稿をつなぎ合せていったということは解し難いことであろう。もとより「純粋理性批判」の内部において幾多の不整合ないし混乱が存在することは否定できないであろうが、しかし少くともカントはこのことを自覚していなかったのではないであろうか。そしてそれ故にこそ「内容には最大の注意を払った」と言い得たのではないであろうか。「純粋理性批判」という一つのまとまった著作を素直に一つの著作として受け取るということは当然のことであろう。「つぎはぎ細工説」のようにこの一つの著作を多くの時期の手稿に分解してしまおうとすることは本質的に誤った態度であると言わねばならない。

しかしそれではわれわれは「純粋理性批判」において見出される不整合に対してどういう態度を取るべきであろうか。ペイトン（H. J. Paton）は「つぎはぎ細工説」を徹底的に非難して、「純粋理性批判」は決してふつうに考えられているほどあいまいさを持った書物ではなく、取り扱われている問題自身が困難なものであるから難解なのであると述べ、ただカントは用語に対して余り注意を払わなかったため、同一のことばを多くの異なった意味に用い、そこに一見不整合が存するように解されるのであると言っている (Paton, *Kant's Metaphysic of Experience*, vol. 1, p. 49 ff)。このようなペイトンの態度は最も正統的なものであると言えるであろう。われわれが一つの書物に接するとき、たとえそこに一見不整合が存するように見えようとも、何とかしてそれを整合的に理解してゆこうとする努力をすべきであることは言うまでもない。そして「純粋理性批判」の場合にも、われわれはこのような努力をすることによって多くの不整合と見える箇処を解釈することができるようになるであろう。いや、それどころか、私は後に見るように、「先験的感性論」から「先験的分析論」にかけてカントは意識的に自己の立場を修正し、そのため感性と悟性の関係などについても異なった見方を取っていると見られる面も存するのではないかと考える。

しかし「純粋理性批判」の場合、私はこのような態度もまたついに限界を持っているのではないかと思うのである。われわれは「純粋理性批判」のうちに単にことばの不注意な使用とのみ見ることのできない不整合が存することを認めないわけにはゆかない。ペイトンでさえ、「矛盾は常に単に言語上のものにすぎないと言おうとするのではない」(上掲書、p. 51) と述べているのである。そうすれば、われわれはもとよりペイトンのような努力を惜しむべきではないけれども、しかしそれ以上に一歩深く突込むべきではないであろうか。それはすなわち「純粋理性批判」において見出される不整合がどうして生じたかを探求すべきであるということである。「純粋理性批判」のうちに不整合が存し、しかもそれをカント自身が自覚していないとするならば、そこにはそれだけの理由が存するはずである。カント自身の思想のうちに不整合を生ぜしめるべき動揺が存するはずである。われわれはこのカント自身の動揺をとらえなければならない。

そして何故にこの動揺が存し、そこからどうしていろいろの不整合が生じて来たかということを探求しなければならない。「純粋理性批判」のうちに不整合が存するということが否定できないものであるとすれば、これこそそれを「整合的」に理解するための唯一の道なのではないであろうか。

もしもこのように言うことができるとするならば、「純粋理性批判」を理解するためには、われわれはカントを越えてゆかねばならないと言わねばならないであろう。なぜなら、カント自身がはっきり自覚していない動揺をつかむということは単なるカントの客観的理解以上のことを要求するからである。カントみずからプラトンのイデアの思想に関連して次のように述べている。「著者がかれの対象について述べる思想を比較して、その思想を著者自身よりもかえって一層よく理解するということは、通常の談話においても著作においても決して異常なことではないということを注意しておこう。なぜなら著者はその概念を十分に規定せず、そのためにしばしばかれの意図に反して語るし、さらにまた思惟さえもするからである」(*Kritik der reinen Vernunft*, A 314, B 370)。このカントのことばはまさにカント哲学そのものについてもまたあてはまると言わねばならない。カントの理解はまさしくカントの超越でなければならないのである。カント哲学を真に理解するためには、われわれはカント自身以上にカントの意図を理解しなければならない。

実際、「純粋理性批判」ほど多くの哲学者によって異なった立場から解釈された書物はないと言えるのではないであろうか。フィヒテを経て、シェリング、ヘーゲルにいたるいわゆるドイツ観念論の壮大な形而上学的哲学思想がカントの「純粋理性批判」を基礎として展開したことは言うまでもないが、十九世紀後半にいたってこのような形而上学的哲学に対する反対の気運が強くなってゆくと、今度は「純粋理性批判」は認識論的反形而上学的な立場の根拠として見直されるようになる。新カント学派の運動はこうして生じ、その影響は現代にいたるまで広く人文科学・社会科学一般に対して続いていると言えよう。そしてさらに二十世紀になってふたたび新たな実存主義的形而上学の気運が起ってくると、その立場からも、たとえばハイデッガーやヤスパースのように、カント哲学の意義を見出そうとする試みがなされている。このように多くの哲学者が「純粋理性批判」をそれぞれ自己の立場に引きつけて解釈したということは決して偶然ではないのではなかろうか。カント哲学はその性格上このような超越的解釈を要求するのである。「純粋理性批判」は決してそのあるがままの形で整合的に理解されるものではない。これを整合的に理解するためには、われわれはカント以上にカント哲学の意図を理解しなければならない。言いかえれば、そこには多かれ少かれ単なるありしがままのカントではなく、あるべきカントの姿がとらえられなければならない。「つぎはぎ細工説」のように「純粋理性批判」をそれよりも過去の時期の手稿に分解するのではなく、むしろ反対に未来的なカントの姿から「純粋理性批判」を理解することこそ、真のカント理解の道であると言うべきである。もとよりこのようなカント理解の方法はどうしても主観的な色彩を含むと言わねばならない。あるべきカントの姿は何であるか、カントの意図はどこに存するか、という点についての見方は決して純粋に客観的であるというわけにゆかないことは当然のことであろう。その故にこそいろいろの異なった立場からのカント解釈も生じて来たのである。しかしカント哲学そのものがこのことを要求している以上、われわれはこの種の冒険を試みなければならないのではないであろうか。カント哲学の偉大さはこの冒険を許すところに存するとさえ言えるのではないかと思われる。

このような考え方に立って私は以下においてカントの一つの超越的理解を試みようとする。私の根本的な見方は、カントの意図とこの意図を遂行するためにカントの考えた思想との間に原理的な矛盾が存するのではないかということである。そしてこの矛盾のためにカント自身のうちに思想的動揺があり、そこから多くの不整合と混乱とが生じているのではないかということである。このような私の見方がやはり私自身の立場にカントを引きつけるものであることは否定することはできないが、しかし私はこの解釈が必ずしもカントの真意を曲げるものではないことを信じたいのである。

第一章　「純粋理性批判」の意図と方法

一　実験的方法の形而上学への導入

実験的方法　「純粋理性批判」の意図するところが、一方において数学、とくに自然科学的認識の確実性を基礎づけると共に、他方形而上学の可能性を根拠づけようとするところに存したことは、言うまでもないことである。かつて新カント学派は「純粋理性批判」を以て、形而上学の否定を目ざすものと解釈したが、このような解釈の誤りであることは、「純粋理性批判」を公平に読みさえすれば、誰でも認めるにちがいない。カントは確かに形而上学を否定しようとしたが、それは単に従来のいわゆる独断論的形而上学、すなわち合理論者達によって主張されていた形而上学にすぎない。形而上学一般を否定するということはカントの全く考えもしないことであった。むしろカントは、「かつては諸学の女王と呼ばれていた」形而上学に対して「今やあらゆる軽蔑を示すことが時代の流行となってきた」(A VIII)という現象に注目し、このようにすでに全く信用を失い、人々の前にその残骸を横たえている独断論的形而上学の失敗の原因を探求することによって、新しく確固たる地盤の上に形而上学を建設しなおそうとしたのである。

このように「純粋理性批判」は数学および自然科学的認識の基礎づけと形而上学の新たな建設という二つのことを目ざしているのであるが、われわれはカントにおいてこの二つの課題が決して離れ離れのものではなかったということに注意しなければならない。むしろこの二つの課題は互いに密接な連関を持っているのであり、あるいはさらに、これらは二つの課題なのではなく、本来一つのものであったとも言うことができると思われる。なぜなら、カントはみずから言っているように、「幾何学者と自然科学者の例にならって形而上学の全面的革命を試みる」(B XXII) ことを意図していたからである。すなわち、カントは数学や自然科学がなぜ確実な学問であり得るかという理由を探求し、それらを模範として新しい形而上学を同じ方法によって打ち立てようとしたのである。従来の独断論的形而上学はすでに失敗してしまった。しかしそれはその基礎づけの方法が誤っていたからであり、形而上学そのものの破滅を意味するものではない。われわれが数学や自然科学の成功したゆえんを知りさえすれば、それと同じ方法を形而上学に導入することによって、確実な学としての形而上学を築くことができる、――カントはこう考えたのであり、「純粋理性批判」はまさにこの目的のために書かれたのである。

それでは、カントが数学や自然科学を成功に導いたゆえんと考え、形而上学にも導入しようとした方法とは何であろうか。それはすなわち、「事物について、われわれはただみずからその中に入れたものだけを、先天的に認識し得る」(B XVIII) という思考法である。われわれはこの方法を、実験的方法 (Experimentalmethode) と呼ぶことができるであろう。なぜなら、カントみずから自然科学において適用された場合のこの思考法を実験的方法と名づけているからである (B XIII, Anmerkung)。

カントによれば、数学や自然科学といえども決して始めから確固たる地盤の上に立って確実な学としての歩みを歩んで来たのではない。そうではなく、それらは共に長い間暗中摸索の状態にあったのであり、この暗中摸索の状態を抜け出すためには同じような思考法の革命が必要であったのである。「数学は、人間の理性の歴史の及ぶ限りの最も早い時代から、ギリシア人という驚くべき民族において一個の学としての確実な道を歩んできた。しかしわれわれは、かの王者の道を発見し、ないしはむしろそれを切り開いてゆくということが、数学の場合、理性が単に自己自身のみを問題とする論理学の場合のように、容易であったと考えてはならない。むしろ私が思うには、数学には長い暗中摸索の時期が（とくにエジプト人において）あったのであり、〔それが確実な学の道を歩み得たという〕この転回は、ある一つの試みにおいての一個人の幸運な思いつきが完成した一つの革命に帰せられるべきである、そしてこの人以来行くべき道はもはや誤られず、学としての確実な歩みはあらゆる時代に対し、また無限の遠きにいたるまで開かれ、定められたのである。……二等辺三角形を論証した最初の人（その人がタレスであろうと誰であろうと）に光明が見えはじめたのである。なぜなら、その人は、かれが図形のうちに見るところのもの、あるいはまた図形の単なる概念を探求して、いわばそこから図形の性質を学びとるのではなく、かれが概念にしたがってみずから先天的に図形のうちに考え入れ（hinein-denken）また現すところのものによって（すなわち構成によって）、その性質を提示せねばならないということ、そして確実に何ものかを先天的に知るためには、かれが概念に従ってみずから事象のうちに入れたことから必然的に生ずること以外の何ものをも事象に附け加えてはならぬということを発見したからである」（B IX—XII）。

自然科学の場合にも事情は異ならない。この場合には、数学の場合以上に暗中摸索の時期が長かったことは明らかである。自然科学が確実な学として打ち立てられたのは言うまでもなく近世にはいってからのことだからである。そして自然科学がこのように長い間の混迷を乗り越えていったのもまた、やはり思考法の革命によるのであった。「ガリレイがかれ自身の選んだ重力を以て、球を斜面に転下させ、あるいはトリチェリがかれの熟知していた水柱の重さに等しいとあらかじめ考えたところの重さを空気に支えさせたときに、あるいはさらに後代になると、シュタールがあるものを除去したり加えたりすることによって、金属を石灰に、また石灰を再び金属に変化させたときに、あらゆる自然研究者に一条の光明が見えはじめたのである。すなわちかれらは、理性は理性みずからがその計画にしたがって生ぜしめたもののみを洞察するということ、そして理性は恒常的法則に従ったその判断の原理を携えて先行し、自然をその質問に答えるように強いなければならないのであって、自然からのみ思うままにあやつられてはならないということを理解したのである。なぜなら、さもないと、あらかじめ立てられた計画なしに偶然的な観察を行うことになるが、偶然的な観察は決して一つの必然的法則において連結するということはないのであり、しかもこのような必然的法則こそ理性の求めまた必要とするものであるからである。理性は片手にその原理——この原理によってのみ、それと合致する現象が法則と考えられ得るのであるが——を持ち、他方の手に理性がその原理に従って案出した実験を持って、自然に向わねばならない。それは自然から学ぶためではあるけれども、しかし教師から何でもその思うままのことを述べられる生徒の資格においてではなく、みずから提出した質問に答えることを証人に強いる任命された裁判官の資格においてである。こうして物理学さえ、その思考法の有利な革命を、理性が自然から学ばねばならず、理性自身では全くその知識を持たないことを、理性自身が自然のなかへ投げ入れた（hineinlegen）ものに従って自然において求めねばならぬ（自然に対してありもしない事実をおしつけることなしに）という思いつきに負うているのである」（B XII—XIV）。

このようにカントによれば数学も自然科学も同一の思考法の革命によって確実な学としての道を歩みはじめることができたのであり、その思考法の革命とは、われわれが理性によってあらかじめ考えたことを対象のうちに投げ入れてみて、その結果によって理性的に考えていたことが正しいかどうかを検討するという方法、すなわち実験的方法と呼ばれるべき方法であった。数学や自然科学に比べて形而上学は未だなお極めて惨めな状態にある。それはなお暗中摸索の状態を脱していない形而上学をこのような状態から救い出し、確実な学としての道を歩まかせるようにするためには、実験的方法を形而上学に導入することが必要なのではないであろうか。『純粋理性批判』はこうしたカントの意図によって生じたのである。「突然完成された革命によって今日あるようなものになった数学と自然科学の例は非常に著しいものがあるので、これらの学に利益をもたらした思考法の転回の本質的な点についてよく反省し、数学や自然科学が理性的認識として形而上学との類推を許すかぎり、形而上学において少くとも試みに数学や自然科学を模倣してみたらどうか、と私は考える」(B XV—XVI) とカントは述べているのである。*

* カント哲学の意図が形而上学への実験的方法の導入にあるということを恐らくはじめて強調されたのは高坂正顕博士であろう。これはまさに博士の卓見である。高坂正顕著「カント解釈の問題」第一章「実験的方法としての超越的方法」参照。しかし博士は実験的方法が認識論的主観主義の思想と矛盾しないと考えておられるようである。私はこの点において博士と意見を異にする。

合理論と経験論　こうしてカントは数学、とくに自然科学を学問の模範と考え、これにならって形而上学を何とかして確実な学たらしめようとしたのであるが、このような意図そのものは決して何もカント独自のものではないと言えるであろう。近世はじめにおける自然科学の確立はまさに特筆すべき出来事であり、哲学者に対しても著しい影響を与えた。近世の哲学はむしろほとんどすべてこの輝かしい自然科学の成功を模範として、新たな確実な学としての哲学を打ち立てようとしたと言うことができるであろう。デカルトをはじめとする合理論的哲学もそうであり、ロックやヒュームなどの経験論的哲学もそうであった。しかし自然科学が成功したゆえんをその実験的方法に求め、実験的方法にならって形而上学を基礎づけようとしたことは、カント独自の見解であり、この点にカントの偉大な着眼があると言い得るのではないであろうか。

自然科学が近世になってはじめて確実な学として確立されたということは、もとより誰の目にも明らかな事実である。

したがってこの事実を前にして、哲学者たちが何とかして哲学をも自然科学のように確実な学としたいと考えたということもまた極めて自然のことであろう。しかしこうした意図を持っていても、それではどうすれば哲学を自然科学のように確実な学として基礎づけることができるかという点については、いろいろの異なった見解が成り立ち得る。それは要するに、自然科学の成功の原因がどこに存すると見るかによっていると言えるであろう。合理論の哲学は数学的方法によって形而上学を打ち立てようとしたと見ることができるが、これは自然科学の成功の原因を、それが数学を応用したところに存すると解したためであるとは言えないであろうか。デカルトもスピノザも自然科学的認識の絶対的確実性を信頼していたことは、かれらが機械論的自然観の正しさを確信していたことから考えても、疑いないところであろう。そしてそれ故にこそ、デカルトは精神と身体の相互間の影響をできるだけ認めまいとし、スピノザは身心並行論を考えたのである。精神と身体との間の相互影響が認められれば、機械論的自然観は崩れねばならないからである。このように自然科学的認識の絶対性を信じた合理論者たちは形而上学の建設に当っては、数学的方法を採用したのである。すなわちかれらは、数学のように確実な直証的原理から出発して、次々に演繹的推理に基づいて確実な真理を導出してゆけば、形而上学もまた確実な学たり得ると考えたのであった。デカルトは「われ思う故にわれあり」という絶対に疑うことのできない直覚的真理から出発して、確実な推理の連鎖によって形而上学の体系を打ち立てようとしたし、スピノザはさらにはっきりとその主著「エティカ」を幾何学的秩序に則り、定義および公理から出発して次々に定理を論証しようとしたのである。このことは、合理論者たちが自然科学の成功の原因を数学的方法に見出し、それと同じ方法を形而上学に適用しようとしたことを示すものではないであろうか。

これに対してイギリスの経験論者たちは自然科学の成功の原因を経験と観察に基づく実証性に求め、哲学に対しても経験的方法を適用してそれを確実な学としようとしたものと考えることができるであろう。かれらは合理論における数学的ないし演繹的方法の形而上学に対する適用が決して実りある成果に導かないことを洞察し、自然科学の成功の原因を他に求めたと言えるのではないであろうか。そしてこれもまた確かに一つの着眼であった。このような見地を取ることによって、経験論的哲学は従来の合理論的哲学に大きな打撃を与えた。経験と観察によって基礎づけられないものを一切認めないということになれば、超経験的・超感性的なものについての学であろうとする形而上学がもはや存立し得なくなるということは当然の帰結である。イギリス経験論はロックからバークリーを経てヒュームに至るに及び、ついに形而上学を徹底的に否定するようになった。とくにヒュームが因果律の概念に対して加えた批判は決定的であった。今まで形而上学が安んじて絶対の信頼を置き、それを基礎にして超感性的なものについての思弁を行って来た因果律の概念が、実は理性的な必然的な原理ではなく、単に経験によって想像力が作り出した主観的信念に外ならないことを主張するヒュームの因果律批判は、形而上学に対する最大の攻撃であったのである。「ロックやライプニッツの試み以来、あるいはむしろ歴史的に知り得る限りでの形而上学の発生以来、この学の運命に関して、デイヴィド・ヒュームが形而上学に対して行った攻撃よりも決定的な出来事は生じなかった」とカントは述べ（*Prolegomena*, Vorrede IV, S. 257)、このヒュームの批判によって「独断的なまどろみ」を破られたのであった（*ibid*, S. 260)。

カントの独自性　こうして合理論者も経験論者も共に自然科学の成功をまねて哲学を確実な学問としようとしたと言えるが、しかしかれらが自然科学の成功の原因と考えたものは決してカントと同じではない。合理論者は数学的・演繹的方法を用いて形而上学を打ち立てようとしたが、その結果は独断論的形而上学の樹立に終ってしまった。これに対して経験論者は自然科学の実証性を重んじ、経験と観察とに基づいて哲学を構成しようとしたが、その結果は形而上学を全面的に否定することになった。カントはこれら二つの学派の考え方を反省して、そのそれぞれの欠陥を認め、ここに新たな見方を考えたのである。そしてこの新たな見方がすなわち、自然科学の成功したゆえんをその実験的方法にあると考え、それを形而上学に導入しようということであった。カントはこの点で極めて大きな独自性を持っているのであり、またここにこそかれの哲学の意義が存するのではないかと思われる。

実際われわれが自然科学の成功の原因を考えてみるとき、それが実験的方法に存するということは十分に承認することができるのではないであろうか。数学の応用は確かに近世の自然科学の確立に与って力あるものであった。したがって合理論者たちが数学を以て自然科学を成功させたゆえんのものであると考えたのも決して無理ではない。しかし数学的思惟は元来演繹的な性質のものであり、自然科学的認識とはおよそその本質を異にするものであると言わねばならない。演繹的思惟においては、導出されるべき真理はもともと最初の原理のうちに含まれていなければならない。たとえば、「すべて人は死ぬ。ソクラテスは人である。故にソクラテスは死ぬ。」という演繹的推理を考えても、「ソクラテスは死ぬ」という結論は実は「すべての人は死ぬ」という前提のうちに含まれているのである。したがって、もしもわれわれが演繹的方法によって学問の体系を打ち立てようとするならば、われわれは学問の出発点においてすでにはじめから、そこから一切の真理が導出されるべき原理を知っていなければならない。しかしこのことが自然科学的認識と正反対のものであることは言うまでもないことであろう。自然科学においては、われわれは経験的に与えられた事実から出発しなければならない。そしてそこから逆に法則を帰納的に探求してゆくのである。数学の適用によってたしかに自然科学は確乎とした学問となったけれども、しかし数学的・演繹的方法は決して自然科学的認識の本質ではない。自然科学の成立という顕著な事実を範として形而上学を学問として成り立たせようとするならば、われわれは決して数学的・

演繹的方法を模範とすることはできないのである。数学が自然科学において適用されたということは決して見逃されるべき事柄ではないが、それはむしろ、自然科学的認識の本質的性格に伴って生じて来た第二次的な結果にすぎないと見るべきであろう。すなわち、近世以前の自然探求においては自然現象のあり方ではなく、いわばその現象の背後にある本質が問われた。それは隠れた性質（qualitas occulta）をとらえようとするものであった。しかしこのような自然現象の奥底にある本質をとらえようとする限り、その本質は自然現象そのものとは性質を異にするものであり、したがってそこでは数学を適用することはできない。なぜなら、数学はもとより量に関係するものであり、質の異なったものに対して適用することはできないからである。ところが、これに対して近世の自然科学においてはもはや自然現象の本質が問われるのではなく、ただそのあり方が問われるにすぎない。なぜ自然現象が現にある姿においてあるのか、ということを問うのではなく、単に自然現象の現にある姿をそのあるがままにとらえようとするにすぎない。そしてその自然現象のあり方を法則の形でとらえようとするのである。法則とはもはや自然現象の量的変化と無関係な本質ではなく、自然現象の量的変化の中に存する恒常的関係に外ならない。それ故ここでは数学の適用が自然現象の探求に必要なものとなってくるのであると言うことができるであろう。合理論者の数学的方法の重視という考え方は、自然科学の成功を模範として形而上学の確立を意図するという点から見る限り、第二次的なものを第一次的なものと思い誤ったと言わねばならないのである。

したがってこの合理論者たちの考え方と比べると、経験論者が自然科学の成功の原因をその実証的性格に求めたということははるかにすぐれた見方であったと言うべきである。たしかに自然科学は経験的な事実から出発しなければならない。経験と観察によって基礎づけられない自然科学というものは存し得ない。しかし経験論者の考え方もまた自然科学の本質的性格を誤認していると言えるのではないであろうか。なぜなら自然科学というものはなるほど実証性を必要とするけれども、しかし決して実証性ということだけで成立するものではないからである。われわれが経験的に与えられる事実をいくら精細にそのあるがままに記述しても、それがそのまま自然科学的認識であるとは言うことができない。われわれはそれら多くの経験的事実の記述以上に出て、それらの事実を統一的に説明する法則を求めてゆかねばならない。法則を求めることこそ自然科学の本質的関心事であると言わねばならないであろう。しかし法則というものは果して完全に経験的に実証できるものであろうか。たとえば「落下の距離は時間の自乗に正比例する」という落体の法則にしても、われわれは決してこれを経験的に完全に確かめることはできない。われわれが実験によって確かめうるのは、ただ個々の特殊な場合であって、これらの個々の場合がこの法則によって説明されることができたとしても、このことは決して法則そのものの正しさを保証するものではない。なぜなら、われわれの実験しない他の多くの場合においてこの法則があてはまらないということは十分に考え得るからである。別な表現を以てすれば、一般に法則とは全称命題の形を以てあらわされると言えるであろうが、われわれは経験的に決して全称命題を確認することはできないのである。全称命題を確認するためには、われわれは、その全称命題によって言いあらわされる種類のすべての場合を経験的に確かめなければならないが、このことはわれわれの経験が限られたものである限り、絶対に不可能だからである。さらに自然科学において、われわれは単に法則を定立するのみならず、その法則を説明すべき理論を打ち立てようとするであろうが、この理論は決して経験的に完全に確かめられることができないのは言うまでもない。このように考えてみると、自然科学は決して実証的な事実の確定にとどまるものではないということは明らかであろう。われわれが実証的な事実に立ちとどまって、そこから一歩も越えてゆこうとしないならば、自然科学的認識は決して成立することはないのである。それ故、経験論者の見解もまた自然科学の本質を全面的にとらえたものでないことはどうしても否定することができない。実証性とは自然科学の成立のための不可欠的な条件ではあるが、それは決して十分な条件ではない。それは単に自然科学の出発点を規定するものにすぎない。自然科学は経験的な事実から出発しなければならないが、決してそこに立ちとどまることは許されない。経験的な事実によって完全に実証され得ない法則さらに理論の探求という冒険をおかすことなしには、自然科学的認識は成立しないのである。経験論者はこの点を見誤ってしまった。そしてただ実証性ということのみを自然科学の本質と考えてしまったと言えるのではないであろうか。その結果はどうであったろうか。かれらは自然科学的認識の成功をまねて、哲学をも経験と観察に基づいて打ち立てようとしたのであったであろう。しかしかれらはその反省を進めてゆくに従って、むしろ自然科学的認識が決して確実なものではないということを見出さねばならなかったのである。すでにロックにおいても物体の存在ということは極めて不確実なものであると考えられているが、ヒュームにいたると、因果律の原理が決して確実なものではないということから、因果律を基礎とする自然科学的認識そのものに懐疑の目が注がれるにいたったのであった。ヒュームの言うところによれば、互いに原因結果の関係にあると考えられる二つの現象の印象をいかに分析してみても、その間には決して必然的結合 (necessary connexion) という関係を見出すことはできない。われわれが見出すのは、ただ今までの経験の示すところによれば、その二つの印象は常に相接続して生じて来たということにすぎない。この二つの印象が必然的に結合して生じなければならないということは決して経験によって示されることはできないのである。自然現象間の因果法則は、こうして決して確立できないのであり、因果法則を見出そうとする自然科学的認識は確実な学問であるとは称することができないと考えられたのであった。ヒュームがこのような懐疑的結論に陥ったということは、自然科学というものが決して単に実証性を本質とするものではないということを、最も明らかに示していると言うことはできないであろうか。実証性という基準で考えるとき、自然科学は決して理想的な確実な学問ではなくなってしまうのである。それ故、自然科学が確実な学としての道を歩みはじめたということを事実として認めるならば、その原因は決して単に実証性ということのうちに求めることは許されないと言わねばならない。

それでは自然科学を成功させた真の原因はどこに存するのであろうか。自然科学的認識の本質はどこにあるのであろうか。ここにわれわれはカントの注目した実験的方法というものを考えることができるであろう。実験的方法とは、すでに述べたように、あらかじめわれわれが頭の中で考えたことを自然のうちに投げ入れて実験を行い、それによってわれわれの考えたことが正しいかどうかを吟味してみる方法である。たとえば、ガリレイの落体の実験について言うならば、ガリレイはまず頭の中で落体の法則を考え、それを実験によって確かめてみたのである。もとより落体の法則を考えるためにはすでに経験的に物体落下の現象を観察し、さらに実験さえ試みなければならないことは言うまでもない。むしろわれわれは経験的な事実を観察しないで、勝手に頭の中で落体の法則を考え出すことはできない。しかしそれにしても法則は決して経験的事実の単なる記述ではない。経験的事実をいくら寄集めても、それによって法則そのものが示されてくるのではない。われわれが法則を考えるということは、すでに経験的事実以上に出ることである。すでに知っている経験的事実のみならず、また経験していない同種類の他の場合をも統一的に説明しうるであろうような法則を、われわれは頭の中で考えてみるのである。このような法則はヒュームの言うように確かに実証的な事実を越えているのであるから、決して絶対的に確実であるとは言うことができないことは言うまでもない。法則は全称命題の形であらわされるのであり、全称命題を完全に確かめるということは元来不可能であるからである。しかしわれわれは、その故に法則というものが全く不確実であると言う必要はない。われわれは法則が恐らく他の場合にも妥当するのではないかという予想を以て実験を行う。そして多くの実験をくり返して、それらの場合に法則が妥当することが示されれば、それによってわれわれの考えた法則はその確実性を増すということはできないであろうか。もしもわれわれの考えた法則が実験によって否定されるならば、すなわちわれわれが実験を行ってみて法則が妥当しないことが示されるならば、われわれの考えていた法則は誤りなのであり、われわれはその法則を捨てて、さらに新しく経験的事実を統一的に説明しうるような法則を見出そうと努力するのである。実験的方法とはこのように単なる経験的事実に立ち止まることなく、それ以上に出て同種類の事実を統一的に説明すべき法則を仮説として考え、その法則を実験によって吟味してゆくというところに成り立つと言えるであろう。そしてこのような手続きによって法則が誤っていればそれを訂正してしだいにより確実な法則の発見に向って進んでゆくことができるのである。実験的方法はもとより実証性というものを無視するのではないが、しかし実証的には決して完全に確かめ得ない法則や理論を考え、それを実験的に吟味するのである。

自然科学がまさにこのような実験的方法を行っているということは、少し反省してみれば恐らく誰でも認め得ることなのではないであろうか。そしてこの方法こそ自然科学的認識の本質をなすものであり、自然科学の成功をもたらしたものであると言えるのではないであろうか。もしもわれわれが実証性ということに固執するならば、すでに述べたように、法則や理論を考えることさえできない。だが法則や理論を考えない自然科学というものは存しないのである。自然科学は決して単に経験的事実のみに立ち止まることなく、それを越えてゆかねばならない。そしてそこに考えられた法則や理論を実験によって自然のうちに投げ入れてみることによって、その正しさを吟味するのである。だが、このように実験を行うことができるということは、その根底において自然科学が自然現象の本質を探求するのでなく、自然現象のあり方を探求するものであるということと深く連関するものであることは言うまでもない。もしもわれわれが自然現象の奥底にある本質というものをとらえようとするならば、すでに述べたように、その本質は現象とはいわば質的に異なるものであり、それを実験的に確かめてみるということはできない。たとえばわれわれがある自然現象の根底に存する「かくれた性質」を把握したとすれば、この「かくれた性質」は同一種類の現象のすべての根底にも同様に見出さるべきであることは当然のことであって、この「かくれた性質」についての考え方の正否を実験的に確かめるということは絶対に不可能である。ところが、これに反して、法則とか理論というものは自然現象のあり方そのものを説明しようとするものであり、したがって自然現象の量的変化をも説明するものでなければならないから、当然量的規定を自己のうちに含むものでなければならない。それ故、実験によるこの法則ないし理論の検証は数学を用いなければ行い得ないのである。このように考えてみると、合理論者の着目する数学的方法というものも、自然科学の実験的方法に伴うものにすぎないと言えるであろう。あるいはむしろ、自然科学において実験的方法が可能になった根源には、従来の自然探求と異なる自然科学の本質的性格が存するのであり、この自然科学の本質的性格が数学の適用を要求したのだと考えられるであろう。

こう考えることができるとするならば、カントが自然科学の成功の原因を実験的方法に求めたということは、まさに鋭い洞察であったと言い得るであろう。自然科学を模範として哲学を打ち立てようとする意図そのものは、決してカント独自のものではない。合理論者も経験論者も共に同じ意図を持っていたと見ることができる。しかしかれらは自然科学の成功の原因を真に把握することができなかった。カントはかれらの欠点を見、ここに新しい見方をしたといえるのではないであろうか。そしてこの点にこそカント哲学の持つ偉大さが存するのではないであろうか。* カント以前において、あるいはさらにカント以後においてさえ、自然科学の成功の原因を実験的方法に見出し、これを模倣して哲学を確実な学として打ち立てようとする試みは全く存しないと言えるのではないかと思われる。**

* 以上の叙述において私はカントが自然科学の実験的方法をまねて形而上学を学として建設しようとしたということを強調して、数学の場合を無視して来た。これに対しては恐らく疑問が生じることと思われる。本文にも述べた通り、カントは自然科学のみならず、数学の場合にも同じような思考法の革命があり、この革命によって両者は確実な学問となったと考えている。そうであるとするならば、この思考法の革命とは自然科学における実験的方法とは異なるものなのではないかと考えられるでもあろう。なるほどカントはこの思考法の革命を自然科学の場合には実験的方法と名づけているけれども、しかし数学の場合に実験を行い得ないことは言うまでもないであろう。そうすればカントの考えている思考法の革命、それによって学問が成立する思考法の革命とは決して実験的方法と呼び得るものではないのではないかと考えられるであろう。――この点は確かに一つの問題である。数学は純粋に演繹的学問であり、そこでは自然科学の実験的方法はそのまま適用され得ないことは明らかである。カントはこの点についてどう考えていたのであろうか。しかし私の見るところでは、一見極めて不合理ではあるが、カントは数学の場合にも自然科学の場合と全く同じ実験的方法というものを考え、これによって数学も学としての道を歩み始めたのだと考えていたのではないかと思うのである。そしてこのことはわれわれがカントの数学観を考えるならば決して不合理ではないことが理解されると思う。カントは数学を以て経験的な事物に適用される学と考えていた。経験的な対象に適用され得ないような数学は、たとえそれ自身として正しいとしても、何等学問としての意味を持たないと考えられていたのである。このような現実的な数学観を取るならば、数学といえどもやはり自然科学と同じく一種の経験的事物についての学問であり、したがってそこでは実験的方法が可能なのである。カントの数学観については本書四三ページ参照。

** 実験的方法ということばはすでにヒュームが使用している。「人性論」には「推論の実験的方法を道徳的主題に導入する試み」(An Attempt to introduce the experimental Method of Reasoning into Moral Subjects) という説明が表題に附せられている。しかしこの場合の実験的方法とは、本文中に述べた通り、経験と観察を重んずるということであり、決してカントの言うような意味での実験的方法でないことは言うまでもないであろう。ヒュームは「人間についての学（science of man）が他の諸学の唯一の確固たる基礎であるように、この人間についての学に与え得る唯一の確固たる基礎は経験と観察（experience and observation）の上に置かれなければならない」（*A Treatise of Human Nature*, Introduction, Clarendon Press, p. XX）とはっきり述べている。

またカント以後においても実験的方法というものが注目されていないのはむしろ不思議な位である。現在の分析哲学などでもイギリス経験論におけると同じように、実証性というものだけが重んじられ、この基準によって自然科学が模範的な学と考えられていると言えるであろう。

二 実験的方法と認識論的主観主義

認識論的主観主義　「純粋理性批判」の意図するところは、これまで述べて来たように、自然科学の成功の原因をその実験的方法に見出し、この実験的方法を導入することによって形而上学を確実な学として打ち立てようとすることにあったと言うことができるであろう。そしてこのような意図においてカント哲学は従来の哲学とは異なった独自性を有しているのである。

しかしながら、それではカントはこのような意図を「純粋理性批判」において完全に遂行し得たのであろうか。実験的方法は形而上学のうちに十分に導入されたのであろうか。われわれはこの点について考えるために、ここでカント哲学の根本思想、カントがみずから天文学におけるコペルニクスの業績に比して自負した認識論的主観主義の思想について検討してみなければならない。

認識論的主観主義とここに名づけるのは、要するに、われわれは、われわれの主観から独立に客観的に存する対象をそのあるがままに認識するのではなく、われわれの主観のうちに先天的に存する認識の形式によってわれわれに与えられる素材を秩序づけ統一づけ、それによっていわゆる対象というものが構成される、と考える考え方である。カントは「今まで人々はわれわれのあらゆる認識が対象に従わねばならないと考えていた。しかし対象について先天的に概念によって規定し、それによってわれわれの認識を拡張しようとするあらゆる試みは、この前提の下では失敗してしまった。それ故われわれは対象がわれわれの認識に従うと考えることによって、形而上学の課題において、よりよく成功し得るのではないかということを一度試みてみるべきであろう。」(B XVI) と述べ、認識についてのこの考え方の逆転を「全星群が観察者の周囲を廻転すると仮定すると天体の運動の説明が成功しなかったので、観察者を廻転させてこれに反して星を静止させたならば、よりよく成功しはしないかということを試みた」(同上) コペルニクスの考え方と同じであるとなしたのである。*

＊ カントがその認識論的主観主義の思想をコペルニクスの業績と比べている時、一見するとこの比較は全く不適当のように思われる。なぜならコペルニクスの場合には天動説を地動説に改めたのであって、言いかえると、今までは観察者(主観)を中心として星群がその周囲を廻ると考えられていたのに対して、新しく太陽を中心として観察者がその周囲を廻るという考え方を行なったのであるが、これに反してカントの場合には従来対象が中心にあっていわば主観がその周囲を廻ってその対象をそのあるがままに把握するものと考えられていたのを逆転して、主観を中心におき、対象とはこの主観の働きによって構成されるものと考えたのであって、コペルニクスとカントの場合ではちょうど考え方が逆になっているとも言えるからである。しかしわれわれがもう少し違った見方をすれば、ペイトンなどの言うように、コペルニクスとカントの間には十分類似性があると言えると思わ

れる。すなわちコペルニクスは天体の見かけ上の運動を地球上の観察者の運動によって説明したのであるが、カントもまた見かけ上対象の持っている性質を主観の働きによって説明しようとしたからである。cf. H. J. Paton, *Kant's Metaphysic of Experience*, vol. 1, p. 75; Norman Kemp Smith, *A Commentary to Kant's Critique of Pure Reason*, p. 243 ff.

カントの混乱　このように認識論的主観主義の思想はいわゆるカントのコペルニクス的転回と言われる思想であり、「純粋理性批判」の根本的思想であるが、それではこの認識論的主観主義とさきに述べた形而上学への実験的方法の導入とはどういう関係に立つのであろうか。カントはこの両者をほとんど同一であると考えているように思われる。すなわち、形而上学へ実験的方法を導入するということが認識論的主観主義の考え方を取るということに外ならないと考えているように見える。なぜなら、カントは「突然完成された革命によって今日あるようなものになった数学と自然科学の例は非常に著しいものがあるので、これらの学に利益をもたらした思考法の転回の本質的な点についてよく反省し、数学や自然科学が理性的認識として形而上学との類推を許すかぎり、形而上学において少くとも試みに数学や自然科学を模倣してみたらどうか、と私は考える」という前節で引用した文章にすぐ引き続いて、これもさきに引用した「今まで人々はわれわれのあらゆる認識が対象に従わねばならないと考えていた。しかし対象について先天的に概念によって規定し、それによってわれわれの認識を拡張しようとするあらゆる試みは、この前提の下では失敗してしまった。それ故われわれは対象がわれわれの認識に従うと考えることによって、形而上学の課題においてよりよく成功し得るのではないかということを一度試みてみるべきであろう」(B XVI) という認識論的主観主義の根本思想を示す文章を述べているからである。すなわち、カントは数学および自然科学の成功をまねて形而上学において認識論的主観主義の思想を試みようとするのであり、形而上学における実験的方法が認識論的主観主義に外ならないと考えていると解する外はないであろう。しかしカントがこう考えているとするならば、われわれはこの点にカントの飛躍を認めなければならない。

実験的方法とはすでに述べたようにわれわれがあらかじめ理性によって考えたことを対象のうちに投げ入れてみることによってその考えの正否を検討するということであった。しかしこのことが可能であるためには、あらかじめ理性によって考えられたことが経験的対象によって確かめられるような性質のものでなければならないことは言うまでもないであろう。われわれはすでに近世の自然科学はもはや自然現象の本質を求めるのではなく、ただ自然現象のあり方を把握しようとするにすぎず、自然科学において実験的方法が可能となったのは、このことと密接に関係していることを述べた。自然科学が探求しようとする自然法則は、自然現象の量的変化をも統一的に説明し得るものでなければならないから、可変数を含んだ数式によって表現され、したがって個々の現象によってこれを検証することができるのである。われわれは単に何もあらかじめ考えることなく、受動的に自然現象を観察しても、そこから大きな成果を期待することはできない。われわれはあらかじめ理性的に考えて、自然現象の法則を仮説的に定立し、それを実験によって吟味しなければならない。この意味でわれわれはたしかにあらかじめ考えたことを対象のうちに投げ入れねばならないのである。しかしこの投げ入れるものは経験から全く独立な主観の先天的形式というようなものではなく、経験的要素を含んだものであることを必要とするのである。このことはわれわれがカントの挙げているガリレイやトリチェリの場合を考えてみれば、容易に理解されることであろう。かれらは決して経験的要素を全く含まない先天的な原理を投げ入れてみたのではない。そうではなく、かれらはただ、こういう実験を行えばこういう結果が出るはずだという予想を立てて、それを実験的に確かめてみたのである。その予想が実験的に確かめられるのは、まさにその予想が経験的要素を含んでいるが故に外ならない。

これに対して認識論的主観主義の場合にはどうであろうか。認識論的主観主義の思想によれば、「対象がわれわれの認識に従う」のであり、つまりわれわれの主観のうちに先天的な認識形式が存在し、われわれはこの形式をわれわれに与えられる素材のうちに投げ入れることによって対象を構成するのであった。ここにも確かに「投げ入れ」ということは行われると言うことができよう。しかしこの「投げ入れ」は先天的な主観の形式の投げ入れである。投げ入れられるものは決して経験的要素を含むものではなく、全く経験から独立な主観的原理なのである。自然科学の実験的方法の「投げ入れ」の場合と比較して、ここに本質的な相違の存することは明らかであろう。カントが実験的方法を、「事物について、われわれはただみずからその中に入れたものだけを、先天的に認識し得る」という思考法と考えていることはさきに述べたが（一〇ページ）、この文章のうちの「先天的」ということばは本来決して「経験から独立に」という意味に解せられることができないことは言うまでもないことであろう。自然科学の場合、ガリレイにしてもトリチェリにしても、決して「経験から独立に」自然法則を認識しているのではないのである。それ故この「先天的」ということばは単に「実験を行う前に頭の中で実験の結果を予想して」という意味に解されねばならない。ところが、認識論的主観主義の場合には、同じく「事物について、われわれはただみずからその中に入れたものだけを、先天的に認識し得る」という思考法であると言うことはできるであろうが、この場合には「先天的」ということばは、「経験から独立に」という意味に解さねばならないのである。認識論的主観主義の思想によれば、主観の先天的な認識形式によって対象が構成されるのであるから、われわれは「経験から独立に」対象のうちの主観みずからが投げ入れたものについて認識することができると考えられるからである。カントが実験的方法をただちに認識論的主観主義の思想と同一視してしまったとき、かれは「先天的」ということばの異なった意義を混同してしまったのではないであろうか。

混乱の原因　それではカントはどうしてこのような混同をしてしまったのであろうか。われわれの目からみて、この「先天的」ということばの意義の相違は明らかであるにもかかわらず、カントほどの人がどうしてこのことに気づかなかったのであろうか。私はその原因として、カントにおいて学問的意義を有する確実性を持った認識は先天的認識でなければならないという考え方が牢乎として抜くべからざる信念として存在していたということを挙げ得るのではないかと考える。このような信念はもとよりカントにおいてはじめて生じて来たものではない。むしろそれはこの当時の一般的な考え方であり、哲学者たちの共通の前提となっていたものであると言えよう。合理論者たちがこうした考え方を持っていたことは言うまでもないことであろう。かれらは先天的認識のみ確実な真理を把握し得ると考えたのであり、それ故疑うことのできない確実な公理的真理から出発して演繹的推理によって次々に真理を導出してゆけば、われわれは決して誤りに陥ることはないと考えたのである。そしてこれに反して、感覚的経験的認識が誤りの源泉であり、決して真理を把握するものでないと考えられていたことは言うまでもない。経験論の場合には、一見すると、合理論の場合とは全く異なった考え方が存していたように思われるかも知れない。しかし実は決してそうではない。経験論の場合においても確実な認識はただ先天的認識のみなのである。このことはロックにおいて、直覚的（intuitive）認識および論証的（demonstrative）認識は確実であるが、これに対して感覚的（sensitive）認識は不確実であると考えられていること（Locke, *An Essay concerning Human Understanding*, Book IV, Chap, II）、またヒュームにおいて因果律が疑われたのは、それが理性から生ずる原理ではなく、経験に基づく原理であるからであるということ（Hume, *A Treatise of Human Nature*, Book I, Part III, Sect. II）を考えればただちに納得されることであろう。経験論といえども先天的認識のみ確実性を持ち得ると考えるという点では少しも合理論と異なるのではない。この点ではむしろ経験論は合理論の伝統的考え方をそのまま受け継いでいると言うことができる。経験論が合理論と異なるのはこの点ではなく、ただわれわれの認識が経験なくしては行われ得ないと考えた点に存するのである。このように考えれば当然先天的認識は存し得ないはずであり、しかも一方に先天的認識のみ確実性を持つと考えられている以上、そこから出てくる結論は、われわれの認識に対する懐疑の外はない。ロックからヒュームに至ってしだいに懐疑論的傾向が強くなっていったのは、まさにこのために外ならないと見ることができると思われる。*

* われわれは前節においてイギリス経験論は自然科学における実証性という性格に着目して哲学を学問的たらしめようとしたと述べた。この見方と今ここに述べた見方とは矛盾すると思われるかも知れない。しかし実はこの二つの見方は矛盾するものではなく、密接に連関しているのではないかと思う。経験論は先天的認識こそ確実な真理を把握し得るのであり理想的な認識であると考えた。しかし人間には先天的認識は不可能であり、その認識は経験によってはじめて生ずると考えられたのである。この意味で認識は実証的性格を持たねばならない。もしもわれわれが実証性というものを無視して先天的認識を行おうとすれば、合理論と同じような誤りに陥る外はない。しかしこのように人間の認識は実証的でなければならない故に、それは決して確実な真理を把握できないのである。もとよりわれわれがただ経験的に与えられるものにとどまっていれば誤りに陥ることもないであろうが、しかしそれは決して真に認識たるの名に値しないものであろう。われわれが真理を認識すると言うとき、それは単なる経験的所与を越えて行かねばならない。因果法則の場合など、まさにその場合であろう。しかしこれと共に、われわれの認識は確実性を失う。なぜならその認識は経験に基づいているからである。このような考え方によって自然科学的認識の確実性さえ疑われる結果となっていったのである。

合理論にも経験論にも共通に存していたこの考え方を、カントもまたそのまま受けついでしまったのではないであろうか。確実性を持ちしたがって学問的意義を持つのはただ先天的認識のみであるという考え方ははじめから疑い得ない前提としてカントのうちにしのび込んでいたのではないであろうか。カントは「経験はなるほどあるものがかくかくであるということを教えるが、しかしそれがそれ以外ではあり得ないということを教えはしない。それ故に第一に、ある命題があって、それが同時に必然性を以て思惟されるならば、その命題は先天的判断である。……第二に、経験はその判断に真の、すなわち厳密な普遍性を与えるものではなく、ただ単に想定された比較的な普遍性を（帰納によって）与えるだけであるから、本来は、われわれが今まで観察した限りでは、これらの規則に例外はなかったと言わねばならないのである。それ故ある判断がいかなる例外も不可能であるような厳密な普遍性において思惟されるならば、その判断は経験から導かれたものではなく、絶対に先天的妥当性を有するのである」（B 3―4）と述べているが、ここにカントの前提的確信ははっきり示されていると言えるであろう。絶対に確実な認識、すなわち必然性と普遍性を持つと考えられる認識は先天的認識でなければならないのである。カントはこの点についていささかの疑いをさしはさむこともなく、伝統的な考え方をそのまま受け継いでしまったのであろう。

このような前提的確信の上に立って考える以上、カントが数学や自然科学を先天的認識であると考えたことは当然であると言うことができよう。なぜならカントは数学や自然科学の確実性を全く信頼していたからである。すでに述べたように、カントはこれらの学を学の模範と考え、それらを模範として形而上学の革命を行おうと考えたのである。この点からカントは実験的方法というものを先天的な認識形式の投げ入れと考えてしまったのではないであろうか。数学の場合においても、自然科学の場合においても、その認識が確実性を持つものである以上、それは先天的認識でなければならず、したがってわれわれはこれらの学問においても、みずから先天的に持っている認識形式を投げ入れるのであり、また、それについてのみ確実な認識を持ち得ると考えてしまったのであろう。こうしてカントにおいて実験的方法と認識論的主観主義の思想が結びつけられる。むしろ、両者は同一のものと考えられる。認識論的主観主義が成立しなければ、つまりわれわれが先天的な認識形式を持ち、それによって対象を構成するのでなければ、数学や自然科学における実験的方法もまた成立しないと考えられてしまったのである。

三 先天的総合判断

誤った問題提出 以上のように考えてくると、私は「純粋理性批判」のうちには大きな根本的混乱が含まれていることをどうしても否定することができないのではないかと考える。自然科学を模範として形而上学を新しく打ち立てようとした点においてはカントはその当時の多くの哲学と軌を一にしているのであるが、しかし自然科学の成功の原因を実験的方法に求めたということはカント独自の洞察であり、この実験的方法を形而上学に導入しようとしたカントの意図は極めて高く評価すべきであると思われる。しかし実験的方法とは決して主観の先天的認識原理の対象への投げ入れということを意味するものではないのに、カントは確実な認識は先天的認識でなければならないという前提を持っていたため、ここからただちに認識論的主観主義の思想を引き出してしまったのである。そして自然科学の場合でさえ、それが確実性を持ち得るのは対象が主観の先天的な認識原理によって構成されているからだと考えてしまったのである。ここには見逃し得ない大きな論理的飛躍がある。カント程の人でさえ、先天的認識のみ確実性を持ち得るという当時の伝統的考え方に災いされて、こうした混乱をおかしてしまったのである。

もしこのように見ることができるとするならば、われわれは「純粋理性批判」がはじめから一つの大きな欠陥を含んでいるということを認めなければならない。あるいはむしろ、私は「純粋理性批判」は上述のような混乱の上に立って誤って提出された問題に対して苦労してその解決を求めようとしたものであるとさえ極言できるのではないかと思うのである。

カントがこの書の中で提出した問題とは、言うまでもなく、「先天的総合判断はいかにして可能であるか」ということであった。カントによればあらゆる判断は、その主語と述語の関係から見て、分析判断(analytisches Urteil)と総合判断(synthetisches Urteil)の二種類に分けることができる。分析判断とは「述語Bが主語Aの概念のうちに(ひそかに)含まれているものとして、主語Aに属する」(A 6, B 10)ものであり、カントの挙げている例では「すべての物体は延長している」という判断がそれである。なぜなら、カントによると、「物体」という概念そのものが「延長している」ということをすでに自己のうちに含んでいるのであり、言いかえれば、「物体」という概念は「延長しているもの」と定義づけられるのであるから、われわれが「物体」という概念を分析しさえすれば、当然「延長している」という述語を引き出してくることができるのである。これに対して総合判断とは「述語Bは主語Aと結びつけられてはいるが、Bは全くAの概念の外にある」(A 6, B 10)ものであり、カントの例では、「すべての物体は重さを持つ」というような判断である。なぜならこの判断の場合には、カントの考えでは、「重さを持つ」ということは「物体」という概念の定義に属するものではないから、われわれは「物体」という概念の意味をいくら分析しても、「重さを持つ」という述語を引出すことはできない、すなわちわれわれはこの場合「物体」という主語概念に、その中において全く含まれていない「重さを持つ」という述語を新しく附け加えるからである。さて、この両種の判断のうち分析判断は全く先天的に行われることができる。というのは、分析判断を作るためにはわれわれはただすでに知っている主語概念の意味を分析して、その中に含まれていることを述語として取り出してくればよいのであり、したがって経験の助けを借りる必要が全くないからである。そしてまたその故に、分析判断は絶対的な必然性を持つことができる。しかし分析判断はいかに必然性を持ち得るとしても、それは学問的認識にとっては第二義的な意義を有するにすぎない。それは「主語概念をただ分析によってすでに思惟されていた（混乱した仕方ではあっても）部分概念に分解するにすぎず」（A 7, B 11）、われわれの認識を少しも拡張させるものではないからである。われわれは決して分析判断の重要性を否定することはできないが、しかし分析判断は「概念を判明ならしめるため」（A 10, B 14）にのみ必要なのである。それは概念の意味を明らかにする解明判断（Erläuterungsurteil）であるにすぎない。これに対して総合判断は主語概念のうちに含まれていない概念を新しく主語概念に附け加えてゆくものであるが故に、われわれの認識がこれによって拡張されてゆくことは言うまでもないことであろう。総合判断は解明判断ではなく、拡張判断（Erweiterungsurteil）である。それ故総合判断は分析判断に比して一層重要であり、われわれの学問的認識にとって本質的意義を持つものなのである。

だが、カントによると、総合判断であればすべて学問的に真に重要な意義を有するというわけではない。経験的判断はすべて総合判断である。なぜなら分析判断は元来経験というものの助けを全く必要としないものであり、したがって経験的分析判断というものを考えること自身不合理であると言わねばならないからである。われわれが経験によって知識を拡張してゆくことは言うまでもないことであろう。しかしすでに述べたように、カントは経験的判断は決して確実性を持ち得ないと考えた。それ故経験的判断は確かに総合判断ではあるけれども、確実性を持たぬものとして退けられる。そしてここに先天的総合判断（synthetisches Urteil a priori）という考え方が登場してくるのである。先天的判断のみ確実性を持ち得る。しかもわれわれの認識を拡張させるのはただ総合判断のみである。そうであるとすれば、学問的に本質的意義を持つ判断は当然先天的総合判断であるということにならねばならない。こうしてカントは「いかにして先天的総合判断は可能であるか」という問題を提起し、この問題の解決のためにその努力を傾注したのである。

しかし実はこの問題そのものがカントの誤った前提の上に立てられているのではないであろうか。われわれがカントのように先天的認識のみ確実性を持ち得ると考えるならば、いかにして「先天的総合判断は可能であるか」という問題が提起されることは当然のことであろう。しかし実はこの考え方そのものが問題を含んでいるのではないであろうか。何よりもまずわれわれは、カントが確実な学であると考え、それを模範として形而上学を新しく打ち立てようとした自然科学的認識が決して先天的総合判断ではないことに注意しなければならない。ガリレイやトリチェリがなしとげた自然科学上の業績が決して先天的総合判断によるものではなく、経験的な総合判断によっていることはもはやここでくり返して述べる必要は存しないであろう。自然科学的認識が経験を基礎としないでは成立しないことは言うまでもないことである。自然科学における実験的方法とは先天的総合判断とは全く無関係であると言わねばならない。実験的方法が成立するのは、投げ入れられる判断が経験的性格を有するが故に外ならない。カントが自然科学的認識を学の模範としたことは決して誤りではないであろう。しかしそうであるなら、カントはただ「いかにして確実性を持つ総合判断は可能であるか」と問うべきであったのである。ところがカントはこの問題をただちに「いかにして先天的総合判断は可能であるか」という形で提出してしまった。ここにカントの出発点からの誤りが存したのではないかと考えられる。

しかしこのように言うとき、それでは経験的認識が果して絶対的な確実性を要求し得るのかと反問されるかも知れない。むろんそういうことはあり得ないと言わねばならない。経験的判断が絶対的な確実性すなわち必然性と普遍性を持たないということは、カントの主張する通りである。経験は確かにわれわれに対して、今まで経験した限りではかくかくであった、ということを教えるのみであり、決して必然的にかくかくである、ということを教えるものではない。将来の経験は今までの経験と全く異なった現象をわれわれに示すかも知れない。自然現象のあり方が将来においても現在と少しも変らないと断定する権利はわれわれには決して存しないのである。したがってもしもわれわれが認識の確実性ということを厳密な意味に解釈して、絶対的必然性と同一視するならば、そのような確実性を持ち得る判断が先天的判断でなければならないことは認められるであろう。しかしこのように絶対的必然性を有する認識のみ学問的意義を有するものと考えるならば、自然科学的認識というものがもともと学問的意義を持たないものとなってしまうであろう。それは決して学の模範と考えられるべき資格を持たないこととなるであろう。したがって自然科学を確実な学と考え、その実験的方法を形而上学に導入しようとする以上、カントは認識の確実性ということを絶対的必然性という厳密な意味に解すべきではなかったのである。

実際、われわれがある認識について、それが絶対的必然性を持たないからと言って、ただちにそれが不確実であるとは言えないことは、恐らくすべての人の承認することであろう。ガリレイの落体の法則は経験に基づく認識によって見出されたものであり、絶対的必然性を要求することができないことは言うまでもない。しかしわれわれはその故に、この法則は不確実なものであるとは言えないし、この法則に基づくある物体の落下についての予知が不確実であるとも考えないであろう。すなわち、認識の確実性とは必ずしも絶対的必然性ということを意味するものではない。絶対的必然性を持たない認識のうちにも不確実なものと確実なものとの著しい程度の差が存するのである。自然科学が確実性を持つという場合、その確実性とはこの意味で解されねばならない。それは極めて高い蓋然性という意味でなければならない。カントはこの意味での確実性を全く無視してしまい、その結果、確実性を持つ認識は先天的認識でなければならないとただちに考えてしまったのであると思われる。

こうして、「いかにして確実性を持つ総合判断は可能であるか」と問うべきであるのに、「いかにして先天的総合判断は可能であるか」と問うた結果、カントは実は奇妙な立場に陥っている。「純粋理性批判」が自然科学的認識の基礎づけを行い、ヒュームなどの批判によってその確実性を疑われた自然科学に対してしっかりした学問の位置を保証することをその一つの目的としていることは言うまでもないが、このカントの意図は実は全く成しとげられていないことになってしまうのである。先天的認識のみが確実性を持つなら、自然科学は経験的性格を持つ以上、確実性を持たないものとなってしまうからである。それ故カントは自然科学一般ではなく、自然科学のうちで先天的認識によって行われる原則的部分、カントのことばによれば純粋自然科学のみが確実性を持つと考えねばならなかったのである。しかしこの制限は実はカントの意図にとって致命的なものであると言うべきではないであろうか。われわれはこのカントの純粋自然科学という思想を承認するとしよう。自然科学のうちには先天的総合判断による原則的命題が含まれていることを認めるとしよう。しかしこの原則的命題とはたとえば「すべて生起するものはその原因を持つ」(A 9, B 13) とか、「物体界のあらゆる変化において物質の量は一定不変である」(B 17)、というような極く少数のものにすぎないであろう。具体的な自然法則を言いあらわす命題はもとより経験を基礎とし実験によって確かめられる経験的命題であり、純粋自然科学の領域から除外されてしまうのである。純粋自然科学は決して普通に自然科学と言われるものではない。純粋自然科学という領域が認められ、またそれが絶対的確実性を持つとしても、いわゆる自然科学的認識の確実性は少しも基礎づけられはしないのである。いやむしろ、自然科学的認識は経験的性格を持つ故に、その確実性を全く否定されてしまわねばならないであろう。しかしこれが果してカントのもともとの意図であったであろうか。ガリレイやトリチェリの業績を高く評価し、それによって自然科学が確実な学の道を歩み始めたと考えたカントが、ただ純粋自然科学のみの確実性を認め、通常の意味での自然科学的認識の確実性を否定したと解することができるであろうか。ここにはカントの元来の意図とその実際の思想との間のずれがあると言わねばならない。そしてこのずれが生じた原因は、「いかにして先天的総合判断は可能であるか」という問題提出に存したのである。

恐らくカントは純粋自然科学のみが先天的認識であるとしても、とにかく自然科学の基本的原則が絶対的確実性を持つ以上は、その原則の上に成立する経験的な自然科学といえども確乎たる基礎を有しているのであり、したがって確実な学問として認めることができると考えたのであろうと思われる。しかしこのような考えの誤りであることは言うまでもないであろう。たとえ原則的部分が先天的認識によって成り立つものであり絶対的確実性を持つとしても、経験的要素がはいってくれば、もはや先天的認識ではなくなるのであり、確実性を要求し得ないことは明らかである。たとえば「すべて生起するものはその原因を有する」という因果律の原則が絶対的確実性を持っているとしても、その故にこの因果律を前提して個々の具体的な自然法則を探求する自然科学が確実な学であると言うことはできない。因果律を前提してその基礎の上に現象の生起の原因を探求する学問は決して自然科学のみではないであろう。歴史学・社会科学等いずれもこうした研究態度を取っていると言うことができる。少くとも歴史学や社会科学のうちにはこういう態度によって研究しようという立場も存するのである。しかしその故にこれらの学が自然科学と同じような意味で、同じ程度に確実な学であると言うことができるであろうか。こう考えてみると、自然科学を歴史学や社会科学から区別するのは決して因果律というような基本的原則ではない。そうではなく、経験判断によって成り立つ経験的自然科学の部分こそ自然科学の本質的部分であり、自然科学が他の学問に比して確実性を持ち得るとするならば、それはこの経験的自然科学の持つ独特の性格、恐らくは実験が可能であるという性格に由来するのである。

こうしてわれわれは純粋自然科学というものが成立し、それが先天的認識であり絶対的確実性を持つことを認めても、それによって経験的な自然科学が確実な学となるということは認めることができないのであるが、さらに進んで純粋自然科学が成立し得るかどうかということさえ、実は甚だ疑問であると言わねばならない。純粋自然科学とは先天的総合判断によって成立すべきものであった。しかし「すべて生起するものはその原因を持つ」とか、「物体界のあらゆる変化において物質の量は一定不変である」というような命題が果して先天的総合判断であると言うことができるであろうか。因果律について考えてみても、もしも自然現象のうちに一定の因果法則が見出されず、全く同じ条件Aが存する場合に、ある時にはBという結果が生じ、またある時にはCという結果が生ずるというように、自然現象がわれわれの全く予断することのできない変化の過程をたどるとするならば、われわれは因果律というものを考えないのではないであろうか。実際、現在の量子力学において個々の質点の運動が予知し得ないということから、因果律に対して疑問が持たれて来ているのは周知のことである。もとより量子力学における因果律の問題に対してはいろいろの見解が存するのであり、決してここで因果律が否定されたと言うことはできない。しかし少くとも因果律の絶対性が疑われているということは、因果律が先天的原則ではなく、経験によって確かめられねばならないものであることを示しているのではないであろうか。物質の量の一定不変であることを主張する物質不滅の原則、今日の用語で言えばエネルギー恒存の原則についても事情は全く同様であろう。もしも自然現象の変化においてエネルギーの量が一定不変であるということが実際に具体的に実験によって確かめられないとしたならば、エネルギー恒存の原則は全く意義を持たないと言うべきではないであろうか。われわれが実験的に確かめる限り、常にエネルギーの総量は変化している、しかもエネルギー恒存の原則は先天的に妥当する、と主張することは全くの不合理以外の何ものでもないであろう。こう考えることができるとするならば、因果律とかエネルギー恒存の法則というような、カントが純粋自然科学に属する先天的総合判断と考えた原則でさえ、実はやはり経験判断であり、絶対的確実性を持たないと言わねばならない。これらの原則は個々の具体的な自然法則と違って根本的な原則である。したがってこれらの原則は何か特別な性格を持つかのように思われ易い。カントがこれらを先天的総合判断と考えたのも恐らくはそのためであったと考えられる。ましてこれらの原則は当時のニュートン物理学において絶対的に確実なものとされていたのである。カントはこれを疑ってみるということは考えもしなかったに違いない。そしてそこから経験から全く独立な純粋自然科学という領域の存在を考えてしまったのであると思われる。そしてそのため自然科学の根本原則はすべて先天的総合判断であると誤り解されてしまったのである。

こうして、カントは「いかにして先天的総合判断は可能であるか」という形で問題を提出したことによって、実はかえってその意図する自然科学の基礎づけに失敗していると言わねばならない。自然科学の確実性を基礎づけようとするならば、カントはただ「いかにして確実な総合判断は可能であるか」という問いを提出すべきであったのである。

数学的認識　しかしそれでは数学の場合にはどうか、と問われるかも知れない。自然科学の場合には先天的総合判断が成立しないとしても、数学の場合には確かに先天的総合判断が存在するのではないか。むしろ数学におけるすべての判断は先天的総合判断ではないであろうか。カントの言うように、7＋5＝12 という判断において12という述語は7と5を加えるという主語概念のうちに含まれていず、また「直線は二点間の最短の線である」という判断においても直線という主語概念をいくら分析しても、その中に最短という概念は見出すことができない。しかもこれらの数学的判断が絶対的確実性を持つことは否定することができないとすれば、これらの判断が先天的総合判断であることは明らかであろう。そうすれば数学においては確実に先天的総合判断が存するのであり、カントが「いかにして先天的総合判断は

しかしこれに対しても多くの問題点が存する。

第一に、数学的判断が総合判断であるかどうかはそう容易に決定することができない。なるほどわれわれはカントの言うように、7プラス5という主語の中には12という述語は含まれていないということ、あるいはまた直線という主語概念のうちには最短の線という意味は全く含まれていないことを認めることができるであろう。そしてこの意味では数学的判断はたしかに総合判断と言わねばならないであろう。しかしこのように数学における判断は、その判断一つを取り出してみれば、カントの言う意味での総合判断ではあるが、しかしそれは実は数学におけるいくつかの公理から演繹的に導出されてくるのである。それ故数学における公理を定めてしまえば、その体系の中においては次々に新しい判断を分析的に演繹してくることができるのであり、したがって数学的判断はその体系全体という立場から見ると分析判断にすぎないと考えられる。このことはカントの時代以後非ユークリッド幾何学などが発展して、数学の公理というものが任意に定められうるものであるということが理解されるに及んで、はっきり自覚されて来たと言うことができる。現在では数学的判断は先天的ではあるが分析的判断であるという考え方が支配的見解になっていると言えよう。カントは総合判断と分析判断というものの区別を単に一つの判断における主語と述語との関係から考察した。そしてそのために数学的判断も総合判断であると考えたのである。しかしこのような見方は狭い視野の上に立っていると言わねばならないであろう。われわれはむしろ判断がどういう根拠から導き出されたかを考えねばならないであろう。そしてこういう見地から眺めるならば、数学的判断はその数学的体系のうちでは公理群から演繹的に導かれるのであり、分析的判断と言われねばならないと考えられる。

第二に、カントの考えのうちにはさらに大きな問題が存する。われわれはカントの言うように数学的判断が先天的総合判断であることを認めるとしよう。しかしたとえこのことを認めても、「いかにして先天的総合判断は可能であるか」という問いはカント哲学の意図にとって本質的意義を持つことはできない。数学的判断が先天的総合判断であるとするならば、たしかに「いかにして先天的総合判断は可能であるか」という問いは数学的認識の基礎づけのためには意味を持つと言うことができるであろう。そしてこの問いに対する解答が見出されるならば、それによって数学的認識の可能なゆえんが解明されるであろう。しかし単にそれだけのことである。この問いは決して形而上学の革命というカントの意図にとって重要な意味を持つものではない。数学的認識は、それが先天的認識である限り、経験的対象に対して妥当するかどうかということは全く問題とはならないであろう。一般的に言えば、それはいわゆる存在とかかわり合うものではないと言えよう。ただ純粋に論理的に思惟してゆくことによって公理から定理を、さらに定理から次の定理を導いてゆくところに数学的認識の本質が存するのである。ところがこれに反して形而上学の場合にはそうではない。それは言うまでもなく本質的に存在にかかわり合うものであると言わねばならない。たとえば、霊魂の不滅、自由の存在、神の存在等、伝統的な形而上学において取り扱われた問題はいずれも存在、超感性的存在の問題である。それは単にある前提から論理的に霊魂の不滅とか神というものが演繹されるかどうかということを問題にするのではない。実際に霊魂の不滅が存するかどうか、実際に神が存在するかどうかということが問われているのである。この点に数学的認識と形而上学的認識との本質的相違があると言わねばならない。このように両者が全く異なるものであるなら、数学的認識をまねて形而上学の革命を企てるということは本来不可能であると言うべきであろう。したがって、「いかにして先天的総合判断は可能であるか」という問いがたとえ数学の場合には正当であるとしても、カントが「純粋理性批判」において形而上学の革命への道を見出そうという意図をもってこの問いを提出したということは誤っていると言わねばならないのである。

しかしこう言うと、恐らくわれわれはただちに次のような問いを受けるであろう。数学的認識が全くいわゆる存在にかかわるものではなく、純粋に論理的な演繹的思惟であるという考え方は現代の考え方であって、カントの場合にはこういう考え方は存しないのではないかと。——確かにそうである。すでに前に述べたように(二三ページ註)カントの数学観はもっと現実的である。カントは数学は経験的対象に対して妥当すると考えていたのであり、経験に適用し得ないような数学は決して真の意味で認識とは言えないと考えていたのである。「純粋直観を限定することによってわれわれは現象としての対象についての先天的認識を得ることができる(数学において)。しかしそれは単にその対象の形式に関してのみであって、この形式において直観されねばならない事物が存在するかどうかはその際まだ決定されていないのである。したがってすべての数学的概念はそれ自身においては未だ認識ではない、かの純粋感性的直観の形式に従ってのみわれわれに現れ得る事物が存するということを仮定しない限りは。」(B 147) とカントは述べているし、さらに一層はっきりと、「われわれは空間一般に関して、あるいは産出的構想力が空間の中に描く形体に関して、多くのことを先天的に——実際何等の経験をも必要としないで——総合判断において認識することはできるが、しかしもしも空間が外的経験に対する素材を構成する現象の制約として見なされ得ないならば、この認識は何ものでもなく、単なる幻想を取り扱っているにすぎないであろう。」(A 157, B 196) とも言っている。こうした数学観の基礎の上に立つとき、数学的認識は当然経験的対象とかかわりを持つのであり、したがってもしも数学的判断が先天的総合判断であるならば、この数学的判断について「いかにして先天的総合判断は可能であるか」と問うことは、形而上学の革命にとっても決して無意義ではないことになるのではないかとも考えられるかも知れない。しかしよく考えてみると、実は決してそうではないのである。というのはこの場合には数学的認識は厳密な意味ではもはや先天的認識ではなくなってしまうと思われるからである。もしも数学的認識が全然経験的対象とのかかわり合いを持たず、純粋に論理的性格のものであるならば、それは確かに先天的認識であり得るであろう。それは任意に定められた公理群から演繹的に新しい判断を導出してくればよいのである。しかし数学が経験的対象に適用されねばならないとするならば、われわれは決して任意に公理を選ぶことはできないであろう。われわれは経験的対象に妥当するような公理を選ばねばならない。だがわれわれはどうしてこのような公理を選択し得るであろうか。それは先天的に選ばれることは全くできないであろう。われわれは経験的対象を知り、それに基づいてそれに適合するような公理を選ぶ外はない。そうすれば経験的対象に適合する公理の選択ということは広い意味においてすでに経験的性格を持つと言うべきなのではないであろうか。もとよりそれは個々の経験的対象の認識と同様の意味で経験的性格を持つのではないが、それにしても経験的対象と全く無関係に先天的に行われることはできないのである。したがって数学的認識というものを経験的対象に適用し得るもの、またその限りでのみ意義を持つものと考える考え方——カント自身こういう考え方を取っているのであるが——に立つならば、それは確かに総合判断であるとは言えようが、今度は逆に先天的判断ではないということになる。そしてこの場合には数学的認識を模範として形而上学の革命を企てようとすることは意味を持つけれども、「いかにして先天的総合判断は可能であるか」という問いは依然として誤りであると言わねばならない。われわれはただ「いかにして確実な総合判断は可能であるか』という問いを問い得るにすぎないのである。

四　カントの意図と実際の業績

認識論的主観主義の実験的不可能性

こうして私の見るところでは、「いかにして先天的総合判断は可能であるか」という「純粋理性批判」の問題提出そのものが実はカントの誤った前提の上に立ってなされたものであった。カントが自然科学の実験的方法を模範として形而上学の革命を行おうとするならば、実は決して問題をこのような形で提出すべきではなかったのである。

ところがカントは誤った問題を提出してしまった。そしてこの誤った問題に対して解答を求めていったのである。問題が誤っている以上、解答もまた誤っていることは言うまでもないことである。この誤った解答がすなわち認識論的主観主義の思想に外ならない。対象についての先天的総合判断が可能であるとするならば、対象そのものが主観の先天的な認識原理によって構成されると考える外仕方のないことは言うまでもないことであろう。先天的総合判断という思想と認識論的主観主義の思想は根底において同一である。先天的総合判断が成り立つと考えれば、ただちに認識論的主観主義を認めねばならないのである。

こうして認識論的主観主義の思想は、先天的認識のみ確実性を持ち得るという誤った前提の上に立って考えられた思想であると言わねばならないが、もしそうであるなら、認識論的主観主義の思想が決して自然科学の実験的方法の形而上学への導入ではあり得ないことは当然のことであろう。すでに述べたようにカントはこの二つの事柄を無雑作に同一視しているが、実は両者は同一であるどころか、むしろ互いに全く相容れないものであると言わねばならないのである。

実験的方法において対象のうちに投げ入れられるものは決して先天的な主観の認識原理ではなく、経験的性格のものでなければならなかった。それは経験的なものであるが故にこそ、実験によって吟味することができたのである。だが認識論的主観主義のように、主観の先天的形式を投げ入れることによって対象が構成されるのであると考えるならば、われわれはいかにしてもこの考え方が正しいかどうかを吟味することができない。なぜならこの先天的形式はどの対象に対しても同様に働いているはずであり、決してこの場合には妥当するが他の場合には妥当しないというようなことが生ずるはずはない、したがってある対象についてそれが先天的形式によって構成されていると考えるならば、他のいかなる対象もまた当然同様に考えられることになってしまうからである。言いかえれば、主観の先天的形式というものはちょうど近世以前の自然研究において考えられていた自然現象の本質というものと同様の性格を持っていると言えるのではないであろうか。自然現象の本質を考えるとき、実験的方法が採用できないということは前に述べた通りであるが、その理由は、その本質が同種類の現象の根底に一様に存するべきものであるからであった。ある現象の根底にある本質を把握したと考えるとき、その本質は同種類の現象の根底にもまた当然同様に存するのであるから、われわれはこの本質という考え方を現象に投げ入れてみて実験的に吟味してみることができないのである。主観の先天的形式というものについても事情は全く同じではないであろうか。ある対象が主観の先天的形式によって構成されているとわれわれがひとたび考えるならば、他の対象もまたそう考えられることは当然のことであり、それ故われわれはこの先天的形式という考え方を実験的に確かめることは全く不可能なのである。

カントといえども、この点に全く気がついていないというわけではない。カントは「純粋理性の命題を吟味するために、（自然科学においてのように）その対象について実験することはできない、ましてその命題が可能的経験の限界を越えている場合にはそうである。」(B XVIII, Anmerkung) と明瞭に述べている。しかしそれにもかかわらず、かれはなおある意味で認識論的主観主義の思想の正しさは実験的に決定される (cf. B XIX, Anmerkung) と考えているのである。カントの考えによれば、このことは二つの点において行われる。第一に、認識論的主観主義の思想は「形而上学に、その第一部門、すなわち対応する対象がそれに適合して経験において与えられ得るような先天的概念を論究する部門において、学としての確実な道を約束する。なぜなら、われわれはこの思考法の変化によって先天的認識の可能性を見事に説明できるのであり、さらに経験の対象の総括としての自然の根底に先天的に存する法則に十分な証明を与えることができるからである……」(B XVIII—XIX)。そしてさらに第二に、上述の第一部門によってわれわれの認識は経験界・現象界に限られ、物自体の世界・超感性界に及ばないことが示されるが、しかしこのことによって少くとも物自体の世界の存在の余地が確保されるのであり、「可能的経験の限界を越え出ることが本質的な関心事である」(B XIX) 形而上学の第二部門に対してもまた道を開くのであり、ここに認識論的主観主義の思想の正しさが改めて証明される、と言うのである。

しかしこのようなカントの考えは成立しないと言うべきであろう。認識論的主観主義の思想はこの二つの仕方で決して実験的に確かめられるとは言うことができない。カントの挙げている第一の点が認識論的主観主義の正しさを何等証明するものでないことは改めて述べる必要も恐らく存しないであろう。カントの言うところは、認識論的主観主義は先天的認識の可能性を説明するが故に正しいということであった。しかし先天的総合判断という考えが問題を含んでいることはすでに見た通りである。そして先天的総合判断の可能性を認めれば、そこからただちに認識論的主観主義が導かれてくることは当然のことなのである。それ故、カントの言うように、先天的認識の可能性を説明するということの故に、認識論的主観主義が正しいと論ずることは決して許されることではない。カントは先天的総合判断が可能であると考え、それを基礎づけるために認識論的主観主義を主張しながら、今度はまた逆に認識論的主観主義の正しさはそれによって先天的総合判断の可能性が基礎づけられることによって証明されると主張するのである。これは全くの循環論証にすぎないであろう。後に見るように、直観形式、カテゴリーおよび諸原則の先天性についてのカントの証明がすべて循環論証に終っていることも、この点からの当然の結果であると考えられる。

第二の点もまた同様に認識論的主観主義の証明となるものではない。カントの言うところは要するに認識論的主観主義を取れば、それによって現象界と物自体の世界が区別されることになり、このことによって超感性界の学としての形而上学の可能性が保証されるが故に、認識論的主観主義は正しいということであった。しかしこのような証明は決して認識論的主観主義そのものの直接的な証明ではなく、間接的な証明にすぎない。そしてこういう間接的証明が果して認識論的主観主義の正しさを証明する強力な根拠となり得るかどうかは極めて疑わしいと言わねばならない。なぜなら、形而上学の可能性はなるほど認識論的主観主義によっても基礎づけられるかも知れないが、しかし他の考え方によってもまた基礎づけられるかも知れないからである。実際われわれはカントみずから「先験的方法論」(transzendentale Methodenlehre) において先験哲学においては間接的証明が行われ得ないと、述べていることに注意しなければならない。「純粋理性の証明は決して間接的 (apagogisch) であってはならず、常に直接的 (ostensiv) でなければならない」(A 789, B 817)。もとよりカントによれば間接的証明はどんな学問においても用いられ得ないというのではない。それは直接的証明にくらべれば証明力が弱いけれども、しかしある場合においては直接的証明以上にかえって直証性 (Evidenz) を持っていることもあり得る。数学などにおいて間接的証明がしばしば行われるのはこの理由によるのである。しかし「間接的証明法はわれわれの表象のうちにおける主観的なものを、客観的なもの、すなわち対象のうちに存するものの認識と誤って考えてしまうことのあり得ない学問においてのみ許されるのである。このような取り違えが起りがちである学問においては、ある命題の反対が単に思惟の主観的制約には矛盾するのみであって決して対象には矛盾しないということ、あるいはまた二つの命題が誤って客観的と考えられた主観的制約のもとにおいて互いに矛盾するのみであって、そしてこの制約が誤っているのであるから両方共誤りであるということもあり得るのであり、一方が偽であるからと言って他方が真であるとは推理することができないということが往々にして生ぜざるを得ない」（A 791, B 819)。カントによると、数学においてはこうした取り違えは起り得ない。自然科学においても経験的直観を基礎とするが故に、この取り違えは多くの場合多数の比較観察によって阻止される。しかし先験的哲学の場合にはこのような取り違えが容易に行われるのであり、したがって間接的証明はその効力を持たないのである。こうしてカントみずから先験哲学における間接的証明を否定していることを考えるならば、認識論的主観主義の思想についても、その間接的証明が決して強力なものであり得ないことは当然なのではないであろうか。もとよりカントが先験哲学における間接的証明を否定したとき、かれは主として「純粋理性の二律背反」を眼中に置いていたと考えられる。「二律背反」においては、後に述べるように、理性は定立の側においても反定立の側においても自己の主張と反対な主張を仮定し、その仮定のもとでどういう不合理が生ずるかを検討することによって、間接的に自己の主張の正しさを証明しようとする。カントの二律背反の解決は定立も反定立も共に誤った前提の上に立っているということであり、それ故にカントは先験哲学における間接的証明が成り立ち得ないことを強調したのである。しかし同様のことは認識論的主観主義の間接的証明についてもあてはまるのではないであろうか。この場合の間接的証明とは、二律背反の場合のように、自己の主張と反対の主張を仮定してそこから生ずる不合理を指摘することによって自己の主張の正しさを証明するという形式を取っていないようにも見える。それは認識論的主観主義の思想によれば現象と物自体の区別が行われるのであり、したがって物自体についての学としての形而上学の成立の余地が残されるということであった。しかしよく考えてみると、この場合にも証明は実は、認識論的主観主義の思想を取らない限りは、現象と物自体の区別は認められず、形而上学は成立し得なくなると言っているのであり、すなわちここにおいてもやはり自己の主張と反対の主張を想定すれば、形而上学が成立しないという不合理が生ずるから、自己の主張が正しいと考えていると言えるのではないであろうか。そうすれば、カントが二律背反の場合に定立も反定立も共に誤っていると考えたと同じように、この場合においてもカントの認識論的主観主義の立場もまたそれと反対の立場も共に偽であると考える可能性が存するのではないであろうか。カントがその反対の立場を否定するのは、その立場に立てば現象と物自体の区別がなくなり、形而上学の可能性の根拠が失われるということであった。しかし物自体の世界が認められなければ形而上学は成立しないという考え方こそ問題を含んでいるのであり、この考え方がもしも崩れれば、認識論的主観主義の思想も決して何等証明されないこととなってしまうのである。

実際、現象と物自体の区別という考え方は決して無雑作に承認される思想ではないであろう。いやむしろすでに早くヤコービー（F. H. Jacobi）によって「物自体の仮定なくしてはカント哲学にはいるを得ず、物自体の仮定あってはカント哲学に止まることができない」と評された物自体の概念こそカント哲学のうちの最も問題的な概念であると言わねばならない。カントはわれわれの認識はすべて現象界の範囲に限られると主張した。そうであるとするならば、われわれはどうして物自体界の存在を主張する根拠を持つのであろうか。物自体界が存在すると主張するためには、われわれは何等かの意味において物自体界を認識の対象とすることができなければならないことは言うまでもないであろう。しかしこのことは元来カントの認識論的主観主義の思想によれば全く不可能であったのである。このように大きな問題を含む物自体の概念によって認識論的主観主義の思想を証明するということはいかにしても強力な証明ではないと言わねばならない。

実際の業績　こうして私はカントの認識論的主観主義の思想は決して積極的意義を有するものではないと考える。カントみずからはこれをコペルニクス的転回と考え、「純粋理性批判」の根本思想となしたのは言うまでもないが、しかしこの思想は実はカントの真の意図と矛盾するものであると言わねばならない。なぜなら、カントは自然科学における実験的方法を模倣して形而上学の全面的革命をなしとげようとしたのであるが、認識論的主観主義の思想は実験的方法とはおよそ両立し得ないものであると言わねばならないからである。カントは自然科学がその実験的方法によって確実な学としての道を歩み得たということを洞察しながら、先天的認識のみ確実性を持つという当時の一般的な考え方に誤られて、実験的方法をただちに認識論的主観主義と同一視してしまい、その結果かえって自然科学の基礎づけというその本来の意図をも遂行することができなくなってしまった。そしてさらに、カントは認識論的主観主義の形而上学への導入の試みはその結果から見てその正しさが証明されると考えているが、この点についてもわれわれはカントの考え方のうちに大きな欠陥を見出さねばならなかったのである。

だがこのように見ることができるとするならば、われわれは「純粋理性批判」のうちになぜ多くの不整合が生じて来たかということをも理解することができるのではないであろうか。認識論的主観主義の思想は実験的方法と矛盾するものであり、したがってまた認識論的主観主義の考え方の上に立って認識の客観的妥当性を基礎づけることは極めて困難である。あるいはむしろ不可能である。それ故カントは自然科学的認識あるいは形而上学的認識を基礎づけようとするに際して多くの困難に直面する。しかもカントは認識論的主観主義の思想をあくまでも固執しようとしたため、カントの思想は動揺せざるを得ない。たとえば、後に見るように、先天的総合判断の客観性を基礎づけるためには直観と悟性の二元論的立場に立つことが必要であるが、この二元論的立場に立つと認識論的主観主義の思想を貫くことができなくなる。あるいはまた認識論的主観主義の思想において対象を構成する主観は元来個人的主観という意味であるべきであるが、先天的総合判断の客観的妥当性を考えるためにはそれに超個人的主観という意味を与えねばならなくなる。このような動揺が「純粋理性批判」の随所にあらわれ、それによって不整合が生じてくると考えることができるからである。

したがってわれわれが「純粋理性批判」を「整合的に」理解するためには、このカントの動揺を見抜き、そこから生ずる不整合を取り除いてゆかねばならない。言いかえれば、認識論的主観主義の思想の欠陥を把握し、それが「純粋理性批判」においてどういう難点を生ぜしめたかを理解し、認識論的主観主義の思想を取り除いたときに「純粋理性批判」がどういうように解釈されるべきかを考えねばならない。実験的方法の形而上学への導入というカントの意図が純粋な形でどう生かされるべきかを考えねばならない。カントは「先験的感性論」および「先験的分析論」において自然科学的認識の基礎づけを行おうとした。しかし自然科学的認識が実験的方法によって成功しているとするならば、カントがここで述べていることは認識論的主観主義を取り除いてもなお十分にその意義を持つことができるのではないであろうか。またカントは「先験的弁証論」において形而上学への実験的方法の導入を目ざしたのである。そうすれば、認識論的主観主義を取り除いても、そこにはなお大きな意味を認め得るのではないであろうか。

こうして以下の叙述において私は二つのことを常に念頭におく。一つは認識論的主観主義の思想がいかなる点で限界を持ち、またカント自身その限界に突当っていかに解決し得ない問題にぶつかっているかということである。そしてもう一つはこの認識論的主観主義の思想を取り除くとき、カントの所説がどういう意義を持つものとして理解されるかということである。「純粋理性批判」に対するこのような態度は、カント自身の自覚を越えてはいるが、カントの真の意図を必ずしも曲げるものではなく、それを現代において新しく生かすものであるとは言えないであろうか。

第二章　感性と悟性

（先験的感性論とカテゴリーの形而上学的演繹）

認識論的主観主義とは主観が対象に従うのではなく、逆に対象が主観に従うと考える思想であった。しかしそれでは対象が主観に従うということはどういうことであろうか。それは対象が全く主観によって作り出されるというものなのであろうか。われわれの主観の働きによって、対象が自由に作り出されるということなのであろうか。言うまでもなくこういうことはわれわれ人間の場合には成立しない。もしも神というものを考えるならば、恐らく主観の働きによって自由に対象が作り出されると考えることができよう。そしてまたその場合には、対象が主観に従うという認識論的主観主義は文字通り成立するであろう。しかし人間の場合には対象は決して主観の働きによって自由に作り出されるものでないことは言うまでもない。たとえばわれわれの前にある机は、目を開けば否応なくわれわれの目にうつるのであって、われわれは決してそれを自由に他の物に変えることはできない。この意味で机というような対象は存在上はわれわれの主観から独立であると言わねばならない。しかもこの存在上主観から独立な対象が主観に従うということ、つまり主観によって構成されるということはどうして可能なのであろうか。このことは必ずしも容易に解き得る問題ではない。認識論的主観主義の考え方は、「いかにして先天的総合判断は可能であるか」という問題を提出する以上、唯一の可能な解答であるが、しかしそれは始めから極めて大きな問題をかかえているのである。主観から存在上独立な対象がそれにもかかわらず主観によって構成されると考えねばならないということ、この要求のうちには本来大きな無理が存するのである。カントはこの問題を解こうと苦心した。しかしカントの苦心は果して成功していると言えるであろうか。われわれはこの点を検討しなければならない。

カントがこの問題を解決するために考えた解答は言うまでもなくわれわれの感性（Sinnlichkeit）のうちに空間・時間という先天的な直観形式があり、また悟性（Verstand）のうちに十二の先天的概念すなわちカテゴリーが存するということであった。カントによれば、対象についての認識が行われるためにはまず対象が直観によって与えられねばならない。このことは神の場合には恐らく不要であろう。神は思惟することによって対象を作り出してゆくことができるであろうからである。しかし人間の場合には対象をみずから自由に作り出してゆくことはできないのであるから、対象はまず直観によってわれわれに与えられねばならない。もとより単なる直観によって認識が成立するのではない。認識が思惟の働きなくして成り立たないことは言うまでもないであろう。しかし人間の思惟はみずから対象を作り出すことができない以上、思惟すべき素材をまず他から与えられねばならず、その故に思惟の働らく以前に直観が先行することが必要なのである。「人間の認識には二つの幹――それは恐らく一つの共通な、しかしわれわれには知られない根から生ずるのであろうが――すなわち感性と悟性とがある、前者によって対象がわれわれに与えられ、後者によってそれが思惟されるのである」（A 15, B 29）。こうしてカントによれば感性と悟性の両者の協同によって認識は成立するのであり、先天的総合判断が可能であるためには、感性と悟性の両者のうちにそれぞれ先天的な認識形式が存しなければならないと考えたのである。

一　先験的感性論

直観形式としての空間・時間　カントはまず先験的感性論（transzendentale Ästhetik）において感性のうちに先天的な直観形式が存することを見出そうとする。

先天的総合判断が成立すると考える以上、先天的な直観形式が存しなければならないとカントが考えたことは極めて当然であったと言うべきであろう。認識が行われるためにはまず直観によって対象が与えられなければならないとするならば、先天的直観が存するということが先天的判断の成立のための不可欠な条件でなければならない。もしも先天的直観が存せず、直観はすべて経験的なものであるとするならば、こうした経験的直観を基礎にして成立する認識はすべて経験的性格のものであると言わねばならないことは明らかである。そしてさらに直観こそ総合判断を可能ならしめるものであると言うことができる。われわれは思惟によってすでにわれわれの所有している概念を分析することはできる。しかし概念の分析によってわれわれの作り得る判断は単に分析判断にすぎない。合理論の哲学はこの点を洞察せず、思惟によって次々に新しい真理を把握してゆくことができると考えた。だがここにこそ合理論の哲学の欠陥が存したのである。総合判断は分析判断ではない。総合判断においてわれわれは単に主語概念の分析を行うのでなく、主語概念をその中に含まれていない述語概念と結びつけなければならない。つまりわれわれは主語概念の外に出なければならない。このことを可能ならしめるものは、そこにおいて対象が与えられる直観以外の何ものでもあり得ないであろう。この直観の助けによってのみわれわれは単なる概念の分析を越えて、分析的に互いに他を含まない二つの概念を判断において総合的に結合することができるのである。それ故先天的直観が存在すれば、そこに先天的総合判断が可能になることは十分に理解されることになると言えるであろう。

しかしそれでは先天的直観というものはどうして可能なのであろうか。直観とはそれによって対象が与えられるものであった。だが対象が与えられるということは決して先天的に行われることができないと言わねばならないであろう。「直観は対象がわれわれに与えられる限りにおいてのみ成立する。しかしまた対象が与えられるということは、少くともわれわれ人間にとっては、対象が何等かの仕方で心性（Gemüt）を触発する（affizieren）ことによってのみ可能である」（B 33）。このように対象が心性を触発することによってのみ直観が成立するとするならば、直観は決して先天的に行われることができないと考えられるであろう。それ故先天的直観が可能であるとするならば、対象が与えられるということのうちにすでに感性の先天的な形式がはいっていると考える外はない。対象はたしかにわれわれの心性を触発しなければならないであろう。しかしこうして与えられた対象をわれわれが対象として直観するということが感性の先天的形式によって成り立つとするならば、われわれは直観のうちに先天的なものの存することを理解し得るのであり、したがってまた先天的直観の存在をも理解し得るのである。

こうしてカントは「先験的感性論」において感性のうちに先天的形式が存することを論証しようとする。カントの説明するところによれば、われわれが対象によって触発されることによってわれわれの表象能力に生ずるものは感覚（Empfindung）である。この感覚をその中に入れて秩序づける形式は感性自身のうちに備わっているのである。そしてこの感性の先天的形式によって感覚が秩序づけられることによって現象（Erscheinung）としての対象が生ずる。われわれが通常直観において与えられたものとして考えている対象というのは実はこのようにすでにわれわれの感性の主観的・先天的形式によって成立せしめられているのである。現象のうちにおいて感覚に対応するものは質料（Materie）であり、現象は決して単にこの質料のみによって成り立つのではなくこの質料がその中において秩序づけられている形式をも有するが、この形式は実はわれわれの感性の先天的形式に外ならないのである。カントはこの感性の先天的な直観形式を、それが自己のうちに感覚に属する何ものをも含んでいないということから、純粋直観（reine Anschauung）とも称している（A 19―20, B 34―35）。

それではこの純粋直観あるいは先天的な直観形式とはいかなるものであろうか。カントは周知のごとくそれを空間と時間であると考えた。われわれは外感（äusserer Sinn）によって対象をわれわれの外にあるものとして、つまり対象をすべて空間においてあるものとして表象する。また、内感（innerer Sinn）によって心の内的状態をすべて時間のうちにあるものとして表象する。それ故もしも空間と時間がわれわれの主観から独立な物自体としての対象に属する限定ないし関係ではなく、われわれの主観の感性の形式であることが示されるならば、直観において与えられるあらゆる対象がすでにわれわれの主観に従って成立するということ、あるいは物自体ではなく現象であることが主張されるであろう。

カントの論証　それではカントはいかにして空間および時間が直観形式であることを論証したのであろうか。われわれはまず空間についてのカントの論証を見よう。

カントは空間が先天的直観であるということの論証を形而上学的究明（metaphysische Erörterung）と先験的究明（transzendentale Erörterung）とに分けて行おうとする。形而上学的究明とはある概念*（この場合には空間）そのものを分析してそれが先天的であるゆえんを証明しようとするものであるが（B 38）、カントはここで四つの論証を行っている。

＊　ここでカントは概念ということばを用いているが、このことは空間が概念ではなくて直観であると主張しようとする以上、誤解を生じやすいと言わねばならない。スミスやペイトンも言うように、カントは観念ということばを用いるべきであったであろう。(Smith, *Commentary*, p. 99; Paton, *Kant's Metaphysic of Experience*, I, p. 108, note 1)

(1)　「空間は外的経験から抽象されてきた経験的概念ではない。なぜなら、ある諸感覚を私の外なるあるもの（すなわち私がいるのとは違った他の空間の場所におけるあるもの）に関係させるためには、同様にまた私がそれらの諸感覚を別々な並存するものとして、したがって単に異なるものとしてではなく、異なった場所にあるものとして表象し得るためには、空間の表象がすでに根底に存しなければならない。それ故、空間の表象は外的現象の関係から経験によって得られたものではあり得ず、この外的経験そのものがただ空間の表象によってのみはじめて可能なのである」(A 23, B 38)。

　このカントの文章は決して分りやすいものではないが、要するにその主要点は、もしも空間の概念が外的経験から抽象されてくるとするならば、われわれはまず諸感覚を異なった場所において存するものとして表象し得なければならないが、異なった場所にあるものとして表象するということがすでに空間の表象を予想しなければ不可能であり、したがって空間は経験から得られるものではないという点にあると言えよう。

(2)　「空間はあらゆる外的直観の根底に存する必然的先天的表象である。われわれは空間のうちにいかなる対象も存しないということを考える（denken）ことはできるが、空間そのものが存しないという表象を作ることはできない。したがって空間は現象に依存する規定ではなく、現象を可能ならしめる制約と見るべきであり、必然的に外的現象の根底に存する先天的表象である」(A 24, B 38—39)。

この場合注意すべきは、カントがその中にいかなる対象も存しない空虚な空間を直観し得ると考えているのではないということである。空虚な空間の直観が不可能であることは言うまでもないことであるし、カントもこのことをくり返して述べている。* カントがここで言おうとするのは、そうではなく、ただいかなる対象も存しない空虚な空間を考えてみることはできるが、空間的規定を持たない外的対象を考えることはできず、したがって空間は一切の外的対象の根底に必然的に存し、それを可能ならしめている先天的制約だと言うのである。

* たとえば、「第三の類推」の原則で同時存在を論じている際に、カントは「私は空虚な空間というものを否定しようとするのではない、なぜならそれは存在するかも知れないから。〔しかし〕そこには知覚は到達せずそれ故に同時存在の経験的認識は全く生じない、それはわれわれのあらゆる可能的経験に対して何等の客観ともなり得ないのである」（A 214, B 261）と述べている。また、「第一の二律背反」の反定立の証明の註においても、「空間は外的直観の単なる形式（形式的直観）であるが、しかし外的に直観され得る現実的な対象ではない」（A 429, B 457）と述べている。

以上二つの論証のうち、第一のものは空間が経験から抽象されてきたものではないということを示そうとするものであり、それはなお消極的である。第二の論証にいたって積極的に空間が先天的表象であることが示される。したがって第一の場合には、場所的相違を表象するためにすでに空間の表象が予想されるということが主張されているのみであるのに対して、第二の場合には、さらに進んで外的直観の対象そのものが空間の表象によって可能ならしめられるということが主張されているのである。もしも空間が対象を可能ならしめる制約でなく、対象に依存するものであるとするならば、われわれは空間的規定を取り除いても対象を表象することもできるであろうが、このことは不可能だからである。このように第一と第二の論証はそれぞれ異なった点を目ざしており、消極的な論証から積極的な論証へ進んでいったものと解せられるが、しかし以上においては要するにまだ空間が先天的であるということが証明されたのみであって、それが直観形式であるゆえんは示されていない。したがって次の第三と第四の論証はさらに進んで空間が概念ではなくて直観であることを示そうとするのである。

(3) 空間は概念ではなくて純粋直観である。なぜなら、「われわれはただ一つの空間を表象し得るのみであって、われわれが多くの空間について語る場合も、実は同一のただ一つの空間の諸部分を意味するにすぎない。これらの部分はすべてを包括する唯一の空間に対していわばその構成要素(そこから空間が構成されるような)として先行することはできず、ただ唯一の空間のうちにおいてのみ考えられる」(A 25, B 39) からである。すなわち、カントの言おうとするのは、一般に概念とは多くの表象からその共通の徴表を取り出してきて構成されるものであり、したがって概念を作るためにはまずその構成要素である多くの表象がなければならないが、空間の場合には事情は全くこれと反対であり、それ故空間は概念ではなく、直観だというのである。

(4) 概念は「無数の異なった可能的表象のうちに(その共通な徴表として)含まれる」ものであり、したがって「これらの表象を自己の下に (unter sich) 含むものである」。けれども「いかなる概念も、概念としては無数の表象を自己のうちに (in sich) 含むかのごとく考えられることはできない」。ところが空間は無限な量として表象されるのであり、無限な部分を自己のうちに含む。それ故空間は直観であって概念ではない。*

* この第四の論証は第一版と第二版とで多少異なっている。ここに述べたのは第二版の論証であるが、第一版では、空間は無限な量として表象されるが、空間という概念そのものは決して量について何ごとをも規定するものではない。それ故空間が無限な量を持つものとして表象されるのは、それが直観であることを示している、というように論じられている。この両版における論証の相違について詳細に論じている註釈書もあるが、私はこの二つの論証は本質的にはそれ程異なっていないのではないかと考える。第二版においては空間は無限数の表象を自己のうちに含むということが強調されるが、これは要するに空間が無限な量を

持つものとして表象されるということであり、そしてその故に空間は直観であって概念ではないと主張されているのであるから、第一版の場合と全く同じであると言えるのではないであろうか。ただ第二版の方が概念と直観の性格を対比させることによって第一版で言おうとしたことをさらにはっきりと述べたものと解することができると思われる。

すなわちこの第三と第四の論証においては直観と概念の性格の相違を取りあげ、そこから空間は概念ではなくて直観であることが示されているのである。この場合概念とは伝統的論理学において考えられていた意味において、すなわち多くの特殊からその共通な徴表を抽象してきて構成されるものとして考えられていると言えるであろう。このような概念は多くの特殊をその構成要素として予想しなければならずまたこれらの特殊を自己のもとに含んでいなければならないが、空間は決してこうした性格を持たず、したがってそれは概念ではなく直観でなければならないとカントは主張するのである。

こうして第一と第二の論証において空間の先天性を、第三と第四の論証においてその直観であるゆえんを論証し得たとするならば、この形而上学的究明によって空間が先天的直観であることが示されたと考え得るであろう。

カントはさらにこの形而上学的究明に続いて、空間の先験的究明を行っている。先験的究明とは「ある概念を、それに基づいて他の先天的総合的認識の可能性が理解される原理として説明すること」(B 40) であるが、空間の場合について言えば、カントは空間を先天的直観と考えることによってのみ、幾何学的認識が先天的総合的認識であることが理解されると考えたのである。

カントによると、幾何学は空間の性質を総合的にかつ先天的に規定する学問である。ところがこういう認識が成り立つためには、まず空間は直観でなければならない。というのは、単なる概念からはその概念を分析することによって分析判断は作られることはできても、その概念を越えてゆく総合判断を作ることはできないが、空間についてはこのことが可能であるからである。しかしさらに進んで、空間は単に直観であるのみでなく、先天的直観でなければならない。なぜならもし空間が経験的直観であるとするならば、空間についての認識、すなわち幾何学は経験的認識でなければならず、必然性を持ち得ないはずであるが、幾何学的認識は必然性を持っているからである。こうして空間は先天的直観としてわれわれの心性のうちに備わっている直観の形式と考えられねばならない。

以上が空間についてのカントの論証であるが、時間についてもカントは同様の論証を行っている。すなわち、

(1) 時間は決して経験から抽象された経験的概念ではない。なぜなら時間表象が先天的に根底に存しないとすれば、知覚における一切の時間限定（あるものが他のものと同時に存在するとか継起するとかいう）は不可能だからである。

(2) われわれは時間から現象を取り去ってみることはできるが、現象というものから時間を取り除くことはできない。すなわち時間は一切の直観の基礎に存する先天的必然的表象である。

(3) 時間は概念ではなく、感性的直観の純粋形式である。というのは、種々の異なった時間は同一の時間の部分にすぎないからである。

(4) 時間表象は無限なものとして与えられ、一定の長さの時間というものはこの唯一の時間の制限として考えられる。したがって時間は概念ではなくて直観である。

これが時間についての形而上学的究明であるが、この外その先験的究明として、時間については必然的原則ないし公理（たとえば時間は一方位のみを有する、異なれる諸時間は同時的でなく継時的である、など）が考えられるが、このことは時間が先天的直観であることによってのみ可能であるという論証がある。

論証の検討　さて、われわれは以上の空間および時間についてのカントの主張を検討しなければならない。それは果してカントの意図するように空間および時間の先天的直観であることを十分に論証したものであろうか。しかし時間

の場合はほとんど空間の場合と並行的であるから、私はここではただ空間についてのみその検討を行うことにする。

われわれは空間についての形而上学的究明のうちの第一と第二の論証をまず考えてみよう。この論証において目ざされていることは空間の先天性ということであったと言えよう。第一の論証においては、われわれが異なる場所に存する多くの対象の表象を持つためにはすでに空間の表象を前提しなければならないが故に、空間は経験から抽象されたものではないということが主張された。第二の論証ではさらに積極的に外的経験そのものが空間の表象を基礎として成り立つものであるから、空間は先天的表象であると主張されたのである。この二つの論証はそれ自身としては確かに正しいと言うことができるのではあるまいか。われわれはカントの言うところをそのまま認めることができるであろう。しかしわれわれはカントの言うところを全面的に承認した上で、なお次のような疑問を提出することができる、すなわち、このような論証によって果して空間がわれわれの感性に先天的に備わっている直観形式であるということが証明されたのであろうかと。答えは明らかに否定的である。このことはカントの論証によっては未だ決して証明されていない。なるほどカントは空間がある意味で先天的表象であることを示したと言えるかも知れない。しかしこの場合先天的表象というのは、外的経験がそれによって可能ならしめられる表象という意味に解せられねばならない。つまり空間が外的経験の可能性の制約であるということに外ならない。空間が一切の外的経験の「根底に存する」(zum Grunde liegen)ということにすぎない。実際カントは第一の論証においても第二の論証においてもこの「根底に存する」ということばを用いているのである。しかし外的経験の根底に存するということとわれわれの感性の直観形式として存するということとの間には本質的な相違が存することは言うまでもないであろう。「根底に存する」ということは、その「根底に存する」ものが主観の形式として存するのではなくて、対象そのものの可能性の制約として客観的に存する場合でも成り立

つのである。空間というものが主観から独立に存在しており外的対象を成り立たしめるべき客観的制約として存してい
るとしても、空間は外的経験の「根底に存する」と言われることができる。われわれはこの場合でもやはりカントが第一の論証において主張するように、空間は経験から抽象されてきたものではないと言うことができるであろう。というのは外的経験が成り立つためにはすでに空間が予想されねばならないからである。さらにまたわれわれは、カントの第二の論証におけるように、外的対象から空間的規定を取り除いて考えることはできないが、空間から一切の対象を取り除いて考えることができるが故に、空間は外的経験を可能ならしめる制約であると主張することもできるであろう。だがこのような外的経験の「根底に存する」という意味での先天性は、決して主観のうちにその根源を有するということを意味するものではない。カントは確かにこの第一と第二の論証で「根底に存する」という意味での空間の先天的性格を示し得たと言えるであろう。だがカントがこれによってただちに空間が感性の先天的な直観形式であることを論証したと考えたとするならば、この推理には一つの飛躍があると言わねばならない。

だがこのような解釈に対しては異論も生じ得るであろう。実際この第一と第二の論証の文章は、カントの多くの文章がそうであるように、多義的であって異なった解釈を許すのである。われわれはこれらの論証を、決して空間が外的経験の「根底に存する」ということを主張するにとどまるものではなく、空間が感性の直観形式として主観のうちに先天的に存することを主張しようとするものであると解釈することも可能なのである。この解釈はたとえばファイヒンガーやスミスの取っているもので、(Vaihinger, *Kommentar zu Kants K. d. r. V.*, 2. Bd., S. 171 ff. Smith, *Commentary*, p. 99 ff.) この解釈によれば第一の論証はわれわれの感性に与えられる感覚そのものは決して空間的規定を持たず単に色・音等の性質を示すにすぎないのであるから、われわれがこれらの諸性質を結合してわれわれの外なる対象という表象を構成するのは、空間という形式が主観のうちに先天的に存しているからであるということを主張するものと解せられる。また第二の論証は、外から与えられる経験的なものは除き去って考えてみること

ができるけれども、空間は除き去ってみることができないから、それは主観のうちに先天的に存しているということを主張すると解釈される。確かにこのような解釈が生じてくるのは極めてもっともであると言うことができよう。なぜなら前に述べた私のような解釈をすると、カントは少しも空間が主観にその根源を有するということを証明していないことになるが、それはカントの意図から見て極めて不合理であると言わねばならないからである。カントが空間を以て主観の直観形式であると考えていたことは疑いない。そうすればカントがその形而上学的究明においてこのことを全く論証していないということは考えられないことではないであろうか。ここから右に述べたような解釈が生じてくるのは決して無理からぬことであろう。そしてカント自身の意図するところもあるいはその通りであるかも知れない。しかしもしカントの意図がそうであったとしても、われわれは第一と第二の論証を客観的に検討するとき、それは決して空間が主観の直観形式であることを証明していないと言えるのではないかと思うのである。第一の論証の叙述はたしかにあいまいなところがある。私はこの論証はさきに述べたように、空間が経験的なものであるとするならば多くの経験的対象から抽象して来たものでなければならないが、多くの経験的対象を表象するためにはすでにそれを異なった場所においてあるものとして表象できなければならず、したがってすでに空間の表象がその根底に存しなければならないということを主張するものと解した。しかしカントはこの論証で「対象」ということばを用いず「感覚」ということばを用い、「諸感覚を私の外なるあるものに関係させるためには」空間の表象がすでにその根底に存しなければならないと言っているのである。ここには空間が主観のうちにその根源を持ち、われわれはこの主観の形式によって諸感覚を結合して、「私の外なるあるもの」という表象を作るという意味が含まれているとも考え得るであろう。しかし諸感覚がそれ自身として空間的規定を持たないと言えるかどうかがまず問題であるし、またたとえ個々の感覚が空間的規定を持たないとしても、それだからと言ってただちに空間は主観にその根源を持つとは言えないであろう。なぜなら個々の感覚が非空間的であっても、これら多くの感覚の共同によって空間的表象が経験的に生じてくるということは十分に考え得るからである。第二の論証の場合にはそこで空間が主観の直観形式であるということが証明されていると見るのは一層無理である。われわれは経験的なものをすべて除去して考えてみることができるが、空間についてはそうできないからという理由で空間は主観に根源を有すると果して言えるであろうか。空間が外的対象の可能性の制約として客観的に存するとしても、われわれはなお依然として空間的でない外的対象を考えてみることはできないのである。要するに、第一と第二の論証は、たとえカント自身の意図がどうであれ、空間が主観の先天的な直観形式であるということを決して証明するものではないと言うべきである。

われわれは次に空間に関する形而上学的究明の第三と第四の論証について考えてみよう。この二つの論証は空間が概念ではなく直観であるゆえんを証明しようとするものであった。私はその限りこれらの論証が全く正しいと考える。概念を構成するためには、その前に多くの特殊が存在しなければならないが、空間の場合には事情は全く異なっている。空間の場合にはただ一つの空間の諸部分が存するのみである。また概念は自己の下に多くの表象を含むが、空間は決してそういうものではなく無数の表象を自己のうちに含むものである。こういうカントの主張は全面的に認められることができるであろう。しかしながらこのことからカントがただちに、空間はそれ故概念の能力としての悟性にではなく、直観の能力としての感性にその座を持つということ、したがってまたこれによって悟性という能力とは全く異なった感性という能力があるということを引き出し、感性と悟性の二元論的立場を確立し得たと考えたとするならば、このことは決して容易に承認されることではないと言わねばならない。なぜなら、このことが主張され得るためには、悟性というものが特殊を自己の下に含むという意味での概念の座であり、悟性的な思惟とはこのような概念を作る働きをするものである、ということが示されねばならないからである。悟性というものがそのようなものであるならば、われわれは確かに悟性と感性とは全く異なる能力であると言うことができるであろう。直観とはそのような概念とは全く無関係に成り立つものであるからである。そしてわれわれはカントと共に「直観によって対象が与えられ、悟性がそれを思惟する」という二元論的立場を主張することができるであろう。しかし悟性とは果してカントにおいてこのような概念の構成を行うにすぎないものと考えられているのであろうか。思惟とは直観によって対象が与えられた後に、その対象から共通の徴表を取り出して来て概念を作るものと考えられているのであろうか。むしろカントみずから悟性の働きを「先験的分析論」においてはこれとは違ったものとして考えているのではないであろうか。もしそうであるとしたならば、カントはこの第三と第四の論証によって空間が悟性とは全く違った感性のみと関係するものであることを示し得たのではなく、したがって感性と悟性の二元論的立場を確立し得たのでもないと言うべきであろう。――もとよりこの点についてここで詳述することはできない。それは後の叙述に譲られねばならない（一〇二ページ）。しかしカントの感性と悟性という二元論的立場が問題を含んでいることをわれわれはここで予め注意しておく必要があると考えるのである。

この第三と第四の論証についても、これが単に空間が概念ではなくて直観であるということを言おうとするにとどまるものではなく、さらに進んで空間が先天的直観であることを証明しようとするものであると考える解釈も存する。第三の論証について言えば、多くの空間について語るとき、それは必然的に一つの空間を制限したものと考えられるが、経験によっては必然性は生じて来ないのであるから、空間は先天的直観であるということになる。また第四の論証の場合においても同様に、空間は必然的に多くの空間を自己のうちに含むものと表象されるから、空間は先天的直観であると言わねばならないと解釈されるのである(cf. Paton, *Kant's Met. of Exp.*, vol. 1, p. 117, 121)。しかしこのような解釈は恐らく、カントの論証に余りにも多くのことを読みこみすぎていると思われる。カントは確かに第三の論証においては空間は概念ではなくして純粋直観であると言っているが（第四の論証においては先天的直観とか純粋直観という表現を用いていない）、しかしこれは第一第二の論証を前提した上でこう言っているのであろうと思われる。第一、第二の論証ですでに空間の先天性が証明されているとすれば、第三の論証で空間の直観であることが示されれば、空間は当然純粋直観であるということになるからである。さらにまたもしもカントの意図がこの第三と第四の論証において空間の先天的直観であるゆえんを証明しようとするところにあったとしても、その証明が成功しているとは決して言うことができない。それは循環論証以上のものではないであろう。この点については次の空間の先験的究明の叙述を参照されたい。

こうして空間の形而上学的究明の論証し得たことは空間が外的経験の可能性の制約であること、また空間が決して伝統的論理学で考えられるような概念ではないということにすぎない。空間がわれわれの感性の先天的直観形式であるということはこれによっては決して証明されていないと言わねばならない。

それでは次に空間の先験的究明はどうであろうか。ここにおいては幾何学的認識が先天的かつ総合的であるということから、空間の先天性ならびに直観性が証明されている。こうした論証は成功していると言えるであろうか。

われわれはまず空間の先天性について考えてみよう。先験的究明の場合の先天性とは確かに形而上学的究明において考えられていたような意味での先天性ではない。すなわち単に対象の可能性の制約という意味での先天性ではない。空間は、たとえ主観の直観形式でなくても、この意味での先天性を持つと考えることは可能であった。しかし先験的究明における先天性とはそうではなく、主観のうちにその根源を有するという意味でなければならない。幾何学的認識は必然性を有するからその基礎となっている空間的直観は先天的でなければならないというとき、主観がみずから先天的に投げ入れたもののみを必然的なものとして認識し得るというカントの考え方を取る以上、空間の先天性ということは空間が主観にその根源を有することでなければならないことは言うまでもないであろう。それ故この先験的究明においてカントは確かに形而上学的究明の場合とは異なって、空間が主観の先天的形式であることを証明しようとしているのである。しかしわれわれはこの先験的究明の論証が実は一つの循環論証であることに注意しなければならない。カントは幾何学が先天的総合判断であると断定してそれがいかにして可能であるかを問い、そこから空間が主観の先天的な認識形式であるという解答を得て来た。しかしすでに述べたように「いかにして先天的総合判断は可能であるか」という問題の提出は実は認識論的主観主義の思想の上に立ってはじめて行われるのである。このような形で問題を提出し、その解答として認識論的主観主義を持ち出してくることはそれ故決して真の論証ではないと言わねばならない。幾何学的認識の必然性は空間の先天性によって説明される。しかしまた逆に空間の先天性は幾何学的認識の必然性から説明されるのである。われわれが認識論的主観主義の前提となっている必然的認識すなわち先天的認識という考え方を捨て去るならば、先験的究明における空間の先天性の論証は全く崩れ去ってしまわねばならない。

われわれは次に先験的究明における空間が直観であるという論証について考えてみよう。空間の直観性の論証は幾何学的判断が総合判断であるということから導かれた。われわれは概念によっては分析判断しか下すことができない。それ故空間についての認識が総合的である以上は、空間は概念ではなくて直観であると考えられねばならないというのであった。この議論はそのものとしては確かに正しいと言うことができるであろう。しかしこの場合にもわれわれは、形而上学的究明の第三と第四の論証について述べたのと同じことを主張することができると思われる。すなわちここでなるほど空間が伝統的論理学に言ういわゆる概念ではないということは示されていると言えるであろう。われわれはこのような概念のみからしては単に分析判断しか作ることができないからである。しかしカントがもしもこれによって概念の能力としての悟性と並ぶものとして直観の能力としての感性の権利を主張し得ると考えたとするならば、このことは決して容易に承認されることではない。悟性の能力は単に与えられた概念の分析をするものにすぎないのであろうか。むしろカントが悟性の先天的概念と考えたカテゴリーはこれとは全く異なった性格のものなのではないであろうか。しかしこの問題の詳細な検討は「先験的分析論」の叙述の部分に譲られねばならない。

先験的究明が一つの循環論証にすぎないと見る見方に対してはもとより反対論が存する。この反対論によれば、カントは先験的究明において決して幾何学が先天的総合的認識であるということを前提として、このことが可能であるためには空間が先天的であると言おうとしているのではなく、ただ空間が先天的であるということから幾何学の必然性を説明しようとしたのだというのである。すなわちカントはすでに形而上学的究明において空間の先天性を証明したのであり、今度はその結果を用いて幾何学的認識の必然性がこれによって基礎づけられることを示そうとしたのだというのである。リール、パウルゼン、ファイヒンガー、スミス、ペイトンなど多くの人はこのような見解を取っている。(Riehl, *Der philosophische Kritizismus*, 3 Aufl, 1 Bd., S. 455, Paulsen, *Immanuel Kant*, S. 156, Vaihinger, *Kommentar zur Kants K. d. r. V.*, II, S. 263 ff., Smith, *Commentary*, p. 111, Paton, *Kant's Metaphysic of Exp.*, vol. 1, p. 130)

私はこのような見解はもとより十分その根拠を持っていると考える。恐らくカント自身の意図はこの解釈の見る通りであったろうと思われる。周知のように、カントは第一版においてはこの先験的究明と形而上学的究明とを区別せず一括して論じていたのであるが、第二版にいたってこの両者を区別し、しかも先験的究明を形而上学的究明の後に置いたのである。この事実はカントが第二版において自覚的に先験的究明が循環論証と考えられる危険を防ごうとしたものと解することができるであろう。カントは形而上学的究明を先験的究明に先立てることによって、空間の先天性は形而上学的究明によってすでに証明されていることをはっきり示そうとしているのである。カント自身のこの意図は、「プロレゴーメナ」の次のような文章を見るとき、はっきり読み取ることができるであろう。『純粋理性批判』においては私はこの問題（一般に形而上学は可能であるかという問題）について総合的 (synthetisch) なやり方をした、すなわち私は純粋理性そのものを探求し、この源泉そのもののうちに理性の純粋使用の要素ならびに法則を原理にしたがって規定しようと試みたのである。この仕事は困難なものであり、体系のうちにしだいに深く考え進んでゆこうと決心した読者を要求する。そしてこの体系は理性以外の何ものをも与えられたものとして基礎に置くことをせず、それ故いかなる事実にも頼ることなく、認識をその根源的な萌芽から展開しようと試みるのである。これに反して『プロレゴーメナ』は予習たるべきものである。それは学問そのものを叙述するというよりは、むしろ学問をできる限り現実にもたらすために何を為さねばならぬかを示すべきものである。それ故それはわれわれがすでに確実なものとして知っているところのものを基礎としなければならない、そしてそこからわれわれは安んじて出発し、未だ知られていない源泉、その発見によってわれわれがすでに知っていたことが説明されるのみならず、同時に同じ源泉から生ずる多くの認識の範囲が示されるような源泉にまでさかのぼってゆくことができるのである。それ故序説《プロレゴーメナ》、とくに将来の形而上学の準備たるべき序説の方法は分析的 (analytisch) となるであろう。われわれは学としての形而上学が現実に存するということを認めることはできないけれども、しかし幸いなことにある種の純粋先天的総合的認識が現実に与えられたものとして存することを確信を以て言うことができる、それはすなわち純粋数学と純粋自然科学である。……それ故われわれは少くともいくつかの明白な先天的総合的認識を有しうるのであり、先天的総合的認識は可能であるかどうかを問い得ず(なぜならそれは現に存在しているから)、ただ与えられている先天的総合的認識の可能性の原理から他のすべての先天的総合的認識の可能性を導出するために、いかにして先天的総合的認識は可能であるかを問い得るのである」(*Prolegomena*, § 4. IV, S. 274 ff.)。すなわちここでカントは「プロレゴーメナ」におけるように純粋数学および純粋自然科学という先天的総合的認識がすでに成立しているという事実を前提して、そこからその事実の成立の根拠を探求する方法を分析的方法と名づけ、それに対して「純粋理性批判」におけるようにいかなる事実をも前提することなく「認識をその根源的な萌芽から展開しようと試みる」方法を総合的方法と名づけているのであり、分析的方法は単に学問の予習としての「プロレゴーメナ」においてのみ使用され得るのであり、決して十全的な方法とは言い得ず、総合的方法こそ真の学問の方法であると主張しているのである。分析的方法がこのように積極的意義を持ち得ないのはそれが結局循環論証に終るからに外ならないであろう。事実を前提してその可能性の根拠を問うということは、その根拠が再びその事実によってのみ確かめられるものであるならば、どうしても循環を免れることができない。それ故カントはいかなる事実をも前提しない総合的方法を「純粋理性批判」において取ろうとしたのであろう。*そしてこのようにカントが「純粋理性批判」において総合的方法を取ろうとしている以上、少くともカントの意図としては、空間の先天性は先験的究明によってはじめて証明されるのではなく、形而上学的究明によってすでに証明されてしまっているのであり、先験的究明はただ形而上学的究明の帰結の正しさを追加的に確認しようとしたものであると考えられねばならない。

だが問題はカント自身の意図がどこにあったかということではなく、「純粋理性批判」における総合的方法が真に成功しているかどうかという点に存する。この方法が成功していると言い得るためには、言うまでもなく形而上学的究明において空間の先天性の証明が完全に行われていなければならない。しかし事態的に考えるとこの証明が十分なものでないことはすでにわれわれが上に明らかにしたところである。そうであるとすれば、カント自身の意図がどうであれ、結局カントは「先験的感性論」において空間の先天性の証明をただ先験的究明によってのみ行っているのであり、その先験的究明は分析的方法によってなされていると言わねばならないであろう。それはついに循環論証を免れていないのである。

＊　この点で注意すべきは「純粋理性批判」の第一版と第二版における問題提出の仕方の相違である。第二版において問題が「プロレゴーメナ」におけると同じく「いかにして純粋数学は可能であるか」「いかにして純粋自然科学は可能であるか」という形で提出されていることは周知の通りである。そしてカントは「これらの学については、それが現実に与えられているのであるから、いかにしてそれが可能であるかと問うことは適当であろう。なぜならそれが可能でなければならないことはその現実性によって証明されているからである」（B 20）と述べているのである。これに反して第一版においては問題はこのような形で提出されていず、先天的総合判断の性格の説明を行った後ただちにその可能性の根拠を問うという形になっている。この相違はどう解すべきであろうか。一見すると第一版では総合的方法を取り、第二版ではそれが分析的方法に改められてしまっているように見える。第二版の問題提出の仕方はそれ故誤解を引き起しやすいと言わねばならないであろう。しかし事態的に考えるならば、第一版においても第二版においても空間の先天性について同じ論証が行われているのであるから、両版においてこの点について実質的差違は存しないと考えるべきであろう。第一版において総合的方法が取られているとすれば、第二版においても同じ方法が取られているのである。むしろ第二版の場合の方が、すでに述べたように形而上学的究明の後にこれと区別して先験的究明を置いているだけ、はっきり総合的方法を取っているとさえ言うことができると思われる。第二版の問題提出の仕方は確かに分析的方法であるかのように誤解させやすいが、しかしカントはまず形而上学的究明において空間の先天性を論証し、ついで先験的究明においてそれによって幾何学的認識の必然性が基礎づけられると論じようとする意図を持っていたのである。

以上においてわれわれは「先験的感性論」におけるカントの空間・時間の形而上学的ならびに先験的究明について検討した。カントは先天的総合判断が可能であるためにはどうしてもまずわれわれの感性のうちに先天的直観形式が存在しなければならないと考え、空間・時間がこの直観形式であることを論証しようとした。こういう考え方は先天的総合判断という考えを許す以上当然のものであると言わねばならない。しかしカントのこの論証は決して成功しているとは言うことができない。空間・時間が概念でなくて直観であるということは一応これを認めることにしておこう。これについての検討は後の問題である。しかし空間・時間の先天性ということはカントにおいて少しも証明されてはいないのである。形而上学的究明は空間・時間のある意味での先天性を証明していると言えるかも知れないが、しかしその先天性とは決して主観の認識形式という意味での先天性ではなかった。そして先験的究明は実は単なる循環論証にすぎなかったのである。

もしこのように見ることができるとするならば、カントは先天的総合判断の可能性の基礎づけ、そしてまた同じことであるが認識論的主観主義の基礎づけの第一歩において重大なつまずきをしていると言われねばならないであろう。主観のうちに先天的な直観形式が存するということは先天的総合判断の可能性のための不可欠の条件である。しかもこの先天的直観形式の存在の証明が成功していないとするならば、われわれは認識論的主観主義という考え方そのものに大きな疑問を持たざるを得ないのではないであろうか。もとよりわれわれはここからただちに認識論的主観主義の思想が成立し得ないことを断定することは許されない。なぜなら、空間・時間の先天性の証明はカントにおいて決して十分に行われていないけれども、このことはまだ空間・時間が主観の先天的直観形式でないということを保証するものではないからである。空間・時間は主観の先天的直観形式であるかも知れない。そしてこう考えることは十分に可能なのである。空間・時間という直観形式に関する限り認識論的主観主義の思想は何の困難もなく成立し得る。もしも空間・時間がわれわれの先天的な直観形式であるとするならば、われわれの直観に与えられるすべての表象がこの直観形式によって秩序づけられねばならないことは当然のことであり、この意味で主観の先天的形式が対象を構成すると言うことができるからである

物自体の問題

こうしてカントの考えた論証は決して成功しているとは言えないが、しかしまたその故に空間・時

間が直観形式であることを示そうとした「先験的感性論」の思想そのものが誤りであるともただちに断定することはできない。こういう考え方は少くとも十分に成り立ち得るのであり、認識論的主観主義の思想は「先験的感性論」の範囲内では何の困難もなく考え得るのである。しかし、空間・時間が先天的な直観形式であり、われわれは感覚的所与をこの直観形式によって秩序づけて、いわゆる現象としての対象を構成するという思想それ自身は何も難点を持たないとしても、この思想はカント哲学のうちに極めて困難な問題を導き入れてしまった。それはすなわち物自体の問題であった。

空間・時間が主観の先天的な直観形式であるとするならば、われわれの直観する対象は現象（Erscheinung）であって物自体（Ding an sich）でないということは当然の帰結として生じてくることでなければならない。対象がそれ自体において、すなわちわれわれの感性の直観形式から離れていかなるものであるかはわれわれは決して知ることができない。われわれの知り得るのはただすでに直観形式によって秩序づけられている対象の姿であり、われわれに対して現象する限りでの対象にすぎない。カントがこのことを「先験的感性論」においてくり返して主張している（A 42, B 59; A 49, B 66 など）ことは周知の通りである。

もとよりこのことは決して空間的時間的な直観の対象、すなわちわれわれが通常自然界の事物と考えているところのものが単なる主観的な表象であって、実際には存在しないということを言おうとするものではない。いわゆる自然界を単なる観念と考えようとすることがカントの意図なのではない。カントにとって自然界はまさにわれわれがふつうに考えているように客観的に実在していると考えられていたことは言うまでもないであろう。もしそうでないとすれば、自然科学的認識の基礎づけを行おうとするその根本的意図そのものが成り立たないこととなってしまうであろう。カントは決して自然界が実在すると考えるわれわれの常識をくつがえそうとしているのではないのである。

このことはカントが他方において現象を仮象（Schein）から区別していることを見ても明らかである。すなわち現象としての対象は単に私にとってのみ存在するように見えるものではなく、すべての人間がそれを存在すると認めるものなのである。なぜなら現象は空間・時間という主観の直観形式によって秩序づけられることによって成立したものであり、この意味で主観の制約を離れて存するものではないが、しかしこの直観形式、すなわち対象を知覚するわれわれに特有な仕方は「すべての存在者にというわけではないが、すべての人間に必ず与えられていなければならない」（A 42, B 59）ものであるからである。もしも空間・時間が私ひとりに特有な直観形式であるならば、私の直観の対象は私ひとりにとって存在するように見えるものであると言わねばならないが、すべての人間が空間・時間という直観形式を持っている以上、私の直観の対象は同時にすべての人間にとっても認められるものなのである。「外的客観の直観も心の自己直観もいずれも外的客観と心とをそれぞれ空間と時間において、それらがわれわれの感官を触発する通りに、すなわち現象する通りに表象する、と私が言うとき、このことは決してこれらの対象が単なる仮象であると言おうとするのではない。なぜなら、客観のみならずわれわれが客観に帰する諸性質さえも現象のうちにおいて常に実際に与えられているものと見なされるからである。ただこの性質は、与えられた対象と主観との関係において主観の直観の仕方に全く依存しているのであり、したがってこの対象は現象として、客観自体としての対象からは区別されるのである」（B 69）。こうしてカントは空間・時間が物自体に属する性質ではなく、われわれの直観形式であるという点において、先験的観念性（transzendentale Idealität）を、そしてまたそれがすべての人間の必ず持っている直観形式であって現象としての対象の一切に対して客観的妥当性を持っているという点で経験的実在性（empirische Realität）を有すると言うのである（A 28, B 44; A 35 f, B 52）。

こうしてカントはいわゆる経験的対象に経験的実在性を認めながら、これを現象として物自体から区別するのであるが、この区別によってカント哲学のうちには大きな問題が生じてくる。それはすなわち、このような物自体の存在がどうしてわれわれに知られ得るかという問題である。われわれの知り得るのは現象としての対象、すなわちすでに空間的時間的規定を持った対象に限られるとするならば、われわれはこの現象としての対象の根底にそれ自身における対象が存するということさえ主張し得ないはずであるからである。この物自体の問題はまさにカント哲学の根本に存する難問であり、有名なヤコービーの批判をはじめとして数多くの解釈と論争とを生ぜしめたことは言うまでもないことであろう。

とくにこの「先験的感性論」における物自体と現象との区別についてのカントの説明は極めて素朴な考え方を示しており、この点が多くの論議を呼んでいるのである。カントは「先験的感性論」の冒頭において次のように述べている。「認識がいかなる仕方で、またいかなる手段を通して対象と関係するにせよ、認識がそれによって対象と直接に関係し、すべての思惟が手段としてめざすところのものは直観である。しかし直観は、ただわれわれに対象が与えられる限りにおいてのみ成立する。そして対象が与えられるということはまた、少くともわれわれ人間にとっては、対象が心を何等かの仕方で触発する（affizieren）ことによってのみ可能である。われわれが対象によって触発される仕方によって表象を受け取る能力（受容性）を感性という」（A 19, B 33）。「われわれが対象から触発される限り、対象の表象能力に及ぼす結果が感覚である」（A 19, B 33 傍点筆者）。これらの文章においてカントが現象としての対象の根底に、われわれの感性を触発して感覚を生ぜしめるものとしての物自体が存すると考えていることははっきり示されていると言えるであろう。対象についてのわれわれの直観が成立するためにはまず感覚が与えられねばならない。しかもその感覚は決してわれわれみずから自由に作り出すものではなく与えられるものであるから、ここにわれわれにこの感覚を与えるところのもの、われわれから独立なそれ自身における対象を考えるということはある意味では極めて自然であり、そのためカントもこのような意味での物自体の存在を考えたのであろうと思われる。

しかしこのような物自体の存在を想定することは少し考えてみればただちにその不合理なことが理解されるであろう。われわれの感性を触発する対象とは何等かの意味でわれわれの外にあるものでなければならないが、われわれの外にあるということはすでに空間的規定を含んでいると言わねばならない。それ故われわれの外にある物自体が感性を触発するという考えは自己矛盾を含んでいるとさえ言わねばならないからである。

それ故多くのカント研究者は「先験的感性論」のこのカントの文章に何とかして他の解釈を施し、感性を触発するものとしての物自体という考えをカントから抹殺しようと試みた。その解釈とはすなわちここに言う「触発する対象」は決して物自体ではなく現象としての対象であるが、現象としての対象はわれわれの主観の直観形式によって構成されるものであるから、われわれがこの現象としての対象によって触発されるということも実は不正確であり、正確にはわれわれがこの対象によって触発されると感じると言わねばならないというのである。* しかし私にはこのような解釈は余りにも細工を弄しすぎているように思われる。実際、われわれが素直に「先験的感性論」を読むとき、カントが現象としての対象の根底に物自体としての対象の存在を考え、この物自体が感性を触発すると考えていたということはどうしても否定することができないのではないかと思われる。

* H. Vaihinger, *Kommentar zu Kants Kritik der reinen Vernunft*, II, S. 35 ff. 参照。マイモン (Salomon Maimon)、フィヒテ (J. G. Fichte) などを始めとして多くの人達が触発するものとしての物自体という考えを何とかして否定しようとして

いる。高坂正顕博士も同様の見方を取っておられる（同博士著「カント」八八ページ以下）。博士によれば、カントは「物自体が触発する」という表現をどこにおいても用いていない。カントは多くの場合「触発される」という受動的表現を用いているのであり、「触発される」とは「与えられる」ということを意味し、感性の受容性を示すにすぎないのである。確かに博士のこの見解には傾聴すべきものがあるが、私には「先験的感性論」の触発という問題は余りに神経質に考えられる必要はないのではないかと思われる。なぜなら後に見るようにカントは決してこのような感性を触発するものとしての物自体の概念に固執しているのではないからである。

このことは、「プロレゴーメナ」において空間・時間の直観形式について論じている部分においてもカントが同様の考え方を述べていることから見ても、否定できないのではないかと思う。カントはここでみずからの立場を観念論から区別して次のように言っている（*Prolegomena*, §13, Anmerkung II, IV, S. 288 f.）。「観念論の本質は、思惟するもの（denkendes Wesen）以外には何も存在せず、われわれが直観において知覚すると信ずる他の一切の物は、思惟するものの内部の単なる表象であって、それに対しては実際はこの思惟するものの外に存する対象は全く対応していない、と主張するところに存する。これに反して私は言う、われわれの外に存する対象としての物がわれわれの感官に与えられている、ただわれわれはその物がそれ自体においていかなるものであるかについては全く知らないのであり、ただその物の現象、すなわちその物がわれわれの感官を触発することによってわれわれの内部に生ぜしめる表象、について知ることができるのみであると。それ故、われわれの外に物体、すなわち、それ自体においていかなるものであるかについてはわれわれに全く知られないけれども、われわれの感性に対するその影響によって作り出される表象を通して知ることができ、それにわれわれが物体という名称を与えるところの物が存在するということを、私はもちろん承認する。物体ということばはそれ故われわれにとって知られないが、それにもかかわらず現実的な対象の現象を意味するのである。

この主張を観念論と呼び得るであろうか。それは正に観念論の正反対なのである」（傍点筆者）。この文章にはこの上なくはっきりとカントの考えが示されている。カントは決して現象の根底に物自体としての対象が存在していることを否定してはいない。そしてその物自体としての対象がわれわれの感官を触発することを疑ってはいないのである。

それではこの点についてわれわれはどう解釈すべきであろうか。感性を触発するものとしての物自体の存在を考えるということは確かに極めて不合理である。物自体の存在を始めから想定し、この物自体と主観との相互の交渉から感覚が生ずると考えるのはいわば独断論的立場であり、独断論を否定しようとするカントの批判主義にはおよそ似合わしからぬことであると言わねばならない。しかしわれわれが先入見をもたずに「先験的感性論」を読めば、そこに感性を触発する物自体が存在すると考えられていることは否定することができないのである。だが私はこの点には余りこだわる必要はないのではないかと考える。たしかにカントは「先験的感性論」においてはこの意味での物自体の存在を考えている。しかしカントは決して「純粋理性批判」全体を通じて物自体の概念を同一の意味で考えているのではないのである。後に見るように、「先験的分析論」においては物自体とは決してその存在を積極的に主張し得ないもの、単なる限界概念（Grenzbegriff）（A 255, B 310）として消極的な意味において用いられるべき概念と考えられているのである。そうであるとすれば、「先験的感性論」においてカントはただ常識的に最も分りやすい意味で物自体の概念を提出したにすぎないのではないであろうか。そしてそのような素朴な立場から出発して「純粋理性批判」においてしだいにより高い立場に進み、物自体の概念もそれに応じて異なった意味に用いられたのではないであろうか。私はさきに述べたように「プロレゴーメナ」においても直観形式を論ずる部分に感性を触発するものとしての物自体という考えが述べられているところから判断して、この展開はカントが恐らく意識的に行っているのではないかと考える。カントは読者を最も分りやすい立場から高い立場へと導こうとしたのではないかと考える。しかしこの展開が果してカントが意識して行ったものであるか、それともつぎはぎ細工によって偶然に生じたものであるかは重要な問題ではない。とにかく客観的に物自体の概念の展開が「純粋理性批判」のうちに見出されるということは否定し得ないと思われる。カントの物自体の概念をすべて同一の意味に解そうと努力することは恐らく徒労に終る外はないであろう。

こうして私は「先験的感性論」においてカントが感性を触発するものとしての物自体の存在を考えているということはそれ自身としては何も取り立てて問題にすべきことではないと考えるのであるが、しかしこのことは見方によっては認識論的主観主義の思想の含む問題点を示しているのではないかとも考えられる。感性を触発するものとしての物自体という考えはすでに述べたように自己矛盾を含むものであった。経験的対象をわれわれがふつう考えるように実在すると考えることがカントの意図であるとするならば、感性を触発する対象は現象界に属するものであって物自体と考えることのできないことは言うまでもないことである。そしてそれ故にカントは「先験的分析論」においては自然界そのものを現象界と考え、物自体の概念は限界概念として以外には用いることができないという考えを述べているのである。しかしそのカントがなぜ「先験的感性論」においては感性を触発するものとしての物自体の存在を考えねばならなかったのであろうか。私は何かこういうものを考えないと現象と仮象とを区別することができなかったからではないかと思うのである。カントは空間・時間を直観形式であると考えた。しかしそうすれば現象と仮象とを区別しようとする以上、どうしても感性を触発するものとしての物自体の存在を考えねばならないのではないであろうか。われわれが何か幻覚を持ったと仮定してみよう。幻覚は仮象の典型的なものと言うことができるであろう。幻覚の対象はわれわれにとって単にわれわれの外にあるように見えるにすぎないからである。* しかしこの幻覚といえども空間的規定は持っている。すなわちわれわれの感性の直観形式によって秩序づけられているのである。そうすればわれわれは現象と仮象とをどうやって区別するのであろうか。現象が仮象と異なるのは、それがわれわれの外にある物自体によって触発されて生じた感覚を直観形式によって秩序づけたからであると考える外はないのではなかろうか。もしこう考えなければ、現象の場合に生ずる感覚も仮象の場合に生ずる感覚もそれ自身において何の差異もないはずであり、また感覚を秩序づける空間・時間という直観形式も両者において同一なのであるから、現象と仮象を区別すべき根拠は全く失われてしまうのではないであろうか。現象の場合にだけは、なぜかは分らないがすべての人間において同一の感覚が与えられるのだと考えることは余りに不可解であり、問題の解決には少しもならないと思われる。

＊　私はカントの言う仮象とは幻覚のごときものであろうと考えるが、このことはカントが「物体や心の存在の制約として、それに従って私がこれらを定立するところの空間・時間の性質は、私の直観の仕方のうちに存しているのであって、これらの客観自体のうちに存するのではないと私が主張するとき、それは決して、物体が単に私の外にあるように見える、あるいは私の心が私の自己意識において与えられているように見えると言うのではない」(B 69) と言っていることから考えても十分根拠があると思われる。幻覚の対象はまさに単に私の外にあるように見えるものにすぎないからである。しかしカントはこの箇処の註において仮象の例としてこれとは違ったものを挙げている。すなわちカントは土星が二つの柄を持っていると考えることが仮象であると言っているのである (B 70, Anmerkung)。しかしここにはカントの混乱が存すると言うべきであろう。土星が二つの柄を持つと考えることはわれわれの判断力の誤りであって、現象と仮象の区別には無関係であると言うべきではないであろうか。土星は二つの柄を持っているようにわれわれには見える。われわれはこれをどうすることもできない。そしてそのように見える土星は現象として存しているのである。それは何等仮象ではない。この場合の誤りはただ土星に二つの柄があるように見えることから、本当に二つの柄があるという判断を下したことに存する。それはちょうど水の中で曲ったように見える棒を曲った棒であると判断するのと同じ誤りである。しかし曲ったように見える棒が現象として実際に存するのと同様に二つの柄を持つように見

える土星も現象として存するのである。すなわち土星の二つの柄というようなものは現象の性質についてのわれわれの判断の誤りであって、われわれの直観の対象が現象であるか仮象であるかという次元とは異なっていると考えられる。

私はもとよりわれわれの感性を触発するものとしての物自体の存在を想定すべきだと言っているのではない。ただ認識論的主観主義の立場を取る限り物自体というものを考えなければ現象と仮象とを区別する根拠は失われてしまうのではないかと言っているのである。もしこう言えるとするならば、ここに認識論的主観主義の持つ難点が暗示されているのではないであろうか。感性を触発する物自体というものを考えることは許されないことである。しかもそれを考えることなしには現象と仮象とを区別することができないとするならば、このことは認識論的主観主義の思想そのものの限界を示しているのではないであろうか。認識論的主観主義の立場に立つ以上、現象と仮象とを区別する根拠となる物自体の存在を考えねばならない。そうでないと経験的世界は全くの主観的観念の世界となってしまうからである。

もとより認識論的主観主義のこの難点を克服する道は考えられないではない。それはすなわち対象を構成する主観を個人的主観ではなく超個人的な規範的意味を持つ主観と考えるということである。そして実際カントはその故に「先験的分析論」においては多少ともこのような方向を意図しているのではないかと考える。しかしこのようなカントの意図が成功しているかどうか、さらに超個人的な規範的意味を持った主観を考えた場合認識論的主観主義が成り立つかどうかという問題は次章の問題である。ここではただ超個人的主観を考えない限り認識論的主観主義は原理的に大きな難点を含むということを指摘することで満足しなければならない。「先験的感性論」においては超個人的主観というものが全く考えられていないが故にこそ、カントは現象と仮象とを区別するためにどうしても感性を触発するものとしての物自体の存在を考えねばならなかったのではないであろうか。そしてまたカントが物自体という考えを最後まで捨て切れなかったのもこの辺にその原因が存するのではないであろうか。

直観形式と純粋直観　先験的感性論の叙述を終るに当って、われわれはなお一つの注意を附け加えておかねばならない。それは直観形式（Anschauungsform）と純粋直観（reine Anschauung）との関係である。カントは「先験的感性論」においてはこの両者を同一のものと考えている。「感性の純粋形式はそれ自身また純粋直観と称されるであろう」（A 20, B 34）とはっきり明言されているのである。そしてこのことは極めて当然のことのようにも考えられる。経験的な直観のうちには言うまでもなく現象の質料がはいっている、すなわち感覚に対応するところのものがはいっている。この経験的直観のうちから質料的なものを取り除いてゆけば、当然全く質料的なものを含まぬ純粋直観が残存するであろう。だが質料的なものを取り除けば、残るのはただ空間・時間という直観形式のみであるから、この直観形式が純粋直観と称されるのである。「私が物体の表象から悟性がそれについて思惟するところのもの、すなわち実体、力、可分性など、ならびにそのうちで感覚に属するところのもの、すなわち不可入性、堅さ、色などを抽象していっても、私にはなおこの経験的直観の中からあるもの、すなわち延長と形態が残される。これら延長や形態は純粋直観に属するのであり、純粋直観とは感官や感覚の現実的な対象が存しなくても、感性の単なる形式として先天的に心のうちに存するものなのである」（A 20 f, B 35）。ここには何の問題も存しないように見える。しかし果してそうであろうか。

純粋直観とは元来その名称の示すように経験的な質料を含まない直観でなければならないであろう。これに対して直観形式とは感性のうちに先天的に存している形式である。与えられた感覚をそれによって秩序づけるものである。この両者が同一と考えられうるためには、われわれが全くその中に何等の質料をも含まぬ純粋な空間および時間の表象を持ち得るということが必要であろう。言いかえれば、われわれは空虚な空間、空虚な時間を直観し得なければならない。しかしこのことは全く不可能である。そしてすでに述べたように（六〇ページ註）カントみずからこのことを強く否定しているのである。そうであるとすれば、直観形式と純粋直観は決して同じではあり得ないであろう。純粋直観は直観形式以上のものを含んでいなければならない。単なる直観形式のみでは決して純粋直観は成立しないのである。それでは純粋直観を成立させるために必要な、直観形式以上のものとは何であろうか。それは後にいたってカントみずからはっきり認めているように悟性の働きなのである（一一五ページ参照）。純粋直観とはたとえば幾何学において考えられるような空間的表象（円とか三角形というような）であるが、このような表象が成立するためには、実は直観形式のみならず、悟性の働きがはいっていなければならないのである。だがもしそうであるとすれば、われわれは直観によって対象が与えられ、悟性がそれを思惟するという直観と悟性の二元論という考え方に疑問を持たねばならないであろう。純粋直観でさえ実は悟性の働きが存しない以上、成立することができないのだからである。カントは「先験的感性論」において直観と悟性との二元論の立場から出発した。そして「先験的感性論」の内部に止まる限り、そこには少しも問題は存しないであろう。しかし直観形式と純粋直観の問題は、このような二元論的立場が果して維持することができるかどうかということに疑問を投げかけるものであると言わねばならない。私の見るところではカントは「先験的分析論」においてはこの二元論的立場を大きく修正しているのである。

二　カテゴリーの形而上学的演繹

悟性の先天的概念　以上において見て来たように、カントは「先験的感性論」においてわれわれの感性のうちに空間・時間という直観形式が存することを論証しようとした。この論証が決して成功していると言い難いことはすでに述べた通りであるが、とにかく先天的総合判断が可能であるためには先天的な直観が存しなければならないとカントが考えたのは至極当然のことであったと言うことができる。認識というものが直観を基礎として成立するものである以上、もしも先天的直観が存しないとすれば先天的総合判断が成立するはずはないからである。

しかしながら、カントは先天的総合判断が成立するためには単に感性のうちに先天的な直観形式が存するのみならず、さらに悟性のうちに先天的な概念、カテゴリーが存しなければならないと考えた。カントによれば、「われわれの認識は心の二つの源泉から生ずる。その第一の源泉は表象を受け取る能力（印象の受容性）であり、第二の源泉はこれらの表象を通して対象を認識する能力（概念の自発性）である。前者によってわれわれに対象が与えられ、後者によってこの対象がかの表象（心の単なる規定としての）との関係において思惟される。直観と概念とはそれ故われわれのあらゆる認識の要素を構成するものであり、何等かの仕方で対応する直観を持たない概念も、概念を持たない直観も共に認識とはなり得ない」（A 50, B 74）のであり、したがって「感性がなければわれわれにいかなる対象も与えられず、悟性がなければいかなる対象も思惟されない。内容なき思惟は空虚であり、概念なき直観は盲目である」（A 51, B 75）ということになるのである。そしてこのように思惟する能力、概念の能力が悟性と称せられるのであるから、認識は感性と悟性との共同によって始めて成立するのであり、先天的総合判断が成立するためには、ひとり感性のうちに先天的直観形式が存するのみならず、悟性のうちにも先天的な概念が存しなければならないと考えられたのであろう。

このような考えは、一見すると極めて当然のようにも思われる。われわれの認識が成立するためには悟性の働きがどうしても必要であるならば、悟性のうちに先天的概念が存しなければ先天的総合判断は成り立つはずがないとただちに考えられてしまい勝ちである。そしてカント自身もこの点について何等の検討をも加えていず、ほとんどこのことを自明的のことと考えているように思われる。しかし実はこの点には大きな問題が含まれていると言わねばならない。先天的総合判断が成り立つためにどうして悟性の先天的概念が要求されるのであろうか。直観によってわれわれに対象が与えられるとするならば、そして先天的な直観が成立するとするならば、われわれは先天的な純粋悟性概念というものを持たないとしても、先天的総合判断を下し得るのではないであろうか。悟性の働きというものは、単にそれ自身を切り離して考えるならば、経験的要素を含まず先天的なものであることは言うまでもないことであろう。もとより概念のうちにも経験的な概念は存在する。しかしそれが経験的であるゆえんはその概念が経験的直観を基礎としてそこから抽象されて来るが故に外ならない。一般に、経験的と称されるものはただ直観のみがこれを与え得るのである。直観から切り離して悟性の働きのみを考えるならば、それが元来先天的なものであることは当然のことであると言わねばならない。感性が受容性の能力であるのに対して、悟性は自発性の能力であるとされているが、自発性ということは当然先天的であるということを示しているであろう。このように悟性の働きが先天的であるとするならば、悟性のうちに先天的概念が存在していないとしても、先天的直観が存在しさえすれば、先天的総合判断は成立し得るのではないであろうか。この場合には悟性によって作られる概念とはいうまでもなく先天的直観を基礎としてそこから抽象して作られるものである。しかしそれにしても先天的直観から作られたものである以上、その概念もまた当然先天的であり、しかも判断における主語と述語との結合は先天的直観を媒介として行われることができるから、その判断は決して分析判断ではなく総合判断であり得るであろう。したがって先天的総合判断が成り立つために、悟性そのもののうちに直観とは無関係な純粋悟性概念があらかじめ存しなければならないと考える根拠は存しないと言うべきであろう。

こうして単に先天的総合判断の可能性を基礎づけるためだけならば、われわれは必ずしも悟性のうちに先天的な概念が存すると考える必要は存しないのであるが、さらに進んでわれわれは純粋悟性概念が存在すると考えると、認識論的主観主義の思想が極めて大きな困難にぶつかることを指摘しなければならない。前に述べたように認識論的主観主義の思想は直観形式の場合にはそれ自身としては何等の困難にもぶつからなかった。なぜならわれわれの感性のうちに直観形式が存すると考えるならば、何故にこの先天的な直観形式がすべての直観の対象に対して客観的妥当性を持つかということは十分に理解されるからである。直観の対象は空間・時間という直観形式を通してのみわれわれに与えられるのであり、したがってすべての直観の対象は空間的ないし時間的に表象されるのである。ところがこれに反して悟性の先天的概念であるカテゴリーの場合には事情が異なってくる。直観によって対象が与えられ、悟性がそれを思惟するという直観と悟性の二元論的立場に立つ限り、カテゴリーが何故に直観の対象に対して客観的妥当性を持つかということは決して直観形式の場合のように容易に解かれ得る問題ではない。悟性によって思惟される前にすでに直観の対象は与えられてしまっているとするならば、どうして元来直観の対象と無関係に悟性のうちに先天的に存するカテゴリーによってわれわれは直観の対象を思惟することができるのであろうか。すでに与えられている直観の対象に対して、それと全く独立なカテゴリーがどうして適用されることができるのであろうか。われわれはむしろ与えられた直観の対象の性質に応じてそれに適合するようなやり方で思惟を行うべきであって、この対象を全く無関係な先天的なカテゴリーによって強引に思惟するということは元来無理なことと言わねばならないであろう。こうして悟性の場合には先天的概念が存すると考えると、ここに極めて大きな困難が生じてくるのである。そして実際この問題は、次章において見るように、カント自身その解決のために大きな労苦を払ったのであり、しかも私の見るところではその労苦も必ずしも所期の目的をなしとげ得なかったのである。

カントがカテゴリーを考えた理由

それでは悟性のうちにカテゴリーが存するという思想がこのように問題を含んでいるにもかかわらず、なおカントがあくまでもカテゴリーの存在を考えたのはなぜであろうか。それはカントが先天的総合判断の客観的妥当性を基礎づけようとしたためであったと考えられる。もしも悟性のうちに先天的概念が存在せず、単に先天的直観によって与えられた対象を基礎にして悟性が概念を作り出すとするならば、そこには確かに先天的総合判断は成立するが、その先天的総合判断は決して客観的妥当性を持つことはできない。なぜなら、あらゆる対象は直観形式を通してのみわれわれに対して与えられるのであるから、このような先天的総合判断は一切の対象に対してあてはまることになるが、一切の対象に対してあてはまるということは一見するとその客観的妥当性を絶対的に保証されているかのように思われるが実はかえってその客観的妥当性を全く失ってしまうことに外ならないからである。たとえば夢の中の出来事について考えてみよう。夢においても言うまでもなく対象は与えられる。そしてそれはやはり空間・時間的に与えられるのである。すなわち空間・時間という直観形式は夢の中の対象についても妥当すると言わねばならない。したがってもしわれわれが悟性の先天的概念を有せず、単に先天的直観を基礎にして先天的総合判断を作ったとするならば、その先天的総合判断は夢の中の対象についても妥当する判断であり、それはかえって客観的妥当性を保証されないものとなってしまわねばならないのである。客観的妥当性を有する先天的総合判断とは現象としての対象について客観的に妥当するものでなければならない。そしてこのような客観的妥当性を要求する先天的総合判断は単なる夢の中の主観的表象に対しても妥当する先天的総合判断とは異なるものでなければならないであろう。こうしてカントは客観的な先天的総合判断の成立し得るためには、悟性のうちに先天的概念が存しなければならないと考えたのであろうと思われる。

このことは知覚判断（Wahrnehmungsurteil）と経験判断（Erfahrungsurteil）との区別についてのカントの所説によって十分確かめられることができる。カントは「プロレゴーメナ」において経験的判断（empirisches Urteil）を知覚判断と経験判断とに分け、前者はただ全く主観的な妥当性を有するのみであるのに対して、後者は客観的妥当性を要求するという点にその相違があり、このような相違は知覚が先天的悟性概念の下に包摂されているかどうかということによって生じてくると考えている。「それ故にわれわれはまず次のことを注意しておかねばならない。すべての経験判断は経験的であり、すなわち、感官の直接的な知覚のうちにその根拠を持っているのであるが、しかし逆にすべての経験的判断が経験判断というわけではない。そうではなく〔経験判断が成立するためには〕経験的なもの、一般に感性的直観に与えられるもの以上に、さらにその根源を全く先天的に純粋悟性のうちに有する特殊な概念が附け加わらねばならないのであり、すべての知覚はまずこの概念のもとに包摂され、それによって経験となり得るのである」。「経験的判断は、それが客観的妥当性を持つ限りにおいて経験判断である。しかしそれが単に主観的に妥当性を持つのみであるならば、私はそれを単なる知覚判断と名づける。知覚判断は何等の純粋悟性概念を必要とせず、ただ思惟する主観における知覚の論理的結合を要するのみである。これに反して経験判断は常に感性的直観の表象以上に、なお悟性において根源的に産出された特殊な概念を要求する。この概念こそまさに経験判断をして客観的妥当性を持たしめるものなのである」（*Prolegomena*, §18, IV, S. 297 f.）。カントは知覚判断と経験判断の区別を具体的に次のような例を挙げて説明している。「太陽が石を照すと、石はあたたかくなる、という判断は単なる知覚判断であって、私がこのことを何度知覚しても、さらに他の人々もまたこのことを何度知覚したとしても、この判断は決して必然性を含むものではない。それはただ知覚が通常そのように結合しているということにすぎない。しかし私が、太陽が石をあたためる、と言うならば、知覚以上になお原因という悟性概念が加わってくるのであり、この悟性概念があたたかさという概念を日光という概念と必然的に結合する、そしてこの総合判断は必然的に普遍妥当的に、したがって客観的になり、知覚から経験に変ずるのである」(§20, Anmerkung, S. 301)。すなわちここでカントが単なる知覚の結合である知覚判断においては、そこにまだ純粋悟性概念のもとへの包摂が行われていないが故に全く主観的性格を脱せず客観的妥当性を要求しないのに対して、純粋悟性概念が加わるとそこに客観的妥当性を要求する経験判断が成立すると考えていることは明らかである。そうすれば、純粋悟性概念こそ判断に客観性を与えるものなのであり、したがってもし純粋悟性概念が存しないとすれば、たとえ先天的総合判断が成立しても、それは全く客観性を要求し得ない主観的性格のものに止まる外はないことになるであろう。カントが純粋悟性概念の存在を考えたのはまさにこのような理由によるものと思われる。

このことはカントの認識論的主観主義の思想がヒュームの懐疑論と対決することを意図したものであることを考えるならば、さらによく了解されるであろう。ヒュームは言うまでもなく因果律の概念を批判し、この批判がカントをその「独断の眠りからさました」(*Prolegomena*, Vorrede, IV, S. 260) のであるが、そのヒュームの因果律の概念に対する批判はすでに述べたように要するに因果関係は単なる印象のうちには見出され得ないという点に存する。われわれは通常、恒常的に接続して生ずる出来事ないし対象の間に因果関係が存すると考えるが、しかし実は恒常的接続という関係だけからではわれわれは対象間における因果関係を推論することはできない。なぜなら因果関係ということは対象間の必然的結合ということを含んでいるからである。ところがわれわれは印象によって対象間の恒常的接続という関係は知り得るけれども、必然的結合という関係は決して知り得ないから、因果律という概念は決して客観的妥当性を持つものではないというのである。このヒュームの考えは、簡単に言えば、対象の間の因果的関係は決して直観によって知られることはできない、それ故われわれがいかに直観的に与えられるものを分析しても、因果律という概念は出て来ないということに帰着するであろう。したがってカントがこのヒュームの考え方に反対して因果律の概念を基礎づけ、自然科学的認識に対するヒュームの懐疑論を否定しようとする以上、かれは因果律という概念が悟性のうちに先天的概念として存在し、この先天的悟性概念によって客観的な先天的総合判断が成立すると考えねばならなかったのであろう。

このことはまたカントが悟性というものの働きに規範的な超個人的意味を持たせようとしたとも表現できると思われる。われわれはさきに（八三ページ）主観というものに規範的意味を持たせない限り、物自体の存在を想定しなければ現象と仮象とを区別することができないと述べたが、まさにカントは悟性の働きに規範的意味を持たせることによって、単なる主観的な知覚判断と客観的な経験判断を区別しようとしたのではないであろうか。このことはカントがやはり「プロレゴーメナ」で知覚判断と経験判断とを論ずる際に意識一般（Bewusstsein überhaupt）という概念を提出していることから見ても納得されると思う。ここでカントは次のように述べている。「判断には二通りのものがある。第一は、私が単に知覚を比較しこれを私の状態の意識に結合するものであり、第二は私がこれを意識一般のうちにおいて結合するものである。前者の判断は単に知覚判断であって、その限り単に主観的妥当性を有するにすぎない。……それ故知覚から経験が成立する前になお一つの全く他の判断が先行する。与えられた直観は概念のもとに包摂されねばならない。そしてその概念が直観に関して判断一般の形式を限定し、直観の経験的意識を意識一般において結合し、それによって経験的判断に普遍妥当性を附与するのである」（*Prolegomena*, § 20, S. 300）。この文章において考えられている意識一般というものが規範的意味を持った超個人的性格を持たせられていることは否定できないのではないであろうか。われわれの個人的主観は必ずしも意識一般としての主観の立場に立っているのではない。われわれは単に知覚判断の立場に立止まることもあり得るのである。しかしその場合にはわれわれは普遍妥当性を持つ判断を下しているのではないのであり、普遍妥当性を持つ判断を下すためには意識一般の立場にまで高まってゆかねばならないのである。*「先験的感性論」において素朴に感性を触発するものとしての物自体を考えることによって現象と仮象とを区別したカントは、ここではむしろ規範的な主観の働きを考えることによってこの問題を解決しようとしていると見ることができるであろう。

* しかしここで引用した「プロレゴーメナ」の文章も決して一義的なものではない。カントはわれわれが意識一般の立場に立って判断するとき、その判断は客観的妥当性を持つと言っているのではなく、ただ単に客観的妥当性を要求すると言っているとも解釈され得るからである。すなわちわれわれは単なる知覚判断においては決してその客観的妥当性を要求しないであろうが、これに対してわれわれがカテゴリーを用いて知覚を総合し経験判断を作る場合には客観的妥当性を要求する、ということを言おうとしているとも解され得るのである。たとえばカントが知覚判断の例として「太陽が石を照らすとき、石はあたたかくなる」という判断を、経験判断の例として「太陽が石をあたためる」という判断を挙げていることはすでに述べた通りであるが（九〇ページ）、今もしわれわれが昼間太陽の熱であたためられていた石が月光によって照らされていることを知覚し、誤って「月光が石をあたためる」という判断を下したと考えてみよう。この場合でもこの判断は決して単なる知覚判断ではない。なぜならそこには原因性のカテゴリーが用いられているからである。そしてまたわれわれはこの判断の客観的妥当性を要求するであろう。カントの言う意識一般の立場とは、このようにたとえ内容的に誤っていても、とにかくわれわれがカテゴリーを適用して客観的妥当性を要求する判断を行う場合の主観の立場を意味するとも解することができるであろう。このように解釈すれば、意識一般とは決して規範的意味を持つ超個人的主観とは解される必要がないことになる。しかし意識一般というものをこのように解すると、先天的総合判断の客観的妥当性は少しも基礎づけられないことになるのではないであろうか。なぜならこの場合にはわれわれはカテゴリーを用いてたとえば夢の中の対象についても判断を下すことができるわけであり、夢の対象についての判断と現実の対象についての判断を区別するのは、カテゴリーというようなものの存在ではなく、対象そのものの持つ経験的性格であると

言わねばならないであろうからである。カントは同じく「プロレゴーメナ」の中で「真理と夢との間の区別は対象に関係させられる表象の性質によって決定されるのではない、なぜなら表象は両者において同一であるからである。そうでなく客観の概念において表象を結合する規則にしたがった表象の連結によって、そしてまた表象が経験においてどこまで共存し得るかどうかによって決定されるのである」(§ 13, Anmerkung III, S. 290) と述べて、夢と真理とを区別するためにカテゴリーが役立ち得ると考えているが、このような区別はこの解釈では全く成立しないこととなってしまうであろう。それ故、われわれがカントの言うようにカテゴリーの適用によって客観的妥当性を有する判断が成立すると考えようとするならば、この判断を行う意識一般とは超個人的な規範的な主観と考えねばならない。

判断表からのカテゴリーの導出　こうしてカントは客観的な先天的総合判断が成立するためには、直観形式のみならず先天的悟性概念が存在しなければならないと考えたのであるが、それでは先天的悟性概念とは具体的にどういうものであろうか。このカテゴリーを見出そうとする手続きが通常カテゴリーの形而上学的演繹 (metaphysische Deduktion) と言われる。

カントは判断表を手がかりとしてカテゴリーを見出そうとした。カントによると悟性は思惟する能力であるが、思惟とは概念による認識の仕方である。「すべての、少くとも人間の、悟性の認識は概念による認識である」(A 68, B 93) とカントは述べている。しかし「悟性はこれらの概念を、それによって判断する以外に用いることができない」(同上)。なぜなら「概念は可能的判断の述語である」(A 69, B 94) からである。それ故「悟性は一般に判断する能力と考えられることができる」(同上) のであり、したがって悟性の機能は判断における思惟の機能と同一であることとなる。カテゴリーは悟性の先天的概念であるから、それは当然悟性の機能に対応するものであるはずであり、それ故それは判断における思惟の機能を手引として導かれるのである。

さて、カントによると、「われわれが一般に判断の内容をすべて捨象して、その中に存する単なる悟性形式のみに注目するならば、判断における思惟の機能が、それぞれ三つの要目を含んだ四つの項に分けられることを見出す」（A 70, B 95)。こうして判断表は次のような形において提出される。*

1
分量 ｛全称判断／特称判断／単称判断｝

2
性質 ｛肯定判断／否定判断／無限判断｝

3
関係 ｛定言判断／仮言判断／選言判断｝

4
様相 ｛蓋然判断／実然判断／必然判断｝

* カントがこの判断表および次に掲げるカテゴリー表をなぜこのような円環的な形で与えたかの理由は明らかではないが、恐らく分量・性質・関係・様相のカテゴリーの間に序列的な区別が存せず、すなわち必ず1の分量から出発して、2性質、3関係、4様相という風に進んでゆかねばならないというのではなくて、どこから始めても差しつかえないということを言いあらわそうとしたためではないかと思われる。もしこの見方が正しいとするとこのカントの考え方は「純粋理性批判」においてただ一箇処、すなわち「先験的誤謬推理」において利用されている（三九五ページ註参照）。

そしてカントはこの判断表に応じてカテゴリーの表を次のような形で示したのである。

1　分量｛単一性*（Einheit）／数多性（Vielheit）／総体性（Allheit）｝

2　性質｛実在性（Realität）／否定性（Negation）／制限性（Limitation）｝

3　関係｛属　性（Inhärenz）と実体性（Subsistenz）（実体と偶有性）／原因性（Kausalität）と依存性（Dependenz）（原因と結果）／相互性（Gemeinschaft）（能動者と受動者との交互作用）｝

4　様相｛可能性（Möglichkeit）―不可能性（Unmöglichkeit）／存在性（Dasein）―非存在性（Nichtsein）／必然性（Notwendigkeit）―偶然性（Zufälligkeit）｝

* 判断表の全称判断に対応するカテゴリーは単一性であり、単称判断に対応するカテゴリーは総体性であるが、これは言うまでもなく常識的な考え方に反する。常識的に考えれば、逆に全称判断に総体性が、単称判断に単一性が対応すると考えられるであろう。それ故カントは判断表を書く場合には普通のやり方にしたがって、全称・特称・単称の順序で書いたが、カテゴリー表を書く場合には、不注意にも単一性、数多性、全体性というように逆の順序に書いてしまったのではないかという推測をする人もある。しかしカントは「プロレゴーメナ」においてもやはり全称判断に単一性を、単称判断に総体性を対応させているのであるから、この見方も無理であろう。カントは恐らく全称判断は主語概念のあらわす対象全体を単一のものと見て、ある一つの種類の対象がかくかくの規定を持つということを言うものであるのに対して、単称判断は一つ一つの対象についてそれがかくかくの規定を持つということを数え上げるものであると考え、全称判断に単一性を、単称判断に総体性を対応させたのであろうと考えられる。しかしこの対応のさせ方はスミスも言う通り（N. K. Smith, *Commentary*, p. 196）極めて技巧的であって、内容的に大きな無理があると考えられる。そして実際「プロレゴーメナ」の中ではカント自身単称判断に単一性を対応させている箇処も存するのである（*Prolegomena*, § 20, Anmerkung, IV, S. 302）。ここではカントは「（単称判断における）単一性から出発し

て総体性に進む……」という表現を用いているが、この文章ははっきりと単称判断に対応するカテゴリーが単一性であることを示していると言わねばならない。それ故上掲のカテゴリー表では私はカントの述べている通りの順序をそのままにしておいたが、内容的にはやはり全称判断に総体性を、単称判断に単一性を対応させた方が自然であると考える。――しかしこの問題は要するに重要な意義を持つものではない。なぜなら後に「原則の分析論」において見るように、カントは総体性のカテゴリーから生ずる原則と単一性のカテゴリーから生ずる原則とを区別するというようなことをしていないからである。分量のカテゴリーは常に単に分量のカテゴリーとして一括して取り扱われているにすぎない。

この判断表とカテゴリー表については次のような点を注意しておけば十分であろう。まず判断表については、それが主として伝統的な形式論理学においてなされて来た判断の分類からなされたものであることは明らかであるが、しかしカントみずから言っているように（A 71, B 96 ff.）、(1)単称判断は通常の形式論理学においては全称判断のうちに入れられているのに対して、カントはこれに独立の位置を与えたということ、(2)形式的には肯定判断の一種にすぎない無限判断（Sは非Pである）がカントにおいてはやはり独立の位置を与えられていること、の二点において伝統的な判断の分類はかなりの修正を受けているということである。

カテゴリー表については、(1)カントはカテゴリーを二部門に分けている。分量ならびに性質のカテゴリーは直観（経験的ならびに純粋）の対象に関係するのであり、カントはこれを数学的カテゴリーと称する。これに対して関係および様相のカテゴリーはこれらの対象の実在性（Existenz）（対象相互の間の、あるいは悟性に対する関係における）に関係し、カントはこれを力学的カテゴリーと名づける。言うまでもなく、前者が主として数学的認識を可能ならしめるカテゴリーであるのに対して、後者が物理学を可能ならしめるカテゴリーであるからであろう。(2)分量、性質、関係、様相のそれぞれが三つづつのカテゴリーに分れる。そして第三のものは第一と第二のものの結合から生ずるのである。総体性は単一性として見られた数多性であり、制限性は否定性と結びつけられた実在性であり、相互性は相互に限定し合う実体の因果性であり、必然性は可能性そのものによって与えられた実在性に外ならない。しかしカントによると、それにもかかわらず第三のものは第一と第二のものから派生したものではなく、やはり第一と第二のものと並んで根源的な概念であると考えられねばならないというのである。

その問題性　以上のようなカテゴリーの形而上学的演繹について、われわれはまず第一に、カテゴリーが判断表から導かれているということに注目しなければならないであろう。カテゴリーとは純粋悟性概念であるから、一見すると、それは判断表ではなくいわば概念表というものから導かれるべきであると考えられる。概念についても伝統的な論理学においては種々な分類が行われているのであり、したがってカントがもしもカテゴリーを見出すための手引として概念表を利用しようとしたならば、恐らくこのことも可能であったと思われる。それでは何故にカントは概念表ではなく判断表からカテゴリーを見出そうとしたのであろうか。私の見るところでは、この点にカントの言うカテゴリーというものが一般の概念とは全く異なった性格を持っていることが示されているのではないかと思うのである。

すでに述べたように、カントはみずからなぜ判断表からカテゴリーを見出すことができるかという理由を説明している。その説明によれば、悟性は思惟の能力であるが、思惟とは概念的認識であり、概念は判断の述語となるものであるから、判断における思惟の機能からカテゴリーが見出されるというのであった。このような説明は一見したところまことにもっとものように見える。しかし実はそこには大きな混乱が存すると言わねばならない。悟性は概念的認識の能力であり、概念は判断の述語として用いられるということは一応理解することができるであろう。しかしもしそうであるなら、われわれは悟性の機能を知るためには、判断の述語となる種々の概念の分類を行えばよいのではないであろうか。われわれはカントの行ったように判断表ではなく、概念表からカテゴリーを見出し得るのではないであろうか。事実、カントの判断表が決して判断における述語の種類から行われているものでないことは言うまでもないことである。たとえば全称・特称・単称という判断の分量の区別は述語に関するものではなく、主語に関するものである。あるいはまた様相の蓋然判断、実然判断、必然判断の区別も純粋に述語に関するものとは言えないであろう。それはカントみずから言うように「判断の内容には何ものをも寄与せず、ただ思惟一般との関係における繫辞《コプラ》の価値に関係する」（A 74, B 100）のである。その他性質や関係の場合にもカントの行っている判断の分類が具体的にどう判断の述語と関係しているのかは決してそう容易に洞察できるものではないのである。もしそうであるなら、カントが概念が判断の述語であるというところから判断表を手引としてカテゴリーを見出そうとするとき、その手続きは一見もっとものように見えるが、実際にカントが示している判断表はこれとは異なった思想の上に打ち立てられたものであると言わねばならないであろう。

それではその異なった思想とは何であろうか。それはすなわちカテゴリーというものが通常の概念とは全くその性質を異にするという考え方である。判断の述語となる概念とは通常の意味での概念であると考えることができるであろう。すなわち直観的に与えられている多くの表象からその共通の性質を取り出して来て作られたものであると言うことができよう。われわれはある種の花の多くの表象からその共通の性質を取り出してたとえばバラの花という概念を作る。そうすればバラの花という概念は、「これはバラである」というような判断の述語となるのである。もとより概念は必ずしも常に直接に直観的表象から導かれるものではない。われわれはすでに持っている概念から、さらに高次の概念を作ることもできる。たとえばバラの花等々の概念からわれわれは花一般の概念を、さらに植物一般の概念を順次に作ってゆくことができるであろう。しかしとにかく通常の意味における概念とは直観的な表象とたとえ間接的な仕方においてであろうとも関係し、その直観的表象を基礎にして作られたものである。カントが判断の述語となる概念について、「概念が概念であるのは、それによって概念が対象と関係し得る他の表象がそのもとに包括されていることによってである」（A 69, B 94）と言っているとき、カントがここで考えている概念が通常の意味での概念であることは明らかであろう。しかしカテゴリーというものが悟性のうちに先天的に存している概念であるとするならば、それは決してこのような通常の意味における概念であり得ないことは言うまでもない。なぜなら、通常の意味での概念は直観的表象のうちに含まれる共通の性質を抽出してくることによって作り出されるものであるが、このような概念が全く直観から離れて悟性そのもののうちに先天的に存することはできないからである。それ故カテゴリーは通常の概念とは全く異なった機能を営むものでなければならない。それはすなわち直観的表象のうちからその共通な性質を分析的に抽出してきたものというのではなく、むしろ直観に与えられるものを総合的に統一するものでなければならない。悟性のうちに先天的に存する概念によって直観の対象について思惟するというとき、その概念の働きはこれ以外には考えることができないであろう。すなわちカテゴリーとは分析的概念ではなく総合的概念でなければならないのである。

このように考えてくると、われわれはカントが何故にカテゴリーを概念表からではなく判断表から導こうとしたかの理由を十分に理解することができるであろう。この点についてのカント自身の説明は、上に述べたように極めて不十分なものであった。カントは通常の意味での概念とカテゴリーとの性格の相違を少しも述べていないのである。しかし事態的に考察するとき、われわれはカントが判断表を手引としてカテゴリーを見出そうとした手続きに十分の理由を認めることができる。分析的な概念はまず直観的表象が与えられてそこから共通なものを抽出することによって成り立つものであった。それはいわば思惟の抽象の機能を予想して、その後に成立するものであり、その思惟の働きを判断と言うならば、このような概念はすでに判断を予想し、判断の結果として成り立つものに外ならない。ところがカテゴリーとは決してこのようなものではない。それは直観によって与えられるものを総合的に統一してゆく基準となるものであり、この総合統一する悟性の働きが判断であるから、判断以前に予想されるべきものであり、判断の可能性の根拠となるものでなければならない。したがって悟性の判断の機能はカテゴリーに基づいてのみ可能であり、カテゴリーは判断表を手引として見出されるのである。

そして実際カントは判断表を提示した後、そこからカテゴリー表を見出そうとするに当っては、カテゴリーが決して分析的な概念でないことを強調しているのである。「一般的論理学は……認識の内容をすべて捨象し、どこからにせよ、とにかく他から表象が与えられるのを待っている、そしてこの表象を分析的なやり方でまず概念に変ずるのである。これに反して先験的論理学は、先験的感性論が提供した感性の先天的多様を自己の前に持っている……。しかしながらわれわれの思惟の自発性は、そこから認識を成立させるために、この多様がまず何等かの仕方で通覧（durchgehen）され、取りあげられ、結びつけられることを要求する。私はこの働きを総合（Synthesis）と名づける」（A 77, B 102）。「最も一般的な意味における総合ということばで、私は種々な表象を互いに結びつけ、その多様を一つの認識のうちに包括する働きを意味する。そしてもしも多様が経験的にではなく先天的に与えられる場合には、このような総合は純粋である」（A 77, B 103）。「純粋総合を一般的に表象すると、純粋悟性概念が与えられる」（A 78, B 104）。このような説明においてカントがカテゴリーを決して分析的概念と考えず、総合を可能ならしめる根拠と考えていることは言うまでもないであろう。この箇処におけるカントの説明は、さきに述べた判断表とカテゴリーとの関係についてのカントの説明と矛盾していると言わねばならない。そこにはカントの混乱がある。しかしとにかくカントがカテゴリーを直観の多様を総合するものと考えていることは確かであり、その故にこそカントは判断表からカテゴリーを見出そうとしたのであると解せられる。

こうして判断表からカテゴリーを見出そうとするカントのやり方は十分な根拠を持っていると言うことができるであ

ろう。しかしそれと共にわれわれは直観と悟性とを区別しようとするカントの考え方がこの点で一つの問題にぶつかっていることを否定することができないであろう。われわれはすでにカントが「先験的感性論」の空間・時間の形而上学的究明において、一方では空間・時間の先天性を、他方ではその直観性を論証しようとしていることを見て来た（六二ページ）。第一の先天性の論証についてはその際詳しく論じておいたが、第二の直観性の論証については、それが成功しているかどうかは後の検討をまたねばならないということを指摘しておいた。今やわれわれはこの問題に解答を与えることができるであろう。形而上学的究明においてカントが空間・時間を概念ではなくて直観であると言った場合、その概念とは自己のもとに（unter sich）多くの特殊を含み、その特殊のうちに存する共通的な特徴を抽象して作られる概念であった。すなわちそれは形式論理学的な通常の意味での概念であった。われわれはもとより空間・時間というものがこのような意味での概念でないことは十分に承認することができるであろう。しかし問題はカントがこのことによってただちに直観の能力としての感性を概念の能力としての悟性から区別し、感性と悟性との二元論的立場を確立し得ると考えているという点であった。なぜならこの点は悟性というものが形式論理的な通常の意味での概念の能力であるということが言えない限り、決定することはできない問題であるからである。しかもわれわれはカテゴリーの形而上学的演繹の検討によって悟性が決してこのような意味での概念の能力ではないこと、カテゴリーは自己のもとに特殊を含む類概念ではなく、判断そのものの可能性の根拠となるべき異なった意味における概念であることを知ったのである。そうすれば、われわれは形而上学的究明における空間・時間の直観性の論証が実は何等直観と悟性の二元論的立場の確立に役立つものではないと結論することができるであろう。直観によって対象が与えられ、悟性がそれを思惟するという感性と悟性の二元論的立場は「純粋理性批判」の出発点における前提であった。しかしカントはこの二元論的立場をどこにおいても論証し得ていない。むしろ私の見るところでは次章に取り扱う「カテゴリーの先験的演繹」においてカントはこの二元論的立場を大きく修正しているのである。

カテゴリーの形而上学的演繹において第二に問題となる点は、カテゴリー表が完全であるかどうかということである。カントが自らのカテゴリー表をアリストテレスのそれと比較し、アリストテレスは「原理を持たなかったために、見出される度ごとにそれを拾い集めていった」（A 81, B 107）のに対して、自分のカテゴリー表は「一つの共通の原理、すなわち判断する能力から体系的に」（A 80, B 106）見出されたものであるから絶対に完全なものであり、カテゴリーはこれによって全くつくされているとして自負したことは周知のことである。しかし客観的に見るとき、われわれはこのカントの自負をそのまま認めることはできないのではないかと思われる。なぜなら後に「原則の分析論」を論ずる際に明らかになるように（二二九ページ、二四〇ページ）カントが実際に考えているカテゴリーの機能は判断表における判断の機能と必ずしも結びついていないからである。たとえば分量や性質のカテゴリーは判断の分量や性質と全く関係がないのである。この意味で判断表とカテゴリー表との間の対応関係は極めて薄弱であり、われわれはカテゴリー表が判断表から導かれているが故に完全であるということを認めることはできない。カントは確かに形式上は判断表からカテゴリー表を導いているが、実はカテゴリー表はカントにおいて判断表から独立に考えられ、このカテゴリー表を体系的に導出するための原理を求めていって判断表を考えるにいたったのではないかと思われる。このことはカントが判断表を提示するに当って、伝統的な判断の分類を、すでに述べたように独自の仕方で修正しているということからも認められるのではないかと考えられる。カントはすでに頭のうちにあったカテゴリー表に対応するように判断表を修正したのであると言えよう。*

＊　このことは全般的にカントに対して非常に好意的なペイトンなども認めているところである（Paton. *Kant's Metaphysic of Experience*, vol. 1, p. 299)。

それ故われわれは判断表からカテゴリーを導いたカントのカテゴリーの形而上学的演繹に大きな意義を認めることはできない。それはただカントが判断表を手引として、すでに頭のうちに存したカテゴリー表を説明したにすぎないと解すべきである。われわれはこれによって完全なカテゴリー表が提出されているなどと考えることはできないのである。

しかしそれではわれわれは完全なカテゴリー表をどうしたら見出すことができるのであろうかと問われるかも知れない。だがこのような問いは決して大きな意味を持つものではないと言うべきであろう。われわれはカテゴリー表が完全かどうかというようなことを問題にする以前に、まず先天的悟性概念としてのカテゴリーが存在するというカントの思想が成り立つかどうかを問うてみなければならないであろう。カテゴリーの形而上学的演繹はこの点については全く何等の論証をも行ってはいない。先天的悟性概念の存在を認めれば、それを判断表から導くことはあるいはできるかも知れないが、しかし判断には種々の機能が存するから、先天的悟性概念がその根底に存しなければならないと言うことは決してできない。先天的悟性概念が存在しなくても、判断は行われることができ、またその判断を分類して判断表を作ることはできるであろうからである。カテゴリーの形而上学的演繹は先天的悟性概念としてのカテゴリーの存在を前提して、ただカテゴリー表を導出するという役目を果したにすぎないのである。形而上学的演繹においてその前提をなしていた思想そのものが成立するかどうか、カテゴリーが悟性のうちに先天的に存するという思想が成り立つかどうかという問題こそわれわれの関心の中心でなければならない。そしてこの問題こそ次章に取り扱う「カテゴリーの先験的演繹」の問題であった。

第三章　認識の具体相

（カテゴリーの先験的演繹）

一　先験的演繹の課題とその解決

課題とその困難性　以上述べて来た「先験的感性論」および「カテゴリーの形而上学的演繹」におけるカントの思想は感性と悟性の二元論的立場に立っていた。すなわち、そこでは直観によって対象が与えられ、悟性がそれを思惟すると考えられ、直観なき思惟、思惟なき直観は共に認識を生ぜしめないとされていたのである。そしてこの立場に立ってカントは感性のうちに空間・時間という先天的直観形式の存することと、さらに悟性のうちに先天的概念としてのカテゴリーが存することを主張したのである。われわれはカントが「いかにして先天的総合判断は可能であるか」という問題を提出した以上、直観形式の存在を考えねばならなかったゆえんを十分理解することができるであろう。先天的な直観が成立しないとすれば、認識が直観なくしては不可能である以上、先天的認識は存し得ないはずだからである。しかしすでに前章において述べたように、先天的総合判断が成り立つためには、悟性のうちに先天的概念が存するということは実は必ずしも必要ではないと言わねばならない。先天的直観が存在し、この直観によって対象が与えられるとするならば、われわれはこの直観の対象を悟性によって分析し、種々の対象のうちに含まれている共通的な特徴を抽象して概念を作り出すことができるであろう。もとよりここに生ずる概念は形式論理学的な普通の意味での概念であるが、とにかく先天的概念であり、またこの概念の結合は先天的直観を媒介として行われるから、そこに先天的総合判断が成立することは疑いないことである。カントがこのような考え方を取らず、あくまでも悟性のうちに先天的概念が存在すると考えたのは、このことによって先天的総合判断の客観的妥当性を基礎づけようとしたためであったと思われる。

われわれはこのカントの意図をもまた十分に理解することができるであろう。もしも先天的総合判断の客観的妥当性が基礎づけられないとするならば、ヒュームの懐疑論に対して新しく自然科学的認識の確実性を論証しようとするカントのねらいは根底からくつがえってしまうであろうからである。しかしながらカントはこのために極めて困難な問題に直面せざるを得なくなってしまった。悟性のうちに先天的な概念が存するとするならば、直観によって対象が与えられる以上、この先天的概念はどうしてこの対象に対して適合するのであろうか。悟性概念そのものにとっては、たとえ直観の対象が先天的直観によって与えられたものである場合でさえ、とにかく対象は外から与えられるのである。悟性が働く前にすでに直観の対象が与えられているのである。このように外から与えられている対象に対して、悟性の先天的概念がなぜちょうどうまく適合するかという問題は決して容易に解き得るものではないと言わねばならない。事実カントは「カテゴリーの形而上学的演繹」において悟性のうちに先天的概念が存することを提示した後、この問題に取り組まねばならなかった。この困難な問題を取り扱ったのがすなわち「カテゴリーの先験的演繹」であった。

カントが先験的演繹（transzendentale Deduktion）というのは、「先天的概念がいかにして対象に関係し得るかという仕方の説明」（A 85, B 117）であり、カントはこれを「概念が経験と経験についての反省によっていかにして得られたかの仕方を示す」（同上）経験的演繹から厳密に区別している。すなわち経験的演繹とは事実問題（quid facti）（A 84, B 116）に関するものであるが、これに対して先験的演繹は権利問題（quid juris）（同上）に関するものなのである。ロックの行ったような認識の研究は概念の経験的演繹にすぎなかった。カントは悟性のうちに先天的概念が存在することを認め、しかもこの先天的概念によって対象が思惟されると考えたため、ここに「カテゴリーの先験的演繹」ということが極めて重大な課題として提起されてこなければならなかったのである。

「空間・時間の概念が先天的認識であるにもかかわらず、いかにして必然的に対象と関係せねばならないか、そしてあらゆる経験から独立に、対象の総合的認識を可能ならしめるか、ということはわれわれは比較的容易に明らかにすることができた。なぜなら、空間・時間という感性の純粋形式を通してのみ対象はわれわれに現れ、すなわち経験的直観の対象となり得るのであるから、空間・時間は現象としての対象の可能性の先天的制約を含むところの純粋直観であって、空間・時間における総合は客観的妥当性を持っているからである」(A 89, B 121—122)。「これに反して悟性のカテゴリーは対象が直観において与えられる制約をわれわれに示すものではない。したがって対象は、悟性の機能と必ずしも関係しなくても、われわれに現れ得るのは言うまでもないことであり、それ故悟性は対象の先天的制約を含むものではないのである。この点からここでは感性の領域においては出合わなかった困難が生じてくる。それはすなわち思惟の主観的制約がいかにして客観的妥当性を持つか、つまり対象のあらゆる認識の可能性の制約となるかということである。なぜなら、悟性の機能がなくても現象はもとより直観において与えられることができるからである」(A 89—90, B 122)。この文章はカントがいかにはっきり問題の所在を自覚していたかを示すものであると言えるであろう。この重要にしてまた困難な問題に直面してカントはその全努力を傾注した。「われわれが悟性と呼ぶ能力を探求し、同時にその使用の規則と限界とを決定するためには、私が先験的分析論の第二章で、純粋悟性概念の演繹という標題の下に行った研究以上に重要なものを私は知らない。そしてこの研究は私に最大の、しかし恐らくは無益ならざる労苦を払わせたのである」（A XVI）とカントはみずから言っているのである。

カントの解決　まさにカントの言うように、この問題はカント哲学にとってその死活に関する根本的な問題であると言わねばならない。ヒュームの懐疑論に対して自然科学的認識の客観性を擁護するためには、カントは悟性のうちに先天的概念が存在し、この概念によって単なる主観的判断と客観的判断とが区別されると考えねばならなかった。しかしこのように考えると、この先天的概念がどうして直観の対象に妥当するかということが大きな難問として生じてくるのである。この問題がもし解決されないとすれば、ここにカント哲学の根本思想は根底から崩れると言わねばならない。先天的総合判断という考え方、ひいてこういう考え方を生ぜしめた認識論的主観主義の思想は全く放棄されねばならないことになるであろう。だが、この問題は果して解決されることができるのであろうか。直観によってわれわれに対象が与えられ、しかる後に悟性によってこの対象についての思惟が行われるとするならば、悟性における先天的概念がどうして悟性自身にとっては外から与えられる対象に対して適合し得るであろうか。このことはむしろ絶対に不可能だと言うべきではないであろうか。直観によって与えられる対象が、全然直観から独立に存する悟性の先天的概念によって総合されるような性質を持たねばならないという必然性を、われわれはどうしても理解することはできないであろう。この問題の解決は原理的に不可能であると言わねばならないと思われる。

それ故、私の見るところでは、カントはこの問題に直面してその解決を試みたとき、実は今までの考え方を変えることによってその解決を策したのであった。それはすなわち、今までのように直観によって対象が与えられ悟性がそれを思惟するという考え方を捨てて、むしろ悟性の先天的概念によって始めて対象そのものが成立すると考えなおすということであった。直観のみによって対象が与えられるのではなく、カテゴリーの働きをまってはじめて対象が生ずるのである。あるいはもう少し違った表現を用いるならば、対象が与えられる場面に、すでに直観のみならず、悟性の働きが含まれているのである。カントは「純粋理性批判」において感性と悟性とを全く別個の認識能力と考える二元論的立場から出発した。感性は対象を直観するのであり、悟性はさらにこの対象について思惟するというこの二元論は恐らく最も常識的な立場であると言うことができるであろう。しかしカントはこの常識的立場から出発しながら、実はしだいにこの立場を修正しているのである。私はもとよりこのようなカントの思想の展開がカントによって自覚的に行われているのかどうかを決定しようとするのではない。すなわちカントが始めから自己の立場を十分に自覚しており、ただ読者を自己の立場に導いてゆくために始めは極めて常識的な立場から出発してしだいに事態の真相へ導くというやり方を取ったのか、あるいはカントみずから始めは常識的立場を真であると考えてそこから出発しながら、そこに生じてくる問題によってついにこの立場を越えていったのかということは私の関するところではない。私はただ事実カントの叙述のうちにこのような立場の展開が存していると言うにすぎない。「カテゴリーの先験的演繹」において、今まで極く常識的に説明されて来た認識というものが始めて深くその具体相においてとらえられるにいたっているという事実をわれわれは否定することはできないのである。

カントは第一版の「序言」において、カテゴリーの先験的演繹について次のように述べている。「このいくらか深い根底を持つ考察〔先験的演繹〕はしかし二つの側面を持っている。一つの側面は純粋悟性の対象に関係し、純粋悟性の先天的概念の客観的妥当性を説明し理解せしめるべきものであって、それ故にそれは本質的に私の目的に属する。他の側面は純粋悟性そのものを、その可能性と、純粋悟性自身がその上に基づいている認識力という面から、すなわち純粋悟性をその主観的関係において考察することを目ざすものであり、この究明は私の主要目的に関して極めて重要ではあるけれども、本質的にそれに属するものではない。なぜなら主要な問題は常に、悟性と理性は、一切の経験から離れて、何をどれだけ認識し得るかということであって、決して思惟する能力そのものがいかにして可能であるかということではないからである。後者はいわば与えられた結果に対する原因の探求であり、その限り仮説に似た性格を持っている（他の機会に示すように、実際はそうではないけれども）ので、この場合には私が勝手に私見を立てることを許し、したがってまた読者にも他の私見を立てることを許さねばならないかのように見える。この点に関して私は読者にあらかじめ次の注意をしておかねばならない。それはすなわち私の主観的演繹が、私の期待するような確信を読者に引き起し得ないとしても、私にとってここでとくに問題である客観的演繹は完全にその力を持っているのであり、そのためには要するに九二ページから九三ページにかけて述べられていることだけで十分であろうということである」（A XVI—XVII）。そしてこの第一版の九二ページから九三ページにかけての部分とは第二版においてもそのまま残されている部分であり、私の解釈ではまさにさきの原理を簡潔に説明しているのである。

カントはこの部分を次のような文章で始める。「総合的表象とその対象とが合致し、相互に必然的に関係し、いわば相会し得るということはただ二つの場合にのみ可能である。すなわち対象のみが表象を可能ならしめるか、表象のみが対象を可能ならしめるかのどちらかである。前者である場合には、この関係は単に経験的であり、表象は決して先天的に可能であるということはない。そして現象の場合には、現象のうちで感覚に属するものに関する限り、まさにそうである。しかし後者である場合には、表象それ自身は……その対象を存在に関して産出するものではないから、もしもあるものを対象として認識することがその表象によってのみ可能になるとすれば、その時表象は対象に関して先天的に規定していることになるのである」（A 92, B 124 f.）。すなわちカントの言うところは、先天的な表象、具体的に言えば先天的直観形式と先天的悟性概念が、先天的であるにもかかわらず対象に対して客観的妥当性を持ち得るということは、対象が対象として認識されるという場面においてすでにこれらの先天的表象が働いている場合にのみ可能であるということであろう。しかし対象が対象として認識されるということは、どういうことであろうか。それは対象が対象として与えられるということと同じではないであろうか。対象がわれわれに与えられるとき、それはすでに対象として認識されていると言わねばならないからである。

カントは上の引用文に続いて、このような対象の認識が可能ならしめられる制約として直観と概念とを挙げ、前者については、現象は必ず先天的な直観形式によってのみわれわれに現れるのであるから、現象が感性のこの形式的制約と一致することは明らかであると述べた後、後者について次のように言っている。「さて、あるものがその下においてのみ、たとえ直観されなくてもしかし対象一般として思惟されるような制約として、先天的概念もあらかじめ存在しはしないかということが問題になる。もし存在するとすれば、対象についてのすべての経験的認識は必然的にこのような概念にしたがうことになる。なぜならこのような概念を前提しないでは何ものも経験の客観とはなり得ないからである。さてしかしすべての経験はあるものがそれによって与えられるところの感性の直観の外に、なお直観において与えられ現象する対象についての概念を含んでいる。したがって対象一般の概念が、先天的制約として、あらゆる経験的認識の根底に存するであろう。それ故、先天的概念としてのカテゴリーの客観的妥当性は、それによってのみ経験が（思惟の形式という点から）可能であるということに基づいているのである。なぜならそのときには、カテゴリーを媒介としてのみ一般に経験のいかなる対象も思惟され得ることになるから、カテゴリーは必然的かつ先天的に経験の対象に関係するからである」（A 93, B 125 f.）。この文章ではカントは一見、対象が与えられるということと対象が思惟されるということとをはっきり区別し、したがってまたそれによって対象が与えられる直観と、それによって対象が思惟される悟性とを厳密に分けているように見えるかも知れない。しかしわれわれが事態的によく考えてみるならば、カントの真意は必ずしもそうではないと言えるのではないかと思われる。カントはここで悟性の先天的概念について述べている場合に、確かに対象が直観されるという面を切り離して、対象が対象として思惟されるという面だけを論じている。われわれは認識をするとき、必ず何等かの対象についての認識を行うのであるが、この対象を対象として思惟するということがすでに悟性の先天的概念によって可能になるとカントは言うのである。しかし具体的に考えてみれば、対象を対象として思惟するということはすでにいわゆる直観の場面において成立していると言わねばならない。われわれはたとえば机を直観する。あるいは机の上にある本を直観する。このときわれわれはすでに対象を認識しているのであり、経験の対象は成立しているのである。それ故もしもカントの言うようにカテゴリーが対象の成立のための先天的条件であるとするならば、それはすでに直観の対象が与えられる場面において働いていなければならないのである。「先験的感性論」においては直観によって対象が与えられると説かれていた。しかしひとたび直観のみによって対象が与えられてしまうならば、なぜ悟性の先天的概念がこの対象に対してうまく適合するかということは全く不可解となる。そこでカントはこの考え方を修正して、直観のみによって対象が与えられるのではなく、いわゆる直観の対象が成立する場面にもカテゴリーが働いていると考え直したのである。われわれはもとよりこの新しい考え方の上に立っても、なお直観と悟性とを区別することができるであろう。しかしその場合、直観によって与えられるものはもはや決して対象であるとは考えることができない。それは対象以前の単なる多様（das Mannigfaltige）である。机や本の直観の基礎となる単なる多様である。それはいわばわれわれに対して瞬間瞬間に変化して与えられるカオス的印象である。それを総合して机とか本というわゆる直観の対象を成立せしめるために、悟性のカテゴリーが働くのである。ここに、直観によって対象が与えられ、悟性がそれを思惟するという意味での感性と悟性の二元論的立場が大きく修正されていることは否定することができないであろう。*

＊ このような解釈に対してはあるいは異論が提出されるであろう。カントの言おうとするのは決して直観の対象が与えられる場面に、すでにカテゴリーが働いているということではなく、われわれが直観の対象を概念的に把握するとき、すなわちそれについて判断を下すとき、そこにカテゴリーが働くということであるとも考えられるであろう。このように解すれば、カテゴリーを判断表から導出したカントの考え方とも調和するし、またカントが「カテゴリーの先験的演繹」にいたって、それまでの立場を変えているとも解する必要がなくなるので、このような見方がむしろ一般的であるとも言えるかも知れない。たとえばペイトンは次のように述べている。「われわれがこの木を認識しようとする場合、この木は直観に与えられねばならない、すなわちその色と形は空間・時間という形式の下で視覚に与えられねばならない。そしてこのことはその木がその限り与えられているということである。しかしもしその木が木として認識されるならば、そこには思惟もまた存在しているのである。われわれは〝木〟という概念を用いねばならず、すなわちまた実体と偶有性というカテゴリーを用いなければならないのである。存在するのはこの青い木というただ一つの客観であり、それは視覚と思惟の結合によって認識される。しかしもしもわれわれが抽象によって視覚を思惟から区別するならば、視覚がわれわれに与えるのは高々色であり、われわれはその色が何であるかを、すなわち木の色であることを認識しないであろう。一方思惟はわれわれに〝木〟(treeness) という概念のみを与えるのであり、個々の客観を与えない」(Paton, *Kant's Metaphysic of Experience.* vol. 1, p. 340)。ペイトンの言うところは必ずしも明瞭ではないが、木の色、形等は直観によって与えられているが、これを「木」として判断するとき、それは悟性のカテゴリーによって行われるという意味であろう。また、H・W・カッシーラーも「受動的な感性はわれわれに客観的なものについての意識をもたらすことはできない。実際、純粋に感性的な段階では、主観的なものと客観的なものの間の区別は決してなされ得ないのである。しかしこの区別の意識は客観的事実、すなわち単に主観的に（ただ一人の主観に対して）妥当するのみでなく、客観的に（すべての主観

に対して）妥当することを確かめようとする本来の意味での経験にとっては本質的である。それ故、そのような経験が生じ得る前に、われわれの悟性がある特別の態度を取り、感性に与えられるものが、客観的に実在的なものをあらわしていると見なしうるかどうかを見出すために、積極的に働かねばならない。したがって先天的な悟性の働きなくしては、経験すなわち厳密な意味での認識というものは存し得ないのである」（H. W. Cassirer, *Kant's First Critique*, p. 57）と言っているが、ここにはペイトンの場合よりもさらにはっきりと、直観によって対象が与えられるのであり、悟性の先天的概念はこの直観的対象についての客観的判断を下す場合に働くという考え方が取られている。その外、たとえばウェルドンなども同様の見方をしているようである。かれは厳密な意味での経験は単なる白昼夢のようなものではなく、対象についての客観的な認識でなければならないが、このような経験が可能であるためには感性によって与えられる表象を一つの対象のうちに必然的な仕方で結びつけねばならず、これが悟性のカテゴリーの働きなのであると述べている（T. D. Weldon, *Kant's Critique of Pure Reason*, p. 150 f.）。

しかし私はこのような解釈は誤りではないかと考える。実際、このように解釈するとき、カテゴリーがどうして対象に対して適合し得るかを全く理解することはできないであろう。なぜなら、すでにくり返し述べたように、対象がすでに直観によって与えられてしまっているなら、なぜ、悟性から独立に与えられている対象に対して、悟性の先天的概念が妥当性を持ち得るかという根拠は全く考えられることができないからである。木の直観がすでに与えられていると考えてみよう。この場合これを「木」として認識することは悟性の思惟の働きであると言えるかも知れない。しかしわれわれが、これを「木」と考えねばならないということは直観の対象の性質自身によってきめられるのではないであろうか。われわれは木の直観を決して原因結果の関係において判断することはできない。われわれは常に実体の概念を用いて「木」と考えねばならない。しかしこのことが直観の対象の性質によってきめられるとするならば、すべての概念は先天的なものではなくなってしまうのではないであろうか。ペイトンの解釈は決してカテゴリーの客観的妥当性を基礎づけ得ないのである。木という対象が直観において与えられるとき、それが「木」として判断されようとされまいと、とにかく直観の対象が与えられるその場面ですでに悟性の先天的概念が働いていなければ、カテゴリーの対象への妥当性は成立しないと言うべきであろう。ペイトンも他のいくつかの箇処では私の解釈と同じ見方をしているようである。たとえば、「直観が統一として与えられるのは……それが思惟によって統一されるからである。このことは直観がまず与えられて、それから思惟されるという意味ではない。われわれが思惟という要素を抽象すれば、統一なき単なる多様が存するにすぎないという意味である。直観の統一のためには、その直観が経験的であれ、純粋であれ総合が必要なのである」(*op. cit.,* p. 525) と言っているのはその例である。直観によって与えられるのは実は単なる多様であり、その統一は悟性の働きによるとするならば、いわゆる直観の対象の成立の根底にカテゴリーの働きが存することは言うまでもないことであろう。

以上が第一版の九二―九三ページ (第二版では一二四―一二六ページ) の叙述であるが、* ここには確かに「カテゴリーの先験的演繹」の原理が疑問の余地のない程はっきり示されていると言えよう。その原理は極めて簡単である。「先験的感性論」においては直観形式としての空間・時間を通して直観的表象が一挙にしてわれわれに与えられるかのように述べられていた。しかしこれは単に常識的な見解の表明にすぎず、今「カテゴリーの先験的演繹」にいたってこの見解は反省され深められて、直観によって与えられるものは実は空間的時間的な直観表象ではなく、単なるカオス的多様であり、この多様からいわゆる直観的表象が成立するためには悟性のカテゴリーによる統一が行われなければならないということであった。カントの思想のこの修正ないしは深まりは第二版の演繹の中の次の文章に極めて明瞭に表明されている。「対象として表象された空間 (幾何学において事実必要であるような) は直観の単なる形式以上のものを含んでいる、すなわち感性の形式にしたがって与えられた多様を、一つの直観的表象に総括 (Zusammenfassung) することを含んでいる。したがって、直観形式 (Form der Anschauung) は単なる多様を与えるのであり、これに対して形式的直観 (formale Anschauung) が表象の統一を与えるのである。この統一を私は感性論においては単に感性の中に入れたが、それはただこの統一が、感性には属しないがしかしそれによって空間・時間についてのすべての概念が始めて可能になるような総合を前提しているけれども、一切の概念に先行しているということを注意するためであった。というのは、この総合によって（すなわち悟性が感性を規定することによって）空間または時間が直観として始めて与えられるのであるから、先天的直観のこの統一は空間・時間に属し、悟性の概念に属するのではないからである」(B 160—161, Anmerkung)。われわれはさきに「先験的感性論」の叙述の際に直観形式と純粋直観について附加的に触れておいた（八四ページ）。感性論においてはこの両者は全く同一と考えられていた。しかしその考えはここではカントみずからによってはっきり否定されているのである。幾何学の対象であるような純粋な空間的表象でさえ、実は決して単なる感性の直観形式によって与えられるものではない。それはもとより真に概念的な認識ではないから、「すべての概念に先行する」と言われ得るであろう。しかしそれにしてもそれは単なる直観によって成立するものではなく、その中には悟性による総合の働きがはいっているのである。悟性の先天的概念がこの場合すでに働いていると言わねばならない。もしもわれわれが悟性の働きを除いて考えるならば、純粋に直観によって与えられるものは単なる多様にすぎない。「直観形式は単なる多様を与える」のである。いわゆる直観というものが成立するためには、この多様の統一が必要なのであり、この働きは悟性によって行われるのである。私はこの考え方こそカテゴリーが先天的でありながら、しかも対象に対して客観的妥当性を有することを基礎づけ得る唯一の道であり、カントは「カテゴリーの先験的演繹」においてまさにこの道を歩んだと考える。

＊　カントがみずから客観的演繹の核心であると明言しているこの部分が多くのカントの註釈書において取り立てて取りあげられていないということは極めて不可解であると言わねばならない。スミスなど先験的演繹に主観的演繹と客観的演繹の二側面があるということを前に引用したカントの第一版の序言の文章を引いて説明しながら、「九二ページから九三ページにかけて述べられていることだけで十分であろう……」という文章はわざ〳〵省略している程である（*Commentary*, p. 236）。その理由の一つは恐らく、九二ページから九三ページの部分は「カテゴリーの先験的演繹への移り行き」と題されている節の一部であり、いわ

ば先験的演繹にいたる予備段階であるから、ここに先験的演繹そのものの根本原理が述べられていると見ることはおかしいということにあるのではないであろうか。確かにこの点は形式上おかしいと言えるであろうが、しかしわれわれはカント自身の言明を重視しなければならない。カントは恐らく、実際に先験的演繹を遂行するに当っては主観的演繹と客観的演繹が入りまじった叙述を行っているため、先験的演繹の根本原理が見失われる危険性があると判断し、むしろ客観的演繹の根本原理を明瞭に述べた九二―九三ページの叙述に読者の注意を促したのであろうと思われる。

二　第一版の先験的演繹

「カテゴリーの先験的演繹」の部分は極めて重要であるが、また極めて難解である。とくに第一版における叙述は全く不明瞭であって、容易にその真意を把握し難い。カントみずからこの不明瞭さを認めている程である(B XXXVIII)。この難解さの故に、ファイヒンガーやスミスは、第一版の演繹はカントが異なった時期に書いた原稿を寄集めたのであるとする、「つぎはぎ細工説」を唱えたのである。しかしこれからこの難解な第一版の演繹の解明に取りかかるに当って、われわれは演繹の原理は上に述べたように、非常にはっきりしているということを十分に頭にとどめておくべきであろう。しかしながら、演繹の原理が理解されたとしても、それはなお極めて抽象的なものであるにすぎない。直観的対象が成立する場面にすでに悟性の働きがはいっているとしても、それでは実際に、悟性はいかなる仕方で働くのか、悟性の先天的概念はその際どういう役目を果すのか、というような事柄が具体的に説かれない限り、われわれは演繹の原理そのものをことばの上で理解しても、なお十分に納得することはできないであろう。このような問題の探求がカントが主観的演繹と称したものであり、それは本質的には演繹の目的に属するものではないかも知れないが、しかしやはり極めて重要であると言わねばならない。第一版の演繹においてカントはこの主観的演繹の部分を詳細に叙述することによって、客観的演繹の部分を具体的に納得させようとしているのである。*

* 第一版の演繹のうちどの部分が主観的演繹で、どの部分が客観的演繹であるかということは恐らく明瞭に区別することはできないであろう。始めの(1)直観における覚知の総合、(2)構想力における再現の総合、および(3)概念における再認識の総合の始めの部分、（A 103…dieser Einheit der Synthesis. まで）が主観的演繹であることは認められるであろう。そしてそれに続く第二節の残りの部分は客観的演繹の色彩が強いと言えると思うが、しかしこの部分でも時に主観的演繹を思わせる文章が少からず見出される。第三節はカント自身「前節において分離的個別的に述べたことを、今や統一的に連関せしめつつ説明しようと思う」（A 115）と言っているように、主観的演繹と客観的演繹が総合されて述べられているると見られるのではないかと思われる。

一般的注意　以下第一版の先験的演繹を叙述解明するに当って、私は必ずしもカントの叙述の順序にとらわれず、少し大胆であるかも知れないが、その筋道が明らかになるように述べてゆきたいと思う。カント自身の叙述は余りにも難解であるから、その順序をそのまま追うことはほとんど無意味であると考えるからである。

直観によって与えられるものは単なるカオス的多様であり、ここではまだ認識は成立しない。認識が成立するためにはこの多様を総合することが必要である。「感官はその直観のうちに多様を含んでいるから、それに概観作用（Synopsis）が帰せられるとすれば、これに対しては常に総合作用（Synthesis）が対応するのであり、こうして感受性は自発性と結びついてのみ認識を可能ならしめるのである」（A 97）。しかしながらこのように直観によって与えられたものを総合統一して認識が成立するということはいかにして可能であろうか。カントはこの問題を解くために、いわゆる直観の対象が成り立つためにはいかなる総合作用が必要であるかということを探求することから出発したのである。

まずカントはこのような探求の基礎とならねばならぬ一般的注意として、「われわれのすべての認識は結局のところ内官の形式的制約、すなわち時間に属しており、時間のうちにおいて秩序づけられ、結合され、相互に関係させられなければならない」(A 99)ということを述べている。カントの説くところによれば、われわれの表象は、それが外物の影響によって生ぜしめられたのであろうと、または内的原因によって生ぜしめられたのであろうと、あるいはそれが先天的であろうと後天的であろうと、要するにすべて内官に属するものであり、時間は内官の形式的制約に外ならないからである(同上)。このようにわれわれが認識というものが時間のうちにおいて行われるということを注意するとき、以下のカントの主張は十分に理解されるであろう。

(1) **直観における覚知の総合** (Synthesis der Apprehension in der Anschauung)　直観によって多様が与えられる。しかし「この多様から直観の統一が生ずるためには、まずこの多様に目を通し (durchlaufen)、つづいてその多様を結合すること (Zusammennehmung) が必要である」(A 99)。なぜなら直観によって多様が与えられるとしても、いかなる表象も瞬間的なものとして考えると、いずれも絶対に統一的なものであって、その多様は決して多様として表象されることはないからである(同上)。直観によって与えられる多様がまさに一つの表象における多様として意識されるためには、心のうちに継起してくる直観の多様を統一することが必要なのであり、すなわち多様に目を通して結合することが行われなければならないのである。そしてこのことによって始めていわゆる直観の対象が成立するのである。このような総合の働きをカントは覚知の総合と名づけた。すなわち覚知の総合はあらゆる直観的表象が成立するために要求されるものなのである。

カントがこの覚知の総合を直観における覚知の総合と言っているところから、われわれはややもするとこの総合が直観自身の、あるいは感性自身の働きであると考えやすいであろう。カントはあらゆる経験の可能性を含むところの心の三つの根源的能力として、感性と構想力と統覚とを挙げているが（A 94; cf. A 115）、こういうところから考えると、覚知の総合が感性に、次に述べる構想力における再現の総合が構想力に、また概念における再認識の総合が統覚に、それぞれ基づくかのように取られやすいと思われる。しかしこのような解釈は誤解であると言わねばならないであろう。このことはカントが A 94 で感性と構想力と統覚とを三つの根源的能力として挙げた後、すぐ続いて次のように言っているところからも明らかであると思う。すなわちカントは言う。「これ〔三つの能力〕に基づいて、(1)感性による先天的多様の概観（Synopsis）、(2)構想力によるこの多様の総合、最後に(3)根源的統覚によるこの総合の統一が成り立つ。これらの能力はすべて経験的使用の外に先験的使用を有する……。われわれは感性に関するその先験的使用についてはすでに第一部〔先験的感性論をさす〕で述べたが、今や他の二つの本性を洞察するように努めよう」。このように述べてから、次の節において覚知の総合、再現の総合、再認識の総合が取り扱われている以上、この三つの総合がいずれも感性の作用ではなく、構想力または統覚の作用に基づいていることは言うまでもないことであろう。さらに A 97 においても感受性としての概観作用に対して自発性としての総合作用を対立させ、この総合作用の上に覚知・再現・再認識の三つの総合が基づくとしている。確かにカントの叙述のうちには誤解を引き起しやすいようなあいまいさが存するが*、しかし総合という働きは決して感性そのものには存せず、感性は全く受動的であるというカントの根本的な考えを、われわれは決して見誤ってはならないであろう。それでは覚知の総合は主観のいかなる能力に基づく総合なのであろうか。認識の源泉を感性と構想力と統覚の三つとするという考え方にしたがえば、無論覚知の総合は構想力の働きによると言わねばならない。事実、カントは A 120 で、知覚は心において分散して意識されるから、知覚の結合が行われねばならないが、知覚の結合は感性自身のうちにおいては存し得ないから、われわれのうちにこの多様を総合する活動的な能力が存すると述べ、「それをわれわれは構想力と名づけ、それが直接に知覚に及ぼす働きを私は覚知と名づける」と言っているのである。それ故、言うまでもないことであるが、覚知（Apprehension）と概観（Synopsis）とは全く異なったものと解さねばならない。概観とは感性の働きであり、それは全く受動的に多様を受け取ることであろう。

＊　たとえばカントは同じく A 97 で、覚知・再現・再認識の三つの総合は「三つの主観的認識源泉への導きを与える」というような表現を用いているが、三つの認識源泉とは感性・構想力・統覚であることは明らかであるから、覚知は感性に結びついて

しまうような印象を受けることを免れない。しかし覚知が構想力の働きであるとしても、とにかくそれは直観の多様の総合であるから感性と密接に結びついているのであり、そのためカントはこのような表現を用いたのではないかと思われる。

こうして覚知の総合は直観的表象を成立させるために不可欠な心の自発的な働きであるが、それはただ経験的直観の場合に必要であるのみならず、先天的な直観的表象が成り立つためにも同様に必要であると言わねばならない。なぜなら先天的な空間の表象も時間の表象も、やはり感性によって与えられる多様の総合によってのみ成り立ち得るものだからである。「それ故われわれは覚知の純粋総合を有する」（A 100）のである。

経験的な直観表象の場合に覚知の総合が必要であるということは容易に理解され得るであろう。たとえば家を知覚する場合を考えてみよう。そしてそこには瞬間的な知覚としては単に家の諸部分のそれがあるだけであって、家全体の知覚は存しないとしよう。このような場合には家全体の知覚が成立するためには、その部分的な継時的な知覚を総合統一することが必要であることは言うまでもないであろう。すなわちそこには継時的な知覚に目を通し、それを結合せしめる働きが存しなければならない。この働きこそ覚知の総合に外ならないのである。それでは遠いところにある家を見る場合のように、家全体の知覚が一挙に与えられるときはどうかと言われるかも知れないが、この場合といえども、瞬間的な直観的所与を考えるならば、そこにはいわゆる知覚というものは生じ得ないと考えられるであろう。ちょうど非常に早い速度で目の前をある物が通りすぎたとすれば、それはただ瞬間的な印象であって、決してその物の知覚が生じ得ないであろうと同様に、真に瞬間的な直観的所与は実は知覚とはなり得ないと言わねばならない。すでに見たように（一一九ページ）、カントがいかなる表象も瞬間的なものとして考えると、いずれも絶対に統一的なものであって、その多様は決して多様として表象されることはない、ということを述べているのも、この意味であろうと考えられる。それ故知覚が成立するためには、たとえ瞬間的な印象の内容に変化がないとしても（厳密に言えば全く変化のないということはあり得ないであろうが）、多くの継時的印象が必要であり、この印象に目を通しそれを結合してそれを一つの知覚たらしめる自発的な働きを必要とする。すなわちこの場合にも覚知の総合が要求される。

先天的直観の場合にはどうであろうか。この場合には経験的な印象は全く必要ないのであるから、空間・時間という先天的な直観形式によってすでに先天的表象が可能であり、したがってもはや総合の働きを必要としないように思われるかも知れない。しかしすでに述べたように直観形式と純粋直観とは違うのである。先天的な空間ないし時間的表象を得るためには、すなわち純粋直観を得るためには、やはりそこに総合作用が必要であると言わねばならない。たとえば、カントは「どんなに短い線であろうと、それを思考のうちにおいて引いてみなければ、すなわち一点から始めて次々にすべての部分を産み出し、それによってはじめてこの直観を描き出さなければ、その線を表象することはできない」（A 162 f., B 203）と言っているが、この線を引くという働きは継時的に行われるのであり、ここにもやはり継時的な先天的直観的所与に目を通しそれを結合する覚知の総合が存しなければならないのである。われわれの感性が空間・時間という直観形式を有しているとしても、この直観形式に則って一つの先天的直観の表象を得るためには、この直観形式の外に、自発的な総合の働らきが必要なのである。

(2)　構想力における再現の総合 (Synthesis der Reproduktion in der Einbildung)

以上見たように、直観的表象が成立するためには、直観によって与えられる多様を結合する覚知の総合が必要であった。しかしながらさらに進んで、覚知の総合はいかにして成り立ち得るであろうか。

覚知の総合とは継時的な印象に目を通しこれを結合する働きであった。だが、このような総合が可能であるためには、それ継時的な印象を忘れずに心のうちに保持し、印象そのものはつぎつぎに移り行き消え去ってゆくにもかかわらず、それを心のうちに再現する働きが存しなければならない。この再現の働きが行われなければ、つぎつぎに与えられる印象はまたつぎつぎに消え去って、そこには何等統一的表象も生じ得ないからである。この再現の働きは言うまでもなく構想力（想像力）(Einbildungskraft) の働きに外ならない。構想力（想像力）とは元来「対象を、それが現に存在しなくても、直観において表象する能力」（B 151）であることは言うまでもない。それ故すでに消え去った印象を心のうちに再現する能力は、構想力と呼ばれなければならないのである。もとよりわれわれがふつうに構想力（想像力）と言う場合には、すでに過去において成立した直観的表象を再び想い浮べる能力を意味するのであり、この意味での想像力はヒュームの言うように連想を可能ならしめるものである。しかしより根源的には構想力はすでに一つの直観的表象を成立させるために、その根底に存する再現の能力として働いているのである。こうして構想力の再現の総合は覚知の総合を可能ならしめるものであり、それと「不可分離的に結びついている」(A 102)のである。

この構想力の再現の総合が単に経験的な直観表象の成立のために必要であるのみならず、また先天的な直観表象の成立するためにも必要であることは言うまでもないことであろう。なぜなら先天的な直観表象の成立のためにも覚知の総合が必要であることはすでに述べた通りであるが、一般に覚知の総合が可能であるためには構想力の再現の総合が要求されるからである。「私が一つの線を思考のうちで引いてみたり、あるいはある日の昼から他の日の昼までの時間を考えたり、あるいはまた単にある数を表象しようとしたりする場合でも、私がまず必然的にこれらの多様な諸表象を次々に思考のうちでとらえなければならないことは明らかである。しかし私が先行する表象(線の最初の部分、時間の先行する部分、あるいは次々に表象された単位)をいつも忘れてしまって、私がそれに続く表象に進んでゆく際にそれらを再現しないならば、一つの全体的表象も、上に述べたようないずれの思考も、そればかりでなく空間・時間の最も純粋な最初の根本表象すら生ずることはできないであろう」(A 102)。

この「構想力における再現の総合」の部分のカントの叙述は極めて複雑であって、今私が述べたようには説いていない。カントは、しばしば相継起しあるいは相伴う二つの表象はしだいに互いに結びつき、ついには一つの表象があれば、他の表象が存在しなくても、それを構想力によって再現するようになるという連想の法則が成立するためには、現象それ自身がこの再現を可能ならしめるような規則にしたがって成立していなければならないと述べ、ここからこの規則を成立せしめるものとして「構想力の純粋な先験的総合(reine transzendentale Synthesis)」(A 101)が存在しなければならぬとし、すぐ前に私が引用した、一つの線、ある日の昼から他の日の昼までの時間というような例を挙げてこのことを論証しようとしているのである。このようなカントの考えは、間もなく述べるように、カントの思想の核心をよく表現したものであるが、しかしまだ先験的演繹への導入の段階として「構想力の再現の総合」を述べている際に、突然こうした説明が行われていることは、全く無用の混乱を引き起す以外の何ものでもないと言うべきであろう。私が「構想力における再現の総合」の説明からこの部分を全く取り除いたゆえんである。この部分は後に「先験的親和性」を取り扱う箇処で考察される（一三二ページ）。

なお、このカントの説明の混乱から、構想力の再現的総合と、産出的総合（produktive Synthesis）あるいは産出的構想力（produktive Einbildungskraft）との関係についてもあいまいさが生じて来てしまっているのではないかと思われる。この両者の関係については後に詳しく触れるが、とにかく私はこの箇処でカントが述べている構想力の働きは「構想力における再現の総合」という標題によって示されているように、すべて再現的なものと考えねばならないと思う。事態的に考えても、上に説明したように、ここで述べられている構想力の働きは先行表象を忘れずに心のうちに保持し、それを再現するという再現的総合に外ならない。これに対して産出的構想力の働きは直観によって与えられる多様を規則に従って総合して直観的な形像（Bild）を作り出すことに存するのであり、決して単なる再現的な働きではない。両者の間には明確な区別が存在するのである。そしてこの産出的構想力の働きこそ真に先験的な働きであると言えるであろう。ところがカントは、上に述べたように、現象を規則にしたがって成立せしめる根拠として「構想力の純粋な先験的総合」が存しなければならないと述べて、ただちに構想力の再現の総合を説いているため、構想力の再現の働きが先験的であるかのように考えられる危険がある。もとより構想力の再現の総合は直観的表象を成立せしめる根底に働くのであり、普通の経験的構想力（想像力）と異なることは言うまでもない。後者は過去において成立した直観的表象を頭の中で想い起して再現するのであるが、これに対して前者は一つの直観的表象を成立せしめるために、先行表象を忘れずに再現してゆくのである。それ故、構想力の再現の総合が普通の意味で経験的性格のものではなく、先験的性格を持つとも言うことができよう。それ故に、カントも「構想力の再現的総合は心の先験的働きに属するのであり、この働きに関してわれわれはこの能力を構想力の先験的能力と名づけようと思う」（A 102）と述べているのだと考えられる。しかし構想力の再現の総合はすでに一度心のうちに生じてまた消え去っていた表象を心のうちに再現するというにすぎないのであって、やはり広い意味においては経験的な働きと言わねばならないであろう。事実、カントは他の箇処では、「心が一つの知覚から他の知覚へ移ってゆく場合に、前の知覚を後の知覚に対して呼び起し、知覚の全系列をあらわすところの主観的根拠、すなわち構想力の再現的能力」は「単に経験的である」(A 121)と述べているのである。ここには確かにカント自身の用語の混乱を認めなければならないが、しかし私は内容的に考えて、構想力の再現の総合はどうしても広義においての経験的性格のものであり、真に先験的総合の働きである構想力の産出的総合とは区別されなければならないと考える。カントは「構想力における再現の総合」の箇処ではまさに経験的な再現の働きについて述べているのであり、一度も「産出的」ということばを使っていないことに注意すべきであろう。*

* リール(Riehl)はA 102の、さきに引用した(一二四ページ)文章「構想力の再現的総合は心の先験的働きに属する……」のうちの「再現的」という語を「産出的」と訂正して読んでいるが、私はこの訂正は根拠がないと思う。もしもこのように訂正するなら、この箇処でカントがずっと「再現的」ということばを用いていることと矛盾してしまうであろう。確かに再現的総合を心の先験的働きに属すると見ることは厳密に言うと不合理であるが、カントはこの場合、普通の意味での経験的から区別して先験的と言っているのだと考えられる。

なお、スミスはファイヒンガーの説を継いで「つぎはぎ細工説」を取り、構想力の働きを再現的と考える箇処と産出的と考える箇処は、カントの異なった時期の思想を示していると解しているし(Smith, *Commentary*, p. 224)、「つぎはぎ細工説」を取らないペイトンでさえ、構想力の働きを再現的と考えたのは、カントの早い時期の思想の表明であろうと考えている(Paton, *Kant's Met. of Exp.*, vol. 1, p. 364)。しかし構想力の再現的総合と産出的総合が異なるものであると考えれば、このような見方は必ずしも必要ではないであろう。カントはここで構想力の再現の総合を述べて、さらに進んでその根底に存する構想力の産出的総合を考えるための導入としたのである。

(3) 概念における再認識の総合 (Synthesis der Rekognition im Begriffe)　こうしてわれわれは直観的表象が成立するためには覚知の総合が必要であり、さらに覚知の総合が可能であるためには構想力の再現の総合が存しなければならないことを知ったのであるが、さらに進んで、それではこのような構想力の再現の総合はいかにして可能であろうか。カントはここに構想力の再現の総合を可能ならしめるものとして、概念における再認識の総合が存しなければならないことを見出したのである。

「われわれが現に思惟していることが一瞬間前にわれわれが思惟したことと同じであるという意識が存しなければ、表象の系列における再現ということはすべて無益なものとなるであろう。なぜなら、その場合にはわれわれが現に思惟していることは現在の状態における新しい表象であって、その表象を順次に作り出したはずの作用には全く属さないことになってしまい、表象の多様はいつも全体を作り出さないであろうからである。というのは、それには、意識のみが与え得るような統一が欠けているからである。もしも私が数をかぞえるに際して、私が今心に思い浮べている諸単位が私によって次々に加えられたものであるということを忘れてしまうならば、私は単位を一つずつ順次に加えることによって量がうみ出されることを、したがってまた数を認識することはできないであろう。なぜなら、数の概念は総合のこのような統一の意識においてのみ成り立つからである」(A 103)。すなわち、再現の総合が可能であるためには、その再現されたものが前の表象と同一であるということを再認識するという働きが存しなければならない。そしてこの再認識という働きによって始めて再現されたものが現在の表象と結合され、一つの直観的表象に統一されるのである。

しかしこの再認識の総合が成り立つためには、そこに意識の同一性が存しなければならないことは明らかであろう。もしも意識が瞬間瞬間に全く異なったもので同一性が存しないとすれば、再現された表象がすでに消え去った表象と同じであるということは再認識されることができないからである。「多様、すなわち順次に直観され次にまた再現されたものを一つの表象に結びつけるのはこの一つの意識である」(A 103)。この意識の同一性が前提されなければ、対象の認識は全く不可能であると言わねばならない。もとよりこのことは、われわれが経験的にこの意識の同一性を意識しているかどうかということとは無関係である。「この意識はしばしば全く微弱なものであり得る」（A 103）。しかしそれにしてもこの意識の同一性は経験のあらゆる対象の成立するための先験的理由として存在しなければならないのである。

カントはこの「根源的先験的制約」（A 106）を先験的統覚（transzendentale Apperzeption）（A 107）または純粋統覚（reine Apperzeption）（A 117）と名づけた。「元来、いかなる認識も、またその相互の結合や統一も、意識の統一なしには成立することができないのであり、この意識の統一は直観のすべての所与に先立ち、またそれと関係することによってのみ対象のすべての表象が可能となるところのものなのである。この純粋な根源的な不変化的な意識を私は先験的統覚と名づけようと思う。それがこの名に値することは、最も純粋な客観的統一、すなわち先天的概念（空間および時間）の統一といえども、ただ直観がこの意識の統一と関係することによってのみ可能となるということからすでに明らかである」（A 107）。

総合的統一　こうしてカントは直観的表象が成立するための制約を求めて、ついに最も根源的なものとして先験的統覚を見出した。直観によって与えられる多様が結合されて一つの対象の表象を成立せしめるためには、それらの多様がこの先験的統覚のもとに入れられ、統一づけられることによってのみ可能である。先験的統覚こそ直観の多様に統一を与えるものである。すなわち、「純粋統覚はすべての可能な直観の多様の総合的統一の原理を与えるのである」（A 117）。

しかしながら直観の多様に統一を与えそこに一つの対象の表象を生ぜしめるということは、単に与えられた直観の多様をばらばらのままで一つの意識のうちに取入れるということではなく、直観の多様を総合的に統一して、そこに多様そのもののうちには含まれていない全体的な形像（Bild）を生ぜしめるということを意味するであろう。たとえばわれわれが頭の中で順次に線の部分を引いていって、全体的な一つの線の形像を作り出す場合を考えてみよう。この場合もしもわれわれが線の各部分をばらばらのままでいくら一つの意識のうちに取り入れても、そこには一つの線という形像は生じない。一つの線という全体的形像は線の各部分のうちには存しないからである。一つの線という全体的形像が作り出されるためには、線の各部分が総合的に結合されつつ一つの意識のうちに取り入れられることを必要とするのである。すなわち先験的統覚による直観の多様の統一は総合的統一としてのみ始めて可能なのである。「主観における多様の統一は総合的である」(A 116) と言わねばならない。このように言えるとするならば、先験的統覚はまさに直観の多様に対してこのような総合的統一を附与する機能を有していると考えねばならないであろう。

元来、直観によって与えられるところのものは表象の多様にすぎず、決していわゆる対象ではない。この表象の多様を総合的に統一して、これを一つの対象の形像にしてゆくのは、われわれの意識の自発的な働きによると言わなければならない。しかも「われわれはすべての認識とその対象との関係についてのわれわれの思考が、何か必然性を伴うことを見出す」(A 104)。すなわちわれわれは対象について考えるとき、その対象についてどうしてもかくかくに考えねばならないという必然性を認めるのである。そうすれば、この必然性は、われわれの意識が一定の必然的な規則に従って直観の多様を統一してゆくということに由っていると言わねばならないであろう。「対象が必然的たらしめる統一は、表象の多様の総合における意識の形式的統一に外ならない」(A 105) のである。「われわれは直観の多様のうちに総合的統一を生ぜしめた場合に、対象を認識すると言う」。このことはしかし、多様の再現を先天的に必然的ならしめ、多様の結合によって成立する概念を可能ならしめるところの、規則にしたがった総合の機能によって、直観が生ぜしめられなかったならば、不可能である。たとえば、われわれは三つの直線の結合を、それにしたがって三角形の直観が常に現わされるような規則によって意識することによって、三角形を対象として思惟するのである」(A 105)。

こうしてわれわれが直観の多様に対して総合的統一を与え、対象を成立せしめるということは、われわれの意識の先天的規則にしたがった働きによって行われるのであるが、総合的統一を与えるところのものは、根源的には先験的統覚に外ならないのであるから、先験的統覚こそ対象を成立せしめる根拠であると言わねばならない。先験的統覚の働きに先天的規則が存するため、直観の多様はこの規則にしたがって統一され対象が成立するのである。「自己同一性の根源的必然的な意識〔すなわち先験的統覚〕は同時に概念すなわち規則にしたがったあらゆる現象の総合の同様に必然的な統一の意識である。そしてこの規則は現象を必然的に再現可能にするばかりでなく、それによってまた現象の直観に対象を、すなわちそこにおいて現象が必然的に連結するところのあるものの概念を、規定するのである」(A 108)。

われわれはここで、カントが A 109 において述べている先験的対象 (transzendentaler Gegenstand) すなわちXと言われるものについての解説をしておく必要があるであろう。先験的対象ということばはカントによって数多く用いられている。そしてたとえば A 366；A 277, B 333 等々において用いられている先験的対象ということばは明らかに物自体と同義であると考えられる。しかし私は少くとも「カテゴリーの先験的演繹」の部分で言われている先験的対象は決して物自体を意味しないと考える。それは、直観の多様が総合統一されて対象が生ぜしめられるという場合の対象を一般的に指しているにすぎない。すなわちすでに述べたように、直観の多様から対象が成立するのは先天的規則にしたがっての先験的統覚の働きによるのであるが、この場合直観の多様の具体的内容を抽象して考えるならば、先験的統覚によって対象一般が成り立たしめられると言えるであろう。この対象一般をカントは先験的対象＝Xと言っているのであると思う。もとよりわれわれは実際にこのような対象一般を認識することはできない。具体的にはわれわれは常に与えられた直観の多様を先験的統覚の先天的規則にしたがって総合統一して、これあるいはあれという具体的対象を認識するのである。しかしわれわれはこの具体的対象から直観的内容を全く捨象して、対象という性格のみを取り出すことができるであろう。その場合この対象一般が先験的対象と言われ、それは先験的統覚の必然的総合的統一と対応するものと考えられているのである。「この先験的対象（それは実際あらゆるわれわれの認識において常に同一のもの、すなわちXであるが）という純粋概念は、われわれのすべての経験的概念一般に対して、対象との関係、すなわち客観的実在性を与え得るものである。この概念は何等特定の直観を含み得ないものであり、それ故にそれは、認識の多様が対象と関係する限り、その多様のうちに見出されねばならない統一以外のものに関係しないであろう。しかしこの関係は意識の必然的統一、したがってまた多様を一つの表象に結合する心の共通の機能による多様の総合の必然的統一に外ならない」（A 109）というカントの文章はこのことをはっきり示しているものと思われる。スミスは先験的対象すなわち物自体と解し、したがってこの部分のカントの叙述を早い時期の原稿によると解しているが（N. K. Smith, *Commentary*, p. 204）、このような解釈は誤りであると思う。ペイトン、バードなどはこうした解釈に反対している（Paton, *Kant's Met. of Exq.*, vol, 1. p. 420 ff., Graham Bird, *Kant's Theory of Knowledge*, p. 76 ff.）。

先験的統覚と構想力

しかしこの先験的統覚の先天的規則にしたがっての総合的統一をさらによく理解するためには、われわれはもう一度先験的統覚と構想力との関係を考えてみることが必要であろう。われわれはさきに、覚知の総合から構想力における再現の総合に、さらに概念における再認識の総合へとさかのぼって、ついに先験的統覚に到達した。このような総合がすべて可能なのは、その根源に先験的統覚の働きが存するからであり、直観の多様に総合的統一を与え対象を成立せしめるものはこの先験的統覚の働きに外ならなかった。しかしそれでは構想力の働きはこの先験的統覚の働きとどう関係するのであろうか。対象の表象が可能となるためにまず直接に必要なのは構想力の働きであるから、われわれはこの両者の関係をもう少し詳しく考える必要があるであろう。

さきに構想力の働きは再現の作用にあると考えられた。すでに消え去った表象を心のうちに再現する働きが構想力における再現の総合と言われたものであった。しかしもしも構想力の働きが単に再現の作用であるとするならば、それは先験的統覚の先天的規則と無関係であると言わねばならないであろう。消え去った表象を心のうちに再現するために構想力が先天的規則にしたがわねばならないという必然性は全く存しないであろうからである。しかしよく考えてみると、構想力の働きによって対象の形像が生ぜしめられるとするならば、その働きは決して単に再現の働きにとどまることはできない。もとより再現の働きも必要であることは言うまでもないであろうが、しかしそれ以上に、再現された表象と現に存する表象とを総合する働きが必要であろう。そしてこの総合の仕方が統覚の先天的規則にしたがって行われるのである。構想力の働きは、それ故に、単に再現的（reproduktiv）ではなく、根源的には形像を作り出すという意味で産出的（produktiv）であると言わねばならない。再現的構想力の根源にはさらに産出的構想力(produktive Einbildungskraft)（A 123）の先験的働きが存するのである。「〔純粋統覚の〕この総合的統一は、しかし、総合を前提する、あるいはそれを包含する。そして前者が先天的必然的である以上、後者もまた先天的総合でなければならない。それ故に、統覚の先験的統一は構想力の純粋総合に関係するのであり、この構想力の純粋総合が認識における多様の結合の可能性の先天的な制約なのである。しかし先天的に生じ得るのはただ構想力の産出的総合*のみである。なぜなら再現的総合は経験の制約に基づくものであるからである。それ故、構想力の純粋（産出的）総合の必然的統一という原理は、統覚に先立って、あらゆる認識、とくに経験の可能性の根拠である」（A 118）。

* 産出的構想力、または構想力の産出的総合というような用語を、カントが「カテゴリーの先験的演繹」の第三節にいたって始めて用いているということは、叙述の仕方としては極めて拙劣だと言われねばならないであろう。われわれは唐突な感じを受けることを否定することができない。それ故産出的構想力という思想と再現的構想力という思想はカントの異なる時期の思想に由来するというような見方も生じ得るのである（本書一二五ページ）。しかし私は事態的に考えて、この二つの構想力は内容的に異なったものであり、広義においてなお経験的であると言える再現的構想力の働きの根源に存する、真に先験的な働きが産出的構想力の働きであると考える。したがってこの二つの構想力の考えは同一時期のカントの思想として十分両立できると思う。

このように構想力の再現の総合の根底に実は産出的構想力の総合が存するとするならば、われわれはさらに覚知の総合が成り立つためにも当然その根底には産出的構想力が働くと言うことができるであろう。なぜなら、覚知の総合は構想力の再現の総合を前提していたが、この再現の総合が実は産出的総合を基礎としていたからである。覚知の総合とは継起する表象に目を通しそれを結合する働きであったが、この場合においてもこの結合とは言うまでもなく総合的結合でなければならない。単に継起する表象をばらばらのまま結合しても、それは単に多くの表象の連絡のない集合にすぎず、一つの対象の表象は生じないであろう。したがって多くの継起する表象を総合し直観的対象たらしめるということの根底には先天的規則にしたがった産出的構想力の働きが働いていなければならない。覚知の総合も産出的構想力の働きに外ならないのである。「すべての現象は多様を含み、したがって多くの知覚は心においてそれ自身としてはばらばらに個別的に存するのであるから、それらの知覚を結合することが必要であり、この結合は知覚が感性自身のうちで持つことはできないものである。それ故われわれのうちにこの多様を総合する活動的な能力があるのであり、これをわれわれは構想力と名づける。そして構想力が直接知覚に及ぼす働きを私は覚知と名づける。すなわち構想力は直観の多様を一つの形像（Bild）としなければならないのであり、したがって構想力はまず印象をその働きのうちに取り入れなければならない、すなわち覚知しなければならないのである」（A 120）。

先験的親和性　こうしてわれわれは直観的形像が成立するためには、産出的構想力の働きが存しなければならず、この産出的構想力の総合は先験的統覚の先天的規則によって行われるものであることを見出したのである。このことが理解されれば、われわれはまたカントが先験的親和性（transzendentale Affinität）について語るところも容易に納得することができるであろう。カントが親和性と称するのは「現象についての一切の連想の客観的基礎」（A 122）であるが、この親和性は経験的親和性と先験的親和性とに区別することができる。経験的親和性とは現象が経験的に連想を可能ならしめるような性格を持っているということである。「しばしば継起したり同伴したりした表象がついには相互に連合されて結合するようになり、そうなると対象が現に存在していなくても、心はそのうちの一つの表象を持てばそこから一定不変の規則にしたがって他の表象を生ずるようになる、ということは単なる経験的法則である。しかしこの再現の法則は、現象それ自身が実際にこのような法則に従っていること、そして現象の表象の多様において一定の規則にしたがった継起や同伴が生ずること、を前提している。なぜならもしもこのことが存しないとすれば、われわれの経験的構想力は決してその能力に適することをなしとげることができず、したがって、死せる能力、われわれ自身に知られない能力として、心の内部にかくされたままになってしまうであろうからである。もしも辰砂（Zinnober）があるいは赤くあるいは黒く、またあるいは軽くあるいは重かったり、また人間がこれやあれやの動物の形に変化したり、土用の盛りに大地が果実におおわれたり氷や雪におおわれたりするならば、私の経験的構想力は決して、赤色の表象から重い辰砂を思い浮べる機会を持たないであろう。あるいはある一つの名前がこの物に与えられたり他の物に与えられたり、または同じ物がいろいろに名づけられたりして、現象がすでにみずから従っているところの一定の規則がそこに支配していないとすれば、再現の経験的総合は生じないであろう」（A 100—101）。すなわちカントの言うのは、われわれは経験的な構想力の働きによってある一つの表象からそれと密接に結びついている他の表象を連想したり、あるいは一つのことばを聞いてすぐある物を想い起したりするが、このことは現象そのものが一定の規則によって支配されているから可能なのであり、もし現象に一定の規則が存しないとすれば、われわれの心のうちに構想力の再現の能力が存するとしても、その能力は働くことができず、われわれ自身によってさえ未知のままに止まるであろう、ということであろう。

現象の持っているこの規則性がすなわち経験的親和性*に外ならない。

＊ペイトンは現象の親和性ということは、もっと近代的なことばを用いれば、自然の斉一性（uniformity of nature）と言えるであろうと述べている（Paton, *Kant's Met. of Exp.*, vol. 1, p. 445）。

このように現象が経験的親和性を持っているということは事実としてわれわれの認めねばならないことであるが、しかし問題はどうして現象がこのような経験的親和性を有し得るかという点に存する。だがこの問題に対するカントの解答は、今まで述べて来たところから容易に察することができるであろう。あらゆる直観の対象が先験的統覚の先天的規則に従った産出的構想力の総合の働きによって成立せしめられる以上、経験的親和性の基礎はこの産出的構想力の総合のうちに存することは明らかだからである。産出的構想力の総合、あるいはさらに根源的に見れば、先験的統覚の働きのうちに存する先天的規則こそ経験的親和性の基礎であり、先験的親和性なのである。具体的に言えば、われわれは多くの多様を総合統一して、たとえば辰砂という対象の形像を作り出す。この総合の仕方が先天的な規則に従って行われるが故にこそ、われわれは常に一定の辰砂という対象を知覚し得るのである。そしてその故に辰砂という概念も可能となるのであり、また辰砂についての連想も可能となるのである。そうでなければ、われわれは辰砂という概念によって一定の表象を思い浮べることすらできないであろう。経験的親和性は先験的親和性に基づいて始めて成り立つと言い得るのである。「すべての（経験的）意識は一つの（根源的統覚の）意識において客観的統一を持つが、この客観的統一はあらゆる可能な知覚の必然的制約であり、一切の現象の親和性は、先天的に規則に基づいている構想力における総合の必然的結果である。したがって構想力はまた先天的総合の能力であり、それ故にこそわれわれはこれに産出的構想力の名を与えるのである。そして構想力が現象の多様に関して意図するのは現象の総合における必然的統一に外ならいのであるから、これは構想力の先験的機能と言われることができる。それ故、奇異と思われるかも知れないが……構想力のこの先験的機能によってのみ現象の親和性が可能になるのであり、またこれと共に連想も、また連想を通じて最後に、法則に従う再現も、したがって経験そのものも可能になるのである」(A 123)。「私は問う、諸君はいかにして現象の全き親和性(それによって現象は恒常的な法則に従い、従属せねばならないのであるが)を理解し得るかと。私の原則に従えば、親和性は十分に理解することができる。……〔根源的統覚の〕同一性は、現象が経験的認識となるべき限りにおいて、現象のあらゆる多様の総合のうちにはいって来なければならないから、現象は、その(覚知の)総合が例外なくそれに従わねばならない先天的制約に従属する。……したがってあらゆる現象は必然的法則に従って汎通的に結合されるのであり、先験的親和性のうちに存するのである。経験的親和性はこの先験的親和性の単なる結果なのである」(A 113—114)。

こうしてわれわれは先験的統覚の総合的統一の仕方が産出的構想力の総合の仕方をも規定すること、したがって先験的統覚の統一こそ一切の経験の対象を生ぜしめる根源であることを理解することができる。それ故自然そのものが「統覚という主観的根拠にしたがわねばならず、それのみか、その合法則性に関してこの主観的根拠に依存しなければならない」(A 114)のである。先験的統覚は構想力を媒介としてすべての直観の対象を可能ならしめるのである。だがこの先験的統覚こそ悟性に外ならないであろう。直観の多様を総合統一するところの自発性の働きが、結局先験的統覚に基づいている以上、それはまさに自発性の能力としての悟性そのものでなければならない。カテゴリーとは悟性のうちに存する先天的概念であった。したがって先験的統覚の規則にしたがった総合統一の働きはカテゴリーにしたがってなされるものであることは言うまでもない。悟性の先天的概念であるカテゴリーはこうして直観の対象に対して客観的妥当性を有する。いわゆる直観の対象はカテゴリーにしたがった構想力の働きによって始めて成立するのだからである。「構想力の総合との関係における統覚の統一は悟性である、そして構想力の先験的総合との関係におけるこの同じ統一は純粋悟性である。それ故に悟性のうちに、一切の可能な現象に関して構想力の純粋総合の必然的統一を含むところの先天的純粋認識が存在する。しかしこれがカテゴリー、すなわち純粋悟性概念である。したがって人間の経験的認識能力は必然的に悟性を含み、悟性は直観と、構想力による直観の総合を媒介とすることのみによってではあるが、感性のあらゆる対象に関係し、すべての現象は可能的経験に対する所与として悟性に従属する。さて可能的経験に対する現象のこの関係は同様に必然的であるから（なぜならもしそうでないとすればわれわれは現象によって認識を得るということはなく、したがって現象はわれわれに対して全く無関係であろうから）、純粋悟性は、カテゴリーを媒介として、あらゆる経験の形式的な総合的原理なのであり、現象は悟性と必然的関係を持つということになるのである」（A 119）。

感性と悟性の二元論の修正　こうしてカテゴリーの先験的演繹は成就したと言うことができよう。カテゴリーは悟性の先天的概念であり、それ自身においては直観によって与えられるものと必然的関係を持たない。直観によって与えられるものはカテゴリーとは無関係に外から与えられるのである。しかもカテゴリーが直観によって与えられるものに対して客観的妥当性を持ち得るゆえんは、直観によって与えられるものを総合して対象の形像を作る産出的構想力の働きが、さらに根源的には先験的統覚の先天的規則、すなわちカテゴリーによって行われるからである。われわれは通常、直観によって直接に対象の形像が与えられ、そこに知覚が成立すると考えている。しかし実は直観によって与えられるものは単なる多様にすぎない。この多様を総合して知覚が成立するのはそこに構想力の産出的総合の働きが存するからであり、この構想力の総合の働きがカテゴリーに従っているのである。*

＊ カントは知覚が構想力によって成立するという考えを大きな発見としてみずから誇っている。「構想力が知覚そのものの必然的成分であるということはいかなる心理学者もまだ考え及ばなかった。それは、一つには人がこの能力を単に再現にのみ限ってしまったのと、また一つには感性がわれわれに印象を与えるのみでなく、印象を結合して対象の形像を成立させると信じたからである。しかし対象の形像が成立するためには、疑いもなく、印象の感受性の外に、なおそれ以上のもの、すなわち印象を総合する機能が必要なのである」(A 120, Anmerkung)。

しかしカテゴリーの先験的演繹はこのようにしてなしとげられたとしても、この演繹の結果をよく考えてみると、そこには以前に考えられていた感性と悟性との関係が全く異なったものとして考え直されていることに気がつくであろう。「純粋理性批判」の出発点においては、感性によって対象が与えられ悟性によってその対象が思惟されるというように考えられていた。ところが今は対象が与えられるということのうちにすでに感性のみならず、悟性のカテゴリーに従った構想力の総合がはいっていなければならないと考えられるにいたったのである。

今やカテゴリーというものが形式論理学的な意味での概念とは全く異なるものであることは明らかであろう。形式論理学的な概念は多くの直観的対象からその共通性を抽象して作られるものである。これに反してカテゴリーはむしろ直観的対象そのものを成立させるために必要な概念である。直観的対象を成立させるための規則として役立ち得る概念である。われわれは前章においてこの問題について少し触れておいた。まずわれわれは「先験的感性論」の箇処において、空間・時間というものが概念でなく直観であるということについての証明が、空間・時間という表象と形式論理学的な意味での概念とを比較することによって行われていることを見た。そしてこの限りにおいてはカントの証明は極めて当然のことを言っているのであり、何も問題は存しないと述べた。しかしわれわれは「カテゴリーの形而上学的演繹」の箇処において、カテゴリーを判断表から導こうとするカントの手続きそのものが、カテゴリーが形式論理学的な意味での概念ではないことを暗示しているのではないかということを見た。そしてこのことは今や「カテゴリーの先験的演繹」において極めてはっきりと示されたのである。カテゴリーは直観的対象から抽象されて作り出された概念ではなく、むしろこのような概念が成り立つために、すでに直観的対象の成立の場面において働いていなければならない規則としての概念なのである。

しかしこれと共にわれわれはカントの思想の出発点であった感性と悟性、直観と思惟との二元論的立場が著しい変容を受けたことを認めねばならないであろう。カントが空間・時間を以て概念ではなく直観であると考えたゆえんは、それによって直観の能力としての感性を思惟の能力としての悟性から区別し、両者をそれぞれ全く別個の能力として定立するためであった。しかしカテゴリーというものが形式論理学的な概念ではないとするならば、感性を悟性から独立な認識能力と考えようとするカントの論拠はすでに崩れていると言わねばならないであろう。直観によって対象が与えられて悟性がそれを思惟するのではない。直観的対象が成立するためにも感性と悟性は協同して働くのである。この両者はもはや二つの独立な認識能力として区別することができないのではないであろうか。悟性の働きを抽象し去ってしまえば、後に残る直観的所与とは単に全くの多様であり、それについてはわれわれはそれが何であるかを全く言うことができない。われわれはむしろ感性と悟性の両者によって直観的対象を受け取るのであり、感性と悟性は別個の二つの能力であるよりはむしろ区別し得ない一つの働きを行うのである。われわれは感性と悟性という二つの能力を有するのではなく、感性的悟性ないしは悟性的感性という一つの能力を持つと言うべきであろう。

もとより私はこう言うことによって、いわゆる思惟という認識作用を否定しようとするのではない。われわれは単に対象を直観するのみならず、さらにその対象について思惟する。このことは事実であり、この事実を否定することは決して許されないであろう。そしてこの意味においてわれわれは直観と思惟とをはっきり区別することができるし、また区別しなければならない。もしもわれわれの認識が対象を直観することで終りであるならば、われわれは対象の認識について何も苦労することはないはずである。一切の学問的認識、のみならず日常的な認識でさえ、直観した対象についてさらに思惟してゆくことによって成立することは言うまでもないことである。単なる対象の直観をわれわれは通常認識と呼ばない。認識とは常に直観以上の思惟を含んでいなければならない。しかし私の言おうとするのは、カントの場合のように悟性のうちに先天的概念が存在すると考えるならば、その悟性は直観の対象の成立の場面にすでに働くものである外はなく、したがってそれは直観とは別個の思惟の能力と考えることはできなくなるということである。カントの言う悟性はむしろ感性と一つになって働く悟性であり、感性的悟性ないし悟性的感性とでも称すべきものに外ならない。単なる対象の直観以上の思惟の場合に果して悟性の先天的概念という考え方が成り立つであろうか。私には極めて疑問と思われる。しかしこの点についての詳細な検討は「原則の分析論」の問題である。

こうして事態的に考察するとき、われわれはすでに第一版における「カテゴリーの先験的演繹」において感性と悟性との二元論的立場が大きく修正されていると言わねばならないであろう。しかしながらカントは第一版においてはなおあくまでも感性と悟性との二元論的立場を完全には捨て切っていないように思われる。恐らくカントはみずからこの立場の変更をはっきり自覚していなかったと言い得るであろう。もとより後に見るように、カントは第二版においてもこの変更を徹底的に自覚しているとは言い切れないが、それにしても第二版においては、第一版におけるよりははるかに事態の真相に迫っていると思われる。

すなわち、第一版においては、カントは直観の対象の成立するための制約を求めて、まず構想力の総合の働きが必要であることを見出し、ついでさらにこの構想力の働きの可能であるゆえんを求めて先験的統覚に到達した。したがってこの先験的統覚の総合的統一の働きは直観的表象の成立するためにすでに働いているのではあるが、その働きは構想力を媒介とする間接的なものであるが故に、先験的統覚自身は直観とは関係せず、それとは一応別の能力と考えられる傾きを脱しなかったのであろう。そして先験的統覚がすなわち悟性に外ならないのであるから、悟性は感性とは独立な、思惟の能力として考えられ、二元論的立場は依然として捨てられなかったのではないかと思われる。構想力の総合の働きは本来先験的統覚から切り離して考えることはできないものであるにもかかわらず、なお構想力が先験的統覚とは別個の能力として、すなわち悟性と感性との中間に存する第三の能力として考えられたのである。*「われわれはあらゆる先天的認識の根底に存する人間の心の根本能力として、純粋構想力を有する。これを媒介とすることによって、われわれは一方の直観の多様を、他方の純粋統覚の必然的統一の制約と結びつけるのである。感性と悟性という両端は構想力のこの先験的機能の媒介によって必然的に連関しなければならない。」(A 124) とカントは述べている。こうなると、感性によって与えられる多様を総合して直観的形像を生ぜしめるのは悟性ではなくて構想力であり、悟性はこの直観的対象について思惟する能力であるというように考えられてくることにもなるであろう。要するに、構想力の働きそのものが本来悟性の働きに従っているのに、なおこの点が明瞭に表面に出ず、構想力と悟性とが別のものと考えられる傾向が強いのである。

＊　こういう点から構想力を第三の能力、いやむしろ感性と悟性という二つの幹に対する根であるとするハイデッガーのような解釈の可能性も生じてくる (Heidegger, *Kant und das Problem der Metaphysik*, S. 130)。構想力が認識において重要な役割を果すことについてはまさにハイデッガーの解釈の通りであるが、しかし上述して来たところから、このような解釈がカントの真

意を把握したものでないことは明らかであろう。

カントが第一版において感性と悟性の二元論的立場を捨て切らず、構想力を悟性とは異なるものと見ていたということは、すでに「カテゴリーの形而上学的演繹」のところで述べた「プロレゴーメナ」における知覚判断と経験判断の区別を考えてみても、明らかなのではないであろうか。「プロレゴーメナ」は「純粋理性批判」の第一版が出てから二年後の一七八三年に著されているが、しかもそこでは知覚判断の成立のためには純粋悟性概念は必要ではないと考えられているのである。知覚判断とはもとより単なる知覚ではなく、知覚と知覚とを結合する判断である。しかもこの知覚判断でさえ純粋悟性概念なしに成立するとするならば、まして知覚そのものが純粋悟性概念と無関係に成立することは言うまでもないであろう。すなわちここでは直観は全く悟性から独立であり、直観それ自身の成立には悟性の働きは少しも含まれていないとされていることは疑いのないところである。このことはもとより第一版のカテゴリーの先験的演繹の思想とも矛盾することは言うまでもない。第一版の叙述においては、すでに述べたように、知覚の成立には産出的構想力の働きが必要であること、そしてこの構想力の働きは根源的にはカテゴリーに従った総合の働きであることが示されたのであった。それ故カントが「プロレゴーメナ」においてどうして知覚判断と経験判断についてこんなに単純な考えを述べ得たのか、むしろ不思議な位である。しかし恐らく、カントは第一版においては構想力というものを感性と悟性とを媒介する第三の全く新たな能力として定立するという傾向を免れなかったため、たとえ知覚の成立のために構想力の総合の働きが必要であるにしても、なお悟性そのものは直接には知覚の成立には無関係であると考え得たのではないであろうか。そしてそのために「プロレゴーメナ」において知覚判断と経験判断の上述のような区別をしたのではないであろうか。もしも知覚の成立のために必要な構想力の総合の働きが悟性のカテゴリーに従ったものであるということが真に徹底的に考えられたならば、悟性が知覚の成立に対して無関係であるということはもとより言い得ないし、したがって知覚判断と経験判断とを区別するにしても（そしてこの区別は確かに認めることができるであろうが）、その区別の根拠をカテゴリーが加わるかどうかということには求め得なかったであろう。

このようにカントがすでに第一版の先験的演繹において事態的には感性と悟性との二元論的立場を越え、それを修正しているにもかかわらず、なおあくまでもこの立場を捨て切れず、構想力を第三の能力として定立することによって二元論的立場を維持しようとし、「プロレゴーメナ」においても知覚判断と経験判断とを純粋悟性概念が加わるかどうかによって区別したゆえんは何であろうか。それは言うまでもなくカントがこのように考えることによって認識の普遍妥当性が基礎づけられると思ったためであろう。すでに述べたように、カントが悟性に先天的概念すなわちカテゴリーが存すると考えたのは、まさに認識の普遍妥当性を基礎づけようとしたからであった。したがって第一版の先験的演繹においてすでに事態的には感性と悟性の二元論的立場が崩れているにもかかわらず、なおその立場を固執しようとしたのではないかと考えられるのである。

三　第二版の先験的演繹

第一版と第二版の相違　しかしながらすでに第一版の演繹においても感性と悟性の二元論的立場は崩れているのである。構想力は悟性から独立な第三の能力として考えられている傾向のあることは否定し得ないが、しかしその構想力の総合の働きは悟性のカテゴリーに従ったものであり、したがって、構想力によってはじめて直観の対象が成立せしめられるとするならば、いわゆる直観のうちにはすでに悟性の働きが含まれているのである。構想力を第三の能力として考えようとする傾向そのものが実はカントの思想の混乱を示すものに外ならなかったのである。それ故カントは第二版において、第一版に存在した不徹底、あいまいさを取除こうとして全く新たな叙述を試みたのであろうと思われる。したがって私の見るところでは、第二版における演繹は第一版の演繹と本質的には何等異なるところを持っていない。まさにカントみずから言うように、第一版の叙述の「不明瞭さを取り除く」(B XXXVIII) ための書き換えであったと見て差しつかえないと思われる。カントはただ第一版における演繹の思想をさらに明瞭にし徹底することによって、第一版に存在していた不徹底な側面を切り捨てていったのである。

それ故第二版の演繹の第一版の演繹からの、相違点、あるいはむしろ第二版において第一版以上に明瞭にされた点はつぎのようなことであると考えられる。まず第一に、第二版においては、構想力の総合の働きが悟性の働きの一種であり、すなわちそれは、悟性が直観的対象を成立せしめる場面で働いたものに外ならないことが、明らかにされていることである。カントは構想力について次のように説明している。「構想力は対象を、それが現存していなくとも直観において表象する能力である。さてわれわれの一切の直観は感性的であるから、構想力は、そのもとにおいてのみ悟性概念に対してそれに対応する直観を与え得る主観的制約であるという点では、感性に属する。けれども構想力の総合はやはり、自発性の実行であって、すなわち規定するものであって、感性のように単に規定されうるものではなく、したがって感性をその形式に関して、統覚の統一にしたがって先天的に規定し得るのであるから、その限り構想力は感性を先天的に規定する能力であり、カテゴリーに従って行われる構想力による直観の総合は構想力の先験的総合でなければならない。そしてこのことは感性に対する悟性の作用であり、われわれにとって可能な直観の対象に対する悟性の最初の適用（同時にあらゆる他の適用の基礎）である」（B 151―152）。ここにははっきりと構想力の総合の働きが悟性の働き以外のものではないことが示されている。悟性のカテゴリーが経験の対象に対して客観的妥当性を有するためには、直観の対象が成立することのうちにすでにカテゴリーの働きが含まれていなければならない。それ故に悟性の総合の働きはまず構想力として働き得なければならない。そうでないと悟性のカテゴリーによって直観の対象が成立するということはなく、カテゴリーは客観的妥当性を持ち得ないであろうからである。したがって構想力の働きは感性に対する悟性の最初の適用と言われるのである。もとよりそれは単に悟性の最初の適用であって、悟性の働きはこれにつきるものではないことは言うまでもない。構想力によって成立した直観的対象についてさらに悟性は思惟してゆくことができる。いやむしろ、すでに述べたように、すべての学問的認識はこの段階において始めて成立するのである。したがって悟性の総合の働きには、純粋に悟性のみによってなされるものと、構想力によってなされるものとの二種が存在すると言える。カントのことばを用いれば知的総合（intellektuelle Synthesis, synthesis intellectualis）（B 151―152）と形像的総合（figürliche Synthesis, synthesis speciosa）（B 151）との二種類である。*しかしいずれの場合においてもそこに働く総合は同一の働きであり、すなわち悟性そのものの働きに外ならない。「表象の多様は単に感性的で、感受性に外ならない直観において与えられることができる。……しかし多様一般の結合は決して感性によってわれわれのうちに生ずるものではなく、したがってまた感性的直観の純粋形式のうちに同時に共に含まれていることもできない。なぜなら結合は表象力の自発性の働きであるからである。そしてこの自発性は、感性と区別して、悟性と呼ばれなければならないから、すべての結合はわれわれがそれを意識しようとしまいと、それが直観の多様の結合であろうといろいろの概念の結合であろうと、また直観の場合には感性的直観の結合であろうと非感性的直観の結合であろうと――悟性の働きであり、それにわれわれは総合という一般的名称を附与するであろう……」(B 129—130)(傍点筆者)。こうして一切の総合の働きは、たとえそれがいかなる場合に働こうと、すべて悟性の働きである。自発性の働きはただ悟性のみから由来する。そしてすべての自発的総合の働きの区別は、ただこの同一の悟性の働きの異なった発現にすぎないのである。さらに他の箇処ではカントは経験的な覚知の総合は、知的であって全く先天的にカテゴリーのうちに含まれているところの統覚の総合に必然的に従わねばならないと述べた後に、「知覚の総合においては構想力の名のもとに、統覚の総合においては悟性の名のもとに、直観の多様に結合をもたらすところのものは、同一の自発性である」(B 162, Anmerkung) と言っているのである。第二版の演繹において構想力というものを第一版におけるように「悟性と感性の両端を媒介」する第三の能力として考える考え方が全く捨てられていることはここに明らかであろう。構想力とはそれ自身悟性の働きにすぎない。あらゆる総合の働きはすべて悟性の働きに外ならないのである。

* しかしこのような解釈に対しては異論もあり得るであろう。H・W・カッシーラーは、感性的直観に対して適用された悟性の働きを形像的総合と解し、非感性的直観に対して適用された悟性の働きを、知的総合と解している。われわれはもとより非感性的、超感性的直観を持たないから、われわれにおける悟性の働きはすべて形像的総合であり、したがってまたわれわれの悟性はつねに構想力として働くのであるということになる (H. W. Cassirer, *Kant's First Critique*, p. 92 ff)。このようなカッシーラーの解釈も全く無根拠であると言うことはできない。なぜならカントは形像的総合と知的総合について次のような説明を与えているからである。「感性的直観の多様のこの総合は先天的に可能でありまた必然的であるが、それは直観一般の多様に関して単なるカテゴリーのうちにおいて思惟されるであろうところの総合すなわち悟性結合(知的総合)と呼ばれる総合から区別して形像的(形像的総合)と呼ばれることができる」(B 151)。この説明においては知的総合は直観一般の多様に関する総合と言われているが、われわれには感性的直観の多様は与えられるが、直観一般の多様というものは与えられないから、知的総合とは人間にとっては不可能であるとも解せられる。しかしこのような解釈はカント哲学を全体的に見渡すとき取ることができないこ

とは明らかであると思う。何よりもまずカッシーラーの解釈に従うと、形像的総合、したがって構想力というものが、全く広義に取られることになる。すなわち、それは人間の悟性の働きを総称するものに外ならないことになってしまう。しかし構想力とは「対象を、それが現存していなくても、直観において表象する」能力であって、直観的表象すなわち形像を作るものである。したがって産出的構想力の先験的総合といえども形像を作るという場面に働くものにすぎない。それは感性に対する「悟性の最初の適用」ではあるが、これがわれわれの悟性のすべての働きであるとはどうしても解することができない。上に引用した箇処も、構想力の形像的総合は直観的形像を作るところに働くものであるから感性的直観によって与えられる多様の総合という働きをするが、悟性の知的総合は直観的対象について思惟してゆく悟性の働きであるから直観との結びつきは間接的であり、したがっていかなる種類の直観に対しても——現実にはわれわれ人間は感性的直観しか持たないけれども——妥当し得るという意味に解するのが妥当であり、こう解釈して何等問題は生じないと思う。

右の問題に関連して私はここでカントにおける悟性と先験的統覚との関係について一言触れておこう。第一版の演繹の叙述においては私は悟性がすなわち先験的統覚そのものに外ならないと解釈した（本書一三五ページ）。構想力を第一版におけるように悟性とは別個の第三の能力として立てれば、このことは当然の帰結であると考えたからである。もとより第一版においてもカントははっきり構想力を第三の能力として立てているわけではなく、事態的には第二版と同じく構想力を以て悟性の働きの一種とする考え方に立っているのであるから、第一版のうちにも必ずしも先験的統覚すなわち悟性と解釈できないところも存在する。たとえばカントは覚知・再現・再認識の三つの総合を述べるに当って、これらのものを「悟性の要素（Elemente）」（A 98）と呼び、またこれら三つの総合によって三つの主観的な認識源泉に導かれるが、これらの主観的認識源泉は「悟性すらを可能ならしめる」（A 97）ものであるとも言っているのである。このように第一版においては悟性と統覚との関係は必ずしも明瞭ではないが、第二版においては構想力もまた悟性の「一つの作用」であることが自覚され、したがって悟性は先験的統覚のみならずあらゆる総合を含んだものとはっきり規定されてくる。それ故第二版ではカントは先験的統覚を以て、「悟性の可能性さえその上に基づく」（B 137, B 153）ところのものであると言っているのである。すなわち先験的統覚の総合的統一は「あらゆる悟性使用の最高原理」

(§17 の標題、および B 136) ではあるが、決して唯一の悟性使用ではないのである。もっとも第二版においてもカントが統覚の総合的統一が悟性であると言っている箇処がある。「統覚の総合的統一は、あらゆる悟性使用、のみならず全論理学が、したがってまた先験的哲学がそれに結びつけられねばならぬ最高点である、いやこの能力が悟性そのものである」(B 134, Anmerkung)。しかしわれわれはこの文章においても先験的統覚は「あらゆる悟性使用……がそれに結びつけられねばならぬ最高点である」と言われていることに注意すべきであろう。先験的統覚は根本的には「悟性そのもの」であるかも知れないが、*少くとも悟性は先験的統覚としてのみ働くのではない。構想力の総合もまた悟性の総合の一形態なのである。

* 私は確かに悟性そのものは先験的統覚に外ならないと考える。したがってカントが第二版でもこの考え方を残しているというところに大きな意義を認めるのである。しかしこの点については後の叙述(第四章の「図式論」(二〇〇ページ))に譲られなければならない。

第二版の演繹が第一版の演繹と異なる、というよりはむしろ第一版の演繹以上に明瞭にしている第二の点は、今述べた第一の点と密接に連関していることであるが、直観の対象ないしは知覚というものがカテゴリーによって成り立つということがはっきり主張されているということである。このことは構想力の総合の働きが悟性の一つの作用に外ならないことが自覚された以上当然のことであろう。もとより第一版においてもこの点はすでに事態的には考えられていたということができる。しかしそこにはややあいまいさが残っていたことは否定することはできない。知覚のうちに構想力が「必然的成分」(A 120) としてはいっていることははっきり認められているが、この構想力の働きのうちにカテゴリーが直接どういう形で働いているかは十分に述べられていなかったと言えるであろう。そしてこのことは第一版において構想力が悟性とは異なる第三の能力として考えられる傾向が存した以上、やむを得ないことであった。ところが第二版においては一切の総合の働きは悟性の働きであるということが自覚されているから、知覚というものが直観の多様の総合によって成りたつ以上、それが悟性のカテゴリーによってのみ可能となることが明言されるにいたったのである。カントはこのことを次の二つの知覚の場合を例に挙げて説明している。

「それ故に私がたとえば家の経験的直観を、その直観の多様の覚知によって知覚とする場合、私にとって空間と外的感性的直観一般の必然的統一が根底に存している。そして私はいわば空間における多様のこの総合的統一にしたがって、家の形態を描くのである。しかしこの総合的統一は、空間の形式を抽象すれば、悟性のうちにその座を持つのであり、直観一般における同種的なものの総合のカテゴリー、すなわち量のカテゴリーである。そして覚知の総合すなわち知覚は全くこの量のカテゴリーに従わねばならない」(B 162)。

「(他の例をとれば)私が水の凍るのを知覚する場合、私は(液体と固体という)二つの状態を時間関係において対立するものとして覚知する。しかし私は内的直観としての現象の根底におく時間において、多様の総合的統一を必然的に表象するのであり、この統一がなければ、その時間関係は直観において規定されたものとして(時間の継起に関して)与えられることができないであろう。さてしかしこの総合的統一は、私がそのもとに直観一般の多様を結合する先天的制約であり、私が私の内的直観の恒常的形式すなわち時間を捨象すれば、その統一は原因のカテゴリーである。私はこのカテゴリーを私の感性に適用しそれによって生起する一切のものを時間一般において、その関係にしたがって規定するのである。それ故このような出来事における覚知、したがって可能な知覚として考えられた出来事自身が因果関係の概念のもとに立つことになるのであり、その他のすべての場合も同様である」(B 162―163)。

私の見るところでは第一版と第二版の相違の主要点は以上の点につきると思われる。この外第二版では第一版にあったような構想力の再現の総合というものが述べられていないが、これは本質的なものではないであろう。第二版で再現的構想力と言われているのは（たとえば B 152）、連想の法則にしたがって対象の表象を再現する全く経験的な性格のものである。第一版における、対象の表象を成立せしめるために働く構想力の再現的総合と産出的総合との関係は必ずしも明確ではなく、実際には再現的総合も産出的総合と切り離し得ないのであるから、第二版のように再現的総合というものを捨ててしまう方が誤解を引き起す可能性が少いし、その意味で改善であると言えよう。しかしとにかくこれは本質的な問題ではない。

われわれは次に第二版の演繹の叙述を行わねばならないが、しかしこの叙述は極めて簡単なもので差しつかえないであろう。なぜなら上に見たように第二版の演繹も第一版の演繹と本質的に異なる思想を含んでいるのではないのであるから、すでに第一版の演繹を見て来たわれわれは第二版の演繹においても特に附け加えるべきものを持たないからである。

第二版の叙述　さて第一版の演繹において不徹底・あいまいさが生じたのは、まず直観的形像が成立するためには覚知の総合が、つぎに構想力における再現の総合が、さらに概念における再認識の総合が必要であるという風に、感性からしだいに悟性へ深まってゆくという叙述を行ったことに原因していると見ることができるであろう。そのために構想力はあたかも第三の独立的な能力として考えられることになったのであろう。それ故にカントは第二版においては逆の過程を取ってまず先験的統覚から出発し、感性へ下るという方法を取ったのである。*

＊　第一版においてもこのやり方が全く行われていないのではない。A 116—119 参照。

カントはまず先験的統覚——これは第二版では純粋統覚（reine Apperzeption）または根源的統覚（ursprüngliche Apperzeption）と名づけられている（B 132）——があらゆる認識の根底に存しなければならないということから出発

する。先験的統覚とは「われ思う（Ich denke）という表象を生ぜしめる」（B 132）ところの自己意識（Selbstbewusst-sein）であるがこの「〝われ思う〟ということはあらゆる私の表象に伴うことができねばならない。なぜならそうでないとすれば、全く思惟され得ないところのものが私において表象されることになり、言いかえれば、表象が不可能であるか、あるいは少くとも私にとっては無であることになるからである」（B 131―132）。すなわちこの自己意識の先験的統一が存しなければ、いかなる表象も私の表象として意識されることがない。「ある直観において与えられる多様な表象は、それがすべて一つの自己意識に属さなければ、私の表象とはなり得ない」（B 132）のである。

ところがこのような自己意識の先験的統一は直観において与えられた多様を総合するということを前提している。言いかえれば、自己意識の先験的統一が可能であるためには、直観の多様が総合されて一つの意識のうちに入れられることが必要なのである。「すなわち直観において与えられる多様についての統覚の完全な同一性は表象の総合を含んでおり、ただこの総合の意識によってのみ可能である。なぜなら種々の表象に伴う経験的意識はそれ自身としてはばらばらのものであって、主観の同一性に対する関係を持たないからである。この関係はそれ故に、私が個々の表象を意識するということだけでは生ずるものではなく、私が一つの表象を他の表象に附け加え両者の総合を意識することによって生ずるのである」（B 133）。「われ思う」という自己意識の統一はそれ自身では決して総合ということを含むものではなく、したがって、あらゆる表象には「われ思う」ということが伴わねばならないということは単なる分析的命題であるが、しかしこの「われ思う」という自己意識の先験的統一が成り立つためには、直観の多様の総合が予想されねばならないのであり、すなわち「統覚の分析的統一は総合的統一を前提してのみはじめて可能」（B 133）なのである。ところがすでに述べたように、総合という働きは決して感性自身によって与えられることはできず、いかなる種類の総合であれ、すべて悟性の働きでなければならなかった（B 129—300）。それ故統覚の統一ということはただ悟性の働きによってのみ可能になるのである。「結合とはしかし対象のうちに存するものではなく、知覚によって対象から取られ、それによって始めて悟性のうちに受け入れられるものではない、そうではなくそれはただ全く悟性の作用である。悟性はそれ自身先天的に結合し、与えられた表象の多様を一切の人間の認識の最高原則である統覚の統一のもとに入れる能力に外ならない」（B 134—135）。

こうして一切の表象が私の表象として意識されるためには、直観によって与えられた多様が悟性の働きによって総合統一されねばならないことが示された。「認識とは与えられた表象を客観に対して一定の仕方で関係させることであり、客観とはしかしその概念において直観の多様が結合されているところのものである」（B 137）。それ故認識が成立するためには、表象を客観に関係させるところの悟性の働きが必要なのである。さて通常われわれが直観と称するところのものは単なる多様ではなく、すでに客観と関係させられていると言うことができるであろう。たとえばわれわれは空間における一つの線を直観すると考えるが、しかし実は空間という単なる直観形式は未だ何等の認識をも与えない。「空間はただ可能な認識に対して先天的直観の多様を与えるにすぎない」（B 137）。一つの線を認識するためには、「われわれは、それを引いてみなければならない、すなわち与えられた多様の一定の結合を総合的に成立せしめねばならない」。そしてそれによって「始めて客観（一定の空間）が認識されるのである」（B 138）。こうしてわれわれはいわゆる直観といわれるものが成り立つためには悟性の働きが要求されるということを知り得るであろう。それ故カントは次のように言うのである。「あらゆる直観の可能性の感性に関しての最高原則は、先験的感性論によれば、直観のあらゆる多様が空間、時間という形式的制約のもとに立つということであった。同じく直観の可能性の悟性に関しての最高原則は、直観のあらゆる多様が統覚の根源的総合的統一という制約のもとに立つということである。直観のあらゆる多様な表象は、それがわれわれに与えられる限り、はじめの原則に従い、それが一つの意識において結合され得なければならない限りにおいて、後の原則に従うのである……」(B 136)(傍点筆者)この文章の中において「直観の可能性の悟性に関しての最高原則」と言われていることにわれわれは注意しなければならない。

このようにして直観ないし知覚が成立するために、悟性の働きが必要であることが知られた以上、直観の対象がなぜカテゴリーのもとに属さねばならないか、あるいはカテゴリーがなぜ直観の対象に対して妥当性を有し得るかということは容易に理解することができるであろう。なぜならカテゴリーとはもともと悟性の判断機能を示すものであるが、「判断とは与えられた認識を統覚の客観的統一にもたらす仕方に外ならない」(B 141)から、直観の多様が統覚によって総合統一される仕方もまたこの悟性の判断機能によって規定されることは当然であり、したがって直観の多様はカテゴリーに従って総合統一されることになるからである。それ故われわれは以上述べたところを要約してカントと共に次のように言うことができるであろう。「感性的直観において与えられる多様は必然的に統覚の根源的総合的統一のもとに属する、なぜならこの統一によってのみ直観の統一は可能であるからである。ところが、それによって与えられた表象(それが直観であろうと概念であろうと)の多様が統覚一般のもとにもたらされる悟性の働きは判断の論理的機能である。それ故、あらゆる多様は、それが一つの経験的直観において与えられている限り、判断の論理的機能の一つに関して規定されている、すなわちその一つの機能によって意識一般にもたらされるのである。さてしかしカテゴリーとは、与えられた直観の多様が判断の機能に関して規定される限り、まさにこの判断の機能に外ならない。それ故に与えられた直観の多様でさえ必然的にカテゴリーに従うのである」(B 143)。

以上によって第二版の先験的演繹の主要部分は終ったのである。われわれは以上の所説によってカテゴリーの客観的妥当性を基礎づけようとするカントの考えを十分に理解することができるであろう。だがカントは以上の所説によって「純粋悟性概念の演繹の始めがなされた」（B 144）と言っている。カントの言うところによると、今までのところでは、「カテゴリーは感性から独立に単に悟性のうちにおいて生ずるものであるから、私はなお多様がいかなる仕方で経験的直観に与えられるかということについては全く触れず、ただカテゴリーを媒介として悟性によって直観のうちに附け加えられる統一に着目した。後に至って経験的直観が感性においていかなる仕方で与えられるかということから、経験的直観の統一は、与えられた直観一般の多様に対してカテゴリーが規定するところの統一に外ならないことが示されるであろう。したがってわれわれの感性のあらゆる対象についてカテゴリーが先天的に妥当することが説明されることによって演繹の意図は始めて完全に到達されるであろう」（B 144—145）というのである。すなわちカントの考えでは、今までの叙述では、単にいかなる直観であれ、その直観によって多様が与えられる場合には、その多様は統覚の統一のもとに入れられねばならないが、この総合統一の働きがカテゴリーに従っているから、カテゴリーは直観の対象に対して妥当するということは示されたが、人間の感性的直観によって多様が与えられた場合に具体的にどういう仕方でカテゴリーに従った総合統一が行われるかはまだ明らかにされておらず、この点が解明されなければ先験的演繹は完成しないというのであろうと思われる。*

* ここから考えてペイトンの言うように、第二版の演繹の前半の部分は客観的演繹であり（第二十節まで）、後半の部分（第二十一節以下、とくに第二十六節）は主観的演繹であると解することは大体当を得ていると思われる（Paton, *Kant's Met. of Exp.*, vol. 1, p. 501）。ただ第二版においては主観的演繹の部分は極めて簡単である。

この後の点は第二十六節において取り扱われているが、ここでカントは「今やカテゴリーによって、われわれの感性に対していやしくも現れうる対象を、その直観の形式にしたがってではなく、対象を結合する法則にしたがって、先天的に認識し得るという可能性、したがって自然に法則を規定し、のみならず自然を可能にするということの可能性が説明されねばならない」（B 159）と述べ、このことを次のように説明する。経験的な直観は言うまでもなく空間・時間という直観形式に従ってのみ与えられ得るものであるが、しかし単なる直観形式のみでは直観的表象は与えられない。直観的表象が成立するためには直観によって与えられる多様が統一されねばならない。ところがこのことは悟性の総合の働きによって行われるのであるから、カテゴリーは経験の可能性の制約であり、知覚でさえカテゴリーに従った総合によって可能になるのである。そしてここにカントは前に引いた家の知覚と水の氷結の知覚の例を挙げるのである。しかしこのことはわれわれが第二版の演繹の前半の部分をよく理解すれば当然引き出されることであり、とくに取り立てて詳論する必要は存しないであろう。

なお第二版においてはカテゴリーというものが経験の対象へ適用される以外には使用されることができないということが強調されている（第二二、二三節）。この点も第一版の叙述と異なる点だと言えるかも知れないが、これは決して思想の変化でなく、単に全く誤解を避けるための叙述の仕方の変化にすぎないであろう。第二版において挙げられている理由は、われわれが非感性的直観を有しないということであるが、このことはもちろん第一版の場合でも主張し得ることである。認識というものが感性的直観と悟性の両者の結合によってのみ成り立つということはカントの始めからの出発点であったからである。

第二版の演繹についてもう一つ注意しておきたいのは、ここにもなお前に述べた知覚判断と経験判断の区別を想わせるような叙述が見出されるということである。カントは第一九節において、与えられた表象を先験的統覚に関係させることによって、単なる連想の法則によって生ずる主観的な判断とは異なった客観的妥当性を持つ判断が生ずると述べて次のような例を挙げている。「連想の法則にしたがって私の言い得るのは、〝私がある物体を持つと、重さの圧力を感ずる〟ということだけであって、〝その物体は重い〟ということではない。後者は物体と重さという二つの表象が客観のうちにおいて、すなわち主観の状態のいかんにかかわらず、結合しているということを言おうとするものであって、単に知覚（それがいくらくり返されても）のうちにおいて共存しているということを言おうとするのではない」（B 142）。ここには知覚判断ということばは用いられていないが、しかし実質的には同じ二種類の判断が区別され、しかもその区別は先験的統覚、したがってまたカテゴリーとの関係の有無によって行われているのである。しかし私の解するところでは、第二版においてはこの二種類の判断の関係は「プロレゴーメナ」の場合とは多少異なった仕方で考えられているのではないかと思われる。というのはカントはここで、「かの〔統覚の先験的〕統一のみが客観的に妥当する。統覚の経験的統一――それはわれわれのここでの考究の対象ではなく、与えられた具体的条件のもとに、先験的統一から導き出されるものであるが――は単に主観的妥当性を有するにすぎない。ある人はあることばの表象をあるものと結びつけ、他の人はまた他のものと結びつける。こうして経験的なものにおける意識の統一は必然的普遍的に妥当するものではない」（B 140）（傍点筆者）と言っているからである。ここでは「プロレゴーメナ」のように、まず知覚判断が成立し、ついでこれにカテゴリーが加わることによって経験判断が生ずるとは考えられていない。むしろ経験的統一は先験的統一から導き出されるのであり、先験的統一の方が先なのである。あるいは他の表現を用いるならば、悟性の純粋総合は「経験的総合の根底に先天的に存する」（B 140）のである。いかなる経験的総合も先験的統覚との関係なしには成立しない。したがって知覚もまたカテゴリーの働きによって成立するのである。ただわれわれが連想の法則によってどの知覚とどの知覚を結合するかというようなことは経験的な問題であり、それは主観的妥当性を持つにすぎないと考えられているのではないかと思われる。

四　認識論的主観主義の限界

先天的総合判断の客観性の問題　以上のカテゴリーの先験的演繹によって何故に悟性の先天的概念であるカテゴリーが対象に対して客観的妥当性を持ち得るかということは一応の解答を与えられたということができる。カントの意図したところは成しとげられたと言うことができるであろう。しかしながら、すでに見て来たように、この解決はカントの最初の問題提出を変形することによって与えられたものであった。すなわち、カントはまず出発点においては感性によって対象が与えられ悟性がそれを思惟することにおいて認識が成立するという考え方を取った。そして先天的総合判断が成り立つためには先天的な直観形式と純粋悟性概念が存在しなければならないと考え、そこからこの先天的悟性概念すなわちカテゴリーがどうして客観的妥当性を有し得るかという難問題が生じたのであった。ところが今、「カテゴリーの先験的演繹」によって到達された結果は、こういう出発点における考え方をそのまま認めるのではなく、むしろ対象が与えられるということのうちにすでに悟性の働きが、したがってまたカテゴリーが含まれているということであった。直観によって対象が与えられ悟性がそれを思惟するというのでなく、対象が与えられるということ自身がすでに直観のみならず悟性の働きによって成り立つのである。直観と悟性の区別はもはや当初に考えられていた意味においては成り立つことができない。むしろはじめに直観と考えられていたもの自身のうちに実は悟性の働きがはいっていると考えねばならないのである。

もとより直観の表象が成立する場面においてすでに働いている悟性の働きとは、構想力としての悟性の働きにすぎない。そして悟性の働きは決して構想力の働きのみに止まるということはないであろう。そうでなければわれわれの認識はいわゆる直観の段階以上に進み得ず、学問的認識は何一つ成り立たないことになるであろう。構想力の働きとはそれ故悟性の働きのうちの一部分にすぎず、しかもその最も低次の働らきであると言わねばならない。それは直観によって与えられる多様に対する「悟性の最初の適用」であり、いわば純粋に知的な能力としての悟性の働きが直観と結合することによって構想力という働きが生ずると解し得るであろう。しかしそれにしても構想力の働きは決して悟性以外のものではない。「覚知の総合においては構想力の名のもとに、統覚の総合においては悟性の名のもとに、直観の多様に結合をもたらすところのものは、同一の自発性である」(B 162) のである。

こうしてカントがはじめに取っていた直観と悟性の二元論の立場はここに大きな修正を受けるにいたった。いかなる空間的・時間的表象といえども、たとえそれが純粋直観であっても、それが成り立つためには構想力としての悟性の働きが存在していなくてはならない。すなわちいかなる直観的表象も単に感性によって受動的に与えられるのではないのである。純粋直観はそれ故直観形式というものから厳密に区別されねばならない。純粋直観は直観形式の外にさらに構想力の働きが加わることによって成り立つのである。あるいはむしろ構想力というものがすでに直観と結びついた悟性であるとするならば、構想力そのものが純粋直観の能力であるとさえ言うことができるであろう。構想力とは「対象を、それが現に存しなくても、直観においてあらわす能力」であった。そしてひとたび経験的に与えられた対象を、その対象がすでに存在しなくなったときに、直観において再現するのが経験的構想力(想像力)であるとするならば、これに対して根源的に自発的に直観的表象を産出してゆくのが先験的構想力である。したがってこの先験的構想力が全く経験的な感覚的要素を交えずに先天的に産出するものは純粋直観に外ならない。こうして純粋直観そのものが構想力したがってまた悟性の働きを前提してはじめて可能なのであり、あらゆる経験的直観は純粋直観の基礎の上にはじめて成立するのであるから、一切の直観的表象はすべて悟性の働きによって成り立つのである。悟性の先天的概念であるカテゴリーが対象について客観的妥当性を持ち得るのは、このように対象そのものがすでにカテゴリーによって成立せしめられているが故に外ならない。

さて、このように直観と悟性の二元論的立場が大きな修正を受けているということは何を意味するであろうか。一見したところ、このことは単にはじめに直観によって与えられると考えられていたもののうちに悟性の要素がはいっているということを見出したということにすぎず、あるいは別の言い方をすれば、直観によって与えられるものをはじめに考えられていたよりも狭く、全くのカオス的な多様なものとして考え直したということにすぎず、本質的な点では依然として直観と悟性との二元論的立場は維持されており、したがって深くこれを問題にするには当らないと考えられるかも知れない。しかし、私の見るところでは、この修正は実はカント哲学の根本に関係する重大な修正なのである。

カテゴリーが悟性の先天的概念であるにもかかわらず対象に対して客観的妥当性を持ち得るのは、すでに直観の対象というものがカテゴリーに従った構想力の総合の働きによって成立しているからであるというカントの考えは、確かにカテゴリーの先験的演繹という困難な課題を解決したと言うことはできるが、しかしまた反面から見ると、この困難な問題の正面からの解決を避けてしまったものとも言えるのではないであろうか。「カテゴリーの先験的演繹」における問題の提出は、直観によって対象が与えられ、悟性がそれを思惟するという考え方の上に立って行われたものであった。それ故対象が与えられるということには直接何の関係も持たず全く先天的に悟性のうちに存するカテゴリーが、なぜ対象に対して妥当性を持ち得るかということが極めて大きな問題となったのである。「先験的感性論」の場合には、空間・時間という直観形式がどうして対象に対して妥当性を有するかということは問題とはならなかった。というのはこの場合には対象は空間・時間という直観形式を通さずには決してわれわれの直観に対して現れることができないからであった。これに反してカテゴリーの場合には、それが元来対象が与えられるということと無関係に悟性のうちに先天的に存するものであるが故に、その先験的演繹が試みられなければならなかったのである。ところがこのような形で問題を提出しながら、その解答は対象が与えられるということがカテゴリーを通して可能であるということであった。いわば対象が直観されるところに、すでに直観形式と共にカテゴリーがはいっているのである。このような解決ははじめに提出された問題そのものの真の解決ではなく、問題を解決しやすい形に変形してしまったものであると言わねばならない。確かにこのように考えれば、問題は一応解かれる。「先験的感性論」の場合に空間時間という直観形式の対象に対する客観的妥当性が問題になり得なかったのと同様に、カテゴリーの対象に対する客観的妥当性も何の問題をも含まないこととなる。なぜならいかなる対象も直観形式のみならずカテゴリーを通さないでは直観に与えられることはできないからである。しかしもしこのように考えるとすれば、われわれはどうして感性と悟性とを区別する必要があるのであろうか。カテゴリーに従った総合は先験的構想力の働きによってなされるとカントは主張する。しかしわれわれは決してみずからこの構想力の働きを意識しているのではないであろう。われわれは単なる多様を直観し構想力によってその多様を総合していわゆる直観的形像を作りあげるということを自覚的に行っているのではない。構想力の働きは無自覚的に行われるのである。構想力は「心の欠くべからざる、しかし盲目的な機能であり、これがなければわれわれは一般にいかなる認識をも持つことはないであろうが、しかしわれわれがこれを意識することは極めて稀なのである」(A 78, B 103)。われわれはこの盲目的な構想力の働きを意識せず、ただ直観によって対象が与えられると考えているのである。もしそうであるとすれば、われわれは直観形式と、カテゴリーに従った構想力の働きを区別することは不要であると言えるのではないであろうか。われわれはむしろ直観形式そのものがカテゴリーと離れ難く結びついているのであり、われわれはこのようなカテゴリー的構成をもった直観形式によって対象を直観すると考えるべきなのではないであろうか。こう考えてみると、カントの与えた解決は、カテゴリーというものをいわば悟性から直観の形式のうちに移し入れることによってなされていると見ることができるであろう。

だが、これと共にわれわれはこのような解決によっては、先天的総合判断の客観的妥当性を基礎づけようとしたカントの意図が決して貫かれていないということに気がつくであろう。すでに述べたように（八七ページ）、もしもわれわれが先天的直観の存することを論証し得たとすれば、悟性のうちに先天的概念が存在すると考えなくても、先天的総合判断の可能性は十分にこれを理解することができる。なぜなら、先天的直観が存在する以上、悟性がその直観のうちに与えられているものから分析的に概念を構成して、その概念を先天的直観の示すところに従って結合しても、先天的判断は成立するし、しかもその判断は直観を基礎にしている以上総合的であり得るからである。しかしカントはこのような考え方を取らなかった。カントはあくまでも直観形式のみならず、先天的悟性概念もまた存在しなければならないと考えた。そしてこう考えたゆえんは、これによって先天的総合判断の客観的妥当性を基礎づけようとしたために外ならなかった。悟性のうちに先天的概念が存在しないとしても、先天的総合判断は成立するであろう。しかしその先天的総合判断は決して客観的妥当性を要求し得ない。なぜなら、たとえば夢の中の対象というような全く主観的なものについても、その判断は妥当性を持つことになるからである。この点は前に説明したことであり、ここではまた詳しく述べるということをしないが、ただ前にも一度引用した「プロレゴーメナ」における次の文章を引いておこう。「われわれに現象が与えられるとき、そこからその事態をどう判断しようとするかについてはわれわれはなお全く自由である。前者すなわち現象は感性に基づくが、判断は悟性に基づく、そして〔判断において〕問題となるのは、対象を規定する場合にそこに真理があるかないかということのみである。しかしながら真理と夢との間の区別は対象に関係させられるところの表象の性質によってきまるのではない、なぜなら表象は真理の場合にも夢の場合にも同じだからである、そうではなくこの区別は、客観の概念における表象の結合を規定するような規則に従って、表象を結合することに、また表象がどこまで経験において共存し得るかどうかということによってきまるのである」(*Prolegomena*, §13, Anmerkung III, IV, S. 290)。すなわちカントにおいて、直観によって与えられるものそれ自身は夢の場合にも真理の場合にも変りないと考えられており、したがって単に先天的直観のうちに含まれるものから分析的に概念を作り出しても客観的妥当性を有する先天的総合判断は決して成立するものではなく、ここに先天的総合判断の客観的妥当性を基礎づけるために悟性の先天的概念の存在が考えられねばならなかったということは、この文章にもはっきり示されていると言えるであろう。

しかしカントがカテゴリーというものを考えた根拠がこのように先天的総合判断の客観的妥当性を基礎づけるためであったとするならば、先験的演繹によって到達された結論がこのカントの意図に反するものであることは明らかであろう。先験的演繹の結論は、知覚さえ、いやそれどころか純粋直観さえ、カテゴリーに従った先験的構想力の総合によって成り立つということであった。そうすれば、夢の対象といえどもすでにカテゴリーによって成立するということになるのは言うまでもないことである。悟性の先天的概念であるカテゴリーの働きによって夢と真理とを区別しようとするカントの考えはここに根底から崩れてしまうと言わねばならないであろう。ましていわんや知覚判断と経験判断の区別をカテゴリーの働きが加わるかどうかによって行おうとしたカントの考えは、全く成り立つことができなくなってしまう。知覚さえカテゴリーに従った構想力の働きによって成り立っているとするならば、知覚と知覚とを結びつけることによって成立する知覚判断がカテゴリーと無関係に成立するはずはないからである。カントの与えた解決は、さきに言ったように、いわばカテゴリーというものを悟性から直観形式のうちに移し入れたものに外ならない。こう考えることによって確かにわれわれはカテゴリーは何故に対象に対して客観的妥当性を持つか、また何故に先天的総合判断が成立するかを理解することができる。しかしそれはちょうど先天的悟性概念の存在を考えなくても、先天的直観の存在さえ認めれば、先天的総合判断の可能性を認め得るのと同じであろう。カントはただ先天的直観がカテゴリーと結びついた直観形式によって成立すると考え直したにすぎないのである。このような先天的総合判断は決してその客観的妥当性を保証されるものではない。夢と真理を区別し、あるいは知覚判断と経験判断を区別し得るようなものではない。カントの意図はここに全く不成功に終ってしまっているのである。

カントの意図の挫折とその原因　それではこのようなカントの不成功の原因はどこに存するのであろうか。私はその原因は結局のところ先天的総合判断の客観的妥当性を基礎づけようとする意図そのものがはじめから無理を含んでいたために外ならないと考える。そして先天的総合判断という思想を産み出したものは認識論的主観主義に存するのであるから、ひいては認識論的主観主義の思想そのものが成立不可能であるが故に外ならないと考える。すでに述べたように、認識論的主観主義の思想は無限者の認識に対しては容易に成り立つであろう。神の場合にはその思惟によって同時に対象を作り出してゆくことができると考え得る。したがって先天的な思惟が対象について妥当するのは当然のことである。しかし有限的な人間の認識にとってはこのことは決して成立しない。人間は決して対象をみずから作り出してゆくことはできない。対象は何等かの意味でわれわれに対して与えられるものでなければならない。対象はその存在の上から言えばわれわれから独立でなければならない。しかも認識論的主観主義の思想を取る以上、対象はわれわれの主観によって成立せしめられるものでなければならない。ここには二つの相容れない要求が存していると言わねばならないであろう。この二つの要求を矛盾なく調和するということは元来全く不可能であったのである。なぜならもしも対象がわれわれの主観から独立なものであるとすれば、それに対して主観の先天的な認識形式が妥当するはずはないのであり、また対象がわれわれの認識形式によって構成されているとするならば、対象がわれわれから独立な客観的なものであるという側面が損われてしまうからである。それ故カントはこの二つの要求を何とかして満足させようと苦労しながら、ついに挫折してしまったのである。カントはまず先天的総合判断がわれわれから独立な客観的な対象についての認識であり得るという側面、言いかえれば先天的総合判断の客観性を基礎づけるために、直観によって与えられる対象について悟性がその先天的概念によって思惟してゆくことによって先天的総合判断が成立すると考えたが、悟性とは独立に直観に対して与えられる対象について悟性の先天的概念が妥当するということは全く不可能であるから、この課題の解決に当ってしだいに対象が直観的に与えられるということのうちにすでにカテゴリーが含まれているというように考え直さざるを得なくなった。だがそれと共にあらゆる対象は、それが客観的なものでなく夢や幻のような主観的なものであっても、すでに先天的総合判断を基礎にして成立していることになり、先天的総合判断の客観的妥当性は全く見失われてしまわねばならなかったのである。

こうしてわれわれは認識論的な主観主義の思想がそれ自身のうちに内在的矛盾を含んでいることを認めることができるであろう。認識論的主観主義がカントにおいて考えられたのは、それによってわれわれの認識の客観的妥当性を基礎づけようとしたためであったが、認識論的主観主義の思想を徹底してゆくとき、対象はわれわれから独立であるという性格を失ってゆかねばならず、認識の客観的妥当性はどうしても基礎づけることができなくなってしまうのである。われわれが認識の客観的妥当性を基礎づけようとするならば、認識論的主観主義の思想を捨てねばならない。対象をわれわれの主観が構成するという考えを捨てねばならない。夢と真理とを区別し、知覚判断と経験判断とを区別するためには、われわれはどうしてもこの区別を経験的なもの、対象それ自身の性格に求めてゆかねばならないと考えられる。認識論的主観主義の立場に立つ限り、夢の中の対象も経験的対象も共にカテゴリーに従った先験的構想力の働きによって成立しているのであり、その間を区別する根拠はない。それ故われわれがこの間の区別を行おうとするならば、それは夢の中の対象と経験的対象の持っている経験的性格によってこれを行う外はないであろう。夢の中の対象は目がさめてみれば消失してしまう。ところが経験的対象の場合には今まで存在していたものが急に何の理由もなく消失してしまうことはない。このような性格の相違によってわれわれは夢の中の対象と経験的対象とを区別するのである。しかしこのような性格の相違は言うまでもなく全く経験的性質のものである。われわれは決して先天的認識によって夢の中の対象と経験的対象が上述のような性格の相違を持つことを知ることはできない。われわれは夢を経験し、経験的対象を経験して、そこにこの両者の性格の相違を知り得るのである。あるいはまた知覚判断と経験判断の区別も決してカテゴリーが加わるかどうかというような点にこれを求めることはできない。知覚といえどもすでにカテゴリーによって成立しているのである。そうすればこの両者の区別は、主語と述語との結合が単に主観的な連想の法則によっているか、あるいは客観的な経験の法則によっているかということによって行われねばならないであろう。そして何が連想の法則で何が経験の法則であるかということは決して先天的に知られるものではなく、全く経験的にのみ知られるのである。こう考えてくると、認識の客観的妥当性の根拠は、カントの考えるようにカテゴリーというものに求めることは不可能であり、どこまでも経験的なもののうちに求められねばならないことは明らかであろう。

そして実際われわれがカントの考えをさらに詳細に反省してみると、そこでも結局はカテゴリーがなぜ対象に対して妥当性を持つかということの根拠は対象の経験的性質のうちに求められねばならないと考えられる。たとえばカントの挙げている辰砂の例を考えてみよう（一三三ページ）。カントはこの場合直観によって与えられる多様をカテゴリーに従った先験的構想力の働きによって総合するとき、辰砂という形像ができると考えている。ここに働いているカテゴリーが何であるかはカントは述べていないが、恐らく実体のカテゴリーであると考えることができるであろう。だが、われわれはこの場合になぜ他のカテゴリーに従った総合を行わず、実体のカテゴリーに従った総合を行うのであろうか。あるいはまたやはりカントの挙げている水の凍る場合の知覚を考えてみよう（一四八ページ）。カントはこの場合にははっきりここに働いているカテゴリーは原因のカテゴリーであると述べている。しかしなぜこの場合には他のカテゴリーでなく、まさに原因のカテゴリーが働かねばならないのであろうか。カントの考え方によれば、直観によって与えられる多様はそれ自身としては何等の限定をも持っていないはずであり、したがって相互の間に何等の区別をも持たないと言わねばならないであろう。このように多様そのものがすべて同一の性格を持っているとするならば、あるいはむしろすべて全くのカオス的なものであるとするならば、この直観の多様に対してある場合にはこのカテゴリーを、ある場合には他のカテゴリーを用いて構想力の総合の働きを行うということはどうして可能なのであろうか。もとよりこの総合の働きは各人の恣意的なものであると考えることはできない。われわれは辰砂の場合に原因のカテゴリーを、水の凍る場合に実体のカテゴリーを用いて総合するということは許されない。そうであるとすれば、われわれは直観の多様そのものがそれぞれ独自の総合の仕方を必然的に要求していると考えねばならないのではないであろうか。直観によって与えられる多様は、実はカントの言うように全くの無規定的なものではなく、それ自身のうちにすでにある特定のカテゴリーによる総合を要求する性格を持っていると考えねばならない。いわば多様そのものがカテゴリー的構造を自己自身のうちに含んでいると考えねばならない。だがこのように考えられるとするならば、カテゴリーの客観的妥当性ということは要するに経験的なもの自身がすでにカテゴリー的構造を持っているからであると言わねばならないであろう。このような結論はもとよりカントの認識論的主観主義の思想とは根本的に相反するものである。しかしそれにもかかわらず、われわれがカントの思想をよく反省してみると、こうした結論に導かれざるを得ないのである。

だがここまでくれば、われわれはさらに一歩進んで構想力の総合が悟性の先天的概念に従って行われる自発的な働きであるというように考える必要は存しなくなると言えるのではないであろうか。すでに述べたように構想力の総合は盲目的・無意識的に行われるのであって、決してわれわれ自身みずから構想力によって直観の多様を総合しているということを自覚しているのではない。われわれは直観的形像を単に直観的に受け取っていると考えているのである。このような通常われわれが直観と考えている場面に、構想力の自発的な総合の働きがはいっていると考えるのは、ある意味では極めて無理な反省的思惟によっていると言わねばならない。そしてこのような無理な考え方をしてまで構想力の自発的な総合の働きが考えられたのは、言うまでもなく悟性の先天的概念によって対象が成り立たしめられると考えようとしたためであった。だがこのように考えても実はカテゴリーの客観的妥当性を基礎づけることはできず、結局直観の経験的内容そのものがカテゴリー的構造を持っていると考えねばならないとするならば、われわれはむしろ構想力の総合などというものは全く考えず、もっと単純に直観的形像を直観すると考えて差支えないのではなかろうか。われわれには直観によって対象が与えられる。そしてこの直観の対象そのものがカテゴリー的構造を持っているのである。「純粋理性批判」の出発点においては、直観によって対象が与えられ、悟性がそれを思惟すると考えられていた。そしてこの考え方こそ最も常識的なものであろう。しかしこの常識的な考え方によってはカテゴリーの客観的妥当性を基礎づけることができないため、カントは構想力の先験的総合というものを考えねばならなかった。だがそれでもやはりカントの意図は貫き得ず、結局直観によって与えられるもののうちにすでにカテゴリー的構造が含まれていると考えねばならないとするならば、われわれは直観によって対象が与えられるのであり、この対象のうちにカテゴリー的構造が存すると考えて何等の不都合も存しないであろう。

しかし対象のうちにカテゴリー的構造が存すると言うとき、そのカテゴリーとは言うまでもなくもはや悟性の先天的概念ではない。それは経験的対象そのものの持っている構造であると考えねばならない。そしてこのように考えられるとすれば、先天的悟性概念というものを考えること自体全く不必要になってしまうであろう。なるほどカントの言う通り、認識は決して単に直観のみで成り立つものではない。知覚というようなものも広義においてはすでに認識の一種と言い得るかも知れないが、しかし通常の意味では認識とは言われ得ない。認識は知覚によって与えられた対象についてさらに思惟してゆくことによって成り立つのである。この意味において、認識の成立するためには悟性の自発的働きが必要であると言わねばならない。しかしこの悟性の自発的な働きとは決して先天的概念によって行われるものと考える必要はない。そうではなくすでに直観的対象の含んでいるカテゴリー的構造をそのまま受け取り見出してゆく働きであると解さねばならない。夢の中の対象と経験的対象とを区別せしめるものは決して悟性の先天的概念というようなものではない。悟性の先天的概念を考えてもこの両者が区別し得ないことはすでに見て来た通りである。夢の中の対象にはたとえば因果律は適用できないであろう。それは何の原因もなく消失しあるいは生じてくる。これに対して経験的対象には因果律が妥当する。この相違は決して因果律が先天的概念であるということによっては説明し得ない。それは夢の中の対象と経験的対象それ自身の持つ性質の相違から生じてくると言わねばならない。夢の中の対象には因果的構造がなく、経験的対象には因果的構造があるのである。悟性の思惟はまさにこの直観的に与えられる対象の持つ構造をそのまま把握してゆくべきなのであり、それをそのまま把握したときに、われわれは真理を認識すると考えねばならない。

もとよりカントといえども悟性の先天的概念であるカテゴリーから一切の自然現象の法則が導かれると考えているの

ではない。カテゴリーが自然を可能ならしめるとカントが言うとき、それは単に自然の原理的な基本構造に関してのことであって、自然の持つ特殊法則はカテゴリーに基づいて先天的に認識されるものではなく、それはあくまでも経験的に探求されなければならないのである。「単なるカテゴリーによって現象に対して先天的に法則を規定する純粋な悟性能力といえども、空間・時間における現象の合法則性としての自然一般がそれに基づくところの法則以上の法則に到達することはできない。特殊法則は、それが経験的に規定された現象に関係するものであるが故に、すべてカテゴリーのもとに従ってはいるけれども、カテゴリーから完全に導出されることはできない。一般に特殊法則を知るためには経験が加わらなければならない。……」(B 165)。すなわちカントは自然一般について妥当するような基本的法則はカテゴリーから先天的に導かれるが、それ以上の具体的な自然の特殊法則は経験の助けを借りなければ、これを知ることができないと考えているのである。この意味ではカントといえども経験的な真理を認識する場合、真理の規準が経験的なもの自身のうちに求められねばならないことは十分認めていると言える。しかし今問題になっていることは自然の特殊法則のことではない。カントが悟性のカテゴリーによって先天的に規定することができると考えている自然一般の基本的法則が問題になっているのである。たとえば因果律というような自然一般に妥当するような基本的法則さえ、カントの言うように悟性の先天的概念として因果律というカテゴリーが存在するからという理由でこれを基礎づけることはできない。それは経験的対象そのものが因果的構造を有するからであると言わねばならないのである。

いやわれわれはさらに一歩進んで、カントが自然法則をカテゴリーから導き出されるべき基本的法則と、経験の助けを借りて知られ得る特殊法則とにはっきり区別しようとした点にカントの立場の苦しさを見て取ることができるのではないであろうか。カントは言うまでもなく自然科学の確実性を信じており、それを基礎づけようとすることが「純粋理性批判」の一つの目的であった。しかも自然科学は決して自然の基本的法則の認識に止まるものではなく、その特殊法則を認識しようとするものである。ガリレイやトリチェリの場合を考えてもこのことは明瞭である。しかしこの自然の特殊法則はどうしても経験的認識によってとらえられる外ないとすれば、カントの立場では自然科学は確実な学問ではないということになってしまわねばならない。このことはカントの意図に反することとなってしまうであろう。それ故カントはこのような結論を避けるため自然の基本的法則と特殊法則とを区別し、少くとも前者のみは先天的に成立するものであり、絶対的確実性を持ち得ると考えねばならなかったのである。この点はわれわれがすでに第一章において純粋自然科学と通常の自然科学との区別に関して述べたところである（三七ページ）。カントは自然科学の確実性を基礎づけようとしながら、実際には単に純粋自然科学の基礎づけを行い得たにすぎない。そしてその原因は、あくまでも確実性を持つ認識は先天的認識でなければならないと考える合理主義的前提に、したがってまたそこから当然生じてくる認識論的主観主義の思想に存すると言わねばならない。われわれが真に自然科学の確実性を基礎づけようとするならば、認識論的主観主義の思想を捨ててしまわねばならないのである。

こうして私の見るところではカント自身の思想をよく検討していっても、結局のところ認識の客観的妥当性は悟性の先天的概念としてのカテゴリーにではなく、経験的なもののうちにその根拠を持つと考えられねばならないと思われる。直観によって与えられる経験的な対象そのものがカテゴリー的構造を持っているのであり、われわれの悟性はこのカテゴリー的構造を認識してゆくのである。もとよりわれわれは対象を直観する際にすでにそのカテゴリー的構造を自覚しているのではないであろう。この意味でわれわれの悟性は自発的であり、種々の実験を行って直観の対象の持っている客観的な構造を見出してゆくのである。しかしそれにしてもわれわれの悟性がその先天的概念によって対象を構成してゆくとは考えることができない。もしそう考えるならば、そこに成立する先天的総合判断はいかなる主観的表象にも妥当するべきであり、決して客観的妥当性を持ち得ないのである。

だが、自然科学的認識についての以上のカント批判があてはまるとしても、それでは数学的認識についてはどう考えるのかと問われるかも知れない。数学的認識についても真理の標準が経験的なものにあると考えることは不可能ではないかとも考えられる。しかしこの問題についても私はすでに第一章に述べておいたので（四〇ページ）、ここではまた改めて詳論する必要は存しないであろう。要するにもし数学的認識を全く先天的認識であると考えるならば、数学的認識が経験的対象にあてはまるかどうかは全く無関係であり、それは総合判断ではなくて分析判断であると言わねばならない。しかしもしもカントの考えているように数学的認識は経験的対象に適用されねばならないと考えるならば、それは確かに総合判断ではあるがもはや決して先天的判断であると言うことはできないのである。なぜならどういう数学的公理が経験に対して適用し得るかということは決して先天的に決定し得るものではないからである。われわれはさきに「先験的感性論」においてカントの空間の先天性の証明が実は決して成功していないということを述べておいた。それは空間がいかなる外的表象の基礎にも存するということを示してはいるが、それだけではまだ決して空間がわれわれの感性の直観形式であるということは証明されていはしないのである。われわれは時間については取扱わなかったが、しかし全く同じことが時間についてもあてはまると言えるであろう。われわれは時間というものが一切の直観の基礎にあるということを主張することはできるであろうが、このことは決して時間が感性の直観形式であることを示すものではないのである。カントの空間・時間は決して先天的性格のものであると言うことはできない。それは単に経験的対象の可能性の制約としてその基礎に存すると言えるにすぎないのである。すなわちそれは経験的対象そのものの根本構造、あるいはむしろ個々の経験的対象を可能ならしめている客観的世界そのものの根本的構造であると考えて少しも差支えがないのである。もしそうであるなら、空間・時間を基礎にして成立する判断は総合判断ではあるけれども、広い意味において経験的性格を持つものと言わねばならない。もとよりそれは普通の意味での経験的判断に比べれば、ほとんど必然性とも言うべき確実性を持つと言えるであろう。なぜなら空間・時間というものが経験的対象の基本的構造を示しているからである。しかしそれにしてもその判断の真理性の基準は経験的なものに求められねばならない。経験的なものに適用し得ない数学的判断は決して認識ではないのであり、何等の客観的妥当性を持ち得ないというのが、まさにカントの根本的考え方であったからである。

このように考えてくると、われわれはカントにおいて数学的認識を含めてすべての認識の客観的妥当性の根拠が経験的なもののうちに求められると言わねばならない。このことはむろんカント自身の意図とは全く正反対のものであると言わねばならない。カントはこういう結論を避けるためにその努力を傾注したのであった。そしてそのために認識論的主観主義の思想を考え、先天的総合判断の客観的妥当性を何とかして基礎づけようと試みたのであった。しかしわれわれの見て来たように、このカントの努力はついに失敗に終っていると言わねばならない。カントの思想を徹底的に考えてゆくならば、結局また認識の客観的妥当性の根拠は経験的なもの自身のうちに求められなければならず、われわれの認識は経験的対象自身の持つ構造をそのあるがままの姿においてとらえてゆくべきであると考え直されなければならない。認識論的主観主義の思想は全く捨て去られねばならないのである。

このことはまたカントの認識論的主観主義において言われる主観というものが結局規範的な超個人的性格を持ち得ないというようにも表現できると思われる。すでに述べたように（九二ページ）、カテゴリーが加わることによって単なる主観的な知覚判断が客観的な経験判断となると考えたとき、カントはたしかに主観の働きに規範的超個人的性格を持たせようとしたと言えるであろう。そしてもしこのように考えることができれば、経験の世界と夢幻の世界とを認識論的主観主義の立場から区別することができるであろう。しかしこのように考えようとすると、ついにカテゴリーが何故に直観の対象に対して妥当するかという問題は解くことができない。カテゴリーが直観の対象に対して妥当性を持つためには、カテゴリーはすでに直観の対象の成立する場面において働いていなければならず、悟性の働きは決して規範的意味を持つものではなくなる。夢や幻の対象についてもカテゴリーは働いていなければならないからである。そしてそれと共に先天的総合判断の客観的妥当性は基礎づけられなくなってしまうのである。

五　カント認識論の理論的意義

現象としての自然　以上においてわれわれはカントの認識論的主観主義の思想が決して取ることのできないものであることを理解することができるであろう。それははじめから実現不可能な無理な要求を含むものであった。一方において対象の主観からの独立性を認めねばならず、他方において対象が主観の先天的な認識形式によって構成されたものであると考えようとすることは本来両立し得ない要求を含んでいたと言わねばならない。そのためカントはその解決にその努力を傾注しながら、ついにその解決に達することができなかったのである。

しかしこのようにカントの認識論的主観主義の思想が否定されなければならないとするならば、これによってカントの哲学は全く何の意義をも持たないことになるのであろうか。「純粋理性批判」に費したカントの努力はすべて水泡に帰してしまうのであろうか。確かにわれわれは一見このような感じを持たないわけにはゆかない。カントがみずから形而上学における思考法の革命として誇った認識論的主観主義の思想が崩れてしまうとすれば、われわれは「純粋理性批判」から受け継ぐものは何も存在しないと言わねばならないように思われる。しかし果してそうであろうか。私はむしろわれわれが認識論的主観主義の思想を取り除いてしまったときに、カントの意図した思考法の革命ははっきりした形で浮び上ってくると考える。第一章に述べたように、カントの言う思考法の革命とは自然科学における実験的方法を模範としてその方法を形而上学にも導入するということであった。しかし自然科学の実験的方法とは決して先天的総合判断というものによって成り立つものではなかった。ガリレイの場合でもトリチェリの場合でも、なるほどあらかじめ頭の中で考えた思想を投げ入れたと言うことはできる。実験を行うことによって、この投げ入れた思想の吟味が行われたのである。しかしこの投げ入れられた思想は決して先天的総合判断というようなものではない。それは経験的内容を含んだ判断であり、むしろ経験的内容を持っているが故にこそ実験によってこれを吟味することができたのである。この自然科学の実験的方法をまねることがすなわち先天的総合判断の存在を考えることだと即断したところにカントの誤りが存したのである。そしてこの誤りは先天的判断のみ必然性を持ち得るという合理主義的前提に基づくものであった。もしこのような批判が正しいとするならば、カントの意図は先天的総合判断という思想と、したがってまた認識論的主観主義という思想と本来全く関係を持たないと言うことができるのではないであろうか。そうであるとすれば、認識論的主観主義の思想を取り去っても、それによってカントの意図が崩れてしまうのではないと言えるのではあるまいか。元来、カントは「純粋理性批判」の前半、すなわち「先験的感性論」および「先験的分析論」においては自然科学の基礎づけを行うことをその主な目的としていた。カントはもとよりこの基礎づけを認識論的主観主義の思想によって成しとげようと考えていたのであるが、自然科学の実験的方法というものが先天的総合判断と無関係であるならば、認識論的主観主義を取り除いてしまったとき、かえってカントの意図するところが純粋な形で出てくるとも言えるのではないかとも考えられる。もとよりこのように見ることはカント自身の自覚を越えてゆくことであることは言うまでもない。カントはあくまでも認識論的主観主義の立場を固執していた。しかしカントの意図するところが自然科学の基礎づけにあり、しかもカントは自然科学的認識の本質が実験的方法に存すると考えていたのであるとすれば、認識論的主観主義の思想を否定しても、なおカントのうちには自然科学的認識の本質に対する洞察が存するということはむしろ当然なのではないであろうか。認識論的主観主義の思想は実は単に自然科学的認識に対するカントの洞察を曇らせたものにすぎないからである。

それではこのように認識論的主観主義の思想を取り除いてしまうとき、カントが「先験的感性論」と「先験的分析論」において見出したものとは何であろうか。私はそれは要するに自然というものは物自体ではなくて現象であるということ、そして自然科学的認識とはこの現象についての認識であるということを洞察した点に存すると考える。もとよりこの場合物自体とは感性を触発する対象というような意味を持つものとして解せられてはならない。あるいはさらに一般に何等かの意味で現象界の根底に存在するものと考えられてもならない。このように現象界の根底に物自体が存すると主張することは決して許されないことはすでにわれわれの見て来たところである(七四ページ以下)。われわれの認識が現象界に限られるとするならば、物自体が存在するということさえ積極的に主張し得ないことは言うまでもない。物自体とはそれ故単なる限界概念と考えられねばならない。この点についてのカントの考えは次章の「観念論論駁および現象界と可想界」の節に述べられるが、とにかくカントは「先験的分析論」においては物自体という概念を単なる限界概念として考えているのである。したがってまた物自体と対置させられた現象界というものももはや単なる主観的表象の世界という意味を持つものではない。カントの意図するところが経験的世界を主観的表象の世界とするところに存するのではなく、それをそのまま現象界と考えるところにあったことは言うまでもないことである。もとよりカントのこの意図が必ずしも成功していないことはわれわれのすでに見たところであるが、それは認識論的主観主義の思想の限界から由来することであり、したがってわれわれは認識論的主観主義の思想を否定しても、あるいはむしろ否定したときにこそ、自然科学的認識を物自体についての認識ではなく現象についての認識であると考えようとするカントの意図をそのまま受け取ることができるであろう。そしてこの点にこそカントの認識論の持つ意義があるのではないかと考えられる。

人間的立場の真理　しかしながら認識論的主観主義の思想を取り去っても、自然そのものを現象として把握しようとするカントの考えはなお成立するとしても、それは一体どういう意味を持つのかと問われるであろう。それはただ通常物自体と考えられていた自然というものを現象と言いかえただけであって、実質的には何も変りがないのではないかと考えられるかも知れない。しかし私はこの点に実は極めて大きな相違が存すると考える。われわれが現象として自然を見、また現象としての自然について認識することで満足し、決して物自体を認識しようと試みるべきではないということは、われわれがわれわれに現れる姿での自然を把握すればそれでよいのであり、それ以上のことを問題にすべきではないということを意味するであろう。言いかえれば、われわれは人間的立場から自然を見、自然の認識を行うべきであって、それ以上に自然の奥に何が存するかを問うべきではないということであろう。このことは決して無意義なことではない。われわれは人間として認識上の制限を持っている。われわれは感覚的に与えられる経験を媒介とせずには自然を把握することができないし、いかにしても超経験的な認識を行うことができない。それ故われわれの自然認識は決して自然の真相をとらえていないかも知れないのである。もしもわれわれ人間の認識にこのような制限がなく、われわれは自然についても超経験的認識を行うことができれば、自然は現在われわれに対して現れるものとは全く異なったものとしてとらえられるかも知れない。たとえばわれわれは現在自然現象というものを自然法則によって因果的に規定されていると考えているが、しかし実はその奥にはわれわれには知られない神の摂理が存しているかも知れない。だが、われわれ人間にとってはこのようなことは原理的に知ることができない。われわれは自然がわれわれに対して現れる姿において自然をとらえる外はないのである。もとよりわれわれは自然の奥にわれわれに現れる姿とは違ったものがあるかどうかも知ることはできない。われわれに対して現れる姿こそ自然の本質であるのかも知れない。しかしまたわれわれはわれわれのとらえる姿が自然の本質であると言い切ることもできない。われわれはただ自然の現象としての姿をとらえるということで満足しなければならない。

このように見てくると、自然を物自体ではなく現象と考え直すということは決して無意義なことではないということが理解されるであろう。なぜなら、それはまさに自然科学的認識の本質を言い当てているからである。私はすでに第一章において近世にいたって自然研究がそれ以前の暗中摸索の時期を脱して確実な科学としての道を歩み得たのは、それが自然現象のあり方を問うたことに由来するということを述べておいた。それ以前の自然研究はこれに対して自然現象の本質を、その隠れた性質をとらえようとするものであった。ところが近世の自然科学はもはやこのようなことを問題とせず、ただ自然現象がいかにあるかということのみを問題としたのであり、ここにはじめて実験的方法も可能となり、それによって自然研究は自然科学となり得たのである。このことはまさに自然というものを物自体として見ず、現象として見るということなのではないであろうか。物自体としての自然をとらえようとすることは自然の奥に存する本質、かくれた性質をとらえようとすることに外ならない。しかしこのような努力はついに成功し得ないことが自覚され、近世の自然科学はただ自然のわれわれに対して現れる姿、現象としての自然をとらえることで満足しなければならないと考えたのである。自然の奥には神の力が満ちているかも知れない。いわゆる自然法則が存するのは自然全体に調和が存するためであるかも知れない。しかしこのような問題はわれわれ人間の認識の限界を越えている。われわれはただ自然現象がわれわれの立場から見ていかにあるかということを探求する外はないのである。カントはまさにこの近世自然科学の本質を見事に洞察したと言うことができるであろう。

このことはさらに一歩進んで考えてみると、真理というものに対する考え方の転換を含んでいると言うことができる。われわれがもしも人間の認識の持つ有限性を乗り越えて無限者ないし神の立場に立つことができるとするならば、われわれはもとより物自体としての自然を把握することができるであろう。その時、自然は現在われわれに対して現れる姿とは全く異なったものとしてとらえられるかも知れない。しかし人間は決して人間の立場を越えることができない以上、現象としての自然を把握する外はないのであり、またそれ以上のことを望む必要は存しないのである。われわれは現象としての自然を把握すれば、それで真理を把握していると言い得るのである。ここに真理というものを人間的立場から考えるという見方がはっきり打ち出されていると言えよう。従来の哲学は物自体をとらえようとした。われわれが物自体をとらえない限り真理は把握され得ないと考えられていた。このことは言いかえれば、われわれが人間的立場を越えて無限者的立場に達するときにはじめて真理を把握し得るということであろう。合理論の哲学においてわれわれが理性的認識によって真理を把握し得ると考えられたのは、それによってわれわれが対象のそれ自体における姿を、すなわち物自体を把握し得ると考えられていたからではないであろうか。われわれは理性的認識を行うことによって人間の有限性を越え、無限者的立場に到り得ると考えられていたからではないであろうか。これに対してイギリス経験論において懐疑論的帰結が導かれたのは、われわれはどうしても経験の助けなくしては認識を行い得ないということが自覚され、したがってわれわれは物自体を認識できないと考えられたからではないであろうか。われわれはどうしても人間的立場を越えることができないと考えられたからではないであろうか。もしこういうことが言えるとするならば、合理論も経験論も共に物自体を把握することが真理を把握することであるという共通の前提を持っていたと言えるであろう。両者の相違はただ合理論が理性的認識によって物自体を把握し得ると考えたのに対して、経験論はわれわれは純粋に理性的認識を行うことができないから、物自体を把握し得ないと考えたという点に存するのである。

カントの真理観がこれと比べて全く異なっていることは今や明らかであろう。カントにおいては真理とはもはや物自体を把握することにおいて成立するのではない。物自体はむしろ全く問題とはされないのである。そうではなく、われわれの求める真理は現象の把握なのである。カントも経験論と同じように、われわれの認識は感性の助けを必要とすると考えた。それ故われわれの認識は現象の範囲に限られるのであって、決して物自体にまで及ぶことはできないのである。ここまではカントも経験論も異なったところはない。しかしカントはここから経験論とは全く異なった結論を導いてくる。すなわちカントはわれわれは物自体を認識することはできないけれども、現象を認識することはできるのであり、ここに確実な真理を把握し得ると主張するのである。経験論が懐疑論的帰結を導き出すまさに同じ前提からカントはそれとは全く異なった帰結を導いたのである。ここには真理観の大きな転換がある。物自体を中心として考えられていた真理は、今や現象を中心として考え直される。言いかえれば、今まで無限者的立場から見られていた真理は、有限者的・人間的立場から見直されるのである。

このような真理というものに対する考え方の転換こそ、カントが「純粋理性批判」において成しとげた最も大きな業績であると言えるのではないであろうか。われわれはこれこそカントがみずから誇ったコペルニクス的転回の本質であると言うことができよう。カントは、すでに見て来たように、コペルニクス的転回を認識論的主観主義と同一視した。しかし認識論的主観主義は決してカント哲学の残した永遠の財宝ではない。むしろそれはカントがなおその当時の合理主義的前提を捨て切れず、そのために先天的認識のみ確実性を持つと考えた結果、生じて来たものにすぎない。それはカント哲学の長所と言うよりはむしろ短所と言うべきであろう。われわれは認識論的主観主義を取ることはできない。しかし認識論的主観主義を捨てることは決してカント哲学そのものを否定するということではない。カントの成しとげたことは認識論的主観主義そのものではなく、もっと深くその根底に存するものである。われわれは人間的立場を越える必要はない、われわれは現象としての対象を把握すれば、そこに人間的立場から見た真理をとらえうるのだという考え方こそ、認識論的主観主義というほころびた衣裳をつけてカントが示そうとしたことであった。われわれはこの衣裳に欺かれてはならない。その衣裳の奥にある真の本体を見なければならない。

私はカントのコペルニクス的転回の本質を右のように解釈するとき、真にカントの意図が達成されるのではないかと考える。「純粋理性批判」におけるカントの意図は自然科学的認識の確実性を基礎づけると共に、自然科学の成功を模範として形而上学の革命を行うということであった。そしてカントは自然科学を確実な学問としたものは実験的方法であり、この実験的方法こそ形而上学の革命のために導き入れられねばならぬと考えたのであった。しかし認識論的主観主義の思想は実験的方法とはおよそ両立し得ないものであると言わねばならない。認識論的主観主義の考えるようにわれわれが先天的に主観の認識形式を持ち、この先天的形式を対象のうちに投げ入れるのだとするならば、そこに実験的方法が成立するはずはない。自然科学において実験的方法が成立するのは、投げ入れられるものが決して先天的な主観の認識形式ではなく、それ自身経験的内容を含んだ仮説であるからである。それ故カントが自然科学を成功させたゆえんが実験的方法にあると考えながら、しかも自然科学が確実な学として成立するのは主観の先天的形式によって自然が構成されるからだと考えたということは大きな不整合であると言うべきである。そのためにカントは自然科学全般を基礎づけようとしながら、実際にはただ純粋自然科学のみ確実であるとしなければならなくなってしまったのである。これに反してわれわれが認識論的主観主義の思想を捨て去って、コペルニクス的転回の本質を真理観の転換にあると解するとき、われわれははじめて自然科学において何故に実験的方法が用いられ、また自然科学が確実な学問となり得たかということを理解することができる。すなわちさきに述べたようにわれわれは物自体ではなく現象としての自然を認識することで満足すべきであるということを自覚するとき、そこにその必然的結果としてわれわれの認識は自然の隠れた性質を把握することを目的とするのではなく、自然の法則を把握することを目的とするものであるということが導かれる。法則とは決して現象を離れてその奥に存するものではなく、ただ現象のあり方を示すものにすぎない。そしてこのようにわれわれの自然認識があくまでも自然現象の内部に存する法則を求めるものであるとするならば、ここにわれわれがあらかじめ一つの法則を仮説として考え、この法則の正否を検討するため実験的投げ入れを行うということが可能となるであろう。われわれが自然の根底に存する隠れた性質を求めようとするならば、われわれはこれを決して実験的に検討することはできない。一般的に言って、われわれは現象とは質的に異なった超越的なものと考えるとき、これを実験的に検討してみることは不可能であると言わねばならない。なぜなら、それは超越的なものであるというまさにその理由によって、現象そのものに投げ入れてみるということができないからである。隠れた性質というようなものを退けて明確に自然法則の探求を目的としたガリレイにおいてはじめて真に実験的方法が行われたということもこの点から理解されるであろう。自然科学が実験的方法を用いることができるようになり、したがってまた確実な学としての道を歩むことができるようになったということは、自然が物自体としていかなるものであるかをもはや問おうとせず、ただ現象としての自然のあり方を問おうとしたことに由来すると言わねばならない。カントが自然科学の学問としての出発が実験的方法によっていると考えたとき、具体的にはガリレイ等の業績を頭に置いていたことは、第二版の序文のうちに明らかである。認識論的主観主義の思想が実験的方法と矛盾するとするならば、われわれは認識論的主観主義を捨て去るべきではないであろうか。このことは決してカントの根本的な意図にそむくことではない。むしろそれはカントの真意を生かすことなのではないであろうか。

こうして私はカントのなしとげたコペルニクス的転回はカント自身の言うような認識論的主観主義の思想に存するのではなく、その奥にある真理観の転換すなわち、真理というものを無限者的立場からではなく、有限者的立場から見直そうとする点に存すると考える。認識論的主観主義はむしろカントに残存していた合理主義的偏見から生じたものであり、無限者的立場からの真理観の名残りであると言わねばならない。カントの偉大さは、なおこのような古い偏見から全く自由ではなかったにもかかわらず、本質的に自然科学的認識の持つ性格を洞察し、真理に対する見方を全く新しく変えたというところに存する。そして私はこのように見ることによって次章に述べるカントの「原則論」にも新たな立場からその意義を認めることができるのではないかと考えるのである。

第四章　理論的認識の発展

（原則の分析論）

「原則の分析論」はある意味では「純粋理性批判」の中心的位置を占めるものと言われねばならない。カントの提出した問題は言うまでもなく「いかにして先天的総合判断が可能であるか」ということであったが、この問題は「カテゴリーの先験的演繹」までの部分で一応の解決が与えられたと言えよう。しかしそこにおいてはただ先天的総合判断の可能性が一般的に示されただけであって、具体的にどういう先天的総合判断が成立し得るのかということはまだ示されていない。先天的な悟性概念としてのカテゴリーがいかにして直観の対象に適用されることができるかということは論証されたが、しかしいろいろのカテゴリーによって具体的にどういう判断が成立するかは論証されていないのである。しかも実はこのことが論証されなければ、先天的総合判断の可能性を論証するということ自身が全く無意味であると言わねばならないであろう。元来カントが「いかにして先天的総合判断は可能であるか」という問いを提出したのは、確実な学問としてひたすら発展の一途をたどっている数学および自然科学が先天的総合判断を基礎として成立していると考え、これらの学問の確実性を論証しようとしたためであった。それ故、先天的総合判断の可能性が一般的に論証されても、なおそれだけではカントの意図にとっては十分ではない。そのためには数学や自然科学の原則と考えられる判断が先天的総合判断として成立することを示さねばならない。したがってカントは「カテゴリーの先験的演繹」において先天的総合判断の可能性を基礎づけた後に、さらに進んで「原則の分析論」において数学および自然科学の原則がこうした考え方の上に立っていかにして先天的総合判断として説明され得るかということを検討したのである。数学および自然科学の基礎づけはこの「原則の分析論」においてはじめて完全に行われるのである。

こうして「原則の分析論」はカント自身においては先天的総合判断という考えによって真に数学や自然科学が基礎づけられるかどうかを決定する極めて重要な意義を持っているのであるが、しかしもしも認識論的主観主義の思想が否定されなければならないとするならば、われわれは「原則の分析論」にカント自身の考えたような意味を与えることができないことは言うまでもないことであろう。「いかにして先天的総合判断は可能であるか」という問題提出そのものが実は認識論的主観主義の思想を前提として行われたものである。言いかえれば、われわれが「いかにして先天的総合判断は可能であるか」という問いを提出するならば、その解答として認識論的主観主義の思想が見出されることは必然的なことであると言わねばならない。しかも認識論的主観主義の思想を取ることができないとするならば、先天的総合判断という考えもまた当然捨て去られねばならない。カントは確かに先天的総合判断の可能性を基礎づけたと言うことはできるかも知れないが、カントの説くところによればその先天的総合判断は夢や幻の対象に対しても妥当してしまわねばならず、したがって決して客観的妥当性を保証されるものではない。われわれが単なる主観的な判断と客観的妥当性を持つ判断とを区別しようとするならば、どうしてもその区別の根拠を対象そのものの持つ性格に求めねばならない。客観的妥当性を持つ判断は、それが悟性の先天的概念によって成立せしめられているが故ではなく、対象そのものをそのあるがままに把握しているが故に、単なる主観的判断から区別されるのであると考えねばならない。

実際、前にも述べたように、われわれは先天的総合判断というものを考えても、それによって数学や自然科学の確実性を基礎づけることはできないのである。数学的判断は、もしそれが経験的世界に全く無関係に成立すると考えるならば、総合判断ではなく分析判断と考えられねばならない。またもしカントの考えているように、経験的世界に適用できるものでなければならないとすれば、それは先天的判断ではないと言わねばならない。自然科学的判断が先天的総合判断でないことはさらに一層明らかである。もしそれが先天的総合判断であるとするならば、それを実験によって検討することはできない。自然科学においてもカントの考えるように先天的投げ入れは行われる。これが行われなくては実験的方法は成立しない。しかしこの場合先天的に投げ入れられる判断は決して先天的総合判断ではなく、内容的には経験的なものを含んでいなければならない。

このように考えると、「原則の分析論」はそれ自身として何等積極的意義を持つものではないと言わねばならないであろう。カントの考えるような意味での先天的総合判断という考え方そのものが捨て去られねばならないものである以上、数学や自然科学の原則が先天的総合判断であることを論証しようとする原則論の叙述が全体として誤った地盤の上に立っていることは言うまでもないことである。いやそれのみならず、私は原則論は「カテゴリーの先験的演繹」の部分に比べて一歩後退しているとさえ言えるのではないかと考えるのである。先験的演繹においてはカントは自覚的に感性と悟性の二元論的立場を捨て去ったとは言い切れないにしても、実質的にはこの二元論的立場を修正していたと言うことができる。すでに直観的対象の与えられる場面にカテゴリーが働いていることが認められたのである。ところが原則論ではカントはかえって再び二元論的立場をはっきり固執していると思われる。すなわちカントは先験的演繹の部分において二元論的立場をまさに否定しようとするところにまで進みながら、原則論においてはまた出発点の二元論的立場に逆もどりしているのである。そしてこのことはカントが認識論的主観主義を捨てない以上、やむを得ないことであったと考えられる。感性と悟性の二元論的立場を否定してしまえば、そこに考えられる先天的総合判断は客観的妥当性を保証され得ず、したがって判断の客観的妥当性を基礎づけるためには対象そのものの持つ性格にその根拠を求めねばならず、ここに認識論的主観主義は崩れねばならない。それ故カントが認識論的主観主義の思想に固執する限り、先天的総合判断の客観的妥当性を基礎づけるためには、またはじめの二元論的立場にもどり、悟性のカテゴリーによって客観的な先天的総合判断が成立すると考えねばならなかったのであろうと思われる。

このように言えるとすれば、「原則の分析論」は全く無意義であると考えねばならないのであろうか。しかし私は必ずしもそうではないと考えるのである。カントはなるほど大きな誤りを犯している。カントの挙げている諸原則は決して先天的総合判断として成立するものではない。しかしわれわれがこの点を度外視してカントの諸原則を内容的に考察するならば、それは確かに数学の可能性を基礎づけるべき原則であり、また自然科学の根本的原則なのである。そうであるとすれば、われわれはこれらの原則を先天的総合判断としてではなく、むしろ実験的投げ入れによる基本的原則であると解することができるのではないであろうか。カントはあくまでもこれらの原則を先天的総合判断として基礎づけようとした。しかしカントが実質的に数学および自然科学の基礎づけを考えている以上、これらの原則はわれわれが実際にこれらの学において実験的に投げ入れ、それによってこれらの学が成立発展したところの原則であるということはむしろ当然のことなのではないであろうか。カントは原則論において、われわれが実験的投げ入れを行うことによっていかにわれわれの理論的認識の発展が行われるかということの究明を行ったと見ることができるのではないであろうか。

われわれは以下このような観点のもとに、「原則の分析論」の検討を行ってゆこう。

一　図式論

カントによると「原則の分析論」は判断力の理説（Doktrin der Urteilskraft）（A 132, B 171）と名づけられる。「概念の分析論」（カテゴリーの形而上学的演繹と先験的演繹の部分）が悟性の先天的概念についての究明であったのに対して、原則の分析論はこの概念が実際いかに具体的に適用され、そこにどういう判断が成立するかを探求するものである。すなわち悟性の先天的概念が認識が成立するための規則であるとするならば、原則とはこの規則に基づいて成立する具体的な判断である。それ故カントは「悟性一般が規則の能力として説明されるならば、判断力は規則のもとに包摂する能力、すなわちあるものが与えられた規則のもとに属するかどうかを弁別する能力である」（A 132, B 171）と規定し、「原則の分析論」において判断力の理説を展開しようとしたのである。そしてカントによると、この「原則の分析論」は「純粋悟性概念がそのもとにおいてのみ使用され得る感性的制約」を論ずる図式論（Schematismus）と、「この制約のもとに純粋悟性概念から先天的に生じ、あらゆる他の先天的認識の根底に存する総合判断」（A 136, B 175）、すなわち純粋悟性の原則について論ずる部分、いわば本来の原則論とに分れる。

先験的図式　さて図式論におけるカントの考えはおおよそ次のようなものである。「純粋悟性概念は元来経験的（のみならず一般に感性的）直観とは全く異種的なものであり、いかなる直観のうちにも決して見出されることはできない」（A 137, B 176）。それ故「純粋悟性概念がいかにして現象一般に適用されることができるか」（A 138, B 177）ということを理解するためには、純粋悟性概念のうちにどうして直観が包摂されるかということを究明しなければならない。ところが包摂ということが可能であるためには、包摂されるべきものと包摂するものとの間に同種的なものが存しなければならないことは言うまでもない。「対象を概念のもとに包摂する場合には、常に前者の表象は後者と同種的でなければならない」（A 137, B 176）のである。たとえば皿という経験的概念を円という幾何学的概念のもとに包摂する場合には、両者の間には同種的なものが存在している。なぜなら皿という経験的概念において思惟されるところの「まるさ」が円という幾何学的概念においては直観されるからである。* それ故今直観を純粋悟性概念のもとに包摂する場合においても、この両者の中間に、「一方にはカテゴリーと他方には現象と同種性の関係に立つところの第三者」（A 138, B 177）が存しなければならない。すなわち「一面には知的（intellektuell）であり、他面には感性的（sinnlich）な」（同上）媒介的表象が存しなければならない。カントはこれを先験的図式（transzendentales Schema）と名づけるのである。

＊ この場合、皿を見てその「まるさ」を円という概念のもとに包摂するのであるから、「まるさ」は皿において直観され、幾何学的概念としての「円」において思惟されると考える方が常識的な考え方であり、また直観をカテゴリーのもとに包摂するという場合との類比も容易に理解されるのではないかと思われる。それ故ファイヒンガーはこの箇処を「円という幾何学的概念において思惟される〃まるさ〃が皿という経験的概念において直観される」と訂正しようとする。私もこのファイヒンガーの見方に賛成であるが、ここではカント自身の叙述にしたがっておく。

それでは図式とはどういうものであろうか。カントは次のような例を挙げて図式というものを説明している。「たとえば私が五つの点●●●●●を順次に打つ場合、これは五という数の形像（Bild）である。これに反して、私が単に数一般——それは五でも百でもあり得るが——を考える場合には、この思考はむしろ一定の概念にしたがって一つの集合（たとえば千）を形像において表象する方法の表象であって、この形像そのものではない。千というような数の場合には形像を見渡して概念と比較することは容易にはできないであろう。このように概念にその形像を附与するという構想力の一般的なやり方の表象を、私はこの概念に対する図式と名づける」(A 140, B 179—180)。「三角形一般の概念に対して三角形の形像が合致するということは決してないであろう。なぜなら、三角形の概念は直角三角形であろうと非直角三角形であろうとすべての三角形に妥当するという普遍性を持っているが、三角形の形像はこのような普遍性に到達するものではなく、常にこの三角形の領域の一部に制限されているからである。三角形の図式は決して思考の外のどこかに存するというものではなく、空間における純粋形体に関しての構想力の総合の規則を意味する」(A 141, B 180)。すなわち図式とは数一般あるいは三角形一般というような概念の表象に外ならないと言えるであろう。われわれはたとえば三角形という概念によって三角形の表象を頭の中に思い浮べる、あるいは空間中に思い描く。そこに思い浮べられたあるいは思い描かれた三角形はもとより三角形の形像である。それは常に一定の三角形であり、一定の長さの辺を持ち、一定の大きさの角を持っている。このような一定の三角形の形像はもとより三角形一般の概念ではない。しかしわれわれはこのような三角形の形像を媒介として三角形一般の概念を理解しているのである。そうでなければわれわれは三角形という概念によって一つの三角形の形像を思い浮べることさえできないはずであろうからである。それ故われわれは三角形の形像を描き出す前に、ある意味で三角形一般という概念を表象することが可能なのであり、このことによってこの概念に形像を附与することも可能となるのである。このように形像の基礎にあって、形像を可能ならしめる一般的な表象が図式に外ならないのである。

こうしてわれわれがある概念によって形像を思い描くとき、その根底には必ず図式が存在していなくてはならないのであるが、それではこのような図式はどうして成立するのであろうか。われわれがこのような図式を持ち得るのはなぜであろうか。われわれはすでに「カテゴリーの先験的演繹」の箇処において、あらゆる形像が成立するためには、その根底にカテゴリーに従った産出的構想力の総合の働きが存しなければならないことを見た。そうすれば、形像の基礎にあって形像を可能ならしめる図式は、この構想力の働きに基づいていると考えることができるであろう。産出的構想力は直観の多様を総合して形像を作るが、この表象を総合する仕方がすなわち図式であると言えよう。「現象とその単なる形式に関するこのわれわれの悟性の図式性は、人間の心の深みにおける隠れた術であって、その真の技巧を自然から看破してこれをはっきり示すということは極めて困難なことであろう。ただ次のことは言うことができる。形像は産出的構想力の経験的能力*の所産であり、感性的概念（空間における図形としての）の図式は先天的純粋構想力の所産で、いわばそれを通してまたそれにしたがって形像がはじめて可能となるような略図（Monogramm）である。形像はしかし常にその形像をあらわす図式を媒介としてのみ概念と結合されねばならず、それ自身においては決して概念と完全に合致するものではない」（A 141—142, B 180—181）。

* この文章をファイヒンガーは「再現的構想力の経験的能力」と訂正すべきであるとする。スミスもこの点にカントの混乱があるとして、この節はまだカントが真に先験的な考え方に徹しない時期に書かれたものとしている。スミスによれば、カントの最終的な立場からすれば、経験的構想力の働きは常に再現的でなければならないというのである（N. K. Smith, *Commentary*, p. 337）。しかしこの文章をよく考えてみると、カントは決して経験的構想力について述べているのではないと言えるのではなかろうか。経験的構想力とはすでに一度経験的に得られた形像を、それが現存しなくなってから再び思い浮べることである。そしてそれは言うまでもなく再現的な働きである。しかしここで言われているのはそのような構想力の働きではなく、始めて形像を作り出してゆく場合にもその根底に働いている構想力の働きである。そしてこのような構想力の働きが根源的に産出的なものでなければならないことは「カテゴリーの先験的演繹」においてわれわれのすでに見たところである。もとより先験的演繹の第一版

の叙述においては形像を作り出すために働く構想力の働きのうちにも再現的な働きの存することが述べられていたが、しかしこの意味での再現的働きは決して通常の意味で経験的とは言えないものであり、またそれはむしろ構想力の産出的総合の働きという概念に導入してゆくために述べられているにすぎないと解すべきである。それ故カントがここで述べている構想力の働きは当然産出的構想力の働きでなければならないと思う。カントは決してファイヒンガーやスミスの考えるような再現的構想力について述べているのではないのである。形像を作り出してゆくときに働く構想力が再現的構想力であると解することは、全く不可能であると言わねばならない。しかし産出的構想力とはむろん先験的能力であるから、それではなぜカントはここで「産出的構想力の経験的能力」と言っているのかと問われるかも知れない。しかし私はこれは別に深い意味を持たず、ただ形像という経験的なものを作り出すからであり、形像でなく単に図式を作る時の産出的構想力の働きと区別しているにすぎないと考える。もとより二つの産出的構想力が存するわけではない。産出的構想力の同一の働きが図式を作り、またその図式にしたがって形像を作り出すのである。しかしわれわれは図式を作り出す場合の構想力の働きと、形像を作り出す場合の構想力の働きを一応区別することは許されるのではないであろうか。ただもとより経験的能力ということばは誤解を生ぜしめやすく、カントはむしろ他の用語を用いるべきであったとは言えるであろう。

こうして一切の形像の根底には図式が存するのであるが、しかし図式を作り出す先験的構想力の働きはカテゴリーに従ったものであるから、個々の図式の根底にはさらに基本的な図式、すなわちカテゴリーそのものと直接に結びついた先験的構想力の総合の仕方というものが存しなければならないであろう。たとえばわれわれが三角形の形像を思い描くためにはその根底に三角形の図式が存しなければならないが、同様にしてわれわれは四角形の図式、五角形の図式等々の存在を考えねばならないであろう。しかしこれらの図式と関係するカテゴリーは量のカテゴリーであろう。そうすればこれらの図式の根底には量のカテゴリーの図式が存していなければならない。こうしてわれわれはカテゴリーと直接に結びついた図式を考えることができ、これらの基本的な図式が多くの概念の図式の根底に存すると言うことができる。

この基本的な図式がすなわち先験的図式に外ならない。多くの個々の概念の図式、たとえば三角形の図式は、それに従って「形像が可能となるところの略図」であった。すなわちそれは形像がそれに従ってすぐ描き出されるところのものであった。ところが先験的図式はもっと基本的なものであるから、直接にそれによって形像を作り出すことはできないであろう。ここに先験的図式と他の概念の図式との相違が存する。「……純粋悟性概念の図式は決して形像化されることのできないものであり、単にカテゴリーによって示される概念一般に従うところの統一の規則に則った純粋総合であって、構想力の先験的所産である……」(A 142, B 181)。あらゆる概念の図式の基礎にはこの先験的図式が存しなければならないのである。*

* カントの図式と称するものは、これを三つに分けることができるのでないかと思う。第一の、そして最も根源的な図式は言うまでもなく先験的図式である。この図式に直接基づいた形像は存しない。第二はカントが純粋感性的概念(reine sinnliche Begriffe)(A 140, B 180)と呼ぶ概念の図式であって、これはすでに述べた三角形の図式というようなものである。しかしさらに第三に経験的概念の図式を考えることができるであろう。これはカントが「犬の概念は、それにしたがって私の構想力がある四足獣の形体を一般に描き出すことのできる規則を意味する……」(A 141, B 180)と言っているように、経験的概念の図式である。そしてこの第三の図式は、第二の図式に基づいていることは言うまでもないであろう。この第二と第三の図式は第一の先験的図式と異なり、直接に形像を作り出すために役立ち得る。カントは「図式論」においてこれらの図式の種類をはっきりと区別していないし、異なった種類の図式を一緒にして論じているため、その叙述がかなり分り難くなっているのではないかと思う。たとえばさきに本文において述べた、五でも百でもあり得るところの数一般という図式はもとより先験的図式である。われわれは数一般という図式から直接に一定の形像を作ることはできない。ところがカントはこの数一般の図式を三角形の図式、あるいは犬の図式とははっきり区別しないで並列的に論じているのである。

こうしてわれわれは直観的対象の形像の成立するためにはその根底に個々の概念の図式が存しなければならず、さらにその根源には先験的図式が存しなければならないことを見た。図式とは一般に直観と概念とを媒介し、前者の後者への包摂を可能にする第三者であるから、先験的図式こそ感性と悟性とを結びつけ、カテゴリーの現象への適用を可能ならしめる根源であると言わねばならない。この先験的図式もまた言うまでもなく他の個々の概念の図式と同じく、産出的構想力の所産である。形像の成り立つためにはその根底にカテゴリーに従った産出的構想力の総合の働きが存しなければならず、この構想力の働きによってカテゴリーは図式のうちに移し入れられ、一切の現象の可能性の制約となり得るのである。さてそれではこのように産出的構想力の働きによってカテゴリーが先験的図式に移し入れられるということはどういうことであろうか。それは、図式というものが直観と概念とを媒介するものであるということから分る通り、カテゴリーが直観形式と結びつくことでなければならない。カテゴリーが感性化されるということでなければならない。直観形式はあらゆる直観の基礎に存するものであるから、直観形式と結びついたカテゴリーは当然一切の直観的形像の成立の根拠たり得るわけである。ところが直観形式である空間と時間のうち、空間はあらゆる現象に妥当するものではない。空間的規定を持たない現象は存在する。しかしこれに反して時間はあらゆる現象に対して妥当性を持つ。時間的規定を持たない現象は存在しないのである。それ故カントは先験的図式というものを時間との関連において成立するものと考えた。カテゴリーは時間と結びつくことによって先験的図式となるのである。先験的図式は、カテゴリーに従った先験的時間限定（transzendentale Zeitbestimmung）に外ならないのである。「さて先験的時間限定は、それが普遍的であり先天的規則に基づいている限りにおいて、カテゴリー（時間限定の統一を成り立たせるところの）と同種的である。しかしそれは他方また、時間が多様の経験的表象のすべてのうちに含まれている限りにおいて、現象と同種的である。それ故、カテゴリーの現象への適用は、悟性概念の図式として現象のカテゴリーへの包摂を媒介するところの、先験的時間限定によって可能となるのである」(A 138—139, B 177—178)。すなわちカントによると、先験的時間限定は、それが先験的時間限定である限りにおいて普遍的で先天的規則に基づいており、カテゴリーと結びつき、それが先験的時間限定である限りにおいて、時間と結びつく。こうしてそれは一方にカテゴリーと同種的であると共に他方現象とも同種的であり、両者の媒介をするというのである。

それではそれぞれのカテゴリーは構想力によって感性化されることによってどういう先験的図式となるのであろうか。カントによると次のごとくである。

(1) 量——量のカテゴリーの先験的図式は数（Zahl）である。数とは「単位を（同種的な）単位に順次に加えてゆくことを含んでいる表象」であり、それ故「数は同種的な直観一般の多様を総合的に統一するものにほかならないが、この総合的な統一は私が直観の覚知において時間そのものを産出してゆくことによって生じるのである」(A 142—143, B 182)。このカントの説明は決して理解しやすいとは言い得ないが、恐らくわれわれが時間の表象を得るためには同種的な直観の多様を順次に附け加えてゆかねばならないが、このことが可能であるためには数という図式が必要であるということを言おうとしているのではないかと考えられる。数は同種的な単位を順次に加えてゆくことによって成立するが、時間は同種的な直観の多様を順次に加えてゆくことによって成立するのである。ここに数は量のカテゴリーと時間とを媒介するもの、あるいはむしろ量のカテゴリーがすでに時間との関連において感性化されているものと考えられたのではないであろうか。

カントによるとこの図式は時間系列（Zeitreihe）に関係する。

(2) 質——質のカテゴリーの先験的図式についてのカントの説明は極めて難解であって、その真意を捕捉し難い。

しかしわれわれは大体次のようにこれをまとめることができると思う。実在性と否定性の区別は時間を満たす感覚が存するか存しないかということによってなされるが、感覚とは元来度を有するものである。すなわちそれは無にいたるまで漸次にその強度を減じてゆくことが可能である。それ故、「すべての実在性は量（Quantum）として表象されるのであり、「実在性の図式は、時間を満たす限りにおいてのあるものの量として、まさに時間における実在性の連続的同形的産出である。というのはわれわれはある度を持っている感覚から時間のうちにおいてその感覚の消滅にいたるまで降り、あるいは感覚の否定性からそのある大きさにいたるまでしだいに昇ってゆくからである」（A 143, B 183)。すなわちカントの言おうとするのは、あるものが実在すると言われるのは感覚が存するために外ならないが、感覚は度を持つものであり、度とは無から始まって同種的なものを時間のうちにおいて連続的に加えることによって生ずるのであるから、ここに時間との結びつきがある、ということであろう。したがってカントはここで明言していないけれども、通常のカント解釈にしたがって、質のカテゴリーの先験的図式は度（Grad）であると言うことができよう。

カントによるとこの図式は時間内容（Zeitinhalt）に関係する。

(3)　関係――量と質のカテゴリーについてはカントはそれぞれ一つだけの先験的図式を考えたが、関係のカテゴリーについてはこれを実体・因果性・交互性のそれぞれについて考えている。

実体の先験的図式は「時間における実在的なものの持続性、すなわち経験的時間規定一般の基体、一切の他のものが変化するにもかかわらず恒存するものとしての実在的なものの表象である」（A 143, B 183)。

因果性の先験的図式は「それが定立されれば、常に他のあるものが継起するような実在的なもの」（A 144, B 183)

である。

交互性の図式は「あるものの規定が他のものの規定と一般的規則にしたがって共存すること」(A 144, B 183) である。

この関係の図式は時間順序 (Zeitordnung) に関係する。

(4) 様相のカテゴリーの図式も三つに分れる。

可能性の図式は「種々の表象の総合と時間一般の制約との合致」であり、したがって「ある物の表象をいずれかの時間に限定すること」(A 144, B 184) である。

現実性の図式は「一定の時間における存在」(A 145, B 184) である。

必然性の図式は、「ある対象のあらゆる時間における存在」(同上) である。

この様相の図式は時間総括 (Zeitinbegriff) に関係する。

これがカントの挙げている先験的図式である。われわれは今ここでは個々の先験的図式について検討しないでおく。それは原則論の検討の際に行われるであろう。

図式論は必要か　さて以上のような図式論の思想は本質的にはこれを承認することができるであろう。なぜなら、それはすでに「カテゴリーの先験的演繹」において言われたことをさらに明瞭に確認しているにすぎないからである。演繹によってわれわれはカテゴリーが直観の対象に適用され得るゆえんは、それが直観の対象の成立するための可能性の制約であるが故であることを知った。知覚すらもカテゴリーによって可能なのである。それ故にカテゴリーは当然直観と密接に結合されねばならないということ、すなわちカテゴリーが感性化されねばならないことは言うまでもないことであろう。いやむしろ、感性化されたカテゴリーのみ直観の対象に対して妥当性を有するのであり、感性化されないカテゴリーは決して妥当性を持たないのである。そしてこのことこそまさにカントが図式論において言おうとしたことであった。カテゴリーは図式化されなければならないということは、図式という新しい術語を導入したことによって一見新奇な印象を与えるが、実は先験的演繹において述べられていることを異なった表現において言いあらわしたものに外ならず、そしてその限りにおいて極めて正当なことを言っているのである。直観によって対象が与えられ、悟性がそれを思惟するという感性と悟性の二元論的立場を捨てて、すでに直観的対象の与えられる場面にカテゴリーが働いていなければならないという立場に移るべきことが強調されているのである。

このように図式論の思想は本質的にはこれを認めなければならないのであるが、しかしわれわれはカントが図式論としてこの思想を述べたというところにカントの不徹底を見出さねばならない。なぜなら、図式論に述べられている思想が実は「カテゴリーの先験的演繹」によってすでに言われている思想と同じであったとするならば、図式論がとくに論ぜられねばならないという理由は存せず、図式論そのものが全く不用なものであると言わねばならないからである。カントが図式論というものを考えたという点に、カントがなお真に先験的演繹の結果に徹し得ず、依然として直観と思惟との二元論的立場に固執していたことが示されていると思われる。

事実、われわれがすでに述べたところのカントの図式論の論述を顧みるとき、そこにこの二元論的立場が強く存在していることを見出すであろう。何よりもまずわれわれは、カントが図式論を直観のカテゴリーへの包摂の問題として論じていることに注意しなければならない。ここにははっきりカントの二元論的思想が示されていると言えるであろう。カテゴリーはそれ自身においては純粋に悟性の先天的概念であり、したがって直観の対象とは何等同種的なものではない、それ故この両者を媒介する第三者が存在しなければならないとして図式というものを考えようとするカントのやり方は、すでにカテゴリーの先験的演繹を通って来たわれわれにはかえってまことに不可解のものと考えられるであろう。これでは図式というものが全くカテゴリーそのものとは別のものであり、したがってまた図式の能力としての産出的構想力も悟性と感性との間に存する第三の能力と考えられる傾向を免れることができないであろう。だが先験的演繹においてはすでに産出的構想力とは決して悟性と別個のものではなくて、ただ「悟性の直観に対する最初の適用」(B 152)にすぎないことが主張されていたのである。そして悟性の先天的概念であるカテゴリーは産出的構想力の形像的総合のうちにおいて働くが故にこそ直観の対象に対して妥当性を持ち得たのである。それ故カントが図式論において図式を以てカテゴリーとは別個のものと考え、また産出的構想力をあたかも悟性と感性との中間の第三の能力であるかのような叙述をしていることは、先験的演繹におけるカント自身の考え方と矛盾していると言わねばならない。もとよりすでに述べたようにカントは第一版の先験的演繹においては事態的にはこういう考え方に達しつつも、なおそれを真に自覚せず、したがって産出的構想力を悟性と感性との中間の第三の能力と考える傾向を脱し得なかった。それ故その立場からすれば、図式論のような考え方が出てくるということも理解されないではない。しかし第二版の演繹においてはカントは明瞭に産出的構想力を以て悟性の一形態として把握しているのであり、図式論の思想とは相容れない立場に立っているのである。しかもなおカントは第二版においても図式論の叙述を修正しなかった。われわれはここに、カントがその出発点たる悟性と感性の二元論的立場を実質的には克服しながら、なおそれを捨て切れ得なかったと考え得るのではないであろうか。

元来、包摂という考え方そのものが形式論理学的な考え方であると言わねばならない。包摂とは言うまでもなく下位概念を上位概念のもとに、特殊を普遍のもとに入れるということであるが、直観をカテゴリーのもとに包摂するというとき、カテゴリーは直観によって与えられる特殊を自己のもとに含むところの普遍として考えられていると言わねばならない。しかし実はカテゴリーとは決してこのような意味での概念ではなかった。それはむしろ総合の作用を営む概念であり、直観的対象すらを成立せしめるものであった。それ故に直観のカテゴリーへの包摂という考えはカントの立場において全く成り立たないと言わねばならないのである。

こうしてわれわれは図式論の思想そのものは決して誤りではないけれども、図式論に残っている二元論的立場は先験的演繹の立場と決して相容れないものであると考える。しかしまたカントがこのような不徹底をおかしてまで二元論的立場に執着したということから、われわれはこの二元論的立場がカントにとっていかに必要なものであったかということを知ることができるであろう。先天的総合判断の客観的妥当性を基礎づけるためには、この二元論的立場が絶対に要求されるのである。この二元論的立場が崩れれば、すでにわれわれの批判して来たように、先天的総合判断は全く主観的な夢や幻の対象に対しても妥当することになり、その客観的妥当性を保証されないことになってしまわねばならない。それ故カントは先験的演繹論においてすでに事態的にはこの二元論的立場を越えながら、あるいはむしろ、カテゴリーの客観的妥当性を基礎づけるために二元論的立場を越えるように強いられながら、先験的演繹論を終って原則の分析論にはいると、再び二元論的立場に固執したのであろう。認識論的主観主義の思想を捨てまいとすれば、この二元論的立場こそ認識の客観的妥当性を基礎づけ得る唯一の道だからである。

それではわれわれは図式というものについてどう考えるべきであろうか。カントが図式論において考えているように図式を直観とカテゴリーを媒介する第三者と考えることは決して許されることではない。しかしまた図式論に述べられている思想そのものはこれを認めることができる。カテゴリーは直観と結びつかねばならない。形像を産出する産出的構想力の総合の働きがすでにカテゴリーに従ったものでなければならない。むしろこのような構想力の働きから離れては、カテゴリーは何等の意味をも持つものではない。なぜならカテゴリーは直観の対象の成立する場面において働いていなければ、決して直観の対象に対して妥当性を持ち得ないからである。そうであるとすれば、われわれはカントが図式論においてカテゴリーの感性化としての図式を考えたということを本質的には正しいと言わねばならないであろう。われわれは図式というものをどう考えればよいのであろうか。

しかしこの問題に対する答えは今までの論述から容易にこれを見出すことができると思われる。先験的演繹論において示された立場によれば、カテゴリーとは形像の成立する根底に存しているものであった。産出的構想力の働きがカテゴリーに従ったものであった。しかしこのように構想力が形像を産出する際にその根底に存しているカテゴリーとはまさにカントが先験的図式と称するものに外ならないのではないであろうか。先験的図式とは形像を産出する根底に存するものであった。そうすれば、カテゴリーとは元来図式そのものに外ならない。図式がカテゴリーと直観との間に第三者として存するのではなく、カテゴリーと図式とは同一のものであり、図式を離れてはカテゴリーというものは存しないと考えねばならない。カテゴリーが直観の対象に対して妥当性を持つためには感性化されねばならないという図式論の思想は正しいが、しかしカントの誤りは図式というものをカテゴリーとは別個のものと考えた点に存するのである。カテゴリーは元来感性的直観の対象に対してしか妥当性を持ち得ず、超経験的に使用されることができないものであるということは、すでに先験的演繹論において確立されていることなのであるから、カントは改めてカテゴリーの感性化としての図式というようなものを考える必要はなかったのである。この意味で私は図式論というものは不要であったと言えると思う。図式論においてわれわれはただカテゴリーというものが感性的直観の対象以外には適用されないこと、たとえば実体というカテゴリーは経験の領域内での対象についてしか適用できず、あるいはまた因果性というカテゴリーも経験の領域の中での時間的現象についてしか適用できないということをはっきり確認すればよいのである。しかしこのことは実はすでに先験的演繹論において到達された結論にすぎない。図式論が意義を持つとすれば、実質的には演繹論で到達されながらその難解な叙述の故になお多少のあいまいさを残したこの点をもう一度はっきりと示したということであろうと思われる。

悟性と先験的統覚　しかしこのようにカテゴリーが本来図式と異なるものではなく、すなわち経験の領域内においてのみ適用されその意味ですでに直観と結びついているとするならば、ここからわれわれはカントの言う悟性というものに対して多少新しく解釈し直さねばならないことになる。私はさきに（一三五ページ）第一版の先験的演繹においては先験的統覚こそ悟性そのものに外ならないと解するべきであると述べた。第二版においては先験的構想力の働きも悟性の一つの働きと考えられ、したがって悟性と先験的統覚とは必ずしも同じものとは見られていないと言わねばならない。しかしその場合でも、前に述べたように、「統覚の総合的統一は、あらゆる悟性使用のみならず全論理学が、したがってまた先験的哲学がそれに結びつけられねばならぬ最高点である、いやこの能力が悟性そのものである」（B 134, Anmerkung）（傍点筆者）と言われており、先験的統覚を悟性と同一視するという考え方が残っている。私は第二版においてもこうした考え方が残っているということに大きな意義を認める。なぜならカテゴリーとはすなわち図式であると考えるならば、結局悟性とは先験的統覚そのものとしての外考えることができないからである。カテゴリーが図式であるとすれば、カテゴリーはすでに感性と結びついたものであると言わねばならないであろう。悟性が感性と結びつくとき、そこにカテゴリーが生じてくると解されねばならない。感性から切り離されれば、カテゴリーというものは全く考えることができないのである。したがってもしもわれわれが悟性というものを感性から全く切り離してそれ自身においてとらえようとするならば、悟性のうちにその先天的概念としてのカテゴリーが存するということさえ言うことはできないはずであろう。悟性とはむしろただ総合統一の働きである。与えられた多様を総合統一するそれ自身は全く無規定的な働きに外ならない。すなわちそれは単なる「われ思う」としての先験的統覚に外ならないのである。このような先験的統覚、すなわち悟性の働きが具体的規定を持ち得るのは、言いかえればカテゴリーという形式を持ち得るのは、それが直観と結びつくが故に外ならないと言わねばならない。カントは第一版の先験的演繹においては悟性とは先験的統覚に外ならないという考え方を取っていたが、その際先験的構想力は悟性と感性との中間の第三の能力であるかのように考える考え方が存していた。これに対して第二版では構想力の総合の働きも悟性の働きに外ならないということが洞察され、そのため悟性は先験的統覚よりももっと広いものと考えられた。このことは第一版に比べると事態の洞察に一歩を進めたものと言うことができる。しかしさらによく考えてみると、構想力の働きは確かに悟性の働きに外ならないけれども、すでに感性と結びつき、感性と協同して働くところの悟性であって、決して悟性そのものではない。それ故われわれが悟性というものを全く感性から切り離して考えようとするならば、それはただ先験的統覚であると考えねばならないのである。カントが第二版の演繹において構想力の働きを悟性の働きのうちに数えながら、しかも先験的統覚を悟性そのものであると言っているとき、カントはこの事情を洞察していたと言えるのではないであろうか。それは決して第一版の演繹の立場への単なる復帰でないことは言うまでもない。第一版から第二版へ進んでゆき、構想力が要するに悟性の働きにすぎないということが自覚されてはじめて生じてくる洞察である。カントはもとより第二版の演繹においても決してはっきりとこの洞察に到達したのではない。先験的統覚と悟性との関係についてのカントの考えは極めてあいまいであり、それ故に図式論においても図式をカテゴリーと直観とを媒介する第三者と考えてしまったのである。しかし図式というものがわれわれの解するように結局カテゴリーと同じものであるとするならば、われわれは第二版の演繹に存している先験的統覚すなわち悟性であるというカントの考えの意義を強調しなければならないと思われる。*

*　しかし悟性が先験的統覚に外ならないとすると、それではどうして「われ思う」という一つの働きが種々のカテゴリーに分化するのかと問われるかも知れない。悟性そのもののうちに先天的概念としてカテゴリーが存し、それは全く感性から独立であると考える場合にはこうした問題は生じて来ないが、悟性を単なる「われ思う」の働きと解するとき、この働きが感性と結びつくことによってどうして種々なカテゴリーが生じてくるかということは大きな問題である。しかし私はこの点については既に第三章（一六四ページ）に述べたように、その分化の原因は直観の多様それ自身のうちに求める外はないと考える。すなわち直観の多様そのものが、われわれがそれを総合統一してゆくためにどういうカテゴリーを用いるべきかを決定するのである。しかしこうなれば、多様は単なる無規定的な多様ではない。それはそれ自身においていわば即自的にカテゴリー的構造を有するのであると考えられねばならない。したがってここから認識論的主観主義の思想が崩れてゆかねばならないというわれわれの見解に導かれる。

こうして私は図式とは実はカテゴリーに外ならず、したがってカントはカテゴリーの外に図式というものをとくに考える必要はなかったと考えるのであるが、このことはカントが次のように言うとき、カントみずから実質的には認めていたと言えるのではないかと思われる。「……感性の図式はカテゴリーをはじめて現実的ならしめるが、しかしまた図式はカテゴリーを制限する、すなわち悟性の外に（すなわち感性のうちに）存する制約に制限する。……われわれが今もしこの制限的な制約を取り去ってしまえば、われわれはこの制限された概念を拡張し得るように見えるであろう。そして感性の図式が単に現象としての事物を表象するにすぎないのと異なり、感性のあらゆる制約を離れた純粋な意味におけるカテゴリーは存在するがままの事物一般について妥当し、それ故すべての図式から独立な、はるかに広い意味を持つと考えられるであろう。実際、すべての感性的制約を取り去っても、純粋悟性概念にはむろんなお一つの意味は残る。しかしそれはいかなる対象も与えられず、したがって客観の概念を与え得るようないかなる意味も与えられないところの表象を単に統一するという論理的な意味にすぎない。たとえば実体とは、もしも持続性という感性的規定が取り去られれば、主語として（他のものの述語となることなく）考えられうるあるものということ以上の何ものをも意味しないであろう。このような表象からは、私は何ものをも作ることはできない、というのはその表象は、このような第一次的主語として妥当すべき事物がどういう規定を持つかということを全く示さないからである」（A 146—147, B 186—187）。カテゴリーは図式としての外何等の意味をも持たない。図式から独立なものと考えられると、カテゴリーは客観というものに関係することができず、全く認識的意味を持たないのである。しかもそのカントが図式論において図式をカテゴリーとは全く別個のものと考えているとき、われわれはカントの不徹底を認めないわけにはゆかないであろう。

悟性と判断力　カントにおけるこの不徹底はまたカントが原則論全体を「判断力の理説」として考えているところにも現れているように思われる。カントはすでに述べたように悟性を以て規則の能力となし、判断力を以て規則のもとに包摂する能力となしたが、ここには明らかに判断力というものを悟性から区別しようとする傾向が存している。しかし悟性は今までにしばしば「判断する能力」（A 69, B 94; cf. A 126）と言われているのである。そうすれば悟性が判断力と異なるものでないことは言うまでもないことであろう。悟性が具体的に働くとき、それは常に判断を行うのであり、判断しない悟性というものは決して考えることができない。そうであるとすれば、カントがここで悟性と判断力とを区別しようとしていることは極めて奇妙なことと言わねばならないであろう。もとよりわれわれはカントが原則論において判断力を悟性とは全く異なった能力と考えていると言うのではない。カントはわれわれの上位の認識能力を悟性と判断力と理性の三つに分け、この三者はすべて広い意味においては悟性一般のうちに属するということを述べている（A 130—131, B 169）。判断力もまた広義において悟性以外の何ものでもないのである。判断力は悟性と異なるものではなく、むしろその別名であり、いわば具体的に働いている場合の悟性にすぎない。悟性は元来判断する能力であるが、この悟性が判断するとき、それがすなわち判断力に外ならないと考えられているのであろうと思われる。

しかしそれにしてもカントが狭義における悟性を判断力から区別しようとしていることはどうしても否定することができない。さきに述べたように上位能力を悟性と判断力と理性とに分けているところを見ても、判断力は狭義の悟性以上の能力、狭義の悟性と理性との中間に位している能力と解していると考えねばならない。これはなぜであろうか。私はここにカントの感性と悟性との二元論的立場への固執が見られるのではないかと考える。

悟性を以て規則の能力と考えたとき、カントが規則として考えているのは言うまでもなくカテゴリーに外ならないであろう。そしてこの規則としてのカテゴリーのうちに直観の多様を包摂する能力が判断力と考えられているのであろう。このような考えは悟性のうちに先天的にカテゴリーが存在し、われわれはこのカテゴリーによって直観によって与えられるものを思惟してゆくという考え方を前提しており、またこの考え方を前提すれば当然そう考えなければならないと思われる。もしもカテゴリーがもともと直観と無関係に悟性のうちに存在しているとするならば、カテゴリーが直観の対象に対して適用されるためには、直観をカテゴリーのもとに包摂する他の能力、少なくとも狭義の悟性とは異なった能力が存在すると考えられねばならない。ここに判断力というものの存在が考えられてくる。そうであるとすれば、カントが判断力を狭義の悟性から区別したということは、カントがカテゴリーがもともと直観とは無関係に悟性のうちに存するという考え方、言いかえれば直観によって対象が与えられ悟性がそれを思惟するという二元論的立場を捨て得なかったことから生じて来た結果であったと言えるであろう。

しかし前に見たようにカテゴリーとは実は図式以外の何ものでもなかった。図式としての外カテゴリーは何等の意味をも持たなかったのである。われわれはカテゴリーというものが悟性の規則として先天的に存するとは言うことができないであろう。カテゴリーは悟性が感性と結びつくことによってはじめて生ずるのである。もしもわれわれが悟性を全く感性から切り離してそれ自身において考えるならば、それは「われ思う」という無規定的な総合統一の働きである先験的統覚に外ならず、この統一の働きが種々のカテゴリーに分化するのは悟性が感性と結びつくが故であると考えねばならない。それ故カテゴリーは決して悟性のうちに先天的に存する規則と考えられるべきではなく、むしろ悟性が判断力として働くときに、すなわちそれが感性と結びついて働くときに生じてくる判断機能をあらわしたものと解されねばならない。悟性を規則の能力とし、判断力を規則のもとに包摂する能力として両者を区別することは決してできないと言わねばならない。もし悟性を判断力から区別しようとすれば、それは先験的統覚であり、それは決してカテゴリーというようなはっきりした規則を有するものではない。この先験的統覚としての悟性が具体的に働くとき、すなわちそれが感性と結びついて認識を行うとき、それは判断力であり、そこにカテゴリーというものが生じてくるのである。判断力は決して狭義の悟性以上の、悟性と理性との中間に存する能力ではない。それはむしろ感性と結びついた悟性であり、あるいは、悟性と感性とが協同して働くわれわれの具体的な認識の働きに外ならない。悟性と感性はこの具体的な認識能力である判断力から抽象して考えられた二要素であるとさえ言うことができるであろう。カントが判断力を狭義の悟性から区別し、しかも悟性以上の能力と考えたのは、カテゴリーを悟性の先天的規則と考える感性と悟性の二元論的立場を脱却していなかったためであると考えられる。

判断力と構想力　われわれはなおここで判断力と構想力の関係について一言触れておかねばならない。構想力とは、図式論におけるカントの考え方によれば、悟性と感性とを媒介する役割を演ずるものであった。そして判断力とは悟性の規則に直観の多様を包摂するものであった。それではこの両者はいかに関係し、いかなる点にその相違があるのであろうか。構想力が悟性と感性との間を媒介すると言われるとき、それは言うまでもなく直観の多様をカテゴリーのもとに包摂するという意味であった。この包摂によってそこに図式が成立すると考えられていたのである。しかしこうなると、構想力と判断力とは何等区別されるべきものではなくむしろ同一のものと考えられるべきではないであろうか。「カテゴリーの先験的演繹」の結論を考えてもカテゴリーは悟性が構想力として働くことによってのみはじめて直観の対象に対して妥当性を持ち得たのである。そうすれば、悟性が実際に判断力として働くということは、悟性が構想力として働くことに外ならず、判断力と構想力は全く一に帰してしまわねばならないように思われる。この両者は一体どう関係しているのであろうか。

カント自身はもとよりこの両者を別のものと考えているようである。この両者の関係についてはカントは直接にはどこにも述べていないが、しかしすでに見たようにカントが判断力を悟性と理性との中間に位する能力と考えていることから見ても、このことは明らかであると思われる。判断力がこのように狭義の悟性以上のものと考えられているのに対して、構想力は言うまでもなくいわば悟性以下の能力であると言わなければならない。それは直観的形像を作る場合に働いている能力であり、第二版の演繹の表現を用いるならば「直観の対象に対する悟性の最初の適用」なのである。それは悟性ではあっても、低い段階の悟性であり、決して悟性以上の能力とは考えることができない。カントが「原則の分析論」を図式論と原則論に分け、前者を以て「純粋悟性概念がそのもとにおいてのみ使用され得る感性的制約」を取り扱うものとし、後者を以て「この制約のもとに純粋悟性概念から先天的に生じ、あらゆる他の先天的認識の根底に存する総合判断」を取り扱うものと考えているのも、こうした見方を取っているからであろう。すなわちカントは図式の能力としての構想力を単に悟性と感性との中間にあってカテゴリー使用の制約をなすものと考え、これに対して判断力を、このような制約に基づいて判断を行うものと考えていると解することができる。構想力はそれ自身決して判断力ではなく、判断力の基礎にあって判断力の働き得るための地盤を作るものにすぎない。判断力はこの地盤の上に立って、それ自身はもはや単に図式を作り出すのではなく、判断を行うものなのである。

構想力と判断力とをこのように区別しようとするカントの考えはある意味では極めて当然なのではないかと思われる。先験的構想力とは元来、直観的形像を産出するところの心の盲目的な機能である。したがって構想力の働きは決して意識的なものでなく、われわれが通常単に直観によって与えられると考える直観的対象すらこの構想力の総合によって可能なのである。構想力の働きが存在しなければ、知覚も成り立たないのである。構想力は知覚成立の場面に働くのである。それ故構想力によって成立するものは決してなお判断と称されるものではないと言わねばならない。もとより判断というものを広く解するならば、知覚といえども一種の最も低い判断であると言うことができるかも知れない。しかしそれは決して通常われわれの考える判断ではない。それは経験判断でないことはもとより、知覚判断ですらないであろう。知覚判断とはすでに知覚と知覚との結合を含んでいるが、構想力によって生ぜしめられるのは知覚そのものであり、知覚判断以下のものにすぎないのである。それ故判断を成立せしめる能力を構想力と考えることはできないであろう。構想力と区別された判断力を考えねばならない理由はここに存する。もしも判断力が構想力と同じであるとするならば、われわれの認識は全く単なる知覚に限られることになり、決していわゆる判断、ましていわんや学問的判断は成立することができないこととなってしまうであろう。

こうしてわれわれはカントが判断力と構想力とを別のものと考え、前者を以て狭義の悟性以上の能力、後者を以ていわば悟性以下の、あるいは最低の悟性の能力と考えた意図を十分に理解することができるが、しかし問題は果してカントの立場からこの両者がいかなる権利を以て区別されることができるかということである。われわれは前に悟性と判断力との関係についてのカントの考え方を検討して、判断力は決して悟性以上の能力、悟性と理性との中間に位する能力とは考えることができないことを見た。むしろ判断力とは感性と結びついて具体的に認識をしている限りでの悟性であり、あるいは感性と悟性とが共同して働いている具体的な認識作用に外ならないのである。こう考えられるとすれば、判断力と構想力とは区別し得ないと言わねばならないのではないであろうか。なぜなら構想力とはまさに悟性と感性との結合した場面において働くものと言えるからである。判断力が悟性のカテゴリーのもとに直観の多様を包摂する能力であるとすれば、図式の能力としての構想力こそまさに判断力であると言われねばならない。カントは判断力と構想力とをはじめから別なものときめているようであるけれども、カントの立場からは決してカントの考えている程容易にこの両者の差異を基礎づけることはできないように思われるのである。

それではこの点についてわれわれはどう考えるべきであろうか。私はさきに述べたように判断力は構想力とは明確に区別されねばならないと考える。構想力は知覚的形像を産出するところに働くものであり、判断力とは知覚的形像が与えられた後に、その対象について判断を行ってゆくものであると言えよう。われわれがこうして判断力を働かせ対象についてしだいに高次の判断を行うことによって、われわれの認識は展開し、いわゆる学問的認識が生じてくるのである。

単なる構想力だけでは知覚の段階に止まり、いわゆる判断は成立しないと言わねばならない。しかしこのように判断力を構想力から区別するためには、判断力についてのカントの考え方を大きく修正してゆかねばならないのではないかと考える。カントは判断力を以てカテゴリーのもとに直観を包摂するものと考えた。しかしこのように考えれば、カテゴリーは直観的形像の成り立つ場面に働いていなければ直観の対象に対して妥当性を持たないのであるから、判断力は直観的形像の成立するところに働くものとなり、したがって構想力と全く区別されなくなってしまうであろう。われわれはまず構想力によって直観的形像が成立し、この直観的形像をさらに判断力がカテゴリーのもとに包摂するというように考えることができない。なぜならもしそう考えると、何故にカテゴリーが直観的形像に対して妥当し得るかという、カントが「カテゴリーの先験的演繹」で直面した問題に再びもどってしまうことになるからである。それ故われわれが構想力から判断力を区別しようとするならば、判断力というものをカテゴリーのもとに直観を包摂する能力と考えず、すでにカテゴリーすなわち図式によって成立している直観的対象について判断を下してゆく能力と考えねばならない。このことはまた言いかえれば、判断力によって成立する判断は決して悟性の先天的概念によって成り立つ先天的総合判断ではないと考え直すということであると言えよう。先天的総合判断という考え方を取る限り、そしてこの先天的総合判断が判断力によって成立すると考える限り、判断力はカテゴリーの下に直観を包摂する能力と考えられねばならず、したがってそれは構想力と区別されなくなってしまう。判断力が構想力から区別されるためには、先天的総合判断という考え方が捨てられねばならない。そしてまた当然認識論的主観主義そのものが捨てられねばならない。実際われわれが知覚によって与えられる直観的対象に対して判断を下し、われわれの認識をしだいに発展させてゆくとき、その判断とは決して先天的総合判断でないことは言うまでもないことであろう。たとえ先天的総合判断というものが成り立つと仮定しても、われわれは先天的総合判断によって経験的な対象についての認識を深めてゆくということは不可能である。経験的対象についての認識は、それ自身経験的内容を含む判断を実験的に投げ入れてみることによって発展させられてゆくのである。

判断力はこう考えることによって構想力というものからはっきり区別されることができる。しかしそのためには認識論的主観主義の立場を否定しなければならない。カントが構想力と判断力との関係について極めてあいまいな立場にとどまっていたのは、究極のところカントの認識論的主観主義から生じた結果に外ならないと言えるのではないかと考えられる。

二　原則論

(1)　総合判断の最高原則

こうしてカントは図式論において「それのもとにおいてのみカテゴリーが使用され得る感性的制約」を明らかにした後、「この感性的制約のもとに純粋悟性概念から先天的に生じてくる総合判断」を論ずるのであるが、カントは具体的に原則としての先天的総合判断を論ずるに先立ってあらゆる総合判断の最高原則について述べている。その言うところは大体次のようなものである。「われわれのあらゆる判断一般の消極的ではあるが普遍的な制約は、それが自己自身と矛盾しないということである」(A 150, B 189)。そしてこのことはあらゆる分析判断についてはその最高原則として認められることができる。なぜなら、分析判断にあっては単に主語概念のうちにすでに含まれている規定を述語として取り出してくるだけであるから、「その真理性は常に矛盾律によって十分に認識されうる」（A 151, B 190）からである。しかしながらこれはただ分析判断についてのみあてはまることであって、決してすべての判断についてあてはまるのではない。もとより「いかなる認識も矛盾律に違反することはできず、違反すれば自己自身を否定することになってしまう」（A 151, B 191）のであり、したがって矛盾律はあらゆる判断が成立するための不可欠的条件ではあるが、しかし総合判断の場合には、矛盾律を犯すことなしにしかも誤謬に陥るということは十分あり得ることだからである。「われわれがこの犯すべからざる原則に決して違反しないように常に注意しても、この種の認識〔総合的認識〕の真理性に関しては、この原則からは決して何等の解明をも期待できない」（A 152, B 191）のである。それでは総合判断の最高原則とはいかなるものであろうか。総合判断は分析判断と異なり、単に主語概念のうちに含まれている規定を述語として取り出すのではなく、主語概念のうちに含まれていない新たな規定を述語概念として附け加えるのであるから、「そこにおいてのみ二つの概念の総合が生じうるところの第三者」（A 115, B 194）が必要となる。それではこの第三者とは何であろうか。

元来、認識とは「客観的実在性を持たねばならない、すなわち対象と関係し対象において意義を持たねばならない」（A 155, B 194）。言いかえれば何かの対象についての認識でなければならない。ところが認識が対象についての認識である以上、「対象が何等かの仕方で与えられることができなければならない」（A 155, B 194）。そして対象が与えられるということは究極においてはそれを「直観においてあらわす」（A 156, B 195）ということに外ならず、すなわち経験においてその対象の直観が与えられるということでなければならない。たとえばわれわれは空間的表象について先天的に多くの総合判断を下すことはできるが、「もしも空間が外的経験に対する素材を構成する現象の制約として見なされえないとすれば、この認識は全く何の意味も持たず、単なる妄想にかかわるものになってしまうであろう」（A 157, B 196）。

すなわち空間や時間も「経験の対象へのその必然的適用が示されないならば、客観的妥当性を持たず、また全く意義を持たないことになる」(A 156, B 195) のである。こうしてすべての総合判断はそれが客観的実在性を持つためには、経験の対象と関係しなければならない以上、総合判断における主語と述語の概念の総合を可能ならしめる第三者とは経験の可能性であると言うことができるであろう。経験的総合判断の場合には主語と述語とを結びつける第三者はもとより現実の経験でなければならない。しかし先天的総合判断が成立するためには決して現実の経験が必要でないことは言うまでもないことである。さきに述べた空間的表象についての先天的総合判断、すなわち幾何学的認識は現実の経験と無関係に成立するのである。しかしこのような先天的総合判断といえども、それが経験の可能性というものと無関係であれば、それは認識とは言い得ないものなのである。空間が経験の可能性の制約であり、したがって空間の中なる経験的対象が存するが故に、空間についての先天的総合判断は客観的実在性を有するのである。そうすればわれわれは経験の可能性と関係を持つということこそ総合判断に客観的実在性を与えるものに外ならないと言えるであろう。

ところが一切の総合判断の根底には先天的総合判断が存しなければならない。なぜなら、われわれは直観の多様を総合統一することによってのみ総合判断を作ることができるのであるが、この総合統一の仕方は、すでに先験的演繹の箇処で見たように、カテゴリーに従った先天的なものであり、したがってこの先天的な総合統一——これによって先天的総合判断が成立するのであるが——が一切の経験的判断の基礎に存しなければならないからである。「われわれのあらゆる表象がその中に含まれる唯一の総括が存在するが、それは内感 (innerer Sinn) であり、その先天的形式である時間である。表象の総合は構想力に基づき、表象の総合的統一（それは判断に必要なものであるが）は統覚の統一に基づく。それ故総合判断の可能性はこの中に〔内感（時間）と構想力と統覚〕に求められねばならない、そしてこの三者はすべて先天的表象の源泉を含むものであるから、純粋総合判断の可能性もまたここに求められねばならない。のみならず、もしも対象についての認識――それは全く表象の総合を基礎とするものであるが――が成立すべきであるとすれば、総合判断はこれら三者に基づいて必然的なものとなるであろう」(A 155, B 194)。すなわちカントの言おうとするのは、時間という直観形式に基づいて構想力および統覚の総合統一の働きが行われ、この三者によって先天的総合判断が成立するが、一切の総合判断もまたこの三者の総合統一によって成立するのであるから、経験的な対象についての総合判断といえども、この先天的総合判断を根底として成立し、その故に必然性を持ち得るということであろうと思われる。

このように経験的総合判断の根底にも先天的総合判断が存しなければならないのであるから、先天的総合判断が経験の対象に対して妥当性を持たない限り、先天的総合判断も、したがってまた経験的総合判断も成り立たないであろう。それ故「経験的総合としての経験は、このような経験が可能である限り、あらゆる他の総合〔先天的総合〕に実在性を与えるところの唯一の種類の認識なのであるから、先天的認識としての他の総合〔先天的総合〕もまた、それが経験一般の総合的統一にとって必要なものの外何も含まないということによってのみ、真理性(客観との一致)を持つのである」(A 157―158, B 196―197)。つまりさきに述べたようにすべて総合判断が認識としての意味を持ち得るためには経験の対象について妥当するものでなければならないが、経験的総合判断といえども先天的総合判断を基礎にしてのみ成立するのであるから、先天的総合判断が経験の対象の成立するために必要な制約を含んでおり、またそれ以外の不要なものを含んでいないときにのみ、先天的総合判断は真理性を持ち、したがってまたそれに基づく経験的総合判断も真理性を持ち得るというのである。

こうして一切の総合判断――先天的総合判断と経験的総合判断――が可能であるための最高原理は「すべての対象は

可能的経験における直観の多様の総合的統一の必然的制約に従属する」(A 158, B 197) ということであると言い得る。この場合「可能的経験における直観の多様の総合的統一」とはさきに述べた時間、構想力、統覚の先天的な規則にしたがった総合的統一に外ならないことは言うまでもないであろう。「可能的経験における」という修飾語が附いていることは少し不可解にも思われるが、恐らくカントは時間という直観形式と構想力と統覚の総合的統一が経験一般を可能ならしめる制約であるというところからこう言ったものと考えられる。それ故カントはこの総合判断の最高原則を次のようにも表現し得たのである。「われわれが先天的直観の形式的制約と構想力の総合と先験的統覚における総合の必然的統一を可能的経験認識一般に関係させ、〝経験一般の可能性の制約は同時に経験の対象の可能性の制約であり、それ故先天的総合判断においても客観的妥当性を持つ〟と言うとき、先天的総合判断は可能なのである」(A 158, B 197)。

　以上が総合判断の最高原則についてのカントの考えの大要であるが、われわれはこれについてはとくに検討を加える必要がないであろう。なぜならこれはすでに「カテゴリーの先験的演繹」において述べられたことを簡単に要約し、ただそれを異なった表現を用いて言いかえたものと解することができるからである。先験的演繹においてもカテゴリーが直観の対象に対して妥当性を持つのは、直観の対象そのものがすでにカテゴリーによって成立せしめられているからであると考えられていた。直観の多様は構想力と統覚の総合的統一の働きによって対象にまで構成されるのであり、この総合的統一の働きがカテゴリーに従っているが故に、カテゴリーは客観的妥当性を持つとされたのであった。与えられる直観の多様が経験的なものでない場合に、構想力と統覚の総合的統一によって成立するのがすなわち先天的総合判断であるから、経験的総合判断と先天的総合判断の区別はただ直観によって与えられるものが経験的か先天的かという点に存する。しかし経験的な直観の多様といえども先天的直観形式を通して与えられるのであるから、先天的総合判断は経験的総合判断の根底にも存していることは言うまでもない。カントはこの「あらゆる総合判断の最高原則」の箇処で、このことをもう一度確認したにすぎないと言えるであろう。すべての経験的総合判断は先天的総合判断を基礎にして成立するが故に、そしてまた先天的総合判断はまさに経験的対象の成立するために不可欠な先天的制約を言いあらわしているが故に、先天的総合判断も経験的総合判断も、要するにあらゆる総合判断はさきに述べた最高原則によって可能ならしめられるのである。すなわち先天的総合判断を基礎として経験の対象も成立するのであるから、先天的総合判断は客観的妥当性を持ち、したがってこれに基づく経験的総合判断も成立するのである。*

* 多くの註釈家はカントがこの箇処で「あらゆる総合判断の最高原則」を論じようとしながら実際には先天的総合判断の成り立つゆえんのみを、すなわち先天的総合判断の最高原則のみを論じているのではないかという点に疑問を抱き、あるいは少くともこの点の解明を1つの大きな問題として取りあげている (cf. Paton, *Kant's Met. of Exp*, vol. 2, p. 90 ff., H. W. Cassirer, *Kant's First Critique*, p. 120)。しかし私の見るところでは、このような疑問は全く存在しない。カントは明らかに「あらゆる総合判断の最高原則」を論じているのである。カントは確かに先天的総合判断の客観的妥当性の基礎づけを行っているのであるが、しかしその基礎づけは先天的総合判断が経験的総合判断を可能ならしめるという点に求められているのであり、決して経験的総合判断を無視しているのではない。

この「あらゆる総合判断の最高原則」の部分のカントの叙述もまた決して明瞭なものとは言うことができない。まず第一に総合判断において主語概念と述語概念を総合する「第三者」が何であるかということも決してはっきりと述べられていない。私は上述したように一般の解釈にしたがってこれを経験の可能性と解したが、しかしカント自身の叙述では内感、構想力、統覚の三者の総合的統一を「第三者」と考えているようにも解釈される。なぜならカントは「この第三者とは何であろうか」(A 155, B 194)という問いを提出してそれにすぐ続けて右の内感、構想力、統覚の三者の総合統一の働きについて述べているからである。*しかしまたカントは別の箇処では、先天的認識は経験との関係を有することによってのみ客観的実在性を持ち得ると主張して、「この関係がないと先天的総合命題は全く不可能である。なぜならその時その命題は、その概念の総合的統一がそれによって客観的実在性を示し得るところの第三者、すなわち対象を持たないことになるからである」（A 157, B 196）と述べ、経験の対象を以て「第三者」となしている。この場合の対象とはもとより具体的な経験的対象ではなく、むしろ先天的総合判断の経験の対象への適用の可能性という意味に解さねばならないと思われるから、この「第三者」は経験の可能性ということに外ならないであろう。こうしてみるとカントは「第三者」というものを二様に解しているように思われる。この点はどう解釈されるべきであろうか。私は「第三者」とはこの両方なのではないかと思う。内感、構想力、統覚の総合的統一というものがなければ経験は成り立たないのであるから、事態的に見ればこの両者は同じなのである。ただ内感、構想力、統覚の総合的統一は先天的総合判断の可能性の制約であり、経験の対象への適用の可能性というのは先天的総合判断に客観的実在性を与える制約である。この二つの制約が等しいということ、いわば二つの「第三者」が実は同じであるということによって先天的総合判断が客観的実在性を持つということが基礎づけられるのであり、そこにあらゆる総合判断の可能性の根拠も存するのであると考えられる。

＊　この箇処原文では“Was ist nun aber dieses Dritte, als das Medium aller synthetischen Urteile? Es ist nur ein Inbegriff, darin alle unsere Vorstellungen enthalten sind, nämlich der innere Sinn, und die Form desselben a priori, die Zeit.”となっており、あたかも内感あるいは時間が第三者であるかのようにも読める。しかしこのように読むことは内容的に成り立たないであろう。Mellin にしたがって“Es gibt nur einen Inbegriff”…と読むべきである。こう読めば、以下に続く文章との連関から第三者は内感、構想力、統覚の三者の総合的統一と解されることになる。

もう一つ注意すべきことはカントがここで、「すべての対象は可能的経験における直観の多様の総合的統一の必然的制約に従属する」、あるいは「経験一般の可能性の制約は同時に経験の対象の可能性の制約である」と言うとき、経験の対象というものをどう考えているかということである。なぜならカントの言う「総合判断の最高原則」が先天的総合判断が同時に経験の対象の成立するための制約であるということを言おうとすることは確かであるとしても、経験の対象というものをどう考えるかによって内容的には異なった意味を持ち得るからである。私はさきの説明では、カントが対象が与えられるということは対象を「直観においてあらわす」ことであると言っていることを述べた。この点を強調すると、先天的総合判断は対象が直観において与えられるその場面においてすでに働いていることになる。言いかえればカテゴリーに従った主観の総合統一の働きは直観的形像が成立するところに働いていることになる。このような考え方は「カテゴリーの先験的演繹」において到達された立場と一致するものである。しかしカント自身はこの点について必ずしも明瞭ではないようである。すなわちカントは「経験は現象の総合的統一、すなわち現象一般の対象の、概念に従った総合に基づくものであり、この総合がなければ経験は決して認識ではなく、知覚の断片にすぎず、完全に結合された（可能な）意識の規則に従った連関のうちにはいり得ず、したがってまた統覚の先験的な必然的統一にも合致しないであろう」（A 156, B 195）というようにも述べているのである。この文章にはカントが知覚というものは主観の総合的統一がなくても成立するものであり、これに総合的統一が加わることによって経験というものが成立すると考えていることが示されている。この考え方によれば、経験の対象とは単に直観においてあらわされたものではなく、経験の連関のうちに入れられることによって始めて成立するものとなる。ここには依然として直観によって対象が与えられ、悟性がカテゴリーによってそれを思惟するという二元論的立場が存していると言わねばならないであろう。カントはここにおいてもまた動揺しているのである。しかしこのような二元論的立場が維持できないことはすでに見て来た通りである。何故に同じく主観的な知覚がある場合には経験の連関のうちに入れられ、他の場合には入れられることができないかということは、決して単なる主観の総合統一の働きからだけでは説明することができないと思われる。

(2) 原則の体系

カントはこうして総合判断の最高原則について述べた後、カテゴリー表を手引きとしていよいよ先天的総合判断の原則について具体的に論述する。すでに述べたように、この原則論こそ真にカントの立場の成否を決定する重要な箇処であると言わねばならない。もしもこの原則の証明においてカントが完全に成功しているとするならば、われわれは先天的総合判断によって経験が成立せしめられているということを認めねばならず、したがってカントの認識論的主観主義の思想は成り立つことになるであろう。しかしわれわれはすでに認識論的主観主義の思想が成り立ち得ないことを見て来た。それ故われわれはこの原則論においてもその欠陥が現れていることを当然予想し得るであろう。われわれは以下において個々の原則についてのカントの証明を検討することによってこの欠陥を具体的に指摘し、今まで述べて来たカント批判を一層確証せねばならない。

さてわれわれは何よりもまずカントが純粋悟性の原則を述べるに当ってこれを数学的原則（mathematische Grundsätze）と力学的原則（dynamische Grundsätze）とに分けていることに注意すべきである。前者は量と質のカテゴリーによって成立するところの原則、すなわち直観の公理（Axiome der Anschauung）と知覚の予料（Antizipationen der Wahrnehmung）であり、後者は関係および様相のカテゴリーによって成立するところの原則、すなわち経験の類推（Analogien der Erfahrung）と経験的思惟一般の要請（Postulate des empirischen Denkens überhaupt）である。数学的原則とはもとより数学の原則ではなく、数学の原則を可能ならしめる純粋悟性の原則であり、力学的原則もまた同様に力学の原則ではなく、その可能性の基礎となる純粋悟性の原則である（A 162, B 202）。

それではこの二つの種類の原則の相違はどこに存するのであろうか。カントはこの点について次のように述べている。「純粋悟性概念を可能的経験に適用するに際して、その総合の使用は数学的であるか力学的であるかである。なぜなら、総合はある場合には単に直観に関係し、またある場合には現象一般の存在（Dasein）に関係するからである。しかし直観の先天的制約は可能的経験に関して絶対に必然的であるが、可能的な経験的直観の対象の存在の制約はそれ自身においては単に偶然的である。それ故数学的使用の原則は絶対に必然的でありすなわち絶対の確実性を持っているが、力学的使用の原則はなるほど先天的必然性という性格を持ってはいるが、しかしそれはただ経験における経験的思惟の制約のもとにおいてのみであり、したがって単に間接的に必然性を持つにすぎず、数学的原則の特色であるような明証性を持たない（もっともこのことによって経験全体との関係においての力学的原則の確実性は損われないが）。しかしこのことは原則の体系の終りにおいてよりよく判断されるであろう」（A 160—161, B 190—200）。さらにカントは第二版において附け加えた註の中では、数学的原則における総合は互いに必然的関係を持たない同種的なものの総合であり、これに対して力学的原則の総合は異種的ではあるが互いに必然的に結合されているものの総合であると述べている（B 201, Anmerkung）。量的な総合は数学的原則の問題であるが、これに対して直観の多様を実体と偶有性、原因と結果などの関係において総合することは異種的なものの総合であり、これは力学的原則の問題であると言うのである。

この二種類の原則の区別についてはカントの言う通り、われわれは原則の体系の叙述が終ったときによりよく理解することができるであろうが、ここではあらかじめ次の点を注意しておきたい。われわれはすでにカテゴリー表の説明の箇処で（九七ページ）、カントがカテゴリーを数学的カテゴリーと力学的カテゴリーとに分け、前者を以て直観の対象に関係するもの、後者を以て対象の実在性（Existenz）に関係するものとしていたことを見た。用語は今の場合と多少異なっているが、その意味するところが同一であるということは言うまでもないことであろう。この際われわれにとって重要なのは、カントがカテゴリー表の説明において、対象の実在性ということに「対象相互の間の、あるいは悟性に対する関係における」（B 110）というただし書きをつけていることである。このただし書きはカントが対象の実在性あるいは現象一般の存在と言っているとき、具体的に何を意味していたかを明らかにするものと考えることができるであろう。すなわちカントは対象の存在ということは単に直観の対象が与えられてもまだ決定されるものではなく、対象相互の関係からか、または悟性との関係からかによってはじめて決定されると考えていたのであろうと思われる。したがって数学的原則は単に直観のみに関係するものであるが故にまだ対象の存在について決定するものではなく、力学的原則によってはじめて経験のうちにおける対象の存在が決定されると考えているのであろう。さきに見たようにカントが数学的原則は絶対の必然性を持つが、力学的原則は経験的思惟の制約のもとにおいてのみ必然性を持つと言っているのもこの点から理解される。すなわち数学的原則は直観に関係するのであるから、そして直観はあらゆる経験の基礎であるから、数学的原則があらゆる可能な経験に対して必然的に妥当することは明らかである。これに対して力学的原則は対象の存在についての原則であるが、経験的対象そのものが存在するということは何等先天的に必然的なことではなく、それ自身においては偶然的なことと言わねばならないから、力学的原則はただ間接的に、すなわち経験的対象についての思惟という範囲の中でのみ必然性を持つというのであろうと思われる。

しかしもし数学的原則と力学的原則の区別がこのような意味であるとするならば、われわれはここにカントの立場の動揺を認めることができるのではないであろうか。われわれはすでにカントの出発点における立場は直観によって対象が与えられ、悟性がそれを思惟するという感性と悟性との二元論的立場であったことを見て来た。この立場に立てば直観そのものは悟性の先天的概念であるカテゴリーとは無関係に与えられるのであり、先天的総合判断は言うまでもなくカテゴリーによって成立するものであるから、直観の対象については先天的総合判断は関係しないはずである。しかし一方またカントは「カテゴリーの先験的演繹」においてはカテゴリーが対象に対して適用されるためには直観の対象そのものがすでにカテゴリーによって成立せしめられていなければならないという考え方に到達した。この考え方によれば、直観の対象そのものがわれわれに与えられるということのうちにカテゴリーにしたがった構想力の無自覚的な総合の働きがはいっているのであり、先天的総合判断はすべての直観の対象に対してあてはまることになる。カントのうちにはこの二つの相異なる考え方が存していると言わねばならない。はじめの考え方では知覚判断と経験判断に区別することができるが、後の考え方ではこの区別をすることができない。なぜなら後の考え方では知覚そのものもカテゴリーによって成立せしめられることになるからである。この二つの考え方はどうしても両立しないと思われるが、それにもかかわらず、カントはそのいずれか一方に徹底することができず、常にこの二つの考え方の間を動揺しているように見える。そしてこのことはカントが認識論的主観主義の立場を捨てない以上やむを得ないことであったと言わねばならない。

もしこのように言うことができるとするならば、数学的原則と力学的原則の区別はまさにこのカントの動揺を示すものと見ることができるであろう。数学的原則は直観の対象にあてはまるものであった。そこでは直観の対象の成立する場面にすでにカテゴリーが働いていると考えられていると言わねばならない。力学的原則はこれに対して対象の存在に関係するものであった。それは経験的対象についての思惟にのみ妥当するものであった。夢や幻の中の直観的対象についてはたとえば因果律の原則があてはまらないことは言うまでもないであろう。ここでは先天的総合判断はそれによって単なる知覚判断が経験判断となり得るような客観性を要求するものとして考えられていると言えよう。

そしてまたわれわれはここからカントの原則の証明がどういう点で欠陥を持つかということをもあらかじめ推測することができるであろう。数学的原則の場合のような考え方、すなわち直観の対象が成立するということのうちにすでにカテゴリーが働いているという考え方を取るとき、そこでは先天的総合判断の客観的妥当性が保証されなくなり、また力学的原則の場合のような考え方、すなわち直観の対象が与えられた後にそれについて悟性がカテゴリーによって思惟するという考え方を取るとき、先天的総合判断がどうして可能であるかということが基礎づけられなくなることは、われわれがすでに見て来たところである。そうすればこのような欠陥がカントの個々の原則の証明についても見られるのではないであろうか。われわれはこの点を注意しながら、以下個々の原則について検討してゆこう。

(a)　直観の公理（Axiome der Anschauung）

純粋悟性の原則――すべての現象はその直観に関して外延量である。（第一版）

その原理――すべての直観は外延量である。（第二版）

カントの証明　「公理とは直接に確実である限りの先天的原則である」（A 732, B 760）。それ故にそれは何等の証明をも必要としないのであり、ただ直接に主張されることができる。たとえば「二点間にはただ一つの直線のみが可能である」、「二つの直線は決していかなる空間をも囲まない」というような命題はこれを公理と称することができる（A 163, B 204）。このような数学的公理はそれが公理である限り直観的にその確実性を保証されているのであり、証明される必要もなく、また証明することもできないのであるが、しかし公理の内容については証明できないとしても、何故に公理が、すなわち直観的に確実な先天的総合判断が可能であるかということについては、われわれはこれを基礎づけることができるし、また基礎づけねばならない。なぜなら哲学は決して直観的認識ではなく概念による認識であるから、いかなる命題をも直接的明証性に訴えて主張するということは許されないのであり、したがって公理といわれる直接に確実な先天的総合判断がどうして成立し得るかということは哲学的に基礎づけられることが必要なのである。これに反して数学は常に概念による理性認識であるから、哲学においては公理の名に値する原則は決して見出されない。これに反して「哲学は対象の直観において概念を構成することによって対象の述語を先天的に直接的に結合し得るのであるから、公理が可能である、たとえば三点は常に同一の平面上にあるというのは公理の一つである。これに反して単に概念からの総合的原則は決して直接に確実であるということはないのである……」(A 732—733, B 760—761)。「私はなるほど分析論において、純粋悟性の原則の表の箇処で、直観のある種の公理についても考えた。しかしそこで述べられた原則そのものは決して公理ではなく、公理一般の可能性の原理を示すに役立つものであったのであり、それ自身はただ概念からの原則であったのである」(A 733, B 761)。それ故言うまでもなくこの原則そのものが直観の公理なのではない。そうではなく、この原則は直観の公理を基礎づける「純粋悟性の原則」であり、あるいは直観の公理の原理なのである。*

* このことは Axiome der Anschauung というように公理ということばが複数になっていることから考えても、明らかであろう。この原則ないし原理そのものは決して複数ではなく、単数である。すなわちこの原則は複数個存在する直観の公理を成り立たせる一つの原則なのである。なおコーヘンはこの点について第一版の「原則」という表現よりも第二版の「原理」という表現の方が誤解を引き起すおそれがないと述べている。なぜなら「原則」という表現は、公理が自己の上になお原則を持ち得るというように解される危険があるからである (H. Cohen, *Kant's Theorie der Erfahrung*, 3. Aufl., S, 528)。

それでは数学における公理の可能性はどうして基礎づけられ得るであろうか。あるいはむしろ数学の公理の可能性を基礎づけるということはどういうことであろうか。数学の公理の内容はすでに述べたように直接に確実であり、これをさらに概念的に基礎づけることができないのであるから、ここでカントが基礎づけようとしているのは、ただ数学の公理がどうして現象に対して適用できるかということであると解さねばならない。このことはすでに総合判断の最高原則についてのカントの考えを見てもはっきり理解されることである。カントの考え方によれば、先天的総合判断はそれが経験の対象に対して妥当しなければ何の意味をも持たないのである。数学的認識も現象に対して妥当するものでないとすれば、それは単に「妄想にかかわるもの」にすぎないのである。したがって純粋悟性の原則とは経験の対象に妥当するところの先天的原則でなければならない。「原則論」はまさに先天的原則がどうして経験の対象に対して妥当性を有し得るかということを証明しようとするものなのである。それ故、この直観の公理の原則の場合にも、その目ざすところは数学の公理がどうして経験の対象に適用できるかということの証明であると考えねばならない。*

* したがって数学的原則という名称は誤解を引き起しやすいと言うべきであろう。それはむしろ数学の自然科学における適用の可能性の基礎となる原則、あるいは数学適用の原則とでも呼ぶべきであろう。このことは次の「知覚の予料」の原則についてもあてはまる。

カントのこの原則の証明は大体次の通りである。数学の公理は言うまでもなく量に関するものであるが、しかもその量とは外延量（extensive Grösse）であると言うことができよう。外延量とは「部分の表象が全体の表象を可能ならしめる（それ故また必然的に全体の表象に先立つ）ところの量」（A 162, B 203）である。すなわち、部分を附け加えてゆくことによって全体の表象を作り出してゆくところの量である。数学の場合には、量は一定の単位を附け加えてゆくことによってどこまでも増大してゆく量として考えられているから、その量が外延量であることは言うまでもない。ところが、カントによると、直観の対象そのものが元来外延量的に、すなわち同種的な量を附け加えてゆくことによって可能ならしめられるのである。「私はいかなる線をも、それがたとえどんなに小さくても、思考のうちにおいてそれを引いてみることなしには、すなわち一点から順次にあらゆる部分を産出し、それによってはじめてこの直観を描き出すことなしには、表象することができない。またいかなる短い時間の表象についても事情は同じである。私はその際単に一つの瞬間から他の瞬間への継時的進行を考える。そしてすべての時間部分とその添加によってついに一定量の時間が産出されるのである。すべての現象における単なる直観は空間であるか時間であるかのいずれかであるから、すべての現象は、それが覚知における（部分から部分への）継時的総合によってのみ認識されるものである以上、直観として外延量である」（A 162—163, B 203—204）。すなわちいかなる直観の対象も空間的または時間的表象であるが、空間および時間的表象は同種的なものの総合としてのみ成り立ち得るものであるから、すべての直観は元来外延量であると言わねばならないのである。

この証明において奇異に感じられるのは、カントが一度も数というものに言及していないということである。量のカテゴリーの図式は数であったから、この原則においては当然数がその根底に働いていなければならないはずである。しかしカントが数というものに言及していないにしても、事態的にはここで考えられている外延量の根底には数というものが存すると考えられる。数とは単位を順次に附け加えてゆくことによってしだいに全体を作り出してゆくものであるから、全体の表象に部分の表象が先立つものであり、当然外延量と考えることができるからである。したがってカントはもともと外延量というものを数を模範として考えていたのであり、そしてその故かえって数というものにとくに言及しなかったのではないかと思われる。しかしまた数と外延量とが全く同一でないということも明らかであろう。なぜなら数というものは次の原則で説かれる内包量に対しても適用されるからである。それ故量のカテゴリーの図式は、ペイトンも言う通り（Paton, *Kant's Met. of Exp.*, vol 2, p. 45）、数ではなく、むしろ直接に外延量と言われるべきであったと考えられる。

なお右に述べたのは大体カントが第一版において行った証明によっている。カントは第二版において追加した部分（B202—203）においても証明を行っているが、内容的に第一版の証明とほとんど異ならないと言えよう。ただ第二版の証明では、空間的・時間的表象が同種的なもの（Gleichartiges）の総合によって生ずるということがはっきり述べられているが、第一版の証明ではこの「同種的なもの」ということばがない。しかし同種的なものの継時的な総合が外延量なのであるから、ここではこの第二版のことばを用いて説明した。

証明の検討　さてこのようなカントの証明は数学の公理がなぜすべての直観の対象に対して妥当するかということに関しては完全に成功していると言うことができるであろう。この証明の言おうとするところは要するに、直観の対象が成立するためにはその根底にすでに量のカテゴリーにしたがった構想力の総合の働きが存しており、それ故に直観の対象に外延量の規定が適用し得るというのであり、われわれがすでに「カテゴリーの先験的演繹」において見たカントの思想を表明していると言えよう。「先験的感性論」においては、空間・時間的表象はただ直観によってのみ成立するのであり、全然悟性の働きを必要としないと説かれていた。ところが「先験的演繹」においては、カテゴリーの直観の対象に対する適用の可能性を基礎づけるために、直観の対象が成立する場面にすでにカテゴリーがその根底に働いていると考え直したのであった。今カントがこの原則の証明において取っている立場は、まさにこの「先験的演繹」の立場に外ならないことは言うまでもないであろう。そしてすでに検討して来た通り、「先験的演繹」の立場ではカテゴリーの直観の対象に対する適用の可能性は理解され得るのであるから、この原則もまたその限りにおいては完全に証明されていると言うことができるのである。

念のため附け加えるならば、直観の公理の原則が自覚的に定立されるためには、もとより単なる直観以上のものが必要であることは言うまでもない。そこにはこのような直観の対象を反省する悟性の働きが存しなければならない。なぜならもしも量のカテゴリーに従った無意識的な構想力の働きによって直観の対象が成立しているとしても、したがって直観の対象が外延量として成立しているとしても、そこではわれわれはただ対象を直観しているのみであって、この原則を自覚していないのであろうからである。しかしこの原則が悟性によって定立され得るのは、直観の対象そのものがすでにカテゴリーによって成立しているからであると言わねばならない。

こうしてこの原則に対するカントの証明は、直観の対象がすべて外延量として表象されるという点に関する限りは、完全であると言い得るであろうが、しかしそれは他の面では決して完全とは言えないと思われる。われわれはすでに「カテゴリーの先験的演繹」の立場はカテゴリーの直観の対象への適用の可能性を説明し得るけれども、先天的総合判断の客観的妥当性を基礎づけ得なくなるという欠陥を持っていることを見て来た。そうすればこの原則もまた同様の欠陥を持っているのではないであろうか。すなわちこの原則の証明によれば、あらゆる直観の対象は、それが空間的時間的に常に部分の総合によって成り立たしめられるから、外延量であったのである。したがってこのことはたとえ夢や幻のような全く主観的な表象についても妥当すると言わねばならない。夢や幻のなかの直観的対象でさえ空間的時間的表象であることに変りはないのであるから、それは当然外延量であると言うことができる。そうであるとすれば、この原則はそれ自身においてはまだ必ずしもその客観的妥当性を保証されていないと言わねばならないであろう。カントの原則論の意図するところは、総合判断の最高原則の箇処で明らかに述べられているように、先天的原則の客観的妥当性の基礎づけに存する以上、この原則についてはその意図は必ずしも十分に果されているとは見ることができないのではないであろうか。

もとよりカントはこの問題について決して言及していないのではない。カントは次のように述べている。「現象の数学についてのこの先験的原則はわれわれの先天的認識を大きく拡張する。なぜなら、純粋数学を経験の対象に対して全く正確に適用させるものはただこの原則のみであるからである。このことはこの原則がなければこのように自明的なことではなく、いや多くの矛盾をさえ引き起してきたことなのである。現象は決して物自体ではない。経験的直観はただ純粋直観（空間時間の）によってのみ可能である。それ故に幾何学が純粋直観について言うところは、何の矛盾もなく、経験的直観についても妥当する……」(A 165, B 206)。すなわちカントは、あらゆる経験的直観は純粋直観を基礎としているのであるから、純粋直観についてあてはまることはまた当然経験的直観についてもあてはまるのであり、したがって経験的対象に対しての数学の適用もこの原則によって基礎づけられる、と考えたのであろう。そしてこのような考え方は確かにある意味では正しいと言えるであろう。もとよりカントの言うのはすべての直観の対象が外延量的規定を持つということであるから、単に客観的な経験的直観の対象のみに数学が適用されるということではなく、いかなる主観的な直観の対象にも数学が適用されるということである。しかしそれにしてもこのことは確かに客観的な経験的直観の対象への数学の適用をも基礎づけていると言わねばならない。数学は主観的表象に対しても適用されるであろうが、客観的表象についてもまた適用されるのである。

こうしてカントの言うところは一見十分な根拠を持っているように見えるが、実はこうした考え方の根底には一つの前提が存していると思われる。それはすなわち客観的な経験的直観の対象が存在しているということである。ことばをかえるならば、経験的直観のうちに単なる主観的なものの外に客観的なものが存在するということである。もしこういう前提を許すならば、数学がこうした客観的対象についても適用されることはカントの論証によって十分基礎づけられていると言うことができよう。しかし問題は果して客観的対象が実際に存するかどうかということではないであろうか。経験的直観は全くすべて主観的なものであるかも知れないであろう。われわれはすべて夢を見ているのかも知れないであろう。客観的な対象が存在するということは少くともこの原則自身によっては決して証明されていないのである。したがって数学の公理の客観的妥当性はまだ決して十分に基礎づけられてはいないと言わねばならない。*

* この点と関連してこの原則の第一版と第二版の表現の相違について一言述べておこう。第一版によれば「すべての現象はその直観に関して外延量である」と表現され、第二版では「すべての直観は外延量である」と訂正された。この訂正は大して重要な意義を持つものとは考えられないが、現象とは直観から構成された経験的対象であるとするならば、第一版の表現はカントの証明しようと意図したところのもの、すなわち経験的対象への数学の適用ということを正しく言いあらわしていると考えられる。これに反して第二版の表現はこのカントの意図よりも、事態そのものの真相をよく言いあらわしている。なぜならここでは、すべての直観――たとえ主観的な直観であっても――が外延量であるということが主張されているからである。

この「直観の公理」の原則について、われわれは最後になお、ここで述べられている外延量としての量と、カテゴリー表の場合の量との間に全く連関がないということを注意しておくべきであろう。カテゴリー表における単一性・数多性・総体性ということは外延量というものと全く無関係である。それはただ量という名称を同じくするにすぎない。もとより外延量とは同種的な単位を順次に附け加えていって全体が構成されるような量であったから、単位を単一性と考えれば、それを附け加えてゆくことによって数多性が、そしてついに総体性が生じてくるというようにも解せられないではない。しかしこのような解釈が無理であることは、単一性・数多性・総体性のカテゴリーが元来単称判断・特称判断・全称判断の区別から導かれていることを考えればただちに納得されるであろう。単称・特称・全称というような量は決して外延量ではない。カントがこの原則において考えている外延量とは直観の対象そのものの空間的時間的規定について、すなわち直観の場面で言われているものであって、判断の場面で言われているのではないからである。この外延量をカテゴリー表の量と何とかして関係させようとするペイトンの試みなど（Paton, *Kant's Met. of Exp.*, vol. 2, p. 47）、私には無理なこじつけにすぎないように思われる。むしろこの両者が全く異なるものであることは事態的に考えて当然のことではないであろうか。なぜなら、「カテゴリーの形而上学的演繹」とこの原則の場合では、カテゴリーというものに対するカントの考え方が全く異なって来ていることはすでに検討した通りであるからである。カントのカテゴリー表が決して十分なものでないことはこの点からも明らかであろう。

(b) 知覚の予料（Antizipationen der Wahrnehmung）

すべての知覚を、そのものとして予料する原則――すべての現象において、感覚、および対

象において感覚に対応する実在的なもの（現象としての実在）は内包量すなわち度を有する。（第一版）

その原理——すべての現象において、感覚の対象である実在的なものは内包量すなわち度を有する。（第二版）

カントの証明

「直観の公理」の原則によって（少くともカントの意図においては）数学が何故に現象の対象に適用され得るかが明らかにされた。しかしそこではまだ単にいわば現象の形式的側面についての数学の適用の可能性が証明されたにすぎない。すなわち現象の空間的規定あるいは時間的規定が外延量を有し、したがって数学がそこに適用されるということが示されたにすぎない。しかし自然科学における数学の適用は決してこうした側面のみに限られるものでないことは言うまでもないことであろう。自然における事物は単に空間的時間的規定を有するのみでなく、またその内容的側面をも持っている。すなわちいわゆる性質的側面を持っている。たとえば花は花の形というものの外に色・匂その他種々の性質を持っているのである。しかもこうした性質的側面についても、自然科学はこれを量的規定に還元し、そこに数学を適用するのである。自然科学が近世にいたって確実な学の道を歩み得るにいたったのは、このような質の量への還元にその多くを負うていることは否定し得ない事実である。それでは事物の持つこうした内容的側面にもどうして数学は適用され得るのであろうか。このことは決して前の「直観の公理」の原則によっては答えられていない。それ故、この問題を解決するためには新しい原則を必要とするのである。「知覚の予料」の原則は、この問題を解決するための原則であった。こうして「直観の公理」の原則とこの「知覚の予料」の原則との二つによって、何故に自然的事物について数学が適用され得るか、自然科学において何故に数学が用いられ得るかということが完全に解かれるとカントは考えたのであろう。

予料（Antizipation）とは「それによって経験的認識に属するものを先天的に認識し規定しうるところのすべての認識」（A 166, B 208）という意味である。もっと分りやすく表現すれば、経験に先立って、すなわち先天的に、経験の対象についてその性格を知るということである。つまり経験の対象について、実際経験をしない前にあらかじめその性格を知り得るとき、その認識を予料と称するのである。したがって実は「直観の公理」の原則といえども一つの予料であると言うことができる。なぜならそれは現象の対象が外延量的規定を持つということについての先天的認識であるからである（A 167, B 209）。いやそれどころか、われわれは原則論で述べられているすべての先天的原則はいずれも予料であると考えねばならない。しかしカントがこの予料ということばをとくにこの「知覚の予料」の原則の場合にのみ用いたのは、この原則が経験の対象の感覚的側面について先天的認識が成立すると主張する点で、特別な性格を持っており、とくに予料と称されるに値するからである。感覚とはまさに経験的な性格のものであるが、この経験的なものについて先天的認識が成り立つということは一見極めてふしぎに思われるからである（A 167, B 209）。

さてこの原則は現象の対象が内包量を持つということであったが、内包量（intensive Grösse）とは、「単に単一性（Einheit）としてのみ覚知され、そこにおいては数多性（Vielheit）はただ否定性すなわち零への接近によってのみ表象され得る量」（A 168, B 210）であるが、対象の持つ性質とはまさに単一性として覚知され、しかもそれは種々の度を持つものであるから、まさに内包量を有するものと言える。たとえばある濃さの色はそれ自身として表象されるが、それがどの位の度の濃さであるかということは、その色のなくなるまでその度を減じてゆくことによってのみ知られるのである。このように対象の性質が内包量として考えられることによって数学は対象の性質的側面に対しても適用されることになるのである。

もとよりわれわれはこの場合にも、この原則そのものが知覚の予料であると考えてはならない。このことは直観の公理の原則の場合と同様である。カントはこの場合にも Antizipationen という複数形を用いている。われわれは個々の具体的な場合に当ってそれぞれ予料を行う。たとえばカントの挙げている例を引けば、「日光の感覚の度をおよそ二十万の月の明りから合成し先天的に規定すること」(A 179, B 221) ができる。この原則はこのような具体的な予料の行われ得る基礎を示すのであり、すなわち知覚の予料そのものではなく、その原理であると考えねばならない。

それではこの原則はカントにおいていかにして証明されたであろうか。カントの言うところはここでもまた決して明瞭ではないが、恐らく次のように言うことができるのではないかと思う。すなわち知覚は感覚を素材として主観の総合の働きによって作り出されるものであるが、元来感覚そのものが減少し得るものである、それはしだいに減じてついに消失してしまうことが可能である。それ故に感覚は度すなわち内包量を有する。たとえ感覚がいかに度の弱いものであっても、なお完全な否定性、零にいたるまでには多くの中間の度が存するのである。このように感覚が常に度を有するということから、この感覚を素材として作られる知覚もまた当然内包量を有すると言うことができる。こうして現象におけるる実在的なものはすべて内包量を有するのである。

スミスは「知覚の予料」においてカントは三つの証明を行っていると言っているが (N. K. Smith, *Commentary*, p. 349)、われわれはこの見解を承認することができるであろう。しかしこの三つの証明は内容的にはほとんど変らないと思われる。

第一の証明は A 167—168, B 209—210 の段落 (Die Apprehension, bloss vermittelst der Empfindung,……より es hat also zwar eine Grösse, aber keine extensive.まで) であって、ここでは次のように言われている。「単に感覚のみによるところの覚知はただ一瞬間を満たすのみである (すなわちもし私が多くの感覚の継起を考慮しないならば)」。したがって「感覚は外延量を持つものではない」。なぜなら、外延量を持つところの表象は部分から全体の表象へ進んでゆく継時的総合によって成り立つものであるからである。「さて経験的直観において感覚に対応するところのものは実在性であり、感覚の欠如に対応するところのものは否定性すなわち零である」。「ところが、すべての感覚は減少し得るものであり、したがってしだいに減じて消失することのできるものである。それ故現象における実在性と否定性の間には多くの可能な中間感覚の連続的な連関がある……」。それ故「現象における実在的なものは常に量を持つ」。しかしその量は外延量ではなく内包量である。

第二の証明は A 175—176, B 217—218 の二つの段落（Es hat gleichwohl diese Antizipation……より……alles übrige bleibt der Erfahrung überlassen. まで）である。この証明が第一の証明と多少異なっていると思われる点は第一の証明の場合には感覚の覚知が一瞬間的なものとされているのに対して、第二の証明ではこの点が訂正されているということである。「しかし感覚一般に対応する実在的なものは、否定性すなわち零とは反対に、その概念がそれ自身として存在を含むところのあるもののみを表象し、経験的意識一般における総合を意味する」。すなわちここでは実在的なものも主観の総合によって成立すると言われているのであり、総合という以上、それは継時的な働きを前提しなければならないことはわれわれがすでに「カテゴリーの先験的演繹」においで見て来たところである。覚知が一瞬間において成立するという考えは、カントの本来の考え方と一致しないものであると言わねばならない。この点で第二の証明の方がカントの考えを正しく表現していると言えるであろう。第二の証明ではカントは、このように実在的なものの表象は継時的総合によって成立するが、しかしわれわれはこの継時的総合を捨象し、したがってまた継時的総合によって成立するところの「現象の外延量を全く捨象しても、なお一瞬間における単なる感覚において零から一定の経験的意識にいたるまでの一様な増進の総合を表象することができるのである」。すなわちカントはここでは覚知が瞬間的なものであると言うのではなく、それは継時的に行われるのであるが、しかしわれわれはそれを抽象してもなお感覚のうちに内包量の存在を見出しうると言っていると解することができよう。カントはこのように経験的意識における総合ということを強調することによって、単に第一の証明の場合のように感覚そのものが度を持つというのではなく、感覚が度を持つゆえんをさらに主観の総合の働きのうちに求めようとしたのかとも考えられる。もしもカントの意図がこの点に存したとするならば、その意図そのものは確かに正しいと言えるであろう。なぜなら感覚そのものが度を持っているということは単に経験的なことであるが、もしも感覚に度があるということがさらに主観の総合の働きのうちにその根拠を持っているとするならば、「知覚の予料」の原則が先天的原則であることが確立されうるからである。しかし内容的に見るとこのカントの意図は（もしカントがこうした意図を持っていたとすれば）、決して成功していない。われわれは覚知というものが、「カテゴリーの先験的演繹」において述べられているように、瞬間的に行われるものではなく、継時的な主観の総合の働きによって行われることを認めるとしよう。しかしその総合とは決して「零から一定の経験的意識にいたるまでの一様な増進の総合」ではない。われわれはある対象を知覚する場合、零からはじまってしだいにその実在性の度を高めてゆくというようなことをするわけではない。われわれはただ単純に一定の度を持った性質を知覚するのである。知覚が構想力の総合の働きによって成立することを認めるとしても、その総合は対象の形像を産出するために働くのであって、決して零から一定の度の感覚にまで高まってゆくような総合ではない。それ故、われわれが経験的意識の総合が零からはじまって一定の度の感覚にまでいたり得るということを知るのは、実はやはり感覚そのものが経験的に種々の度を持っているからであると言わねばならないと思われる。そうすればこの第二の証明も実質的には第一の証明と異なるところはない。

　第三の証明は第二版において追加された部分、すなわち B 207—208 の段落（Wahrnehmung ist das empirische Bewusstsein,……より ein Grad des Einflusses auf den Sinn, begleitet werden muss. まで）であるが、この証明は第二の証明と本質的に全く同じであると考えられる。ここでも知覚を生ぜしめる総合が継時的に行われることが主張されている。たとえばカントは「……感覚にはなるほど外延量は決して属さないが、しかしなお一種の量（しかも経験的意識がそこにおいて一定の時間中に無すなわち零から感覚の一定の度まで増大しうるところの感覚の覚知によって）、すなわち内包量が属する」（傍点筆者）。と言っているのである。しかしこれについては、われわれは第二の証明について述べたことがそのままあてはまると考える。

証明の検討

　こうしてカントの証明は要するに、感覚そのものが度を持っているから、この感覚を素材として構成される知覚の対象すなわち実在的なものもまたその性質に関して度を持つということであると思われるが、もしそうであるとすれば、この証明が実は何等の証明にもなっていないことは誰の目にも明らかであろう。なるほど感覚が度を有する以上、この感覚を素材として構成される実在的なものが性質的に度を有することは当然であると考えられる。しかしながらそれではどうして感覚は度を有するのであろうか。感覚そのものは経験的なものであるから、感覚が度を有するということは、もとより決して先天的に知られうることではない。われわれは感覚が度を有するということをただ経験によってのみ知ることができるのである。あるいはむしろカントの立場では、感覚そのものは決してそれ自身で認識の対象ではあり得ないのであるから、感覚が度を有するということは経験的にも知られ得ないと言わねばならない。われわれはただ知覚の対象についてそれが性質的に度を有するということを単に事実として承認する外はないのである。そうであるとすれば、この原則は決して先天的総合判断ではあり得ないであろう。それはただ経験によって知ることのできる原則であると言わねばならない。

「直観の公理」の原則の場合にも、すでに述べたように、欠陥が存在した。しかしその場合には、とにかく現象の存在を認める以上は、何故にそれが外延量の規定を持つかということは完全に証明されたと見ることができるであろう。なぜなら、直観の対象が成立するということのうちに、すでに外延量、すなわち数による総合が含まれていなければならなかったからである。ところが「知覚の予料」の原則の場合には、知覚の対象が内包量を有するということは何等必然性を持っていない。もしも感覚というものが全く度を持たないものであったとしても、この感覚を素材として知覚の対象を構成することが不可能であるという理由はない。実在的なものが性質的に全く度を持たなくても、それが不合理であると考えねばならない理由は存しない。そうすれば、この原則は経験的事実を予想し、その事実の上に基づいて成り立っているのであって、決して「直観の公理」の原則の場合のような先天的性格を持たないと、言わねばならないであろう。

しかしながら、これに対してあるいは次のような疑問が提出されるであろう。われわれは事実自然科学において対象の性質を量に還元し、そこに数学を適用する。その際われわれは現象における実在的なものがすべて内包量を有するということを前提していると言えるであろう。しかもこのような考え方が正しいということは、自然科学がこの考え方の上に立って成功しているという事実によって示されていると言わねばならない。そうすれば、われわれは単に経験的に実在的なものが内包量を有するということを知るのではなく、先天的にこれを知っているのではないであろうかと。—しかしこのような疑問に答えることは決して困難ではない。確かにカント自身は恐らくこう考えたのであったであろう。そしてその故に、「知覚の予料」の原則は先天的総合判断として成り立たねばならないと考えたのであったであろう。しかしこういう考え方の根底には、すでにしばしば述べて来たように、先天的総合判断のみ確実性を有するとなす合理論的思想が存していると言わねばならない。自然科学が確実性を持ち得る以上、対象の性質の量への還元ということの可能性も先天的に基礎づけられねばならないと考えられているのである。だが、われわれはこういう合理論的思想こそまず否定すべきなのである。

確かに自然科学にあっては対象の性質は量に還元される。そしてこのことは一々の場合に経験的な吟味を行ってから試みられるのでなく、経験的対象一般に対して行われるのであり、その意味において経験に先んじて行われると言うことができるであろう。しかしこのことは決してカントの考えるように「知覚の予料」の原則が先天的総合判断として成立するということを必要としないのではないであろうか。それは経験に先んじていると言っても、決してあらゆる経験に先んじて先天的性格を持つということを必要とするのではなく、ただ単に個々の経験に先んじているということにすぎないのではないであろうか。すなわち、われわれは経験によって現象における実在的なものの性質が内包量を有しているということを認識する。そしてこのことを認識した後、今度は一々の経験を経ないでも、一般に対象の質が量に還元できるのではないかということを考え、これを個々の経験に先立って、あらゆる場合に投げ入れてみるのである。この投げ入れが正しいという必然性はもとより存しない。しかし自然科学がこの投げ入れによって成功したのは、まさにこの投げ入れが経験的対象の性格を適切に把握していたが故であると考えることができるであろう。われわれはすでに自然科学の実験的投げ入れにおいて投げ入れられるものは決して真の意味での先天的判断ではないことを見て来た。むしろそれが先天的判断であれば、実験というものは成立しないのである。ガリレイの場合でもトリチェリの場合でも、投げ入れられた仮説は内容的には経験的性格を持っているのであり、ただそれは実際に実験してみるに先立ってあらかじめ頭の中で考えられているにすぎない。これらの物理学の法則と「知覚の予料」の原則とが性質を異にすることは言うまでもない。「知覚の予料」の原則は物理学的法則以上に基本的なものである。しかしそれにしても「知覚の予料」の原則が自然現象の対象について妥当するものであるとすれば、われわれはこの原則をもやはり一つの実験的投げ入れと見ることができるのではないであろうか。われわれはこの原則を決して先天的総合判断として基礎づける必要はないのである。

こうして私の見るところによれば、「知覚の予料」の原則のカントの証明は失敗している。カントの証明は感覚が度を有するという経験的事実を基礎にして行われているにすぎず、何等先験的な証明にはなっていない。そしてこのような失敗に終ったのは、この原則が元来決して先天的総合判断であることを必要としないにもかかわらず、カントがその合理論的偏見にとらわれて、これを何とかして先天的総合判断として基礎づけようとしたことの当然の結果に外ならないのである。

以上に述べたようなカントの証明の欠陥は多くの人によって指摘されている。それ故にこの原則を何とかして弁護しようとする人はカント自身の叙述とは違った形においてこの原則を解釈し、またその意義を新しく見直そうとする。

たとえばコーヘンがこの原則の意義を強調することは周知の通りであるが、コーヘンによるとこの原則の意味するところは次のようなことである（H. Cohen, *Kant's Theorie der Erfahrung*, S. 538 ff.）。「直観の公理」の原則は外延量に関する原則であったが、外延量とは比較量（Vergleichungsgrösse）である。すなわち種々の対象は外延量を持つことによって互いに比較されることができるのである。しかし対象は単にこのような比較の関係においてのみ成立するものではないであろう。むしろ比較するということそのことがそれ自身において存在しているあるものを予想するものと言わねばならない。このいわば外延量の根底にあるもの、量の土台（Fundament der Grösse）（S. 539）とも言うべきものが「知覚の予料」の原則で取り扱われるのである。さて、感覚はこの土台を示すものであるが、感覚というものは物理学が客観化し規定してゆかねばならぬものである。ところがこの物理学の行う客観化というものはすべて数学を予想しているが（S. 544）、それは外延量に関してのみでなく、さらに拡大された数学、すなわち微分量に基づく数学を予想する。カントが内包量と称するものはこの微分量に外ならないのである。すなわちコーヘンによると、感覚によって示される実在的なもの、量の土台が微分的連続的な変化によって産出されると考えることによって、物理学は単なる感覚に止まらず、それを越えて対象を数学的に取り扱うことができたというのであろう。そしてここに思惟の勝利（Triumpf des Denkens）（S. 547）があると考えるのである。こうしてコーヘンは感覚そのものが度を有するのではないとしてカントの証明の仕方の誤りを認めながら、しかもこの原則の意義を強調するのである。

こうしたコーヘンの解釈は確かにカントの思想を整合的ならしめたと言うことができよう。カント自身は感覚が度を有するという事実からこの原則を証明しようとしていることはどうしても否定し得ないが、こういうやり方は全くカントの思想と相容れないものである。それ故コーヘンは感覚そのものが度を有することを否定し、ただ感覚によって示されるところの対象の性質を量化する――この量は微分量であるが――というところに思惟の働きを認めるのであり、直観によって示されるものを思惟のうちに解消するというところに学問的認識の本質を認めるコーヘンの思惟一元論の立場からこの原則を評価するのである。

しかしこの場合においてもわれわれがよく考えてみると、実は依然として原則の妥当性は経験的対象そのものの性格によっていると言わねばならないのではないであろうか。もとよりこの場合には感覚の度というような経験的事実は考えられていない。しかし何故に微分量によって対象の性質を考えようとする思惟の仕方が成り立つかということを考えてみるならば、やはりこの投げ入れが対象そのものの性格に適応しているからであると言わねばならないのではないであろうか。したがってこの原則はこう解釈しても、やはり先天的総合判断ではなく、経験に基づいていると考えられねばならないのである。

こうして「知覚の予料」の原則のカントの証明は成功していないと言わねばならないが、われわれはさらに、もしもこの原則の証明が正しいとしても、この原則は前の「直観の公理」の原則と同じ欠陥を持つということを注意しておかねばならない。すなわち、「直観の公理」の原則はただ一切の直観の対象が、たとえ夢や幻の対象でも外延量的規定を持つということを言っているのみで、この原則が果して客観的妥当性を持つかどうかは、この原則それ自身によっては少しも基礎づけられていなかったが、「知覚の予料」の原則の場合にも事情は全く同様である。もしも一切の対象が性質的に内包量を持つということが先天的原則として確立されたとしても、この原則はやはり夢や幻の対象にも適用されるであろう。夢や幻とは違った客観的な経験があり、この経験の対象に対してこの原則が適用されるかどうかは、この原則だけからでは何も決定されることはできないのである。

われわれは最後にこの原則についての第一版と第二版の表現の相違について一言ふれておこう。カントの意図するところはすでに述べて来た通り、感覚が度を持っているということを根拠として現象における実在的なものが内包量を有することを基礎づけようとするところに存するのであるから、「感覚と実在的なものが内包量を有する」という第一版の表現は不適切であると言わねばならない。第二版の表現ではただ「実在的なものが内包量を持つ」と言われているのであり、この方がカントの意図を正しく言いあらわしていると言えよう。しかし事態的に見れば、カントはまさに第一版の表現の通り、感覚と実在的なものが共に内包量を持つということを言っているのである。

なお、この原則の場合にも、第一の「直観の公理」の原則の場合と同様に、カテゴリー表の実在性・否定性・制限性というものとこの場合の内包量との間には何等の関係もないと見るべきであろうと思われる。度というものはいかにも制限性（すなわち実在性と否定性の中間）として考えることができるように見えるし、したがってまた多くの人がそのように解釈しているようであるが、実在性・否定性・制限性のカテゴリーがもともと肯定判断・否定判断・無限判断の区別から導かれたことを考えるならば、知覚の対象の性質の持つ度というものがこれらのカテゴリーと無関係なことは当然であると言わねばならない。

以上においてわれわれはカントの数学的原則の証明を検討した。その結果われわれの知り得たことはカントの証明が必ずしも成功していないということであった。「直観の公理」の原則の場合には一見その証明は完全に成功しているように見えるが、しかしこの場合にもこの先天的原則が客観的妥当性を持ち得るかどうかということは決して基礎づけられていないのである。それ故この原則によっては、数学が単なる妄想にかかわるものにすぎないかどうか決定され得ないのである。この原則の客観的妥当性を基礎づけるためには、客観的な経験的対象が存在し、空間時間がこの対象の形式でもあることを証明しなければならない。さらに「知覚の予料」の原則になると、その欠陥は明瞭となる。なぜなら、この原則は経験的なものについての原則であるから、これを先天的総合判断として基礎づけようとすることははじめから無理であると言わねばならないからである。感覚に度が存するということはただ経験的にのみ知られ得ると言わねばならない。そしてさらにこの原則もまたそれが客観的妥当性を持つかどうかは、この原則自身によっては決して決定されることができないのである。

このように数学的原則は直観の対象の成立の場面で働いている主観の総合の働きについての原則であって、その客観的妥当性をみずから決定することができないものであるとするならば、われわれは力学的原則こそ数学的原則以上に重要な意義を持つものであると考えることができるであろう。なぜなら、力学的原則は、すでに述べたように、数学的原則と異なり、主観的な表象と客観的な対象とを区別せしめるべき原則であるからである。それ故、力学的原則の基礎づけにおいてカントが成功しているとするならば、すなわちそれによって客観的な対象と主観的表象とが区別されるとすれば、ひいて数学的原則の正しさもそこから逆に改めて保証されるとも言い得るのである。それでは力学的原則の証明においてカントは果して成功しているであろうか。われわれは次にこの問題に進まねばならない。

(c) 経験の類推 (Analogien der Erfahrung)

その一般的原則——あらゆる現象は、その存在に関しては、時間におけるその相互の関係を規定する規則に先天的にしたがう。(第一版)
その原理——経験は知覚の必然的結合という表象によってのみ可能である。(第二版)

カントの証明　数学的原則によってカントはなぜ数学が自然の対象について適用し得るかということを証明したと考えた。「直観の公理」の原則においては、直観の対象は、それが空間的時間的に表象される以上、必ず外延量を持つものとして表象されることが、そして「知覚の予料」の原則においては、あらゆる実在的対象はその性質から言って内包量を有することが主張されたのである。しかしながら単にこれだけではまだ自然科学的認識が十分に基礎づけられたと言えないことは言うまでもない。数学が、何故に自然科学において用いられるかということの基礎づけも、もともと自然科学そのものの基礎づけに対して重要な意味を持っている。自然科学は数学から切り離されては全く成り立たないからである。しかし自然科学は決して数学ではなく、自然科学独自の原理を持っている。それ故カントが自然科学の確実性を基礎づけようと意図する以上、この自然科学独自の原理の基礎づけは何よりも大きな重要性を持つものでなければならない。カントが「経験の類推」の原則でなしとげようとしたのは、このような自然科学独自の原理の基礎づけであった。

さて言うまでもなく自然科学は、数学がただ量、すなわち同種的なものの総合を取り扱うのに対して、異種的なもの相互の関係を問題にする。すなわちカントは力学的原則を、すでに見たように「異種的ではあるが互いに必然的に結合されているものの総合」（B 201, Anmerkung）と述べているのである。それ故自然科学は異種的な現象が相互にいかなる関係に立つかを限定する原則を必要とする。ところが、現象とは時間のうちに存するものであるから、この原則は現象相互の時間における関係を限定するものでなければならない。そして時間の持つ様相（modi）は持続性（Beharrlichkeit）、継起（Folge）および同時存在（Zugleichsein）の三つである（A 177, B 219）。それ故、時間のうちにおける現象は、この時間の三つの様相に応じて、時間のうちに持続的に存在するものとの関係（実体と偶有性の関係）、時間的にその現象に必然的に継起してくるものとの関係（原因と結果の関係）、および同時的に存在するものとの関係（交互関係）の三種類の関係を持つことになる。したがってこの三つの関係についての自然科学的原則こそ自然科学の基礎づけに対して最も重要なものでなければならない。

それではカントはどうやってこれらの原則を基礎づけたであろうか。その三つの原則の各々の証明については、われわれはそれぞれの類推の部分において述べるが、しかしまずさし当って、経験の類推の全体についての証明を検討しなければならない。カントはこの証明を次のような仕方で行っている。すなわちカントによると、「経験とは経験的認識であり、すなわち知覚によって客観を規定するところの認識である。それ故経験は知覚の総合であり、この総合それ自身は知覚のうちには含まれていない……」(B 218)。ところが経験とは客観の時間のうちにおける存在を規定するものでなければならないが、このことが知覚それ自身によって行われ得ない以上、この知覚の総合の仕方のうちに必然的なものがあると言わねばならない。「経験において知覚は単に偶然的に集合するのであり、したがってその結合の必然性は知覚そのものからは解明されず、また解明されることができない。なぜなら、覚知は単に経験的直観の多様の結合にすぎず、それが空間・時間において結合するところの現象相互の存在を結びつけることの必然性という表象は覚知においては全く見出されないからである。」(B 219)。それ故「経験はただ知覚の必然的結合という表象によってのみ可能である」(同上)。要するに簡単に言えば、カントの言おうとするところは、現象の時間的な関係を規定することによってはじめて経験は成立するが、この経験が客観的なものである以上は現象の時間的関係の規定の仕方が必然性を持たねばならない、しかし知覚そのものには知覚を総合する働きは含まれていないから、知覚を総合して互いに結合する主観の働きのうちに先天的規則が存しなければならない、ということであろうと思われる。

ここに述べたのは第二版において追加された部分(B 218—219)におけるカントの証明であるが、この外第一版において述べられ、第二版でもそのまま残されているもう一つの証明がある。それは A 177—178, B 220 (Der allgemeine Grundsatz aller drei Analogien……より…müssen dergleichen Regeln-sein まで)の段落であるが、この証明は第二版の追加の部分の証明と原理的には異ならないが、しかしやや違った方面から論じている。すなわちそこでは、すべての可能な経験的意識は統覚の必然的統一がなければ成立しないが、この根源的統覚は内感(すなわちあらゆる表象の総括)に関係する。ところがこの内感の形式は時間であるから、多様はその時間関係にしたがってこの根源的統覚において統一されねばならない。したがって「あらゆる知覚の時間関係におけるこの総合的統一は先天的に規定されているものであり、それは〝すべての経験的な時間規定は一般的な時間規定の規則に従わねばならない〟という法則である」、――と述べられているのである。要するにこの証明では統覚の必然的統一という方面から、第二版の証明では経験における客観の成立という方面から、それぞれ先天的な時間規定の必然性を論じたと考えることができよう。しかしその論旨は本質的には同じであると思われる。

証明の検討　それではこうしたカントの証明は果して成功していると言えるであろうか。私はこの証明が実は全く循環論証にすぎないのではないかと考える。カントは経験が可能であるためには知覚を総合する働きのうちに先天的な規則が存しなければならないと主張する。そしてこのことは確かにカントの立場からすれば不可避的な結論であろう。自然科学は必然性を持つ学問であるから、先天的総合判断がその根底に存在しなければならない。ところが自然科学は経験的対象についての学問であるから、経験そのものの可能性が先天的総合判断に基づかねばならない。そして経験とは単なる知覚ではなく、知覚の総合であるから、この総合の仕方が先天的規則に基づいていると言わねばならない。――カントはこう推論しているのであろう。この推論の過程にはいささかの誤りもない。しかしただこの推論は一つの前提の上に立っている。その前提とはすなわち確実な認識というのは先天的認識であるということである。この前提が合理論的偏見に外ならないことは、もはやここで改めて説く必要はないであろう。われわれはすでにカントが「いかにして先天的総合判断は可能であるか」という問いを提出してその解答として認識論的主義の思想を持ち出すことが一つの循環に外ならないことを見たが（四四ページ）、それと同じ循環がこの証明の場合にもはっきり現れていると思われる。すなわち、カントの証明によれば、「経験の類推」の原則が成り立つということは、経験における対象相互の時間関係の規定が必然的であり、したがってそこに先天的規則が存しなければならないということを根拠として主張されるが、それでは逆に経験における対象相互の時間限定の規定がどうして必然的であるかと言えば、それは「経験の類推」の原則が成り立つからという外はない。要するにカントは確実性を持つ認識は先天的認識であるという合理論的前提の上に立って、この前提の成り立つための条件として「経験の類推」の原則を考えるのであるが、この前提そのものは実は何等根拠のないものにすぎないのである。

それではカントがこの「経験の類推」の原則の場合に、「直観の公理」や「知覚の予料」の原則の場合に見られなかったようなこうした大きな欠陥を示したのはなぜであろうか。それは言うまでもなく、カントがここで取り扱っているのが直観の対象、あるいは知覚ではなく、知覚の総合であるからであると言わねばならない。すでに「カテゴリーの先験的演繹」の箇処において、われわれはカントの認識論的主観主義がとにかく一応整合的に理解され得るのは、直観の対象が成立する場面にすでに悟性のカテゴリーがはいっている場合であることを見た。この場合には悟性は先験的構想力として働き、この構想力の総合の働きによって、形像がはじめて産出されるのである。「直観の公理」や「知覚の予料」の原則はまさにこういう場合に成立する原則であった。ところが「経験の類推」の原則の場合には、すでに構想力の働きによって成立した知覚相互の総合統一が問題となっているのである。したがってここで働く悟性の働きはもはや構想力としての働きと言うことはできない。むしろすでに成立した直観の対象に対して新しく悟性がその先天的概念によって総合統一の働きを行わねばならないのである。ここでは、認識論的主観主義の思想がもはや成り立ち得なくなることは当然であると言わねばならない。すでに成立している直観の対象に対し悟性の先天的概念がどうして妥当性を持ち得るかということは決して解き得ない問題だからである。「カテゴリーの先験的演繹」においてカントみずから提出し、その解決に苦心したのは、まさにこの問題に外ならなかった。そしてその結果カントは、直観によって対象が与えられ悟性がそれを思惟するという二元論的立場を修正して、直観の対象がすでにカテゴリーに従った構想力の総合の働きによって成り立つという解答を与えたのである。ところが今「類推の原則」の場合には再びこの立場を放棄して、直観の対象に対して悟性がその先天的概念による総合の働きを行うというように考えられているのである。ここにカントの立場がこの原則の場合に極めて困難なものとなる理由がある。カントはただ「経験の類推」の原則が存しなければ、客観的経験が成り立ち得ないということを唯一の理由としてこの原則の正当性を主張する外なかったのであるが、それはよく反省してみると合理論的前提の上に立って行われている循環論証にすぎないのである。

構成的原則と統制的原則　カントは数学的原則を構成的(konstitutiv)、力学的原則を統制的(regulativ)と言っているが、この区別はカントがみずからこの両種の原則の上述の相違をはっきり自覚していたことを示すと言えるであろう。カントが数学的原則を構成的と言ったのは、これらの原則が、いかにして直観的対象が産出されるかを示すものであるという理由によってであった。「上述の二つの原則〔「直観の公理」と「知覚の予料」〕は、それらが数学の現象への適用を基礎づけるという点から私が数学的原則と名づけたものであるが、これらの原則はその単なる可能性という点から現象を問題にし、現象がいかにしてその直観ならびにその知覚における実在的なものに関して、数学的総合の規則にしたがって産出されるかを教えるものであった。それ故両者いずれにおいても、数量が、そしてそれと共に量としての現象の規定とが用いられうるのである。こうして私はたとえば日光の感覚の度をおよそ二十万の月の明りから合成し先天的に規定すること、すなわち構成することができるであろう。それ故われわれはこれらの二原則を構成的原則と名づけることができる」(A 178—179, B 221)。これに対して力学的原則の場合には、われわれは決してこれによって直観的対象を構成することはできない。それはただ知覚が時間のうちに相互にいかなる関係に立つかということを決定するにすぎないのである。「……われわれに一つの知覚が他の知覚（無規定的なものであるにせよ）に対するある時間関係において与えられた場合に、われわれは先天的に、いかなる他の知覚が、そしてまたどれだけの大きさの知覚が、この知覚と必然的に結合しているかということを言うことはできない。われわれの言い得るのは、ただ他の知覚がその存在に関して、時間のこの様相においていかにこの知覚と必然的に結合しているかということである」（A 179, B 222)。すなわち力学的原則は実際に直観的対象、知覚を構成する原理を示すものではなく、知覚によって示される対象の相互の時間的関係を規定するのみなのである。そしてそれ故にこれは統制的原則と名づけられるのである。この区別は、したがって、数学的原則が直観の対象の成立の根底にすでに働いているものであり、これに対して力学的原則は直観の対象が成立した後に、それらの間の時間的関係を限定するものであるということに基づいて行われていると言わねばならない。カントはこのように構成的原則と統制的原則を区別してから、前者は後者よりも明証性という点でまさっていると言っている。統制的原則と構成的原則とは「明証性という性質において、すなわち直観的明証性（したがってまた直覚的証明）という点で異なる」（A 180, B 223)。このカントの考えは、カント自身はっきり意識していたかどうかにかかわらず、力学的原則の持つ難点を暗示していると見ることはできないであろうか。

関係のカテゴリーとその図式　このことと連関して私は関係のカテゴリーの図式というものを果して考えることができるかどうかについて疑問を持つことができるのではないかと思う。図式とはすでに述べたように、直観的形像の産出の根底となる「略図」であった。すなわちそれ自身は決して形像ではないけれども、われわれは図式をもととして形像を思い描くことができるのである。もとより先験的図式そのものはそれによって直接に形像を描き出すことのできないものであった。たとえば、われわれは三角形という図式によって特定の三角形の形像を思い描くことはできるが、数

（あるいはむしろ外延量）という図式によっては直接にはいかなる形像をも思い描くことはできない。しかしそれにしても先験的図式がやはり図式と呼ばれるのは、それが形像を産出するための基礎となっているからであると言わねばならないであろう。数（あるいは外延量）という先験的図式は直接に形像を産出し得ないが、しかし三角形という図式もこの先験的図式の基礎の上に成立するのである。なぜなら、三角形というものは外延量的規定によって考えられ得るものだからである。そうすれば、先験的図式といえども間接的には形像成立の基礎として働いているのであると言わねばならない。しかしもしそうであるとすれば、図式は直観の対象の成立の根底に働くものでなければならないであろう。それは知覚が成立した後に、その知覚相互を総合する働きをするものではなく、知覚を成立せしめる根底に働くものでなければならない。だが「経験の類推」の原則は、さきに見たように、知覚の総合に関する原則であったのである。ひとたび知覚が成立してしまった後に、知覚相互を関係させ、対象の客観的な時間関係を決定する原則であったのである。そうすれば、この原則において働いている関係のカテゴリーは図式としては働き得ないと言うべきではないであろうか。われわれはカントが量と質のカテゴリーに基づく先天的原則を数学的・構成的原則と名づけ、これに対して関係および様相のカテゴリーに基づく先天的原則を力学的・統制的原則と名づけて両者をはっきり区別しながら、すべてのカテゴリーに対して一様に図式を考えたというところにその混乱を認めねばならないのではないかと思うのである。カントが個々のカテゴリーの図式について説明するとき（A 142, B 182 以下）、量と質のカテゴリーの場合には極めて詳細に論じているのに、関係および様相のカテゴリーの場合には全く簡単になってしまっているのは、カント自身関係および様相の場合、図式を考えることが困難であったことを示しているのではないであろうか。

もとよりこれに対しては関係のカテゴリーといえども知覚の成立する場面においてすでに働き得るのであり、したがってこれらのカテゴリーの図式を考えることは決して不都合ではないという考え方も存し得るであろう。そして実際カント自身のうちにもこういう考え方が存することは否定することができない。たとえば、すでに述べたように、「カテゴリーの先験的演繹」の第二版の叙述のうちでは、水が凍るのを知覚するとき、そこには原因のカテゴリーが働いていると考えられているのである（B 163）。またわれわれがある対象の存在を知覚するとき、そこにはすでに実体のカテゴリーが働いているとも考えることができるであろう。もしこのように考えれば、関係のカテゴリーも図式として働き得ると言うことができるわけである。しかしカントは決してこういう考え方を忠実におし通しているのではない。むしろこういう考え方はカントにおいて極めて稀に見出されるのであって、ほとんどの場合関係のカテゴリーは直観の場面では含まれていないように考えられているのである。そしてカントがこうして相矛盾する二つの考えを持っていたということの原因はすでに述べて来たところからもはや明らかであろう。すなわちカントはカテゴリーが直観的対象に対してどうして妥当するかということを基礎づけるためには、「カテゴリーの先験的演繹」におけるように、カテゴリーが直観の対象の成立の場面にすでに働いていると考えねばならなかったが、先天的総合判断の客観的妥当性を考えようとすれば、直観によって対象が与えられ、悟性がそれを思惟するという感性と悟性の二元論的立場に固執しなければならなかったのである。すべてのカテゴリーの図式を認めるということは、「先験的演繹」における立場に立つということである。ところが「原則論」においては再び二元論的立場に立ち、力学的原則は知覚の成立の場面にではなく、知覚の総合の場面に関係するものと考えられているのである。この場合関係のカテゴリーの図式を考えるということが不合理であることは当然のことであろう。もとよりこのことは図式化されないカテゴリーの存在を認めるべきだという意味ではない。悟性の先天的概念としてのカテゴリーの存在を認める以上、それは図式化されねばならない。カテゴリーは図式として働く以外、全くその意味を認めることはできない。なぜならそう考えなければ、カテゴリーが何故に直観の対象に対して妥当性を持つかということは基礎づけられることはできないからである。しかしカントといえどもこういう考えを貫くことができず、力学的原則においては図式として考えることのできないカテゴリーを考えなければならなかったということは、悟性の先天的概念としてのカテゴリーの存在を考えるということが、したがってまた認識論的主義の思想そのものが成り立ち得ないことを示していると思うのである。

「類推」の意義　われわれは最後に類推ということばについて一言述べておかねばならない。カントがここに類推ということばを用いたのは、数学の場合の類推というものとの類比においてであったと言えよう。数学における類推とは「二つの量関係の同等性をあらわす式」(A 179, B 222) である。したがって比例式の三つの項が与えられた場合には、われわれは類推によって第四項を知ることができる。ちょうどこの関係が「経験の類推」の原則についてもあてはまるのである。すなわちこの原則によってわれわれは経験において三つの項が与えられた場合に、第四項を求めることができるのである。もとよりこの両者の間には重要な相違がある。すなわち数学の場合には、われわれは三つの項が与えられた場合には、第四項がいかなる数であるかを具体的に決定することができる。すなわちこの意味で類推は構成的であり得る。しかし「経験の類推」の原則の場合には、われわれは三つの項が与えられても、第四項がいかなるものであるかを具体的に決定することはできない。われわれの知り得るのは、ただ所与の項と第四項との関係であって、第四項そのものではない。言いかえれば、「哲学においては類推とは二つの量的関係の同等性ではなく、質的関係の同等性であって、そこでは私が三つの与えられた項から認識し先天的に示しうるのはただ第四項に対する関係であって、第四項そのものではない、ただ私は第四項を経験において求めるための規則と、それを経験のうちにおいて見出すための徴表とは持っているのである」(A 179—180, B 222)。カントの言う意味は恐らく「経験の類推」の原則は、後に「実体の持続性の原則」や「因果性の原則」などにおいて具体的に見るように、いずれも二つの項の間の関係を表現するものであるから、今第三の項が与えられると、これと第四項との関係をこれらの原則によって求めることができるというのであろう。たとえば、因果性の原則によって、すべての出来事はその原因を持つ、ということが確実であるとすれば、今ある出来事が与えられた場合に、われわれは因果性の原則によって、この出来事には必ず何か原因が存しなければならないと考えることができるであろう。ただしかしわれわれの先天的に知り得るのは、何か原因が存しなければならないということであって、決して何が原因であるかということではないのである。こうして「経験の類推」の原則の場合と数学の類推の場合では大きな相違が存するが、しかしとにかくそこには相似た関係が存するのであり、それ故にカントはここで類推ということばを用いたのである。

しかしカントは類推ということばに、これとは違った第二の意味をも持たせているようである。すなわちカントの言うところによれば、「経験の類推」の原則はもとよりただ経験の内部においてのみ妥当性を有する。それは感性的制約のもとにおいてのみ妥当性を持つのである。このことはもとより言うまでもないことであろう。われわれは実体持続の原則や因果律を超経験的世界において適用しようとすることは許されないのである。しかしこれらの原則が悟性の先天的規則として成り立つのは、悟性が本来それ自身において、すなわち感性とは無関係に、こういう原則によって示されるような総合の機能を持つからに外ならない。たとえば実体と偶有性の間の関係の原則は主語と述語との概念的関係を経験の事物に対してあてはめたものと解することができる。原因と結果との関係の原則は理由と帰結との間の概念的論理的関係を経験の事物に対してあてはめたものと言えよう。それ故、悟性は本来その判断機能としてこうした論理的総合の働きを有するからこそ、それからの類推によってわれわれは経験的事物に対して「経験の類推」の諸原則を適用し得るのである。「……先天的原則は現象の総合における経験的認識の統一の制約であるということ以外の目的を有するものではない。しかしこの統一はただ純粋悟性概念の図式においてのみ考えられるものであり、カテゴリーは総合一般としてのこの統一に関して、何等感性的制約によって制限されない機能を含むのである。それ故われわれはこれらの原則によって、単に概念の論理的普遍的な統一との類推によって現象を結合する権利を与えられるであろう……」(A 181, B 223―224)。すなわちこの意味においては、「経験の類推」の原則が類推と呼ばれるのは、悟性の論理的機能との類比によってであるということになる。

こうしてカントは類推ということばについて二つの異なる説明を与えているが、それではわれわれはこれに対してどう考えるべきであろうか。私は類推ということばがカントにおいて用いられたのは、本来どうしても第一の意味においてであったと考える。なぜなら悟性概念がただ経験のうちにおいてのみ妥当性を有し、感性的制約を離れては何の意味をも持たないということは、カントが今までくり返して述べて来ているところだからである。それ故今ここで感性的制約を離れてもなお悟性の論理的機能が存することを認め、あるいはむしろこの機能を第一義的なものと考えて、これとの類比において「経験の類推」の原則を考えるということは、カントの立場に反していると言わねばならないと考えられる。*

* 類推ということばの二つの意味のうち、ケイアードは第二の意味のみを認め (E. Caird, *The Critical Philosophy of Kant*, vol. 1, p. 499)、これに対してペイトンやスミスは第一の意味を本質的なものと考えている (Paton, *Kant's Met. of Exp.*, vol. 2, p. 179 ff.; N. K. Smith, *Commentary*, p. 356 ff.)。

しかしながらとにかくカントが第一の意味の外に第二の意味をも考えていたことは否定することができない。そしてカントがみずからの本来的な立場に矛盾するような第二の意味を考えたということは、まさにこの原則の持つ困難さによっていると言うことができるのではないであろうか。元来カントはその当初においては悟性の働きを、感性とは独立な純粋に論理的な機能と考えていた。このことはカントが判断表からカテゴリー表を導き出したという手続きを考えてみればただちに納得されるであろう。もとよりこれらのカテゴリーが感性的制約を離れてその妥当性を有しないということはカントが常に強調していることであるが、しかし少くともカテゴリーが感性とは独立なものであるという考え方はカントの出発点であったと見なければならない。しかしそれではカテゴリーがどうして直観の対象に対して妥当し得るかという問題を考えるにいたって、カントの考えは当初とは異なったものとなり、カテゴリーは構想力の総合の働きのうちにすでに含まれていると考え直されねばならなかった。そしてこう考えられてくれば、カテゴリーというものが感性的制約を離れれば全く無意義になることは言うまでもない。ところがこの原則の場合には、それが知覚そのものではなく、知覚の総合に関するものであるが故に、カテゴリーは再び感性から独立な性格を与えられなければならなくなる。それ故カントはこの原則を論ずるに当っては、再びその出発点におけるがごとき考え方を取らねばならなくなったのではないかと考えられるのである。

(イ)（第一の類推）実体の持続性の原則
(Grundsatz der Beharrlichkeit der Substanz)

あらゆる現象は対象そのものとしての持続的なもの（実体）と、その単なる規定としての、

すなわち対象が存在する仕方としての変化的なものを含んでいる。（第一版）

現象のあらゆる変化にもかかわらず、実体は持続し、その量は自然において増減しない。

（第二版）

カントの証明　カントがこの原則において証明しようとしたのは、あらゆる現象の変化にもかかわらずその変化を通じて不変化的な実体が存在するということである。カントによると、このことはすべての時代に、哲学者のみならず常識人さえもが前提して来たところであり、また疑うことのできないものとして承認するであろうところの原則である（A 184, B 227）。たとえば、ある哲学者が、煙の重さはどれだけであるかと問われたとき、かれは、燃された木の重さから残った灰の重さを引き去れ、そうすれば煙の重さがえられると答えたが、この場合かれは、火中においてさえ質料（実体）は消滅せず、ただその形式のみが変化を受けるにすぎないということを、否定し得ないこととして前提していたのである。あるいはまた、「無からは何ものも生じない」という命題もこの持続性の原則の帰結に外ならない（A 185, B 228）。このようにわれわれはこの原則を自明的なものと考え、自然現象の説明に当って常にこれを前提しているのである。したがって自然科学においても常に最も基本的な原則として前提されていることは言うまでもないであろう。ところが、カントによるとこの原則は、こうして常に前提されているにもかかわらず、今まで決して証明が試みられたことがなかった（A 189, B 227）。それ故カントはこの原則をここに「経験の類推」の第一の原則として証明しようとするのである。

それではカントはこの原則をどうして証明しようとしたのであろうか。カントは次のように論ずる。「すべての現象は時間のうちに存在する、そして基体としての（内的直観の持続的形式としての）時間のうちにおいてのみ、同時存在と継起とが表象されることができる」(B 224)。ところが「時間そのものは知覚されることができない。それ故知覚の対象すなわち現象のうちに、時間一般をあらわすところの基体、そしてそれに対する現象の関係によって一切の変易と同時存在とが覚知において知覚されることのできる基体が見出されねばならない。ところがこのような一切の実在的なものの基体、すなわち事物の存在に属するものの基体は実体であり、すべて存在に属するところのものはこの実体の規定としてのみ考えられることができるのである」(B 225)。それ故、現象の根底には不変化的であって常に同一な実体が存しなければならない。そして「この実体は存在において変易し得ないものであるから、その量は自然のうちにおいて増減しない」(同上)。すなわちこのカントの証明を簡単に言うならば、われわれはある二つの事物が同時に存在しているか、あるいは時間的な前後関係においてあるかということを決定するためには、その事物を時間のうちに位置づけなければならないが、時間そのものは知覚され得ないのであるから、時間中において絶えず持続しているもの、すなわち実体というものの存在が考えられねばならないというのであろう。

今ここに述べたのは、カントが第二版において新しく附け加えた部分における証明であるが、この外第一版において述べられ、第二版でもそのまま残されているもう一つの証明がある。そこでは次のように論じられている。「現象の多様についてのわれわれの覚知は常に継時的であって、したがって絶えず変易する。それ故われわれは、もしも何か常に存在するもの、すなわち恒常的に持続するものが経験に存しないならば、覚知のみによっては、この多様が、経験の対象として同時に存在するかあるいは継起するものであるかを決定することはできない、そしてあらゆる変易と同時存在とはこの持続するものの存在する仕方(時間の様相)に外ならないのである。こうしてただ持続するもののうちにおいてのみ時間関係は可能である(なぜなら同時性と継起だけが時間において可能な関係であるから)、すなわち持続的なものは時間そのものの経験的表象の基体であり、この基体においてのみあらゆる時間規定は可能となるのである」(A 182—183, B 225—226)。ところが「時間そのものは知覚されることができない」(A 183,

B 226）のであるから、「すべての現象において持続的なものは対象それ自身、すなわち実体（現象としての）である……」（A 183, B 227）。

今、この二つの証明を比べてみると、第二版の証明が覚知の継時性ということに触れていないのに対して、もう一つの証明はこの点を強調し、そこから議論を出発させているところにその相違が存すると言えるであろう。しかしその他の点では本質的に異なっていないと思われる。第一版においても、覚知の継時性ということから出発はしているが、それにもかかわらずわれわれは事物の客観的な継起と同時存在とを区別しているという事実があるが、これはどうして可能かと問い、後は全く第二版の証明と同じ順序の論述をしているのである。つまり、第二版の証明は第一版の証明から覚知の継時性ということを取り除いたと見ることができるのではないかと思う。

それではこの覚知の継時性ということについてわれわれはどう考えるべきであろうか。われわれは確かにカントが第一版の証明においてこの点を強調しようとした気持は理解することができると思う。カントはすべての覚知の継時性を強調することによって、単なる覚知では対象についての客観的な時間規定を与えることができないということをはっきりさせようとしたのであろうと考えられる。たとえば家を覚知する場合を考えてみよう。この場合でもわれわれはまず家の上部を覚知し、ついで家の下部を覚知するというように、覚知そのものは継時的に行われるであろう。しかしこのように覚知が継時的に行われるからといって、われわれは家の上部と下部とが客観的に継時的に存するとは考えない。むろんわれわれはそれらが客観的には同時に存在すると考えるのである。これに反してわれわれがたとえば船が川を下ってくるのを見る場合、上流にある船の覚知と下流にある船の覚知は継時的に生ずるが、この場合にはわれわれは客観的にも継起の関係が存すると考えるであろう。こうして覚知そのものはいかなる場合においても継時的であるが、われわれはこの継時的な現象の多様の覚知から出発して経験の対象が同時的に存在するか、継起するのかということを区別していくのである。そうすればこの区別は覚知以外の何かに求めねばならないことは明らかであり、カントはこうして持続的なもの、実体をその基準として考えることができると主張しようとしたのであろう。しかし私は覚知の継時性ということは、カントの実体の持続性の原則の証明とは直接の関係を持たないのではないかと考える。まず第一に、確かにさきに述べた家の知覚の場合のように、覚知が継時的であっても対象そのものは客観的に同時に存在するという場合もあり得るが、しかしわれわれは家の上部も下部も同時に見る場合もある。このような場合は同時に存在する対象の覚知は決して継時的ではない。第二に、覚知が継時的であってしかも対象そのものは同時に存在する場合を考えてみても、私はこの場合どうして持続体としての実体を考えることによって同時存在ということを決定し得るのか理解することができない。客観的に継起する対象についてもその覚知は同様に継時的なのである。われわれはどうして実体というものを考えることによってこの両者の場合を区別し得るのであろうか。むしろこの場合、対象が同時に存在するか継起するかということを区別するものは、カントみずから第二、第三の類推の原則の箇処で触れているように、知覚が可逆的であるかどうかということであるとは言えないであろうか。こう考えると、覚知の継時性ということは実体の持続性の原則のカントの証明とは無関係であると言わねばならない。カントの言おうとするところは、もっと一般的に、二つの対象が客観的に同時に存在するか、時間的に前後の関係があるかを決定するためには、この二つの対象を客観的な時間の中に位置づけねばならず、そのためには時間そのものをあらわすような持続体としての実体を考える必要があるというのであって、これは個人の意識において覚知が継時的に生ずるかどうかということとは関係なく言われ得ることである。それ故私は第二版の証明が覚知の継時性に言及しなかったのは正しい訂正であったと考える。

証明の検討　さてそれでは、以上のようなカントの証明は果してカントの意図する通り、実体の持続性の原則を真によく基礎づけたと言えるであろうか。われわれは次にこの点を検討しなければならない。

私は、対象が客観的に継起しているのか、それとも同時に存在しているのかを決定するためには、その基準となるような持続的なものが必要であるというカントの議論は確かにそれ自身としては認めることができるのではないかと考える。われわれは時間のうちにおける対象の客観的な位置を決定しなければ、二つの対象が同時に存在するか継起するかを決定することができないし、対象の時間的位置を決定するということは何か持続的なものとの関係において行われる外はないと言えよう。しかしながら、問題はここに要求される持続的なものが果してカントの考えるような意味での実体であるかどうかという点に存する。カントの場合には、実体とはあらゆる現象の変化を通じて不変化的に存在するもの、したがって量的にも増減しないものとして考えられていた。だがこういう意味での実体がどうして対象の客観的な継起と同時存在とを区別するのに役立つのであろうか。なぜなら、このような実体は全く知覚の対象とはなり得ないからである。カントの証明は、時間そのものは知覚され得ないから、時間一般をあらわすところの持続的なもの、すなわち実体の存在を考えねばならないということを根拠としていた。そうすれば、カントは継起と同時存在を区別する基準となる持続的なものが知覚の対象となり得るものでなければならないことを認めていると言うべきであろう。もしそうでないとすれば、われわれは何も時間そのものの代りに持続的なものを考える必要はないはずである。われわれは対象を時間そのもののうちに位置づけることによって、直接に対象の継起と同時存在とを区別することができることになるであろう。持続的なものが知覚の対象となりうるからこそ、それは時間そのものとは異なって、継起と同時存在との区別のための基準となりうるとカントは考えたのである。ところがカントの考えるような実体とは決して知覚の対象となりうるものでないことは言うまでもない。あらゆる現象の根底にあって、その量において増減しないような実体というようなものがどうして知覚されることができるであろうか。それ故このような実体としての持続的なものを考える限り、時間の代りに持続的なものの存在を想定するということは全く無意義であると言わねばならない。ここには明瞭な不整合が存すると言うべきであろう。われわれは時間を知覚し得ないと同様に、カントの言う実体を知覚し得ない。そしてまた実体を思惟し得ると同様に、時間そのものを思惟し得るのである。

それではわれわれが対象の客観的な継起や同時存在を区別するために実際に必要とする持続的なものとはどういうものであろうか。ことばをかえるならば、知覚の対象となり得るような持続体とはどういうものであろうか。それは決してカントのいう実体ではなく、むしろ何等かの具体的な持続体、持続的な対象であると言えるであろう。ある継起する出来事の変化を変化として意識するためには、われわれは何か持続的なものの表象を持っていなければならない。たとえば船が上流から下流へ川を下ってゆくというような場合においても、もしもわれわれが何か持続的なものの知覚——岸の知覚のような——を持たないとするならば、これを船が上流から下流へ下ってゆく変化として把握することはできないであろう。あるいはまた対象の同時存在を決定するためにも持続的なものの知覚が必要であろう。たとえば二人の人が別々の現象を知覚した場合、その二つの現象が同時的であるかどうかを決定するためには、客観的に時間を計る何か——時計とか太陽の位置とか——の知覚を媒介としなければならない。すなわち、ここに必要とされる持続的なものとは決してカントの言う実体のように絶対的に持続的なものではなく、むしろ相対的に持続的なものであり知覚の対象となり得るものでなければならないのである。

このように見てくると、カントの証明には大きな不備が存すると言わねばならないであろう。そしてカントみずから、この不備をしだいに自覚していったように思われる。このことは第二版における叙述のうちに現れているように思われる。第二版においてカントはこの原則の部分に本質的な訂正を加えなかったが、しかし他の箇処においてわれわれの決して見逃すことのできない重要な注意を附け加えているのである。それは第二版において新たに附け加えられた「原則の体系に対する一般的註」(Allgemeine Anmerkung zum System der Grundsätze) の中の次のようなことばである。「実体の概念に対応して、持続的なあるものを直観において与える(そしてそれによってこの概念の客観的実在性を示す) ためには、われわれは空間における (物質の) 直観を必要とする。なぜなら空間のみが持続的に規定されているのであって、これに反して時間と、したがって内感のうちに存するすべてのものは絶えず流転するからである」(B 291)。あるいはまたこれも第二版において新たに附け加えられた「観念論論駁」(Widerlegung des Idealismus) の中には次のようなことばが見出される。「すべての時間限定は知覚における何らかの持続的なものを前提する。しかしこの持続的なものは私のうちにおけるものであることはできない。なぜなら時間のうちにおける私の存在はこの持続的なものによってはじめて規定されることができるからである。それ故この持続的なものの知覚は私の外なる物によってのみ可能である……」(B 275)。これらの第二版の追加の部分は明らかにカントが時間的関係の決定はただ持続的な知覚との関係においてのみ、したがってまた空間的な持続体との関係においてのみ可能であるということを十分に自覚して来たことを示すと言わねばならない。

もし以上のように見ることができるとするならば、われわれは「実体の持続性」の原則に対するカントの証明が決して成功していないということを主張することができるであろう。カント自身はみずから自己の考えを修正しながらも、第二版においてもこの原則の証明の部分を訂正していないのであるから、自己の思想の修正の持つ重大さを十分に自覚していなかったのかも知れない。しかしとにかく事態的に考えるならば、このような思想の修正は、みずから行ったこの原則に対する証明の失敗を示すものと言わねばならない。われわれは対象の時間的関係を決定するためには持続的なものの知覚が必要であるということはできる。しかしこの持続的なものとは空間的に知覚されるものであり、決してそれ自身何等の意味においても知覚の対象となることのできない実体という持続体ではないのである。ましていわんやこの実体が量において決して増減しないということなど決して知られないのである。カントの証明は極めて大きな飛躍をしていると言わねばならない。

こうして「実体の持続性」の原則に対するカントの証明は決して成功していないと思われるが、われわれはさらに、もしもこのカントの証明が成功しており、これによってカントの意図する通り、量において増減しない実体の存在が基礎づけられたと仮定しても、なおこの証明は決して「実体の持続性」の原則が先天的総合判断であることを証明していないと言えるのではないかと考える。対象が継時的であるか同時に存在するのかを決定するためには持続的なものとしての実体との関係において対象の時間中の位置づけを行わねばならないということを認めるとしよう。しかしその場合でも、この持続体としての実体が存するかどうかは果して先天的にきめられるであろうか。このような実体が存しなければ対象の客観的な時間的位置を決定することはできないかも知れない。しかしそれでも実際にこうした実体が存しなければそれで仕方がないと言うべきではないであろうか。われわれは対象の時間的位置を決定し得なくなるであろう。そしてその結果われわれの経験は現在われわれの持っている経験とは全く性格を異にしてしまうであろう。しかしそれだからと言って持続体としての実体が存するということを先天的原則として主張する根拠は存しないと言うべきであろう。このことはわれわれが持続体としての実体というものの代りに、実際にカントの証明によって基礎づけられているところのもの、すなわち、相対的に持続的な対象の知覚というものを考えてみれば、一層容易に理解されることができよう。われわれは確かにカントの言うように対象の時間的位置を決定するためには持続的なものの知覚が必要であることを認めることができる。そしてこの持続的なものの知覚とは究極においては太陽その他の天体の規則的な運行についての知覚であると言うことができよう。われわれはこの天体の規則的な運行の知覚に基づいて時計を作ることができるのであり、多くの場合この時計によって対象の時間的位置を決定しているのである。こう考えると天体の規則的運行こそ対象の時間的位置の決定に最も必要なものであると言わねばならない。もしも天体の規則的運行が存しないとするならば、われわれは対象の時間的位置の決定の究極的な基準を失うことになり、われわれの経験は現在よりももっと混乱したものになってしまうかも知れない。しかしそれだからといって、天体の規則的な運行は先天的法則として打ち立てられることができないことは言うまでもないであろう。天体が規則的に運行しているということは経験的に与えられる事実であって、先天的な法則ではない。天体が規則的に運行しなければならないという先験的理由はどこにも存しはしないのである。「実体の持続性」の原則についてのカントの証明が決してこの原則を先天的原則として打ち立て得るようなものでないことはここに明らかであろう。カントの証明は内容的に見て持続体としての実体、量において増減しない実体の存在を基礎づけ得なかったのみでなく、その証明の仕方そのものが「実体の持続性」の原則の先天的であることを示し得ないものであったのである。

失敗の原因　それでは「実体の持続性」の原則に対するカントの証明はどうしてこのような失敗に終ってしまったのであろうか。その理由が、この原則がもはや数学的原則のように知覚の成立の場面に関しての原則ではなく、知覚相互の結合に関する原則であるというところに存することは、もはや改めて言う必要が存しないであろう。認識論的主観主義は知覚成立の場面にすでに悟性のカテゴリーが働いていると考えるときにはとにかく一応矛盾なく考えることができるが、ひとたび成立した知覚の対象に対して改めて悟性のカテゴリーが働くと考えるとき、どうしても解き得ない難点にぶつかってしまうのである。「実体の持続性」の原則において、カントが数学的原則の場合以上に大きな欠陥を示したのは、このためであったと言わねばならない。知覚によってわれわれに与えられる経験的世界の内容に関係する原則が、先天的原則として成り立ち得るはずのないことは、考えてみれば当然のことにすぎないのである。カントがこの当然のことに気づかず、「実体の持続性」の原則を先天的原則として打ち立て得ると考えたのは、はじめからわれわれの経験的世界は主観の総合の働きによって成立するという認識論的主観主義の考え方を前提していたためであったと考える外はない。このような前提の上に立てば、経験的世界について「実体の持続性」の原則が成り立っているとすれば、その原則は当然先天的原則でなければならないということになる。しかしカントがこう考えたとすれば、カントの推論は全くの循環に外ならないであろう。なぜなら、「実体の持続性」の原則が先天的なものであるということは、認識論的主観主義の正しさを前提しなければ基礎づけ得ないが、また他方、認識論的主観主義の思想が正しいということは、実際に「実体の持続性」などの原則が先天的原則であることを証明しなければ基礎づけられ得ないからである。

しかしながら――と人は言うかも知れない――それでは「実体の持続性」の原則は確実な原則とは認められないのであろうか。もしそれが確実性を持つ原則であるならば、われわれはカントのようなやり方によらないでどうやってこれを基礎づけることができるのであろうか。――われわれは確かに現代においてもある意味で「実体の持続性」の原則を捨てていないと言えるであろう。「エネルギー恒存の法則」と言われるものはこの「実体の持続性」の原則の変形とも考えることができるからである。しかしこの原則が自然科学においていかに確実なものとして認められていようとも、それは決して先天的なものであるということを必要としない。それはどこまでも経験的性格を持つものであって差しつかえないのである。実際、われわれはもしこの法則が経験的に確証されないならば、決してこの法則に固執しなければならない理由を少しも見出すことはできないのではないであろうか。この法則が法則として認められるのは、それが多くの場合において経験的に確かめられるからに外ならないのである。もとよりこの法則は、われわれの実際に確かめない場合においても妥当するものとして考えられているであろう。それはあらゆる自然現象について妥当する根本法則であると考えられているであろう。しかしそれにしてもそれは原理的に他の自然法則と異なるものではない。われわれは他の自然法則の場合と同じくこの法則をもまず経験的に認識し、それを個々の経験の範囲を越えていかなる経験にも妥当するものとして投げ入れてみるのである。そしてこの投げ入れが成功すれば、この法則はしだいに確実性を持つものとして認められてくるのである。その確実性とはもとよりカントの言うような必然性という意味ではない。しかし自然科学の法則はすべてこういう性格のものなのではないであろうか。そしてそれで一向不都合は存しないのではないであろうか。

このように言うことができるとするならば、「実体の持続性」の原則は決して先天的法則ではなく、むしろわれわれの実験的に投げ入れてみた根本的法則の一つであると考えられねばならない。実験的に投げ入れられたものとして、この原則は確かに自然科学的認識において最も重要な原則の一つであり、自然科学の成立の根拠をなしていると言われることができるであろう。しかしそれは、この原則がカントの言うように先天的原則として成り立つからではないのである。「実体の持続性」の原則に対するカントの証明が失敗に終っているということは、この原則を先天的原則として打ち立てようとしたカントの意図そのものがはじめから全く無理であったことを示していると言わねばならない。

(ロ)(第二の類推) 因果律に従う継起の原則 (Grundsatz der Zeitfolge nach dem Gesetze der Kausalität)

生起する(存在しはじめる)すべてのものは、それに続いてみずからが規則にしたがって生ずるところのあるものを前提する。(第一版)(なお第一版では「因果律に従う継起の原則」の代りに「産出の原則」(Grundsatz der Erzeugung)と言われている。)

すべての変化は原因結果の連結の法則に従って生起する。(第二版)

六個の証明　この因果律の原則の部分は言うまでもなくカントの理論哲学の中心的部分であると言うことができる。

このことはカントの批判哲学の出発点が、カントみずから告白する通り、この因果律の問題にあったことを考えてみれば明らかであろう。すなわちカントはヒュームの因果律批判によってその独断の夢をさまされたのであり、そこから問題をさらに一般化して、悟性のうちに事物の連結を先天的に思惟するための概念が存在しないかどうかを攻究し、それによってカント批判哲学の体系ができ上っていったのである（*Prolegomena*, Vorrede, IV, S. 260）。それ故、この因果律の問題こそ、原則論全体のうちでもとくにカントの力を注いだ部分であり、この箇処の理解と検討は最も重要であると言わねばならない。

しかしこの最も重要な箇処におけるカントの叙述は決して明瞭であるとは言い難い。いやむしろそれは難解な「純粋理性批判」の中でも最も難解な箇処であると言えるであろう。カントの言おうとする真意がどこに存するかをとらえることさえ容易ではないのである。それ故われわれは、この箇処でカントが因果律の原則に対して行っている多くの証明を一つ一つ吟味してみよう。

スミスやペイトンなどの言っているように（N. K. Smith, *Commentary*, p. 363; Paton, *Kant's Metaphysic of Experience*, vol. 2, p. 224）、カントはここで六つの証明を行っていると解釈することができよう。六つの証明とは次の通りである。

第一の証明——A 189—194, B 234—239 のところ、すなわち第一版の最初から第四段落まで（Die Apprehension des Mannigfaltigen der Erscheinung…から diese aber die Begebenheit bestimmt. まで）

第二の証明——A 194—196, B 239—241 のところ、すなわち第五、六、七の三段落（Man setze, es gehe vor einer Begebenheit nichts vorher,…から、…und ging also a priori vor ihr vorher. まで）

第三の証明——A 196—199, B 241—244 のところ、すなわち第八、九、十の三段落（Es kommt also darauf an,……より、…mit sich in der Zeitreihe verknüpft. まで）

第四の証明——A 199—201, B 244—246 すなわち第十一、十二、十三の三段落（Wenn es nun ein notwendiges Gesetz……より、……in Reihenfolge der Zeit. まで）

第五の証明、——A 201—202, B 246—247 すなわち第十四段落（Der Beweisgrund dieses Satzes……より……der Grund der Möglichkeit einer solchen Erfahrung ist. まで）

第六の証明、——B 232—234 すなわち第二版の追加の部分*

* ただしカントがこのように多くの証明を行っているという見方に反対する人もある。たとえばウェルドンは因果律の証明は A 199—202, B 244—247（Zu aller Erfahrung……より……einer solchen Erfahrung ist. まで）において行われているのであって、他の部分はむしろこの証明に対する補助的説明であると解している（T. D. Weldon, *Kant's Critique of Pure Reason*, p. 312 ff.）。しかしこう考えても要するにカントの主要な証明がどこに存するかという点についての解釈の相違があるのみであって、後に見る通り、実質的には大して変らないのではないかと思う。

このようにカントは多くの証明を行っていると解されるが、このことが、スミスの言うように、この部分が多くの異なる時期に書かれた原稿を寄集めたものであることを示すものであるかどうかについてはここでは問題にする必要がないであろう。たとえこの仮定が正しいとしても、とにかくこれらの多くの証明をこの部分で行ったということは、「純粋理性批判」をまとめた時のカントの考えを示していると言えるからである。ただ私はカントがこのように因果律の原則に対する多くの証明を行ったということは、カントがこの原則の証明に力を注ぎながらも、真に満足すべき解決に到達しなかったということを暗示しているのではないかと思うのである。

われわれはこの六つの証明について順次にその内容を検討してゆこう。

第一の証明　ここではカントはまず「現象の多様の覚知は常に継時的である」（A 189, B 234）ということから出発する。たとえば家の多様の覚知も継時的に行われる。しかしこのことから家そのものの多様が継時的に存在するとは誰も考えないであろう。これに反して、たとえば船が川の上流から下流へ下るというような場合には、その多様の覚知は同じように継時的であるが、今度は出来事そのものが客観的に継起していると考える。このようにわれわれの多様の覚知は常に継時的でありながら、この多様を総合統一して客観とするとき、その客観の時間的規定は覚知のそれとは異なったものとなるのはなぜであろうか。カントによると、

「もしも現象が物自体であるとすれば、いかなる人も現象の多様の表象が継起するということから、この多様が客観においていかに結合されているかを推測することはできないであろう。なぜなら、われわれの関係するのはただわれわれの表象のみであり、物自体が……いかなるものであり得るかは、全くわれわれの認識領域の外にあるからである」(A 190, B 235)。しかし客観は決して物自体ではなく現象である。すなわち、覚知において存するところの「表象の総括」(A 191, B 236) である。それ故ここに表象を総合して客観たらしめる必然的な規則が存しなければならないのである。「現象は、覚知の表象と異なり、それを他のすべての覚知から区別し、多様の結合の仕方を必然的ならしめる一つの規則のもとに置かれることによってのみ、覚知そのものとは区別された覚知の客観として表象されることができる。そして現象において、覚知のこのような必然的規則の制約を含むところのものが客観的である」[*](A 191, B 236)。

* このカントの文章は難解である。しかし恐らくその意味するところは前述したことに外ならないと思われる。すなわちカントは、すべて覚知は継時的であるが、それがそれぞれの場合に一定の規則によってその多様を必然的な仕方で結合するとき、それぞれ異なったあり方の現象の客観と考えられるのである。それ故客観的に継起する出来事と考えられるものは「他のすべての覚知」の場合とは、すなわち客観的に同時存在と考えられる対象の覚知の場合とは異なった仕方で規則によって結合されるのであり、これをまた逆の立場から言えば、客観が覚知の総合についての必然的規則を可能ならしめる制約を含むというのであろうと考えられる。

カントは以上のように論じてから、いよいよ当面の因果律の原則の問題へ進んでゆく。今述べたようにあらゆる覚知は継時的に行われるのであり、このことによってはまだ出来事の覚知を他の覚知から区別することはできなかった。それでは出来事の覚知を他の覚知(たとえば家の場合)から区別するものは何であろうか。カントによると、「生起を含む現象において、前に知覚する状態をAと名づけ、それに対してこれに続く知覚の状態をBと名づけるならば、覚知においてBはAに継起するのみであり、反対に知覚AはBに継起せず、ただ先行しうるということに気がつく」(A 192, B 237)。たとえば船が流れを下る場合、われわれはまず上流における船の知覚を持ち、ついで下流における船の知覚を持つのであり、決して逆の順序で覚知するのではない。すなわち「この場合には覚知において知覚の継起する順序は一定しているのであり、覚知はこの順序に束縛されているのである」(A 192, B 237)。これに反して家を覚知する場合には、われわれの知覚は家の上部から始まって下部に終ることも、またその逆に下部から始まって上部にいたることもできるのである。すなわちこの場合には「多様を経験的に結合するために、覚知においてどこから始めねばならないかを必然的ならしめるような一定の順序というものは存しない」(A 193, B 238) のである。

こうしてカントは同時存在の対象の場合には知覚の順序は一定せず、どこからわれわれの覚知が始まってもよいが、継起する出来事の場合には知覚の順序が一定であり不可逆的であると言うのであるが、しかしこの場合カントが知覚の順序が一定しているということからわれわれは客観的な出来事の継起を推論することができると論じていると解してはならないことは言うまでもないであろう。もしカントがこういうことを言っているのだとするならば、カントの立場が全く崩れ去ってしまうことになるであろう。なぜなら、その場合には、知覚の一定の順序というものはもとより単に経験的に知られるものであるから、われわれは経験的な知覚の継起から出来事の因果的継起を認識するにいたるということになり、ヒュームの立場と全く異ならないことになってしまうからである。したがってその場合には因果律の必然性ということは全く成り立たないと言わねばならない。それ故、カントの言おうとするところは、これとは逆に、出来事の客観的継起から知覚の順序の不可逆性ということを導こうとしているものと解されねばならない。すなわちカントはわれわれが出来事の客観的継起を意識しているという事実から出発し、もしそうであればわれわれの知覚も一定の順序において生じなければならないと論じているのである。もとより経験的にはわれわれは確かに知覚の順序が不可逆的である場合に、そこには客観的な出来事の継起があると考えるのであろう。しかしカントの言うのは、むしろこのことが可能であるのは、われわれがすでに出来事が客観的に一定の順序で継起すると考えているからであるということであろうと思われる。すなわち、われわれは出来事が一定の順序で継起すると考えれば、知覚の順序もまた何故に一定でなければならないかということを理解し得るからである。知覚の順序は出来事の順序によって決定される。それ故「継起する知覚の順序を必然的ならしめる」(A 193, B 238) 規則*が存するのである。

＊　この箇処においてもこの「規則」が何であるか、解釈は容易ではない。カントはここで家の覚知のような場合には知覚の順序は一定していないと述べてからすぐ「しかしこの規則は生起するものの知覚の場合には常に見出されることができる。そしてこの規則は（現象の覚知における）継起する知覚の順序を必然的ならしめる」と言っているのであって、一見すると知覚の順序の一定であるということが「規則」と言われているように見える。しかしこう解しては後半の部分は全く同語反覆となり、理解することができなくなるであろう。それ故この場合「規則」とは「出来事の継起に一定の順序があるということによって知覚の順序も一定となる」ということを意味しているのではないかと考えられる。すでに述べたように、カントにおいては現象の客観とは表象の総括であり、すなわち客観とは表象を主観の先天的な規則にしたがって総合統一することによって生ずるものであると考えられているから、知覚の順序が不可逆的であるとき、われわれはこの規則によって継起する客観を生ぜしめる。そしてこのように一定の順序で継起する出来事と知覚の順序の不可逆性ということが結びつけられるのであり、ことばをかえれば、出来事の一定の順序の継起というものによって知覚の順序が規定されると言い得るのである。

それ故カントは明瞭に、「私はこの場合覚知の主観的継起を現象の客観的継起から導かねばならないであろう」（A 193, B 238）と述べているのである。もしもそうでないとすれば、われわれは主観的な覚知の継起から、客観的な出来事の継起について何も規定することはできないであろう。こうして「私は、単に私の覚知についてのみでなく現象そのものについて、現象のうちに継起が見出されるということは、私が覚知をまさにこの継起の順序においての外行うことができないということを意味すると言うことができるのである」（A 193, B 238）。

こうしてカントは覚知の主観的継起が現象の客観的継起から導かれねばならないと論じてから、最後にこのように出来事の順序が一定しているということは、先行する出来事のうちに後続の出来事を生ぜしめる制約があり、この出来事が必然的な規則によって結合されているということに外ならないと結論する。「それ故このような規則（覚知の主観的継起が現象の客観的継起から導かれることを意味すると思われる）にしたがえば、ある出来事に先行するもののうちに、この出来事がそれにしたがって常に必然的に継起してくる一つの規則に対する制約が存しなければならないのである」（A 193, B 238—239）。

第二の証明　この証明は第一の証明の間接的証明であると考えられる。すなわちカントはここで第一の証明で主張されたことが真でなかったならばという仮定から出発して次のように論ずる。「ある出来事の前に、この出来事が規則にしたがって継起せねばならぬような何ものも先行しないと仮定せよ。そうすると知覚のあらゆる継起は全くただ覚知においてのみ存する。すなわち単に主観的なものであろう。しかしこの主観的な知覚の継起によっては、本来何が先行する知覚で、何が継起する知覚であるかは客観的に全く規定されないことになる。こうしてわれわれは、客観と関係しない単なる表象の戯れを持つにすぎないことになるであろう……」(A 194, B 239)。「それ故、われわれが何かが生起するということを経験するとき、われわれは常に、それが一つの規則にしたがって継起するところの何かが先行しているということを前提しているのである。なぜならもしこの前提がないとすると、私は客観について、それが継起すると言うことはできないであろうから。というのは私の覚知における単なる継起は、それが先行するものとの関係において一つの規則によって規定されていないとすれば、客観における継起を考える権利を与えないであろうからである」(A 195, B 240)。カントはさらに附け加えて、普通には、われわれは出来事の継起を知覚し、それを比較することから、出来事の継起を必然的に規定する規則を発見し、したがってまた原因という概念を作ると考えられているが、こういうように考えれば、原因の概念は経験的なものとなり、すべて生起するところのものは原因を有するという規則も偶然的なものとなってしまうと言い、「時間における現象の総合的統一の制約として、この規則を考えることが、経験そのものの基礎であったのであり、それ故先天的に経験に先行したのである」(A 196, B 241) と結んでいる。

このように見てくると、確かにこの証明は第一の証明の間接的証明であると解されるが、しかし第一の証明自身が内容的に考えると、やはり間接的な仕方で証明されていると言えるのではないかと考えられる。すなわちそこでも、その証明の根拠は、もしも客観的な出来事の継起において一定の順序が存しないならば、われわれは覚知における知覚の一定の順序の必然性を考えることができないという点に存したのであった。そう考えると、この根拠そのものが第二の証明において述べられているのであり、したがって第一の証明と第二の証明は外見上の相違は存するが、実際は同じものであると考えられるのではないかと思われる。それ故この第二の証明は重要な意味を持つものではない。*

＊　H・W・カッシーラーはこの証明に大きな意義を認めている。それは第一の証明が因果律に対する心理的基礎を明らかにしているように思われやすいのに対して、この証明は純粋に論理的・認識論的議論をしているという点である（Cassirer, *Kant's First Critique*, p. 195）。確かにこういうことは言えるであろうが、しかし第一の証明といえども、カント自身の意図は純粋に認識論的・論理的な証明を行うことに存したのであるから、両者は内容的に異なったものと見る必要は存しないであろう。

第三の証明　この証明におけるカントの意図は、はじめの段落でカントみずから述べているように、今までの証明で基礎づけた事柄を「例によって示す」（A 196, B 241）ことにあったと言えようが、しかしカントが実際に述べていることはほとんど第一の証明と異なるところはない。すなわちそれはまず単なる主観のうちなる表象と客観との相違を述べ、ついで次のように論じてゆく。表象の多様は常に継起的であるから、単にこれによってはいかなる客観も表象されることはできない。「しかし私がこの継起のうちに、表象が一つの規則にしたがってそれに継起してくるところの先行状態に対する関係が存することを知覚し、あるいはあらかじめ想定するやいなや、私はあるものを出来事として、すなわち生起するものとして表象する」（A 198, B 243）。――このような考え方はすでに第一の証明において述べられていることと異なるものではない。ただこの証明において今までの証明とやや異なる点は、カントがその最後の方で、次の第四の証明を思わせるような考え方を述べているということである。すなわちカントは、われわれが対象を認識するということは「対象に対して、その先行状態によって与えられ、それ以外ではあり得ないような一定の位置を時間のうちにおいて与える」（A 198, B 243）ことであると言い、このことは、（時間そのものが知覚されない以上）、その対象を現象のうちにおいて先行するものと関係させることによってのみ可能であるが、「現象がこの先行するものとの関係において一定の時間的位置を得るということは、先行状態のうちに、現象が常に、すなわち一つの規則にしたがって、それに継起してくるところのあるものが前提されることによってのみ可能である」（A 198, B 243）と論ずるのである。しかしこの点は次の第四の証明でさらにはっきりと説かれている。

第四の証明　この証明はふつうに他の証明から全く異なったものと言われている。ここでは証明は次のように行われる。「前の時間がそれに続く時間を規定するということがわれわれの感性の必然的法則であり、したがってすべての知覚の形式的制約である以上（なぜなら私は先行する時間を通してでなければ、それに続く時間に達することはできないのであるから）、過去の現象がこれに続く時間のあらゆる存在を規定するということ、そして前者が後者にその時間における存在を規定しない限り、すなわち一つの規則にしたがって確定しない限り、後者は出来事として生起しないということは、また時間系列の経験的表象の不可欠的な法則である」（A 199, B 244）。ここでカントの言おうとすることは、時間というものは前の時間が後の時間を規定してゆくように表象されるということは、感性の直観形式である時間そのものの必然的性格なのであるが、時間そのものは知覚の対象とはなり得ないから、現象についての経験的な時間の表象はただ前の出来事が後の出来事を規定すると考えることによってのみ成立するということであろうと思われる。ところが、「すべての経験とその可能性に対しては悟性が必要である」（A 199, B 244）。そして悟性はこの場合においては、「継起するものとしての現象のそれぞれに、それに先行する現象との関係によって、時間のうちにおいて先天的に規定された位置を与える」（A 199, B 245）のである。しかしこのように現象の時間的位置を定めるということは、絶対時間というものが知覚されない以上、現象相互の関係によってのみなされ得ることであるから、「継起し、あるいは生起するものは一般的規則にしたがって先行状態のうちに含まれているものに継起しなければならない」（A 200, B 245）というのである。

すなわちこの証明は、今までの三つの証明と異なり、時間というものの性格から経験的な時間表象の可能であるための条件として因果律というものを考えようとするものであって、「実体の持続性」の原則において行われた証明と類似していると言えるであろう。すなわち「実体の持続性」の原則の場合は、対象の時間的位置を規定するためには、時間そのものが知覚されない以上、時間そのものをあらわすような持続体を考えて、各々の対象をこの持続体との関係によって時間的に位置づけねばならないと論じられたのであるが、ちょうどそれと同じように、この場合には、対象に対して客観的な時間における位置を規定するためには（そしてこのように時間的位置を規定されうるもののみが客観的な対象なのであるが）、時間そのものが知覚されない以上、他の現象との時間的関係を確定しなければならず、このことは規則にしたがった現象の継起ということを前提しなければならないというのである。このようにこの証明は他の証明と異なった内容を持ち、この意味でこの証明を独特のものと考えることは一応許されるであろう。

しかしまたわれわれはこの証明を、他の証明から全く独立なものと見ることもできないのではないであろうか。なぜならこの第四の証明は他の証明の場合にも実はその根拠として考えられているのではないかと思われるからである。他の証明は、すでに述べて来たように、われわれは現象の客観的継起ということを前提しなければ、知覚の順序の不可逆性ということから出来事の継起を考えることができないということであったが、この場合現象の客観的継起ということは先行現象が一つの規則にしたがって必然的に継起する現象を規定するということと同じであると考えられていた、あるいは少くともそう論ぜられていたと思われる。しかし現象の客観的継起ということと現象が因果関係によって規定されているということは必ずしも同じではないであろう。カントがはじめからこの両者を同一視して論じているのは、実はこの第四の証明の議論をその根底において考えていたからではないであろうか。第四の証明においては、われわれがある現象の時間的位置を規定するためには、先行現象との必然的な関係を知らねばならないと論ぜられているのであり、ここでは現象の因果的必然的継起の関係を考えることが現象の客観的継起を考える基礎であるということが主張されていると見ることができるのではないであろうか。さきに私は第三の証明のところでも第四の証明とほぼ同じ議論が行われていると言ったが、このこともこの点から理解できるのではないかと考えられる。もとより第四の証明の議論が正しいかどうかは問題であるが、少くともカントの意図はここにあったと見られるのではないであろうか。* しかしこの点については後に詳しく検討する。

* それ故さきの註で述べたように（二六六ページ）、ウェルドンがこの第四の証明を含む部分（正確に言えば第四の証明のところの大部分と第五の証明といわれる部分）のみが因果律の原則の証明であると解していることも十分理由があるのではないかと考えられる。

第五の証明　この証明は多くの証明のうちの最後のものであり、したがってペイトンの言う通り（Paton. *Kant's Met. of Exp.*, vol. 2, p. 257）単に今までの証明の要約であると見るべきであろう。それ故内容的にはとくに新しいことを含んでいない。そこでは次のように論ぜられる。表象そのものの順序は一定していないが、覚知（与えられた現象の多様の）の総合の場合には、「その順序は客観において規定されている」（A 201, B 246）。そして「この順序にしたがって、あることが必然的に先行するのであり、またこの先行するものが定立されれば、他のものが必然的に継起しなければならない」（同上）のである。もしそうでないと、その出来事は単に想像の主観的な戯れか夢と考えられねばならない。それ故に因果関係の原則は経験の制約であり、継起の制約のもとにある経験のすべての対象に妥当するのである。すなわちこの証明は第一の証明その他と本質的に同じことを言っていると考えられる。ただここでは、第一の証明の場合のように覚知の継時性から出発せず、構想力による多様の総合が継時的であるということから出発しているのであるが、この点では次の第六の証明と似ている。しかしこれは要するに本質的相違とは考えられない。

第六の証明　これは第二版において附け加えられたものであるが、ここではまず「因果律の原則」が「実体持続の原則」を前提していること、すなわち継起するすべての現象は持続的な実体における変化にすぎないということを述べた後、次のように論述する。私は現象が継起することを知覚するが、このことは私が時間のうちの二つの知覚を結合することによって可能である。ところが、この結合ということは単なる感性と直観の仕事ではなく、構想力の総合的能力の所産である。しかし構想力は二つの知覚をどちらを先にし、どちらを後にして結合することもできるのである。したがって客観における継起の関係が規定されたものとして認識されるためには、「二つの〔知覚の〕状態の間の関係が、そのうちのどちらかが先で、どちらかが後であり、逆の関係においては定立され得ないということが必然的として規定されるように、思惟されねばならない」（B 234）。しかしこのように「総合的統一の必然性を伴う概念はただ純粋悟性概念のみであり」、この場合には「因果関係の概念である」（同上）。すなわち、われわれが現象の継起を因果律に従属させることによってのみ、経験すなわち現象についての経験的認識も可能になるというのである。

この証明もまた今までの多くの証明と本質的に異なるものではない。ただここでは因果律が先天的悟性概念に基づくという点が外の証明以上にはっきりと主張されていると言えるであろう。そしてその根拠は必然性を伴う総合的統一の働きは悟性に基づくという点に存するのである。この議論が正しいかどうかも後に検討するが、とにかくこの証明はこの点でカントの意図を最も率直に表明したものと見ることができよう。

さてわれわれは以上においてカントの六つの証明の大体を述べたが、これを総合してみると、カントの証明はほとんど同一の内容を持つもので、ただ一つ第四の証明のみが他の証明と異なっていると言うことができると思われる。それ故われわれはカントの証明を次のようにまとめることができるであろう。

二種類の証明のまとめ

因果律の原則に対するカントの証明はこれを大体二種類に分けることができると思われる。第一の種類の証明は恐らく次のようにまとめることができるであろう。われわれの覚知は常に継時的に行われる。ところがわれわれはこの一様に継時的な覚知から、ある場合には客観的な出来事の継起を、ある場合にはまた対象の同時存在を認識する。たとえば上流にある船の知覚と下流にある船の知覚は継時的であり、またわれわれはここに出来事の継起が存すると考えるが、家の上部の知覚と下部の知覚は同様に継時的でありながら、われわれはこの場合には家の上部と下部が客観的に同時存在であると考えるのである。それではこのような区別はどうして行われるのであろうか。カントはこの区別は覚知における知覚の順序が不可逆的であるか可逆的であるかということによってなされると考える。すなわち上流の船と下流の船の知覚の順序は一定していてこれを逆にすることはできないが、その場合にはわれわれは出来事の継起が存すると考え、また家の上部の知覚と下部の知覚の順序は一定せず、われわれの知覚はどちらから始まってどちらに終ることもできるか、この場合には客観の同時存在が考えられるのである。しかしさらに進んで、このことはどうして可能なのであろうか。われわれはどうして知覚の順序の不可逆性ということから出来事の継起を考えることができるのであろうか。カントはその根拠として出来事そのものの継起が因果律によって一定の順序に規定されていると考えねばならないというのである。こう考えてのみわれわれは何故に知覚の順序が一定であるかということも理解されるからである。

第二の種類の証明は実体持続の原則の証明と類似したもので、それはおよそ次のように言い得るであろう。われわれが現象の客観的継起を認識し得るためには、われわれは各々の出来事にその時間のうちにおける位置を与えねばならない。しかしそれではこのことはどうして行われるであろうか。われわれは時間そのものを決して知覚することができないのであるから、われわれがある出来事に時間のうちにおけるある一定の位置を与えるということは、この出来事をそれに先行する出来事と関係づけることによってのみ可能であると言わねばならない。それ故われわれは現象が規則に従って継起し、先行の出来事が後に生ずる出来事を必然的に決定すると考えねばならない。こう考えてのみわれわれは現象の客観的継起ということを認識し得るというのである。

若干の注意　われわれは今やカントのこの二種類の因果律に対する証明を検討しなければならないが、しかしその前にカントの主張に対して一二の注意をしておきたいと思う。

第一に注意すべき点は、因果律の原則は実体持続の原則を前提しているということである。カントはこの二つの原則を全く独立的に取り扱い、その両者の関係についてはほとんど述べていないが、このことは恐らくカントにおいて自明的なことと考えられていたと思われる。因果律の原則は言うまでもなく客観的な現象の変化の間に必然的な規則の存することを主張するものであるが、変化ということは当然その根底に同一のものが存するということを予想していると言わねばならない。カントも言うように「持続的なもの（実体）のみ変化し得る」（A 187, B 230）と言うことができるのである。したがって因果律の原則の支配するところ、そこには当然その根底に持続的なものが存しなければならないのである。このことは改めて言うまでもなく明らかなことであろうが、カント自身因果律の原則と実体持続の原則との関係を余り強調していないので、この点をとくに注意しておかねばならない。もしこのことを考えないと、客観的な出来事の継起といえどもその間に必ずしも因果関係は存しないという反論も成立してしまうであろう。実際時間的に継起の関係にある二つの出来事の間に全く因果関係が存しないということは十分に考えることができると思われる。たとえば今せみが鳴いていたが、次の瞬間に夕立が降ったという場合、せみが鳴くという出来事と夕立が降るという出来事は客観的継起の関係にあるが、しかしその間には因果的関係は存しないであろう。このような例は無数に考えることができる。そしてこうした場合因果関係が考えられないのは、そこに持続的なものを考えることができないからである。一方の出来事はせみについての出来事であり、他方の出来事は水ないし雨についての出来事である。せみと水との間には持続的なものは考えることができないのである。これに反して夕立雲が出たという出来事と夕立が降ったという出来事の間には因果的関係が存する。なぜならこの場合には、夕立雲に含まれている水分と夕立となって降って来る水との間には持続的なものがあるからであり、二つの出来事は同一のものの状態の変化と考えることができるからである。カントが「現象の客観的継起」とか「出来事の継起」ということばを用いているとき、その意味ははっきり限定されていないが、カントはこの場合常に同一の持続的なものの変化と考えられる出来事の継起のみを考えていたと解さねばならない。カントが「〔実体という〕このカテゴリーは関係の項に属する。それはそれ自身関係を含むというよりはむしろ関係の制約であるからである」(A 187, B 230)と言っているとき、このことは極めて明らかであると言うことができよう。実体持続の原則は他の関係の原則(すなわち因果律の原則と交互作用の原則)の根底にその制約として存するものと考えられねばならないということはカントにおいて十分に意識されていたと言わねばならない。「因果律の原則」の第一版の叙述においてはこの点に全く触れなかったカントが、第二版においてはその最初の部分に、継起するすべての現象は単に変化であり、その変化の根底にある持続的なものを前提しているということをわざわざ附け加えたのも、カントの考えをはっきり示していると見ることができるであろう。

第二に注意すべきことは、たとえこのように同一の持続的なものを予想した出来事の継起のみに因果関係が存するのだとしても、この場合でもすべて先行の出来事が原因で後続の出来事が結果だと言うことはできないということである。この点についてもカントの叙述は必ずしもはっきりしていない。カントは先行現象がそれに継起する現象を決定するということがすなわち因果律であるということを主張しているため、カントはすべて継起する出来事を原因と結果の関係にあると考えたという誤解が生じやすい。この点については、これも多くのカントの註釈書に述べられているように、ショーペンハウエルがすでに次のような誤ったカント批判を行っているのである。すなわちショーペンハウエルによると、カントにしたがえば、すべての客観的継起は因果関係にあるのであるから、そうなるとたとえば昼と夜のごときもまた因果関係にあると考えられなくてはならない。しかし果して昼が夜の原因であると言うことができるであろうか。あるいはまたわれわれが音楽を聞く場合に始めに聞いた音は後に聞く音とは因果関係に立たねばならないことになるが、こういうことが果して成り立つであろうかというのである (Schopenhauer, *Über die vierfache Wurzel des Satzes vom zureichenden Grunde*, §23, *Werke hrsg. von Deussen*, Bd. 3, S. 196) しかしこのようなショーペンハウエルのカント批判は決してカントの真の意図を把握したものと言うことはできない。もとよりショーペンハウエルの言う通り、われわれは決して昼を夜の原因であると考えることはできず、また先に聞いた音が後で聞いた音の原因であると言うことはできない。したがってカントの主張することが、すべての客観的な出来事の継起がそのまま原因と結果の関係にあるということ、すなわちすべて先行現象は後続の現象の原因であるということに存するとするならば、カントは極めて不合理なことを主張しようとしたと言わねばならない。このことは何もショーペンハウエルの挙げている例を考えなくても、カント自身の挙げている流れを下る船の例を考えても、はっきり分ることである。この場合、船が上流からしだいに下流に下ってゆくということが客観的な出来事の継起であることは言うまでもないが、しかしそれだからと言って、船が上流にあったということが船が下流にあるということの原因でないことは明らかである。もしもわれわれが現在船が下流にあることの原因は一瞬間前にはもう少し上流にあったということにあると言うならば、われわれは極めて愚かな主張をしていることになってしまう。カントの論述がショーペンハウエルのような誤解を引き起すような欠陥を持っていたことは否定することができないとしても、しかしカントの意図は決してすべて継起する出来事が原因と結果との関係にあるということを主張しようとするものではなく、ただ継起する出来事の間には因果関係による必然的制約の関係があるということを主張するにあったと見るべきであろう。このように考えれば、たとえば、上流にある船と下流にある船との間には何かの原因による必然的連関があると言えるであろう。また昼と夜との継起の間にも、昼は夜の原因ではないにもかかわらず、地球の自転と太陽との関係という原因があって昼の後には夜が来るという必然的連関が存すると言えるのである。

さて、それでは因果律の原則に対するカントの証明は果して成功しているのであろうか。われわれは次にこの問題を考えなければならない。

証明の検討　まず第一の種類の証明について検討してみよう。われわれはこの証明においてカントが極めて巧みにヒュームの因果律批判に対して答えようとしていることを認めなければならない。ヒュームの因果律批判によれば、われわれは相継起する二つの知覚を何度もくり返して経験することによって、おのずからこの知覚によってあらわされる観念が連合するにいたり、二つの出来事の間に因果関係が存すると考えるようになる、したがって因果律の概念は全く主観的信念に基づくものにすぎないというのであった。このようなヒュームの考えは知覚の継起によってただちに出来事の継起が示されるという考えをその根底に有していると言えるのではないであろうか。そうすれば出来事の継起に一定の順序があるということは知覚における一定の順序ということと同じことであり、ここに因果律は全く経験的性格を持つものと考えられることになるのは当然であろう。ところがこれに対してカントの考えはすべての覚知において知覚は継起的に生じてくるということから出発する。このように考えれば、知覚の継起ということをわれわれはただちに出来事の継起ということと同一視するわけにはゆかない。なぜなら知覚が継起しても、われわれは対象の同時存在を考える場合も存するからである。したがってわれわれは知覚の継起ということから、たとえその知覚の順序が不可逆的であっても、経験的に出来事の継起を考えるということはできない。知覚の順序が可逆的であるか不可逆的であるかということは要するに知覚の順序の問題であって、知覚そのものの継起がただちに出来事の継起を示すものでない以上、知覚が一定の順序で継起するから出来事が一定の順序で継起すると考えることはできないからである。それ故カントは、われわれが知覚の不可逆性から出来事の継起を考えるとき、実はすでに出来事の一定の順序による継起ということをあらかじめ考えていると主張するのである。すなわち知覚の継起ということから客観的な出来事の継起を推論することは、この両者が元来全く異なったものである以上、絶対に不可能なことであり、むしろ出来事の継起という考え方がわれわれのうちにあらかじめ存していなければならないと言うのである。そして出来事の継起ということを考えれば、そこからなぜ知覚が一定の順序で継起しなければならないかということも理解されると考えるのである。つまりカントは、ヒュームが知覚の継起がすなわち出来事の継起と考えていたのに対して、あらゆる覚知において知覚が継起するということに注目して、知覚の継起と出来事の継起とを区別した。そしてその結果、出来事の継起という考えは知覚の継起から経験的に知られるのでなく、むしろわれわれがあらかじめ考えたものであるということを主張しようとしたのである。

われわれはこの点で確かにヒュームの因果律批判に対するカントの解答がすぐれているということを認めねばならないと思う。ヒュームはあらゆる場合に覚知が継時的に行われるということを全く考えなかった。そしてそのために知覚の継起からどうして出来事の継起を考え得るかというところに問題が存するということを洞察しなかった。カントの鋭い思索はヒュームのこの欠点を見事にとらえ、そこにヒュームに対する解答を見出したのである。しかしながら、それではカントの所論は果して因果律の原則を完全に証明していると言えるであろうか。それは出来事の客観的継起において因果律が支配しているということを示していると言えるであろうか。私はカントの主張には一つの大きな飛躍が存するのではないかと考える。われわれは確かにカントの言うように単なる知覚の一定の順序の継起ということから客観的な出来事の継起を推論する根拠を有せず、むしろ反対にあらかじめ出来事の継起ということを考えるが故に、知覚の順序が一定である場合に出来事の継起が存すると言い得るのであると考えることができよう。しかし問題は、出来事の継起に一定の順序があるということがただちに出来事が因果律によって規定されているということと同じであるかどうかという点に存する。出来事が因果律によって規定されているということは、言うまでもなく、先行の出来事が必然的に後続の出来事を規定するということを意味する。先行の現象が存在すれば、それによってある一定の現象が必ず継起して来なければならないのである。しかし出来事の継起が一定の順序を持つということは必ずしも因果律の支配ということを考えなくても十分に成立し得るのではないであろうか。もとより因果律が存在しそれによって現象が支配されていれば、現象の継起は一定の順序を持つことは言うまでもない。しかし逆に、現象の継起が一定の順序を持っているということから、現象の継起が因果律によって規定されていると考えなければならないということは必ずしも生じて来ないのではないであろうか。なぜならもしも因果律が存在しないとしても、客観的な現象の継起は、それが時間のうちにおいて経過し、また時間は決してもとに戻すことはできない以上、常に一定の順序を持っているからである。たとえば上流にある船が下流に下る場合、そこに因果関係は存在しなかったと仮定してみよう。言いかえれば上流にある船が下流に動いた場合、そこに何もこの二つの現象の継起を必然的ならしめる因果関係は存しないと仮定してみよう。しかしその場合でも船が上流から下流に動いたということは客観的な現象の継起であり、船が一度動いた以上、その現象の継起の順序は一定であると言わねばならない。継起の順序が一定であるということとそれが必然的規則によって因果的に決定されているということとは全く異なると言わねばならない。カントはこの二つを同一視し、そのためにわれわれが知覚の順序の不可逆性から出来事の客観的継起を考えるとき、あらかじめ出来事の一定の順序の継起を前提しなければならないと論ずることが、ただちに出来事の間に因果的連関があることを論証することになると考えてしまったのではないであろうか。しかしこの二つのことは全く違うのであり、われわれはこの相違を十分に注意しなければならない。

それ故もしもわれわれが出来事の継起が因果律によって必然的に規定されているということを証明しようとするならば、単に知覚の順序が一定で不可逆的であるということでなく、知覚の順序が必然的であるということを証明しなければならないと思われる。もし知覚の順序が必然的であると言えるならば、われわれはあらかじめ出来事の継起が因果律の原則によって必然的に決定されていると考えなければ、このことを説明し得ないであろうからである。しかしカントは決して知覚の順序が必然的であるということを主張しているのではない。そうではなく、カントはただ知覚の順序の不可逆性ということを主張しているにすぎない。しかし知覚の不可逆性ということは、たとえ客観的な出来事の継起が因果律によって決定されていなくても、十分に考え得ることである。客観的な出来事の継起は、この場合でも、不可逆的順序を持っているからである。いやむしろカントの立場では本来、知覚の順序が必然的であるということは決して主張することができないと言わねばならない。なぜならわれわれは知覚の順序についてはただ経験的にこれを知る外はないが、経験によっては決して必然的認識を持ち得ないということこそカントの根本的立場であったからである。われわれがたとえ経験上いかに多くの場合に一定の順序の知覚の継起を認識しても、その順序は必然的であるとは言い得ない。われわれが言い得るのはただ今まで多くの場合に知覚が一定の順序を持っていたということだけであり、このことから客観的出来事の継起が因果律によって規定されていると考えねばならない理由は存しないのである。

こうして私の見るところでは、カントの第一の種類の証明は決して因果律の原則の証明にはなっていないと思われるが、それでは第二の種類の証明はどうであろうか。われわれはこの点を検討しなければならない。すでに述べたように(二七三ページ)、カントは第一の種類の証明と第二の種類の証明とを単に並列的に述べているというのでなく、むしろ第二の種類の証明こそカントの因果律の証明の核心であるとも解することができるのである。確かに第二の種類の証明は第一の種類の証明よりも根本的性格を持っていると言えよう。第一の種類の証明では知覚の順序の不可逆性と客観的な出来事の継起との関係が問題であった。しかしこのような証明では、上に見て来たように、実は出来事の一定の順序の存在ということは言えるとしても、これが因果律によって規定されているかどうかを示すことはできなかった。第二の種類の証明は出来事の継起が一定の順序を持っているということはすなわち因果律を前提するということを示そうとするものであると見られるであろう。すなわちわれわれが出来事が一定の順序によって継起すると考えるためには、それぞれの出来事を時間の中に位置づけることができなければならないが、このことはただ出来事を先行の出来事との時間関係において規定するということによってのみ可能であり、そしてさらにこれが可能であるためには先行の出来事が必然的に後続の出来事を規定すると考えられねばならないと言うのである。こうして第二の種類の証明は第一の種類の証明以上に基本的性格を持っていると見ることができるが、しかし内容的に考察するとき、この証明もまた第一の種類の証明と同様、因果律の原則を基礎づけ得るものでないことは少し考えてみれば明らかであろう。この場合にもわれわれは確かに出来事の継起が因果律によって規定されていれば、ある出来事の時間における位置を先行の出来事との関係によって規定することができる。しかし逆にある出来事の時間的位置を規定するということが必ず先行の出来事との間に因果関係が存することを前提しなければならないとは言うことができない。なぜなら、先行の出来事との間に因果関係が存在しなくても、先行の出来事の時間的位置が規定されていさえすれば、それに続く出来事の時間的位置は十分に規定され得るからである。

＊　ペイトンはこの第二の種類の証明（すなわち第四の証明）について、カントは出来事の継起が存しなければならないという主張と、それと全く異なる主張、すなわち出来事の必然的継起、言いかえれば因果律によって決定された継起が存しなければならない、という主張とを混同しているように見えるかも知れないが、カントがこのような初歩的な誤りを犯すとは考えられない、と言い、恐らくカントは時間の連続性ということから変化の連続性ということを考え、この変化の連続性ということが因果性を含むと考えたのではないかとカントを弁護している（Paton, *Kant's Met. of Exp.*, vol. 2, p. 256)。しかし変化の連続性を考えると、どうして因果律を認めねばならないのか、私には理解できない。

こうして私は因果律に対するカントの二種類の証明はいずれも成功していないと考えるが、しかし私はさらに、たとえ上述の私の批判が誤っているとしても、なおカントの議論は一層根本的な点で大きな欠陥を持っていると言えるのではないかと思う。それはすなわちカントの議論は決して因果律が先天的原則であるということを基礎づけていないということである。われわれは確かに、カントが第一の種類の証明で主張するように、単なる知覚の不可逆的な順序ということから客観的な出来事の継起を導くことはできない。むしろわれわれはあらかじめ客観的出来事の継起を考え、そこから知覚の一定の順序を説明し得るのであろう。したがってこの意味でわれわれが客観的出来事の継起を、そしてもしこのことが出来事の因果的連関の存在を意味するとするならば因果律を、あらかじめ考えなければ、経験的世界は成立せず、われわれは単なる知覚の戯れの世界を持つにすぎないと言えるであろう。しかしこのことは決して因果律が先天的原則であることを示すものではない。それはちょうどガリレイやトリチェリが自然現象を説明するために仮説を考えたのと同じ事情であるとは言えないであろうか。ガリレイやトリチェリも確かにその仮説をあらかじめ頭の中で考えたのである。しかしその仮説の内容は決して先天的なものではなかった。それは経験的内容を持つものであったのである。それと同じように出来事の継起が因果律によって必然的に規定されているという考えも、それがたとえ知覚の一定の順序ということを説明するために必要な仮説であるとしても、全く経験から独立であるという意味で先天的とは決して言えないのではないであろうか。それは知覚の一定の順序ということを説明するために実験的に投げ入れられた仮説であると言うべきであろう。なぜなら知覚の順序がある場合に不可逆的であるということは全く経験的に知られることであるからである。同様のことは第二の種類の証明についても言えると思う。カントはこの証明では出来事の時間的位置を規定するためには、出来事の間の時間的関係が規定されることができなければならず、このことはまた出来事の継起が因果律によって必然的に規定されていなければならないということを示すと主張した。しかしカントのこの主張がもし正しいとしても、この議論は決して因果律の先天性を基礎づけるものではない。確かにこの場合われわれが因果律を考えなければ出来事を時間のうちに位置づけることができず、したがって経験的世界というものはわれわれが現に考えているものと全く異なったものとなってしまうかも知れない。しかしそれだからと言って因果律が先天的原則であるということにはならないのではないであろうか。われわれはすでに「実体の持続性」の原則の場合に、もしも規則的な天体の運行がなければ時間的位置の決定ということが困難となり、われわれの経験的世界は現在われわれの考えているのとは違ったものになるかも知れないが、それにしても規則的な天体の運行があるということは先天的な事柄ではないと述べた。ちょうどそれと同じことがこの場合にもあてはまるのではないかと思われる。出来事の間に因果的関係が存し、先行の出来事が必然的に後続の出来事を規定するかどうかということは決して先天的にきめ得ることではない。それは実際に経験的に吟味してみることによってのみ確かめられ得るのである。

それ故、カントが因果律を以て先天的原則であると考えた時、その根底には恐らく次のような考え方が存していたのではないかと思われる。われわれは現にその中において出来事が必然的に継起する経験的世界というものを考えている。ところが経験的世界とは知覚を基礎にして主観の総合統一によって作られたものであるから、経験的世界が因果律によって支配されていると考えられる以上、因果律はわれわれのうちに存する先天的概念であり、われわれはこの先天的概念によって知覚を総合統一すると考える外はない。——そして事実カントは第二版において追加された部分において（二七四ページ参照）、このことをはっきり述べている。そこではカントは、構想力は二つの知覚をどちらを先にしても総合することができるから、出来事の客観的継起の関係が規定されたものとして考えることができるためには、純粋悟性概念、この場合には因果関係の概念によって知覚が総合統一されると考えられねばならないと言っているのである（B 233—234）。しかしこのようなカントの考えは実は全くの循環であると言わねばならない。なぜなら、カントは因果律の先天的であることを証明すべきであるのに、はじめから経験というものが主観の先天的概念によって成り立つということを前提して論じているからである。この前提を認める以上、経験的世界が因果律によって支配されているとすれば、因果律は当然先天的原則であると考えられねばならない。しかしわれわれはどうしてこのような前提を認めることができるかということこそ問題でなければならない。この前提の正しいということは因果律その他の原則が先天的であるということが証明された後に、はじめて承認されることなのではないであろうか。カントの議論が全くの循環論証に終っていることはどうしても否定し得ないと思われる。

失敗の原因　このようにカントの因果律の原則に対する証明は大きな欠陥を持っていると言わねばならないが、それではその原因はどこに存するのであろうか。しかしこの点については、私はすでに「実体の持続性」の原則の箇処において述べたことと同じことを言い得ると考える。すなわち「経験の類推」の原則はもはや知覚の成立の場面に働く原則ではなく、すでに知覚が成立した後、この知覚を総合統一して経験的世界を成立せしめるところに働くべき原則であった。しかし認識論的主観主義の思想は知覚の成立の場面においてはとにかく一応困難なく考え得るが、知覚以上の段階ではもはや成り立ち得ないのである。そのため「実体の持続性」の原則の場合と同様、この「因果律に従った継起の原則」の場合においても、カントの証明は全くの失敗に終らねばならなかったのである。カントは「カテゴリーの先験的演繹」においては、カテゴリーの客観的妥当性を基礎づけるために、知覚そのものがすでにカテゴリーによって成立していなければならないと考えた。そして水の凍るのを知覚する場合にも、そこには因果性のカテゴリーが働いていると言ったのである。しかしもしこのように考えれば、因果律はすべての知覚の継起に妥当することになってしまわねばならない。夢や幻の中の知覚といえどもそれが継起する限りは、そこに因果律が適用されることになってしまうであろう。そして因果律によって単なる主観的な知覚の継起と客観的な出来事の継起とを区別しようとすることは不可能になる。したがって因果律は知覚成立の場面においてではなく、知覚の総合統一の段階において働くものと考えざるを得ないが、こう考えると今度は悟性の先天的概念である因果性のカテゴリーがどうして知覚の対象に対して妥当性を持ち得るかということが理解されなくなる。われわれはどうして先天的概念としての因果性のカテゴリーをある知覚の場合に用い、他の場合には用いないのであろうか。カントの考えではそれは知覚の順序が不可逆的である場合であるということであったが、さらに根本的に考えるならば、どうして不可逆的な知覚の場合にのみ因果性のカテゴリーを用いるのかという問題が存するであろう。そしてこの問題に対する解答は、不可逆性という知覚そのものの持っている経験的性格がこのカテゴリーを要求しているというところに求める外仕方がないのではないであろうか。われわれは知覚がある場合には可逆的であり、ある場合には不可逆的であることを経験的に知る。そしてこの経験的事実を説明するために、不可逆的な知覚の場合には因果性に従った客観的出来事の継起というものを考えるのである。もしこう考えられるとするならば、因果律は決して先天的原則ではないことになってしまわねばならない。因果律が先天的原則であるとすれば、何故に不可逆的な知覚の場合にのみこれを適用し得るかということは理解できなくなってしまうと考えられる。カントが因果律の原則に対する証明において失敗したのはむしろ当然であると言わねばならない。

しかしそれでは因果律は何故に自然現象を支配する普遍的な原則として考えられ得るのかと問われるかも知れない。しかしこの点については今までの論述から容易にその解答を見出すことができよう。われわれは確かに知覚の継起に一定の順序があるということから、因果律によって自然現象が支配されているということを導出することはできない。しかしわれわれは知覚の一定の順序を説明するために、因果律による自然現象の継起ということを実験的に投げ入れてみることができる。そしてその実験的投げ入れが成功すれば、われわれは因果律の原則を自然現象を支配する根本的原則と考えることができるであろう。「実体の持続性」の原則と同じように、「因果律に従った継起の原則」もただ実験的投げ入れとして解さねばならないのである。それは決してカントの言うような意味で、先天的原則なのではない。それは経験的世界そのものが客観的に持っている根本的性格を言いあらわす原則であり、本来経験的性格を持つものと言わねばならない。現代、量子力学において因果律の妥当性が論議の的とされているということは、因果律のこの経験的性格をはっきり物語っていると考えられる。

なお、カントはこの「因果律の原則」の場合にも第二版に附け加えられた「原則の体系に対する一般的註」の箇処で、空間という要素を強調している。「因果性の概念に対応する直観としての変化を示すためには、われわれは空間における変化としての運動を例にとらねばならない。いや、それのみならず、こうすることによってのみわれわれは、いかなる純粋悟性もその可能性を把握することのできない変化というものを直観化することができるのである」(B 291)。この注意は、「因果律の原則」が「実体持続の原則」を基礎として成立するものであり、そして「実体持続の原則」がすでに述べたように空間的持続体に関するものであるということがカントによって自覚された以上、当然のものであると言えるであろう。

(八)(第三の類推) 交互作用あるいは相互性の法則に従う同時存在の原則

——すべての実体は、それが同時に存在する限り、完全な相互性の関係に立つ(すなわち互いに交互作用をする)。(第一版)(なお第一版では「交互作用あるいは相互性の法則に従う同時存在の原則」という標題の代りに「相互性の原則」と言われている。)

——すべての実体は、それが空間のうちにおいて同時的なものとして知覚される限り、完全な交互作用の関係にある。(第二版)

この原則の意味 第一の類推においては実体持続の原則が、第二の類推においては因果律の原則が考察されたが、この両者の場合においてはわれわれはカントが基礎づけようとした原則の意味を十分に理解することができる。なぜなら実体持続の原則も因果律の原則も共に自然科学において基礎的な意義を有する原則であるからである。ところがこの第三の類推の場合においては、カントが果してどういう意味でこの原則を原則として基礎づけようとしたのか必ずしも明瞭ではない。この原則はもとより同時に存在するあらゆる実体が交互作用の関係に立つということであるが、しかし何故にこのような原則が自然科学において基礎的な意義を持つのであろうか。カントはこの点についてはっきりした説明を与えていないが、しかしわれわれはカントの次のことばからカントの意図を十分に読み取ることができるのではないかと考える。カントは次のように述べている。「その中においてあらゆる現象が結合されなければならない世界全体(Weltganzes)の統一が、同時に存在するあらゆる実体の相互性というひそかに想定された原則の単なる帰結にすぎないことは明らかである。なぜなら、もし実体が互いに孤立しているとすれば、それらは部分として全体を構成しないであろう。そしてまたもし実体の結合(多様の交互作用)が同時存在のためにすでに必然的でないとすれば、われわれは同時存在という単なる観念的関係から、実体の結合という実在的関係へ推論することはできないであろう」(A 218, B 265 Anmerkung)。すなわちカントがこの原則によって基礎づけようとしたことは、この世界全体のうちにあるものが一として孤立的なものはなく、何等か相互に関係し合い、そこに統一的な世界が構成されているということであった。カントはこのように世界全体が統一的なものであるということは人々によって当然のこととして認められているにもかかわらず、このことを可能ならしめる根拠としての実体の相互作用の原則は必ずしもはっきり自覚されず、むしろ「ひそかに想定されている」にすぎないと考え、この「ひそかに想定されている」原則をはっきり原則として打ち立てようとしたと考えられる。通常われわれが因果律的見地からある現象の原因を探求するとき、われわれは副次的な原因をすべて捨象してしまって、主な原因のみを取りあげ、これをその現象の原因であると考える。たとえばビリアードの球が動いた原因はキューによって突かれたことにあると考える。しかし実はよく考えてみると、その球が一定の運動をしたということの原因は単にキューによって突かれたということにのみあるのではなく、他の多くの原因が存在するのである。たとえばどの球でも完全な球形をしているものはないであろうから、その球独自の形がその球の運動を決定する原因となる。またラシャのはり方、性質なども見逃し得ない原因であろう。あるいはさらにまた玉突き台が動けば球の運動も変ってくるであろうから、玉突き台そのものの構造、そして玉突き台を支えている床の構造、あるいはさらに進んで床は地球によって支えられているのであるから、地球の引力も原因と考えることができるし、地球の引力は他の天体との関係を無視して考えることはできないであろうから、他の天体の構造等も原因と考えることができるであろう。このように考えてゆくとあらゆる現象は決して孤立したものでなく、互いに相関係していると言わねばならない。自然界は決してある一つの出来事が原因となって他の一つの出来事を結果として生ぜしめ、この出来事が原因となってまた新たな出来事が結果として生ずるというように一本の因果関係によって変化してゆくのではなく、すべての出来事は相互に関連しそこに世界全体の統一が存するのである。それ故われわれが自然界を理解するためには単に因果律のみでは十分ではなく、ここに交互作用の原則が自然科学における基礎的原則として要求されると言うことができよう。カントが第三の類推において基礎づけようとしたのは、この因果律を補うべき原則であったのである。

カントの証明　それではカントはこの原則をどうやって基礎づけようとしたのであろうか。この原則に対するカントの証明は大体次の通りである。カントはこの場合も、「経験の類推」の他の二つの原則の場合と同様、覚知における知覚は常に継時的に生ずるということを前提して、そこから出発する。そしてこのように常に継起する知覚からわれわれがどうして客観的に共存するものを決定することができるかということを問うてゆくのである。カントによると、われわれが物の同時存在を認識することができるのは「多様の覚知の総合における順序が無関係である場合、すなわちAからB、C、Dを通してEに行くこともできるし、また逆にEからAに行くこともできる場合」(A 211, B 258)である。言いかえれば、「あるものの知覚と他のものの知覚が交互的に継起し得る」(B 257) 場合である。このことは第二の類推の場合に述べたように、出来事の客観的継起の場合には全く不可能であった。そこでは知覚の継起の順序は一定であり不可逆的であった。ところが知覚の継起の順序が一定せず可逆的である場合がある。たとえばわれわれの知覚は月に始まって地球に及ぶこともできるし、逆に地球から始まって月に及ぶこともできる。あるいはまた家の上部から始まって下部に終ることもできるし、逆に家の下部から始まって上部に終ることもできる。このように知覚の順序が可逆的である場合に、われわれはこれらの対象は同時に存在すると言うのである。

もとよりこの場合われわれはカントが知覚の可逆性ということから対象の同時存在を推論できると主張しているのではないことを注意しなければならない。すでに第二の類推の場合にもカントが知覚の順序の不可逆性から客観的出来事の継起を推論しているのではなく、かえって逆に、客観的出来事の継起ということを考えなければ、知覚における一定の順序ということも理解できないと論じているということを見たが、この場合にもカントは知覚の順序の可逆性ということから実体の同時存在を推論するようになるということを言っているのではなく、むしろ知覚の可逆性ということは、実体の共存をあらかじめ考えなければ理解できないと言っているのである。もしこのように考えないと、これも第二の類推の場合に述べた通り、カントが実体の相互作用の原則を先天的原則として打ち立てようとする意図は全く崩れてしまうと言わねばならない。

さてこうしてカントは実体の同時存在ということを考えなければ知覚の可逆性が理解されないと主張するのであるが、それではさらに進んで多くの実体が同時に存在するということはどういう条件によって可能なのであろうか。カントはこの条件として実体の相互作用ということを考えるのである。「現象としての実体の多様において、それぞれの実体が全く孤立している、すなわちどの実体も他の実体に影響せず、また影響されないと仮定してみよう。そうすると実体の同時存在ということはいかなる可能的知覚の対象ともならないであろうし、また一つの実体の存在は、いかなる経験的総合の方法によっても、他の実体の存在へ導くことはないであろう、と私は主張する」(A 212, B 258—259)。それ故「単なる存在の外になお、AがBに対し、逆にまたBがAに対してその時間のうちにおける位置を規定する何かが存しなければならない。なぜならこの条件のもとにおいてのみ、上述の実体は、同時に存在するものとして、経験的に表象されることができるからである。さて、他のものに対してその時間のうちにおける位置を規定するのは、他のものあるいはその諸規定の原因であるものだけである。それ故に実体の同時存在が何等かの可能的経験において認識されるべきであるとするならば、それぞれの実体は(実体はその規定に関してのみ結果であり得るのであるから)他の実体のある諸規定の原因性を、同時に他の実体の原因性の結果を自己のうちに含んでいなければならない、すなわち実体は力学的相互性(直接あるいは間接に)の関係に立たなければならない」(A 212—213, B 259)。すなわちカントは二つの実体の同時存在が認識されるためには、それが時間のうちに位置づけられねばならない以上、一方が他方の原因でありまた他方が一方の原因であるような相互作用の関係にあることが必要であり、ここに、「すべての実体は、それが空間において同時的なものとして知覚され得る限り、完全な相互作用の関係のうちにある」という原則が証明されると論ずるのである。

ここに述べたのは大体において第一版におけるはじめの三段落(A 211—213, B 258—260)の部分であるが、この部分は通常カントがこの原則に対して与えた四つの証明のうちの一つの証明であると考えられている。他の三つの証明とは第四段落（A 213—214, B 260—261)、第五段落（A 214—215, B 261—262)、および第二版において新たに附け加えられた部分（B 256—258）であるが、この四つの証明は内容的に異なるものではなく、上に述べた証明が最も詳しいもので他はその不完全な叙述と考えられるので、ここでは他の証明を一々検討する必要は存しないであろう。

若干の注意　以上が実体の交互作用の原則に対するカントの証明であるが、われわれはこの場合にもこの証明の検討にはいる前に、この原則に対する誤解を防ぐために若干の注意をしておかねばならない。

第一に注意すべきは、この原則が因果律の原則と密接に連関し、あるいはむしろその基礎の上にのみ成立するということである。カントはこの二つの原則の間の連関についてほとんど触れていない。そしてこの二つの原則は相互に全く独立であるかのように取り扱われているのである。このことはカントが「経験の類推」の原則を時間の三つの様相、すなわち持続・継起・同時存在のそれぞれに対応させたため、実体持続の原則、因果律の原則および相互作用の原則が全く異なった時間の様相に関する原則と考えられ、これらの三つの原則が並列的であり相互に独立的なものとされてしまったことから生じていると思われる。実体持続の原則が他の二つの原則の前提をなしておりその限りそれらから離れたものでないことはすでに述べたように第二版においてはっきり注意されるにいたったが、しかし因果律の原則と相互作用の原則との連関についてはついにこれを深く考えなかったのであろうと思われる。

しかし事態的に考察するとき、相互作用の原則は因果律の原則から無関係に成立するとは考えることができないであろう。われわれはこの点についてショーペンハウエルの言うところを顧みる必要があると思われる。ショーペンハウエルによると、相互作用ということはそれ自身全く矛盾した概念である。なぜなら相互作用ということはAがBの原因であり、また逆にBがAの原因であるということを意味するが、このように同一のものが他のものの原因でもあり結果でもあるということは全く不可能であるからである。AがBの原因であるというときにはAとBとは当然因果関係にあるのであるからAは時間的にBに先立たねばならない。ところがBがAの原因であるというときには、これとは逆にBがAに時間的に先立たねばならない。しかしこのことは矛盾であり、したがって相互作用とはそれ自身矛盾した概念でなければならない。それ故ショーペンハウエルによると、通常相互作用と考えられるものは実は複雑な因果関係に外ならないのである。たとえば火が燃えさかってゆく場合には、燃えるにしたがって熱が高くなり、さらにその熱によってますます燃えてゆくというように熱と燃焼との間に交互作用が存するように思われるが、実はこれは決して同一のものが他のものの原因でもあり結果でもあるということではなく、二重の因果関係が存しているのである。つまりAがBの原因であり、BがまたAの原因であるというのではなく、AがBの原因であり、BがA_1の原因であり、またA_1がB_1の原因であるというような関係にあるのである。燃焼（A）は熱を高める（B）。そしてこの高まった熱がさらに燃焼（A_1）をさかんにするのである。したがって相互作用ということは因果性というものから独立のものではなく、ただ因果関係が複雑なものになっている場合にすぎない（Schopenhauer, *Kritik der Kantischen Philosophie*, Werke hrsg. von Deussen, Bd. 1, S. 546）。このようなショーペンハウエルの主張は十分に注意に値すると思われる。ショーペンハウエルはここから交互作用の概念を否定しようとした。しかしわれわれはこの点についてショーペンハウエルに同意する必要は存しないと考える。すでに述べたように、交互作用の原則は世界全体の統一を基礎づけるべき原則であった。そしてこの世界全体の統一ということは単なる因果律の原則によっては基礎づけることができないのである。われわれは多くの因果系列がまた相互に相連関していることを認識しなければならない。したがって交互作用の原則は因果律の原則そのものではなく、それ以上のものであると言わねばならないであろう。そしてその限り交互作用の原則を、因果律の原則とは別個の原則として認めることができるであろう。しかしそれにしても交互作用の原則は、ショーペンハウエルの言う通り、因果律の原則と独立のものではなく、むしろ因果律の原則を基礎にしていると言うべきであろう。

それ故に、われわれは交互作用の原則の場合、同時性ということを余り厳密に解釈してはならないと思われる。もしこれを厳密に解釈すれば、ショーペンハウエルの言うように、交互作用という概念そのものが矛盾を含んでくることになる。もとより同時性ということがこの場合全く無関係だと言うのではない。相互に影響を与え合う二つの物、ないし出来事は同一時間を通じて共存していなければならない。そうでなければその影響は一方的なものであって相互作用が成立するはずはない。Aという物がBという物に対して影響を与えた瞬間に消滅してしまえば、Bがまた逆にAに影響を与えることは不可能である。それ故AはBに影響を与えた後も存在し続けて、Bと同時に存在することが必要である。このようにAとBとが同時存在であることによってのみ両者の間の相互作用は行われるのである。しかしわれわれはその相互作用そのものが全く同時に行われると考える必要は存しない。AとBとは確かに相互に作用しあうのであるが、しかしそれを詳しく見るとAのある状態（A_1）がBのある状態（B_1）に作用し、またこのBの状態（B_1）がAの他の状態（A_2）に作用するのである。この作用の一つ一つを取ればそれは単なる因果関係であり、そこに時間的先後の関係が存するのである。カントはすでに「因果律の原則」の箇処で、原因と結果とは同時に存在することのあることを認めている。たとえば、室内の暖かさの原因は暖炉であるが、この原因と結果とは同時に存在する。いやそれどころか、カントによると、「自然において作用している原因の大部分はその結果と同時に存在している」（A 208, B 248）のである。しかもこのように原因と結果とが共存するからといって、原因と結果との間に時間的先後関係が存しないとは言えない。

暖炉がまず燃されなければ、室内の温度は暖かくならない。「原因の原因性とその直接の結果との間の時間は消失する（つまり同時的）ことができる、しかしそれでも原因の結果に対する時間的関係は規定することができる」（A 203, B 248）のである。このカントの言う原因と結果との共存ということこそ、交互作用ということであると言わねばならないであろう。カントの挙げている室内の暖かさと暖炉の場合を考えても、厳密な意味で考えれば、原因と結果とが同時に存在するとは言うことができないであろう。同時に存在するのは室内の暖かさという出来事と暖炉の存在ということである。そしてこの両者が同一時間中に存在しているが故にこそ、一つ一つの因果関係は時間的先後の関係を持っていても、相互作用が成立するのである。このようにカントが実質的には相互作用の関係を「因果律の原則」の箇処で考察しているということは、相互作用の原則が因果律の原則から独立なものでないことを明瞭に物語っていると言えるであろう。

第二に、このように相互作用の原則が因果律の原則の基礎の上に成立するものであると言えるとするならば、われわれはカントがこの原則を「すべての実体は……完全な交互作用の関係に立つ」というように実体間の交互作用の原則と考えていることに反対しなければならないであろう。「実体持続の原則」が実体に関する原則であったのに対して、「因果律の原則」は決して実体に関する原則であると言うことはできない。それは現象の変化についての原則であり、変化とは実体の持つ規定の変化である。実体そのものが消滅しないことは「実体持続の原則」で主張されたことであった。言いかえれば、「因果律の原則」は実体の偶有性に関する原則であったと言えるであろう。それ故もしも「相互作用の原則」が「因果律の原則」の一層複雑な形態であるとするならば、この原則もまた当然、偶有性相互の関係についての原則であり、実体の持つ規定の変化についての原則であると言わねばならないのではないであろうか。ところがカントはこの原則を実体に関する原則と考えてしまった。この点にカントが「相互作用の原則」と「因果律の原則」との関係を洞察しなかった欠点があらわれているのではないかと思われる。実際、相互作用を実体間の相互作用と考えることは極めて不合理であると言わねばならない。「実体持続の原則」において言われている実体とは、あらゆる変化を通じて不変化的に持続するものであり、その量は自然において増減しないものであった。そうすればこのような実体が多数存在すると考えることはできないはずである。事実、「実体持続の原則」においては実体ということばは単数で用いられているのである。それ故、「相互作用の原則」において「あらゆる実体は……」というように複数形で語られている実体は、「実体持続の原則」の場合の実体とは異なったものでなければならない。それは実はもはや実体と呼ばれるべきものではなく、単なる物である。それは持続的な実体が一定の規定を持った姿であると言うべきであろう。カントはこの原則をあらゆる実体間の相互作用の原則として規定する必要は少しもなかったのである。それは単に実体という概念の混乱をもたらすにすぎない。むしろカントは単に、「あらゆる物は、それが空間において同時的なものとして知覚される限り、完全な相互作用の関係に立つ」とこの原則を表現すべきであったと思われる。

証明の検討　さてそれではこの原則に対するカントの証明は果して成功していると言えるであろうか。私はこの証明にも多くの欠点が存すると思う。

まず第一にわれわれはカントが知覚の順序の可逆性から物の共存を認識できると論じている点に疑問を持つことができるであろう。もとよりこのことが可能である場合は存在する。それどころか大抵の場合にはこのことは可能であろう。カントの挙げている地球と月の場合とか家の上部と下部などの場合には、知覚はどちらから始まってどちらに終ることもできるのであり、またそこからわれわれが対象の共存を認識し得ることは言うまでもない。しかしわれわれはこのこ

郵便はがき

恐縮ですが
切手をお貼
りください

112-0005

東京都文京区
水道二丁目一番一号

勁草書房
愛読者カード係行

(弊社へのご意見・ご要望などお知らせください)

・本カードをお送りいただいた方に「総合図書目録」をお送りいたします。
・HPを開いております。ご利用ください。http://www.keisoshobo.co.jp
・裏面の「書籍注文書」を弊社刊行図書のご注文にご利用ください。より早く、確実に
指定の書店でお求めいただけます。
・代金引換えの宅配便でお届けする方法もございます。代金は現品と引換えにお支
いください。送料は全国一律300円(ただし書籍代金の合計額(税込)が1,500円以上
無料)になります。別途手数料が一回のご注文につき一律200円かかります(2005年
月改訂)。

愛読者カード

10195-5　C3010

書名　カント「純粋理性批判」の研究［新装版］

名前　（　　歳）

ご職業

住所　〒　　　　お電話（　　）　－

書を何でお知りになりましたか
店店頭（　　　　書店）／新聞広告（　　　　新聞）
録、書評、チラシ、HP、その他（　　　　）

書についてご意見・ご感想をお聞かせください。なお、一部をHPをはじ
広告媒体に掲載させていただくことがございます。ご了承ください。

◇書籍注文書◇

寄りご指定書店

市　　町（区）

書店

（書名）	¥	（　　）	部
（書名）	¥	（　　）	部
（書名）	¥	（　　）	部
（書名）	¥	（　　）	部

記入いただいた個人情報につきましては、弊社からお客様へのご案内以外には使用いたしませ
。詳しくは弊社HPのプライバシーポリシーをご覧ください。

とがあてはまらない場合も存在することを考えなければならない。たとえば地球から何万光年も距っている星と地球とが、知覚は可逆的であっても、その故にただちに両者は共存すると言うことができないことは言うまでもないことであろう。なぜなら、われわれが現在見ている星はすでに消滅しているかも知れないからである。*

* ペイトンはこの点についても、かつて星の形態を取っていた特定の実体は他の実体(私の例では地球)と、われわれがもしも十分な知識を持っていれば現在記述し得る形で共存している、たとえその星が現在は多くの実体に分解して空間中に散らばっていようとやはり共存しているのである、とカントを弁護している(Paton, *Kant's Met. of Exp.*, vol. 2, p. 329)。しかし私の見るところでは、ペイトンの議論は決してカントの立場の弁護にはなっていない。なぜなら、もしこのように考えれば、知覚の可逆性ということは物の共存を認識するために、何の役割をも果さないことになるからである。知覚が可逆的でなくても物の共存は同じように言えることになる。たとえばすでに消滅して現在われわれがその光を見ることができないような星を考えても、その星は多くの破片に分解して何等かの形で現在も存在しているはずであるから、やはり地球と共存していると言えることになる。しかもこの場合仮定によってその星の光を見ることができないのであるから、知覚の可逆性は全く成り立たないのである。要するにペイトンの議論は実体は決して消滅しないのであるから、それがどんな形態を取ろうとにかく常に存在し、その限り他のもの(たとえば地球)——これも自然において量的に増減しない実体の一部が特定の形態を取ったものであるが——と共存するということを言っているにすぎず、実体持続の原則を認める以上は極めて当然のことを言っているだけであって、知覚の可逆性ということと全く無関係であると言わねばならない。

第二に、もしもわれわれが知覚の可逆性を基準として物の同時存在を認識することができるというカントの主張を認めたとしても、なおどうして物の共存ということが物の間の相互作用と結びつかなければならないのかということが問題である。すでに第二の類推の原則の場合に、われわれは知覚における一定の順序が存する場合に、出来事の客観的継起を考えねばならないということは納得できるが、しかしどうしてこのことがただちに出来事の継起が因果律にしたがう必然的なものであると言えるかという点で、カントの証明は大きな難点を持っているということを述べた。ちょうどそれと同じようにこの第三の類推の原則においてもまた、われわれは物の共存ということから何故に物の間の相互作用ということが導かれるかという点に疑問を抱かざるを得ないのである。

第二の類推の原則の場合には、カントは出来事の継起ということをただちに出来事の継起が因果律によって決定されているということと同一視してしまい、この点について証明らしい証明を行わなかった。これに反してこの「相互作用の原則」の場合には、カントは何故に物の共存がその相互作用を前提しなければ成り立たないかという点について論証しようとしている。この点は確かに「因果律の原則」の場合以上にカントが慎重であったことを示していると言えるであろう。しかしまた他方から考えれば、それだけこの「相互作用の原則」の場合にはこの点に問題が存することをカントみずから自覚していたとも言い得るのではないであろうか。

実際われわれはこの点に関するカントの論述が極めてあいまいであるということに気づかざるを得ない。すでに述べたように、カントはもしも物が相互に全く孤立し、その間に影響の関係が存しないとすれば、その共存は決していかなる知覚の対象ともなり得ないと言っているのであるが、その理由は決して明瞭であるとは言い難い。カントはこの理由について次のように説明している。「もしも実体が全く空虚な空間によってへだてられていると考えるならば、一つの実体から他の実体へと時間的に進んでゆく知覚は、なるほど継起する知覚によって後者の実体にその存在を規定することはできるであろうが、しかし現象が客観的に前者に継起するのか、あるいはむしろこれと同時的に存在するのかを区別することはできないであろう」（A 212, 259）。しかしこれだけの説明ではわれわれはほとんど何も理解することができない。実体が相互に空虚な空間によってへだてられているとき、なぜわれわれはその同時存在を認識し得ないのであろうか。この場合でもわれわれはAなる物の知覚からBなる物の知覚へと進んでゆくことはできるであろう。このことは上に引いた文章の中でカントみずから認めていることである。それ故また逆にBからAへと知覚が進んでゆくことも可能なはずである。そうであるとすれば、この場合にも知覚の可逆性は成り立つのであり、したがってわれわれはAとBとの同時存在を認識し得るのではないであろうか。ところがカントはこの場合には対象が客観的に継起の関係にあるか共存の関係にあるか決定することはできないと主張するのである。その理由は少しも明らかではない。

それ故カントの証明は、知覚の可逆性ということから出発しながら、実は実体(物)の相互作用を基礎づける段になると、知覚の可逆性ということとは全く無関係な議論を持ち出していると考えられる。その議論とは、これもさきに述べたように、あるものに対してその時間のうちにおける位置を規定するものはその原因であるものだけであり、それ故実体の同時存在が認識されるべきだとすれば、それらの実体は互いに原因であり結果でもあるという関係になければならないというものである。しかしこの議論もまた大きな難点を持っていると言わねばならない。なぜならカントはこの場合あるものの時間における位置はその原因との関係によってのみ決定されるということを前提しているが、この点がすでに問題であるからである。カントがこのような前提を無雑作にここで認めてしまったのは、恐らく「因果律の原則」の箇処でこれがすでに証明されていると考えたからではないかと思われる。そこでは、ある出来事の時間的位置を決定するためには、その出来事と先行の出来事との関係を知らねばならず、このことはまた先行の出来事とその出来事との間に因果的関係が存しなければならないことを示すものであると論ぜられた。この議論の誤りはすでにわれわれの指摘したところである。われわれは確かにある出来事の時間的位置を決定するためには先行の出来事との関係を知らねばならないと言うことはできるかも知れないが、しかしこのことは決して先行の出来事とその出来事との間に因果関係が存在するということを意味するものではない。両者の間に全く因果関係が存在しないとしても、先行の出来事に続いてその出来事が客観的に継起したということさえ知られていれば、そしてまた先行の出来事の時間的位置が規定されていれば、その出来事の時間的位置も決定されると言わねばならない。カントはこの点を洞察せず、ある出来事が先行の出来事に継起するということがただちにその出来事が先行の出来事によって因果的に必然的に決定されることであると考え、ここからある出来事の時間的位置の決定は先行の出来事との関係によって行われると言うべきところを、ある出来事の時間的位置の決定はその原因との関係によって行われると考えてしまったのではないであろうか。カントが第三の類推の原則の証明で無雑作に認めている前提はこうした誤りの上に打ち立てられたものであると言わねばならない。そうすればこの原則に対するカントの証明が決して正しいものでないことは言うまでもないであろう。

このようにあるものの時間的位置はその原因との関係によってのみ決定されるという前提そのものが誤っていると思われるが、さらにこの前提をこの「相互作用の原則」の場合に適用することが無理を含んでいると思われる。なぜならこの原則の場合には、「因果律の原則」の場合と異なり、対象の継起ではなく同時存在ということが問題になっているのだからである。「因果律の原則」の場合にはある出来事の時間的位置は先行の出来事との関係によって決定されると言われ、そしてこの先行の出来事との関係が因果的関係と考えられたため、原因との関係によって出来事の時間的位置は決定されると主張されたのであった。ところが「相互作用の原則」の場合には決して出来事の継起の問題が取り扱われているのではない。そこでは同時に存在する物の間の関係が考察されているのである。そうであるとすれば、「相互作用の原則」の場合にカントが、他のものに時間中の位置を規定するものはその原因だけである、と言うときそれは「因果律の原則」の場合とは全く異なったことを意味していると言わねばならないのではないであろうか。「因果律の原則」

の場合にはあるものの時間的位置が原因によって規定されるということは、それが先行現象によって規定されるということを意味していた。そしてまたその故にわれわれはカントの主張を理解することができた。ところがこの「相互作用の原則」の場合には、原因との関係ということは先行現象との関係ではなく、同時的に存在する現象との関係でなければならない。しかしどうしてわれわれは同時的なものとの関係によってあるものの時間的位置を決定することができるのであろうか。もしもあるものの時間的位置を同時的なものとの関係によって決定することができるとするならば、「因果律の原則」の箇処で言われたことは偽であったと言わねばならない。そして「因果律の原則」の箇処で言われたことが真であるとすれば、「相互作用の原則」の箇処で言われていることは偽であると言わねばならない。カントは第二の類推の場合には先行現象を原因と考えながら、第三の類推の場合には先行現象という条件を忘れてただ原因ということのみを考え、それを同時存在的な物に適用してしまったのではないかと考えられる。*

* この難点は言うまでもなく、さきに述べたように「相互作用の原則」を「因果律の原則」の複雑な形態を取ったものと解するとき、消えてしまうと言えるであろう。そのように解すれば、AはBの原因であり、逆にまたBがAの原因であるというのではなく、A_1がB_1の原因であり、B_1がA_2の原因であるというように考えられるから、A_1はB_1に対して、またB_1はA_2に対して先行現象であると考えられるからである。この点からも「相互作用の原則」は因果律の基礎の上に考えられる原則であると見なければならないことが示されていると言えよう。しかし少くともカント自身の叙述においてはここに述べたような欠陥が存すると言わねばならない。

こうして「相互作用の原則」に対するカントの証明は大きな欠陥を持っているが、さらに第三に、われわれはもしカントの証明を認めたとしても、なおカントの証明は果してこの原則を先天的原則として基礎づけ得ているのかという点に疑問を持つことができる。われわれは知覚の可逆性を基準として物の共存を認識することができるというカントの考えを承認するとしよう。そうすればこの際単なる知覚の可逆性ということから物の共存ということは導出できないから、われわれはまずあらかじめ物の共存を考えなければならず、ここからはじめて知覚の可逆性も理解され得るということを認めることができるであろう。しかしそれだからといって、この物の共存ということが――そして物の共存ということはカントにおいてただちに物の相互作用を意味していたのであるが――先天的な原則であると言うことができるであろうか。それはむしろわれわれが知覚の可逆性という経験的事実を証明するために投げ入れた仮説であり、それ自身経験的内容を含んだものと解すべきではないであろうか。カントはこの場合にも交互作用という概念が知覚そのもののうちに含まれていないということの故に、これをただちに悟性の先天的概念と考えてしまったように思われる。「知覚の交互的な継起が客観において基礎づけられていると言うためには、そしてこれによって同時存在を客観的なものとして表象するためには、互いに同時に並存するこれらの物の諸規定の交互的な継起という悟性概念が要求される。……それ故空間における実体の同時存在ということは、実体の相互作用ということを前提としてのみ、経験において認識される。したがってこの相互作用の前提は経験の対象としての物そのものの可能性の制約である」(B 257―258)。しかし知覚のうちに含まれていないものがすべて悟性の先天的概念に基づくとするならば、ガリレイやトリチェリの発見した法則も先天的法則でなければならない。このことはカントといえども認めないであろう。私はさきに因果律の原則でさえ決して先天的なものと考えることはできず、ただ経験的に吟味されるべき原則であり、われわれが実験的に投げ入れたものと解さねばならないと述べた。相互作用の原則がすでに見たように因果律の原則の上に基づいているとするならば、それもまた結局経験的内容を持つものであることは言うまでもないことであろう。われわれは決して自然における一切の物が交互作用を行っていると考える先天的理由を持たない。それは実験的に吟味されるべき一つの仮説に外ならないのである。

それ故カントの言うところはこの場合にもまた循環論証に外ならないと思われる。カントは「相互作用の原則」の先天性を主張する根拠は、その認識論的主観主義によって経験的世界は悟性の先天的概念によって構成されたものであると考えたところに存する。このように考えれば、知覚自身のうちに含まれていない概念は悟性のうちに先天的に存するものであるという結論がただちに導かれてくる。しかしそれでは認識論的主観主義の正しさは何によって基礎づけられるかというと、それは「相互作用の原則」が先天的原則であるということによるのである。この原則の先天性に対するカントの証明は決して真の意味で証明と称されるべきものではないと言われねばならない。

失敗の原因　こうしてわれわれは「相互作用の原則」に対するカントの証明が多くの難点を含み、全くの失敗に終っていることを見て来た。そしてこの失敗の原因がどこに存するかということももはや十分に明らかであろう。私の見るところでは、すでに「実体持続の原則」と「因果律の原則」について述べたように、結局「経験の類推」の原則が知覚成立の場面でなく、知覚相互の総合統一という場面にかかわっているという点にこの失敗の原因が求められねばならない。カテゴリーというものが直観の対象に対して妥当性を持ち得るのは、知覚の成立の場面にすでにカテゴリーが働いている場合のみであるとするならば、知覚以上の段階においてカテゴリーによって成立する先天的総合判断を考えようとすることがすでに無理であると言うべきであろう。「相互作用の原則」の証明においてカントが失敗したのもむしろ当然と言わねばならないのである。

なおこの「相互作用の原則」の場合にも第二版においては第一版におけるよりも空間という要素が強調されている。このことはこの原則そのものが第二版においては「……実体が空間において同時的なものとして知覚される限り……」というようにはっきり空間ということばを入れて説明されていることを見ても明らかであろう。さらに第二版において附け加えられた「原則の体系に対する一般的註」の箇処においても「この概念〔相互性のカテゴリー〕の客観的実在性は、直観、しかも空間中の外的直観なしには理解されることができない」(B 292) と言われている。そしてこのことは「実体持続の原則」が空間的事物のみに適用されると考えられて来た以上、当然のことであると言えよう。なぜなら、この「相互作用の原則」も、「因果律の原則」と同じように、「実体持続の原則」を基礎としてのみ成立するからである。もっともこの「相互作用の原則」は元来同時に存在する実体間の関係を取り扱っているものであるから、空間という要素ははじめから重要な役割を演ずるべきである。それ故第一版の叙述においても決して空間という要素が全く無視されているのではない。それは前に述べたカントの証明においても、実体が相互作用を行わないということが、実体が空虚な空間によってへだてられているということと同一視されていたことを想い起してみれば明らかであろう。しかしそれにしても第二版の方が空間的要素をはっきり強調しているとは言うことができると思われる。

類推の原則と判断表との対応関係

もう一つ注意しておかねばならないのは「経験の類推」の場合の判断表との対応関係である。すでに述べたように、「直観の公理」と「知覚の予料」の場合には判断表との対応関係は全く存しないと言わねばならなかった。しかし「経験の類推」の場合には、そこにある程度まで対応関係が存すると思われる。「実体持続の原則」が定言的判断に、「因果律の原則」が仮言的判断に対応するということは、そこにいろいろの問題が存するかも知れないが、大体において認められることであろう。ただ「相互作用の原則」が選言的判断に対応するかどうかについては、ショーペンハウエルも言うように、疑問がある。なぜなら選言的判断は選言枝のうちのどれかを肯定すれば他を否定することを要求するが、相互作用は一方を肯定し他を否定するのでなく両者共肯定されねばならないからである (Schopenhauer, *Kritik der Kantischen Philosophie*, Werke hrsg. von Deussen, Bd. 1, S. 544)。しかしとにかくこのように「経験の類推」の場合には、前の二つの原則の場合に比べればはるかに判断表との対応関係が認められるということは、この原則が前の二つの原則と根本的に性質を異にするものであることを示していると言えるのではないかと考える。すなわち、前の二つの原則は知覚の成立の際に働いているものであったから、いわゆる判断以前の段階であり、したがってそこでは判断表との対応関係が存しなかったのに対して、「経験の類推」の原則の場合には知覚が成立した後それを総合統一する場面が問題になっているのであり、まさに判断の成立する場面が取り扱われており、そのため判断表との対応関係もある程度認められるのである。――しかしまたこのように判断表との対応関係が存するだけ、それらの原則に対する証明は、前の二つの原則の場合以上に、成功しなかったゆえんがあると言わねばならない。

＊　＊　＊　＊

カントの原則論の意義　以上においてわれわれは直観の公理、知覚の予料、および経験の類推の各々の原則について検討してきた。その結果われわれの知り得たことは、これらの原則がいずれもカントの意図するような意味で先天的総合判断として基礎づけられていないということであった。直観の公理の原則の場合には、一見するとその証明は完全に成功しているように思われる。純粋直観としての空間的・時間的表象が外延量としてのみ成り立つものである以上、「すべての直観は外延量である」ということ、あるいはむしろ第一版の表現を用いれば「すべての現象はその直観に関して外延量である」ということは先天的に主張されることができるであろう。なぜなら経験的直観といえどもすべて純粋直観を基礎としてのみ成り立つからである。しかしながらこの場合、よく反省してみると、実は単なる主観的表象ではないところの客観的な現象が存するということが前提されていると言わねばならない。カントの考えでは、一切の認識は客観的な現象に対して妥当しなければ何の意味をも持つものではなかった。それは認識とは言えないものにすぎなかった。それ故客観的現象が存在するということが前提されないとすれば、直観の公理もただ全くの妄想にかかわるものにすぎないかも知れないのである。直観の公理は客観的な直観の対象に対してのみならず主観的な直観的表象に対しても一様にあてはまってしまうのであり、直観の公理それ自身はこの主観的な表象と客観的な対象とを区別し得るものではないからである。それ故、直観の公理の正しさは直観の公理それ自身によっては示され得ないのである。それは他の原則をまってはじめて証明され得ることであると言わねばならない。

ところが他の諸原則もまた決して十分に基礎づけられることはできなかった。知覚の予料の原則は実は決して先天的総合判断として成立するものではなく、むしろ感覚が度を有するという経験的事実に基づいているものであった。その意味でこの原則は経験的事実に対して先天的総合判断が成立するものではないということをはっきり示していると言えるであろう。しかもさらにもしこの原則が正しいとしても、この原則は直観の公理の場合と同じように直観的表象の成立する場面に働くものであり、主観的な表象に対しても客観的な対象に対しても同じように妥当するのである。この原則は、それ故、決して自己の客観的妥当性を基礎づけ得るものではない。

したがって経験の類推の三原則こそカントの立場にとって最も重要な意味を持つものであると言わねばならない。もしもこれらの原則がカントの意図する通り先天的総合判断として基礎づけられるならば、カントの立場は完全に成り立つということになるであろう。なぜなら、これらの原則こそ直観の表象の成立する場面に働くものではなく、知覚の総合統一の場面に働くものであり、したがって単なる主観的表象と客観的な現象とを区別するものであるからである。しかしこれらの原則もまたいずれも先天的総合判断として成り立つことはできなかった。これらはすべて経験的事実を予想し経験的内容を含むものであったのである。

このようにカントの挙げた諸原則がいずれも真に先天的総合判断としてその客観的妥当性を要求することができないとするならば、われわれはこれらの原則に対してどう考えるべきであろうか。これらの原則が自然科学における数学の適用と、さらに自然科学そのものの根本的原則の基礎づけを目的とするものである以上、われわれがこれらの原則そのものを全く否定してしまうことのできないことは言うまでもないことであろう。それではこれらの原則は一体どういう仕方で基礎づけられるべきなのであろうか。

しかしこの問題に対する答えは今までの論述から容易に与えられることができるであろう。カントは認識論的主観主義の立場に立ったため、これらの原則を何とかして先天的総合判断として基礎づけようとした。しかし認識論的主観主義という思想はすでに見て来たように大きな難点を含むものであった。したがってこれらの原則を先天的総合判断として基礎づけようとするカントの試みが失敗に終ったということも当然のことにすぎないのである。われわれは認識論的主観主義を捨てねばならない。したがってまたこれらの原則を先天的総合判断として打ち立てようとする試みを放棄しなければならない。しかし実はこれらの原則を先天的総合判断として基礎づけねばならないという理由は少しも存しないのではないであろうか。それは確かに自然科学において基本的意義を持っている原則であると言うことができよう。しかしそれは決して先天的なものではなく、それ自身経験的内容を含んだものであり、ただ実験的に投げ入れられた仮説であると考えればよいのではないであろうか。もしもわれわれが個々の具体的な経験に先んじてあらかじめ実験的に投げ入れられた仮説をも先天的と称するならば、それは確かに先天的原則であると言うことができよう。しかしその場合の先天的という意味はカントの考えている本来の意味とは全く違ったものであると言わねばならない。すでに第一章において見たように（二八ページ）、カントはこの二つの意味の先天的ということを混同してしまった。そしてそのために自然科学が確実な学問である以上はその原則は主観の先天的な認識形式によって成立するものでなければならないと考えてしまったのである。そうであるとすれば、われわれが直観の公理以下の諸原則を実験的投げ入れの仮説として、そしてその意味での先天的原則として解釈しようとすることは決してカントの元来の意図を否定することにはならないと言えるのではないであろうか。もしこのように見ることができるとすれば、われわれはカントが原則論で試みたことの意義をカント自身とは異なった意味において十分に評価することができるように思われる。カントはこれらの原則を経験から独立なという意味での先天的総合判断として基礎づけようとして失敗した。しかし実はカントの成しとげたことは、実験的投げ入れという意味での先天的総合判断の解明であったと見ることができるであろう。われわれはこの意味での先天的総合判断を実験的に投げ入れてみることによってしだいにわれわれの認識を拡張してゆく。言いかえれば、われわれの認識はこのような実験的投げ入れによってしだいに発展してゆくと言えるであろう。自然科学の発展がこの実験的投げ入れのくり返しによってもたらされたものであることは疑いないところである。そうすれば、カントが原則論において試みたのはまさにこのようなわれわれの理論的認識の発展の過程の解明であったとは見られないであろうか。それはもとより自然科学そのものの発展の過程の解明ではないが、自然科学の基礎となっている原則そのものの発展の過程の解明であったと言うことができるのではないであろうか。カントはもとよりこのことを自覚しなかった。しかしカントが自然科学の基礎的原則を基礎づけようとしたとき、カントはこれらの原則の持つ性格そのものに導かれて、実は実験的投げ入れとしての先天的総合判断の展開過程を取り扱ったと見ることができないであろうか。

われわれはまず直観の公理の原則について考えてみよう。この場合「すべての現象はその直観に関して外延量である」という命題は何等実験的投げ入れとしての意味を持ち得ないように思われるかも知れない。確かにこの原則はすべての主観的表象に対してもあてはまってしまうのであり、実験的に投げ入れてみるまでもないものであると言うことができる。しかしこの原則そのものでなく、むしろカントが実際に直観の公理として考えているところのもの、たとえば直線は二点間の最短の線であるとか、二つの直線を以てしてはいかなる空間を囲むこともできないとかいうような命題を考えるならば、それはやはり一つの実験的投げ入れとして考えることができるのではないであろうか。われわれはカントの場合数学的認識はそれが認識として意味を持つためには、客観的対象について妥当性を持たねばならないと考えられていることに注意しなければならない。われわれは数学において任意に公理を定めてそこから演繹的に体系を展開してゆくことができるであろう。しかしカントの考えではこのような数学は決して認識とは言われ得ないのである。それは全くの妄想と選ぶところはないのである。このような現実主義的な数学観の上に立つとき、直観の公理は決して先天的性格を持つものとは考えられない。われわれはいろいろの公理を考えることはできるであろうが、そのうちから客観的対象にあてはまるような公理を選ばねばならないであろう。そしてこの選択は経験的に行われる外はないであろう。そうすれば直観の公理としての個々の命題の正しさは実験的投げ入れによってのみ保証されるのではないであろうか。たとえば二点間の最短の線は直線であるということは実際にそれを経験的対象に投げ入れてみて検証されるが故に正しいと言われ得るのではないであろうか。カントが幾何学として考えていたのは言うまでもなくユークリッド幾何学であったが、このユークリッド幾何学の公理が確実なものと考えられるのは、それが現実の経験的対象にあてはまるが故に外ならないであろう。これらの公理の実験的投げ入れが現実の経験において成功したからであろう。もとよりこれらの公理のあらわす事態そのものはわれわれが実験的に投げ入れたものでないことは言うまでもない。それはわれわれが経験的な対象についての直観的表象を持つときにすでにそこに成立してしまっているのである。たとえばさきに挙げた二点間の最短の線は直線であるということにしても、その事態そのものはわれわれの経験的な対象についての直観のうちにすでに成立しているのである。しかしわれわれがこの公理を公理として自覚するのは、決して単なる直観によって可能となるのではない。二点間の最短の線は直線であるという命題を公理として打ち立てるためにはすでにそこに思惟の働きが加わらねばならない。そして思惟はこの命題を公理として実験的に投げ入れてみるのである。

もしもこのように直観の公理そのものが思惟による実験的投げ入れとして解せられるとするならば、これら多くの直観の公理の根底に存すべき直観の公理の原則もまた実験的投げ入れという性格を持っていることは当然ではないであろうか。この原則はカントにおいては極めて抽象的に表現されている。それはただすべての現象は外延量的規定を持っていると言われているにすぎない。もしこの表現をそのままに受け取るならば、現象は外延量的規定を持っていさえすればよいのであり、具体的な直観の公理としてはどんなものが考えられてもよいことになるであろう。平行線は交わらないということを公理と考えても、平行線は交わるということを公理と考えても、共に直観の公理の原則そのものは成り立つことになる。しかしもしこう考えればカントの数学観は崩れてしまうと言わねばならない。それ故カントが実際に原則として考えていたのは、すべての現象はユークリッド的規定を持つ外延量であるということでなければならない。そして直観の公理の原則がこういう意味を持つとすれば、それは思惟による実験的投げ入れという意味を持つことは明らかであると思われる。

次に知覚の予料の原則について考えてみよう。この原則が決して先天的総合判断として成り立つものでなく、ただ実験的投げ入れとしてのみ成立することはすでにわれわれの見て来た通りであるから、この点についてはここで改めて述べる必要は存しないであろう。ただこの場合われわれはこの実験的投げ入れが前の直観の公理の原則の場合に比べて一歩進んだものであることに注意を向けるべきであろう。直観の公理の原則はただ対象の空間的・時間的規定についての原則にすぎなかった。したがってそれは対象のいわば形式的側面のみに関するものであった。しかし対象はこの形式的側面の外に内容的側面をも持っている。そしてこれがカントが知覚の予料の原則で取り扱ったものであった。われわれが単に対象の空間的・時間的規定のみを考察しても、それだけでは決して対象は十分に認識されたと言うことはできない。われわれはさらに進んでその対象の持っている内容的側面の考察に進んでゆかねばならないであろう。そしてこのことによって対象についてのわれわれの認識の発展が成しとげられるのである。知覚の予料の原則はまさにこのような認識の発展の段階において実験的に投げ入れられた命題であると見ることができよう。単なる感覚に立止まるとき、そこには学問は成立しないであろう。学問的認識は感覚を概念化してゆかねばならない。そしてこのためにはいろいろな実験的投げ入れが試みられたのであろう。しかし近世にいたってこの感覚によって示される性質を量に還元しようとする試みがなされた。そしてこの実験的投げ入れの成功によって自然科学ははじめて確実な学として成り立つことができたのである。「実在的なものは内包量を有する」ということの原則はこうした実験的投げ入れの原則として考えることができるのではないであろうか。もとよりカントの場合、この原則は決して明瞭にこの意味で把握されているとは言い得ないであろう。そこではただすべて実在的なものは性質的に度を有するということが主張されているにすぎない。性質的に異なっている感覚相互の相違をも量的差異に還元しようという点は考えられていないように見える。この意味でカントの考えはなお不十分であったと言われなければならないであろう。しかしこの原則がカントの意図するように自然科学における数学の適用の可能性の根拠を基礎づけるべきものであるならば、われわれはこの原則の意味をカント自身の主張を越えて質の量への還元の実験的投げ入れとして解すべきであろうと思われる。コーヘンがこの原則の意義を強調するのもこの意味においてうなずかれるのである。

さらに経験の類推の原則の場合も、それがカントの言うような意味で先天的総合判断として成立するものではなく、ただ実験的投げ入れとして成立する命題であることはすでに述べて来た通りである。ただこの場合にもわれわれはこの実験的投げ入れが知覚の予料の原則の場合よりもさらに高次のものであると考えることができるであろう。われわれが一切の性質的差異を量的差異に還元しようと試みてゆくとき、あらゆる性質的変化は当然量的変化として考えられる。そしてわれわれがこのように一切の変化を量的関係において把握するとき、そこに量的関係の変化にもかかわらず、その根底に量において増減することのないものの存在を認識するにいたる。ここにわれわれは実体持続の原則を実験的に投げ入れるのである。もとよりこの原則はただ若干の場合に確認されただけであるから、いかなる場合にもあてはまるという保証は存しない。しかしその故にこそそれは実験的投げ入れなのである。そして実際にこの実験的投げ入れが成功して、実体持続の原則は自然科学の基礎的原則として認められるにいたったのである。だがわれわれがこの実体持続の原則について少し具体的に考えてゆくと、そこにただちに問題が生じてくる。すなわちそれはこの量において増減しない実体というものの存在がどうして認識されるかということである。このような実体とはもとより個々の物体ではない。個々の物体の根底に存する物質一般とでも言われるべき抽象的なものでなければならない。しかしこのように抽象的なものの存在がどうして確認されるであろうか。われわれはこの実体そのものを直接に認識するのではなく、むしろ変化する現象の間の量的関係を把握することによって、そこに量的に不変なものが存在することを確かめる外はないのではないであろうか。そうであるとすれば、われわれの問題は現象の変化のうちにおける量的関係の把握ということに存するのであり、これがすなわち因果律の原則の要求するところであると言えるであろう。われわれは単に自然現象の変化の根底に一定不変の実体が存すると考えることによっては、自然現象を具体的に認識することはできない。実体が持続するということを確認するためにも、われわれは自然現象の変化のうちにおける量的関係を把握しなければならないのである。そして現象間に常に一定の量的関係があるということが確認されれば、実体持続ということもその根拠を与えられると言えるのである。因果律の原則はここに実験的に投げ入れられねばならない。もとよりその際実体持続の原則は依然としてその前提として考えられていると言うことはできよう、しかし単なる実体持続の原則に止まるとき、われわれの自然認識は決して現実に発展することができない。むしろ実体持続の原則が具体的にいかに自然現象のうちに成り立っているかを探求することが問題なのであり、この探求が現象における因果関係の探求に外ならないのである。このように考えられるとすれば、因果律の原則は実体持続の原則以上の高次の実験的投げ入れと見られるのではないであろうか。しかしこの因果律の原則は、さらにそれを具体的に現象に対して適用してゆくとき、交互作用の原則にまでいたらざるを得ない。この点についてはすでに述べたから、ここではまた改めて詳しく述べる必要も存しないであろう。自然現象は決して互いに独立な因果系列の集合によって成り立っているものではない。それは互いに相影響し合い統一的な全体を作っているのである。それ故現象の因果関係の探求は当然相互作用の関係の探求にまで導かれてゆく。そしてわれわれがこのような観点から自然現象を把握するとき、われわれははじめて真に自然現象を完全に認識したということができるであろう。

以上のように見ることがもし許されるとするならば、われわれはカントの原則論をカント自身とは異なった見地から十分に評価することができるであろう。カントはこれらの原則を経験から全く独立な先天的総合判断として打ち立てようとしたが、このような試みは失敗に終ったと言わねばならない。そしてさらにカントはこれらの原則を全く相互に独立的なものと考えようとしたが、この点にもカントの欠陥が存すると言うべきであろう。実はこれらの原則はただ実験的投げ入れとして解すべきであり、しかもそれらは互いに独立的なものではなく、認識の発展を示すものとして解されねばならないと思われる。もとよりカントの原則論の持つこの二つの欠陥はお互いに密接に連関していると言えるであろう。原則が経験から独立な先天的総合判断と考えられる以上は、当然その各々はそれぞれ別個の悟性の先天的概念から導かれなければならず、そのためにこれらの原則は互いに全く独立的なものとして考えられねばならなかったのであろう。しかしカントが実際に考察している自然科学の基礎的原則は決して互いに独立的なものではなく、互いに深く連関した実験的投げ入れの発展過程を示していると見なければならない。カントはこの点においてもみずから自覚している以上の業績を残しているのではないであろうか。認識論的主観主義は否定されなければならない。しかしこれを否定するとき、われわれはかえってカントの成しとげた真の業績を見出すことができるのである。

しかしもしこのような見方を取るならば、原則というものは決してカントの主張するように一定の数に限られるものではないということが当然導かれてくると思われる。カントが原則の数を一定のものと考えたのは、言うまでもなくカントが原則をカテゴリー表を基礎として導出したために外ならない。しかし原則というものが決して経験から独立な先天的総合判断として成立するものではなく、実験的投げ入れとして成り立つものであるとするならば、その数が一定のものに限られるという理由は少しも存在しないであろう。それはわれわれの認識の発展と共にしだいにその数を増してゆくものと考えられる。少くともわれわれの認識が発展してゆくにしたがって、実験的に投げ入れるべき新しい原則が出てくるという可能性は永久に存するのである。

さらにまたわれわれはカントの述べている原則が単に数学および自然科学の原則に限られているという点にも、その限界が存すると言えるのではないかと考える。カントは数学と自然科学を先天的な学問と認めたから、先天的総合判断としての原則は数学および自然科学の原則のみに限定されてしまったのである。しかしもし原則が実験的投げ入れとしてのみその意義を有するものであると考えられるならば、われわれは数学と自然科学のみに限らず、他の諸学問においてもこの意味での原則が存し得ることを否定する根拠は存在しないと言わねばならない。われわれは数学や自然科学の原則のみを絶対的なものと考える必要はないのである。われわれはもっと広い見地から原則というものを考えることができるのではないかと思われる。

(d) **経験的思惟一般の要請**（Die Postulate des empirischen Denkens überhaupt）

1. 経験の形式的制約（直観および概念に関する）と一致するものは可能的（möglich）である。
2. 経験の質料的制約（感覚）と関連するものは現実的（wirklich）である。
3. 現実的なものとの関連が経験の一般的制約にしたがって規定されているものは必然的（notwendig）である（必然的に存在する）。

この原則の特殊性　経験的思惟一般の要請は今まで考察された諸原則とは全く異なった独特の性格を有している。それはすなわちこれまでの原則がすべて客観についての規定に関係するものであったのに対して、この原則は決して客観についての規定に関するものではなく、単に客観の概念の認識能力に対する関係についての原則に外ならないということである。われわれは直観の公理の原則によって、あらゆる直観の対象に対してそれが外延量を有することを規定し得る。また知覚の予料の原則によって、われわれは実在的なものはすべて内包量を有するということを規定し得る。そしてさらに経験の類推の原則によって、われわれは客観的な対象がいかなる法則のもとに立たねばならないかを規定することができるのである。ところが経験的思惟一般の要請の原則はこのような意味を持つことはできない。なぜなら、この原則は言うまでもなく様相のカテゴリーによって成立するものであるが、このカテゴリーはただ主語概念が可能的であるか、現実的であるか、必然的であるかということを問題にするだけであって、主語概念そのものの持つ規定と関係しないからである。「様相のカテゴリーは、それが述語として附け加えられる概念を、客観の規定としては少しも増大せず、ただその概念の認識能力との関係を表現するだけであるという特性を持つ。ある物の概念がすでに全く完全であっても、なお私はこの対象について、それが単に可能的であるか、あるいはまた現実的でもあるか、あるいはもし現実的であるならばそれはさらに必然的でもあるかということを問うことができる。これによって客観において今まで考えられていた以上の規定が考えられるわけではない。そうではなく、単に客観が（そのすべての規定と共に）悟性およびその経験的使用に対して、経験的判断力に対して、そして理性（経験に対するその適用における）に対してどう関係するかということだけが問題となるのである」（A 219, B 266）。

カントがこの様相の原則を要請と呼んだのも、まさにこの原則の持つ上述の特性によるものであった。カントによると、要請とは「ある命題を弁明も証明もなしに直接に確実であると称する」（A 233, B 285）という意味ではない。「もしも総合的命題において、それがいかに明証的なものであっても、それ自身の要求が立派であるからといって何の演繹もしないでそれに絶対的な賛同を与えることができるということを認めるならば、悟性のすべての批判は無意味になってしまう」(同上)からである。カントが要請ということばを使ったのはこのような意味ではなく、数学における要請ということばとの類比によるのである。数学において要請と称されるのは、たとえばある与えられた点から与えられた線を以て平面上に一つの円を描くというような実用的な命題であって、「それによってわれわれが始めてみずからに対象を与え、その概念を産出するところの総合を含む」(A 234, B 287) ものである。これと同様に様相の原則は「事物一般についてのわれわれの概念を増大するものではなく、ただ概念が一般にわれわれの認識能力といかに結合しているかの仕方を示すものである」(A 235, B 287) から、われわれはこれを要請と称することができるのである。すなわちカントは、この原則によってわれわれは概念の内容について何かを規定しようとするのではなく、ただこの概念そのものをわれわれの認識能力との関係においてはじめて定立するのであるから、数学の場合の要請と類似していると考えたのであろうと思われる。したがってこの原則はもとより他の原則と同じく総合的であるが、客観的に総合的なのではなく、単に主観的に総合的なのである (A 233—234, B 286)。そしてそれ故にまた数学の場合の要請と同様に決して証明されることはできない。もとよりさきに述べたように、この原則を直接に確実であると主張することは許されず、その演繹は行われなければならないが、しかしそれにしてもそれは決して証明ではない。なぜなら、概念の内容的規定に関する原則ならば、それは証明されることも可能であろうが、まさに概念そのものの定立に関する原則は、証明以前の領域に横っていると言うべきであろうからである。それ故カントはこの原則の場合に限って証明ということばを用いず、説明 (Erläuterung) ということばを用いたのである。

さて以上のような様相の原則に対するカントの見解は十分に納得することができると思われる。われわれは可能性・現実性・必然性という概念が何等対象の概念の内容的規定に関するものではなく、われわれがある対象を可能的と考えるか現実的と考えるか必然的と考えるかということは全く対象とわれわれの主観との関係にかかわること、したがってまた様相の原則が単に主観的に総合的なものであることを認めねばならないであろう。しかしながら問題は何故にこの原則だけ他の原則と異なってこういう特性を持っているのかという点に存する。カントはこの点についてはもはや何等触れていないようである。かれはただ判断表を基礎にしてそこから可能性・現実性・必然性というものを様相のカテゴリーとして定立し、しかもこれらを定立した以上、それに相応ずる原則をも定立しなければならないと考えているにすぎないように思われる。そして可能性・現実性・必然性という概念はさきに述べたように客観の概念の内容的規定に関係するものでないと考えられるから、ここに様相の原則が他の原則と全く違った特性を持つということが導かれて来たのではないかと考えられる。もしもカントがこう考えたとすれば、このカントの考え方は極めて形式的であると言わねばならないであろう。われわれはさらに深くなぜこの様相の原則のみがこうした特殊性を持たねばならないかという点を考えなければならないのではないであろうか。そして私の見るところでは、この原則は、事態的に考察するとき、まさにこのような特殊性を持つ必然的理由を持っていると思われるのである。この点に注意を注ぎながら、以下われわれはこの原則に対するカントの思想を検討しよう。

可能性の要請　われわれはまずカントと共に可能性の要請について考察する。可能性の要請は、さきに書いたように、経験の形式的制約（直観および概念に関する）との一致ということであったが、この要請を考察するに当ってまず注意しなければならないのは、可能性という概念がカントにおいてはあくまでも経験の対象の可能性という意味に用いられているということである。通常われわれが可能性という概念を用いるとき、それを純粋に論理的な意味に考えてしまう傾向がある。もしこのように可能性ということを論理的可能性という意味に解釈するならば、可能性の成り立つ条件は無矛盾性ということであって、それ自身のうちに矛盾を含まぬものはすべて可能的であると考えられることになる。しかしカントがここで問題にしている可能性とはもとよりこのような論理的意味における可能性ではない。可能性を経験というものから全く無関係に純粋に論理的に考えようとする考え方は言うまでもなく合理主義的な考え方であるが、カントはこのような合理主義的考え方を退けて、可能性というものをあくまでも経験との連関において把握しようとしたのであった。カントの立場においては、一切の認識はただ経験の範囲内に限られるのであり、また経験の対象と関係しない概念は全く認識的意味を持たないのであるから、経験を離れた純粋に論理的な可能性というようなものは全く無意味であると言わねばならないのである。もとより経験の対象が可能的であるためにも、そこには無矛盾性ということが不可欠的条件になっていることは言うまでもない。しかしそれは単に不可欠的な条件にすぎず、決して十分条件ではない。経験の対象が可能的であるためには、論理的な無矛盾性という条件以上にさらに他の条件が存しなければならないのである。「そのような概念〔可能的なものの概念〕のうちに矛盾が含まれていてはならないということは確かに必然的な論理的制約である。しかしそれだけではその概念の客観的実在性すなわちその概念によって思惟される対象の可能性を基礎づけるためにはなおはるかに不十分である」(A 220, B 267—268)。たとえばカントの挙げている例によれば、二直線によって囲まれた図形という概念は決してそれ自身のうちに矛盾を含んでいない。なぜなら二直線とその接合という概念は決して図形の否定を含んではいないからである。しかしそれにもかかわらずこの概念は経験のうちにおいては決して可能ではない。そして「その不可能性は概念そのものに基づくのではなく、空間におけるその概念の構成、すなわち空間およびその規定の制約に基づいているのである」(A 221, B 268)。こうしてカントは経験の対象の可能性を基礎づける制約を経験の形式的制約との一致に求めたのである。

このようにカントが可能性というとき、その可能性とは経験の対象の可能性ということを意味している以上、経験の形式的制約との一致という可能性の要請は一見すると極めて当然のことのように思われる。しかし少し考えてみると、そこにはただちに大きな疑問が生じてくる。それはすなわち、経験の対象の可能性ということは果して経験の形式的制約との一致ということだけで主張され得るかということである。われわれはたしかに、無矛盾性ということだけでは経験の対象の可能性を基礎づけることはできない、さらに進んで経験の形式的制約との一致という条件が存しなければならないというカントの主張を十分に認めることができるであろう。しかしこの条件が果して経験の対象の可能性のための十分な条件と言えるであろうか。

これが決して十分な条件と言い得ないことは明らかである。たとえばわれわれは全くの想像によってペガサスとか雷神とかいうような空想的事物を考えることができる。そしてこれらの事物は経験の形式的制約と一致していると言えるであろう。経験の形式的制約とは経験を成立せしめるための先天的な条件であると言うことができるが、これらの事物は決して先天的に不可能であるということはできないからである。しかしそれだからと言って、これらの事物が経験において可能であるということはできない。むしろそれは経験のうちにおいて全く不可能だと言うべきではないであろうか。そうすると、経験の対象が可能であるためには、単に経験の形式的制約との一致ということ以上の条件が必要であると言わねばならないであろう。この点についてカント自身も次のように述べているのである。「しかしわれわれが経験そのものから概念の結合の例を借りることなく、知覚がわれわれに与える材料から、実体、力、相互作用などについての全く新しい概念を作ろうとするならば、われわれは全くの空想に陥るであろう。そしてわれわれはこれらの概念を作るにあたって経験を教師としたわけでもなく、またこれらの概念を経験から得て来たのでもないから、この空想物が可能であるという徴表は全く存しないのである。……空間を充たすことなくして、しかも持続的に空間中に現存する実体（ある人々が導き入れようとした物質と思惟体との中間物のような）、あるいは未来をあらかじめ直観する（単に推量するのでなく）という心の特別な根本的能力、あるいはまた最後に他人と（その人がどんなに遠く距っていようと）心的交通をなし得るという心の能力、これらはその可能性が全く根拠のない概念である。なぜならこれらの概念は経験にも経験の既知の法則にも基づいたものではなく、この基礎を欠いているが故に任意的な思考の結合であり、それはなるほど矛盾を含んではいないけれども、客観的実在性を、したがってここで考えようとしているような対象の可能性に対してはいかなる要求をもなし得ないからである」（A 222—223, B 269—270）。ここにははっきりと経験の対象の可能性が主張され得るためには、単に経験の形式的制約との一致という条件だけでは十分ではなく、さらに経験と経験の法則とによって基礎づけられねばならないことが認められていると言い得るであろう。

だがもしそうであるとするならば、われわれは可能性の要請というものを現実性、さらに必然性の要請というものから区別することができなくなってくると主張し得るのではないであろうか。われわれは経験の形式的制約と一致している多くの空想的事物を考えることができる。しかしそれらのものはその故に経験の対象として可能的であると言うことはできない。ペガサスや雷神は決して可能的ではないのである。対象が経験のうちにおいて存在する可能性を知るためには、われわれはさらに経験と経験の法則によってその対象を吟味しなければならないのである。しかし経験によって吟味するとはどういうことであろうか。それは現実にその対象を経験的に知覚するということではないであろうか。それ以外にわれわれは経験によって吟味する方法を考えることはできない。ペガサスや雷神が経験的に不可能なのは、それが知覚の対象として存在しないということによっているのではないであろうか。しかしもしこのようにわれわれがある対象の可能性を知るためにはすでにそれを知覚しなければならない、あるいは少くとも知覚との必然的結びつきを知らねばならないとするならば、われわれはもはや可能性の要請を現実性の要請から区別することは不要となってしまう。現実性の要請は、カントにおいて、経験の質料的制約（感覚）との連関と規定されたが、まさに知覚あるいは知覚との連関によってその存在が確かめられるものは現実的であると言わねばならないからである。言いかえればわれわれはある対象について、それが現実的であるということをすでに知っていなければ、それが可能的であるとさえ言えないのである。可能性の要請が現実性の要請とは別のものとして打ち立てられることは不要であり、また不可能であると言うべきであろう。しかしさらに進んで、対象が現実的であるということはどういうことであろうか。カントによれば、すべて経験の対象は因果律的に必然的に先行現象に継起するものであるから、現実的なものはすべて必然的であると言わねばならない。必然的でない現実的なものは決して存在しないのである。そうであるとすれば、現実性の要請は必然性の要請と一致しなければならないと言えるであろう。実際われわれは対象が真に現実的であるかどうかを知り得るためには、それが因果律的に必然的であるかどうかを知らねばならないと言うことができる。単なる知覚によってはその知覚の対象が真に現実的に存在しているかどうかを必ずしも決定し得ないのである。夢や幻の対象といえどもそれは知覚されていると言えるであろう。われわれがこれらの主観的表象から現実的対象を区別するためには、対象が因果的法則によって必然的に存在するかどうかを吟味しなければならない。必然的なもののみ現実的なのであり、現実性の要請は必然性の要請から区別されて成り立つことはできないのである。しかしもしこのように現実性の要請と必然性の要請が区別されないとするならば、可能性の要請も必然性の要請から切り離すことのできないことは言うまでもないことであろう。われわれは、ある対象が経験のうちにおいて可能かどうかを知るためにはそれが現実的であるかどうかを知らねばならない。しかしそれが現実的であるかどうかを知るためにはそれが必然的であるかどうかを知らねばならないのである。必然的なもののみ現実的であり、また可能的なのである。カントはさきに述べたように対象が可能的であるかどうかを知るためには、経験と経験の法則とに基づいて吟味されねばならないと言ったが、このうち経験とは知覚のことであり、現実性の要請に外ならないと見ることができた。しかし経験の法則とはさらにそれ以上に必然性の要請に外ならないと解することができるのではないであろうか。必然性の要請はカントにおいて、現実的なものとの連関が経験の一般的制約にしたがって規定されているということであったが、このことはまさに経験の法則によって他の現実的なものとの連関が因果的に規定されているということに外ならないであろうからである。こう考えてみると、カントみずから可能性の要請は単に経験の形式的制約との一致ということだけでは不十分であり、実際は現実性の要請、いやさらに必然性の要請と切り離し得ないものであり、われわれはある対象についてそれが経験のうちにおいて必然的であるということを知ったときにのみ、それが現実的であり、また可能的であることを知るのであるということを認めていると見ることができよう。*

* このような見方はスミスの取るところである (N. K. Smith, *Commentary*, p. 392 ff.)。スミスはまずカントが可能性ということばを二つの全く異なった意味に用いていることを指摘する。一つは可能性の要請において述べられているような、経験の形式的制約との一致という意味であり、他は客観的実在性を持ち得るという意味での可能性である。スミスによると、この第二の意味の可能性こそ「純粋理性批判」の中でカントが通常用いているものなのであるが、(たとえば「可能的経験」(mögliche Erfahrung) というような場合)、この意味での可能性ということは、実は単に経験の形式的制約との一致という条件をみたすのみならず、さらに現実性および必然性の要請に述べられている条件をもみたさなければならない。言いかえれば、経験的に現実的であるためには、因果的に必然的でなければならず、そして経験的に現実的なもののみまた可能的なのである。カントがこの

意味での可能性というものの考察に徹底せず、可能性というものを現実性および必然性からあくまでも区別しようとして、可能性の要請を経験の形式的制約との一致ということに求めたのはかれの建築癖によるものと言うことができよう。かれは可能性・現実性・必然性のそれぞれのカテゴリーに応じて別個の要請を打ち立てようと考えたのである。「直観の公理」および「知覚の予料」の原則の場合には、カントはそれぞれただ一つの原則を定立したにすぎない。しかし「経験の類推」の場合には、カントはそれぞれのカテゴリーに応じて三つの原則を定立することができた。この成功がカントをして様相の原則の場合にもまた三つの要請を別々に打ち立てることを試みさせたのである。――これがスミスの見解である。

われわれは確かにこうしたカント解釈、あるいはむしろカント批判が十分その意味を持っていることを認めることができるであろう。経験の対象の可能性というものを考えるとき、われわれは決して可能性の要請を現実性および必然性の要請から区別することはできない。三つの要請は合致してしまわねばならない。そしてこのことは、経験の対象について考えるときその可能性・現実性・必然性の領域が完全に一致する以上、当然のことであると言うことができる。カントの考えでは、経験の対象はすべて因果的に必然的に生起してくる。したがって経験の対象の全領域は必然的である。また経験の対象はすべて現実的であるから、必然性の領域と現実性の領域は一致する。そして経験の対象であって現実的でないものは存し得ないのであるから、可能性の領域と現実性の領域は一致するのである。「さらに、われわれは通常可能性の大国を作り出し、あらゆる現実的なもの（経験のあらゆる対象）を単にその小部分と考えてしまうが、このような推論の貧しさは著しくわれわれの目につくところである。あらゆる現実的なものは可能的である、という命題から論理学の換位法の規則によって、若干の可能的なものは現実的である、という単なる特称命題が導き出されることは言うまでもない。そしてこのことは、現実的でない多くのものが可能的である、ということを意味するように見える。実際、これによって可能的なものの数を現実的なものの数以上と考えることができるように思われる。なぜなら現実的なものが生ずるためには、可能的なものになお何かが附け加わらねばならないように見えるからである。しかしこの可能的なものに何かを附け加えるということがどういうことであるか、私には分らない。なぜなら、可能的なものになお附け加えられるべきものは存し得ないであろうからである」(A 231, B 283—284) とカントも可能性と現実性の領域の一致をはっきり認めているのである。

しかしながら、経験の対象については可能性・現実性・必然性の領域が全く一致するのであるから、この三つの要請をそれぞれ別個のものとして立てることはできないとするこうした見方は、カントがこの様相の原則を概念、したがってまたその概念によってあらわされる対象の内容的規定に関するものではなく、概念と認識能力との関係に関するものであると考えている点を、無視しているのではないかと思われる。確かにわれわれが経験の対象そのものを考えるならば、必然性と現実性と可能性はそれぞれ区別されることはできない。必然的なもののみ現実的であり、現実的なもののみ可能的なのである。しかしこう考えれば、われわれは対象について、それは可能的であるとか、それは現実的であるとか判断することは不要になってしまうであろう。なぜならわれわれは対象の必然性を認識しなければ、その現実性も可能性も考えることができないのであるから、われわれの対象についての判断はいつも、それは必然的である、という判断であるはずだからである。われわれが対象の必然性をすでに知っているときに、わざわざそれは現実的であるとか、あるいはそれは可能的であるとかという判断を下す必要は全く存しないと言うべきであろう。様相の判断としてはただ必然的判断のみ存し得るということになってしまわねばならない。しかしわれわれが実際、この対象は可能的であるとか、この対象は現実的であるとかいう判断を下すことは否定できないことではないであろうか。そしてこれらの判断は決して、この対象は必然的である、という判断と同じではないのである。カントが様相の原則が概念と認識能力との関係に関するものと考えているのは、まさにこの点に注目したものと見るべきであろう。この主観との関係を離れて、対象そのものの可能性・現実性・必然性を考えたというところに上述のカント批判の難点が存すると考えられる。*

＊　スミスは可能性・現実性・必然性の領域が区別されないことを強調しながら、なおこの三者の区別は残り得ると考えている。すなわちかれは、ある個人にとって現実的である経験も他の個人にとっては可能的であり得るし、またある人にとって単に現実的であるものも、他の人にとっては必然的連関においてとらえられることがあると言うのである（N. K. Smith, *Commentary,* p. 393）。しかしスミスのような見方の上に立って、果してこういう区別が成立するかどうかは極めて疑わしいと思われる。なぜならいかなる人も対象の必然性を認識しなければ、その対象の現実性や可能性を知り得ないはずだからである。ある対象を現実的であるとか可能的であるとか判断し得る人はすでにその必然性を知っていなければならないのである。それ故ある人にとって必然的であるものを、他の人が現実的であるとか、可能的であるとか判断し得るということはあり得ないであろう。

こうして私は様相の原則は主観との関係において考えられる原則であるというカントのことばを重視しなければならないと考えるのであるが、しかしこう考えると、可能性の領域は現実性および必然性の領域と異なるものになり、したがってまた可能性・現実性・必然性という述語が概念の規定内容と無関係であるというカントの考えと矛盾してくるのではないかと言われるかも知れない。確かにこのことは認められねばならないであろう。われわれがある対象についてそれが可能的であると判断することが、それが現実的である、あるいは必然的であると判断することとは違うとするならば、可能的と考えられるものの領域が、現実的であると考えられるものの領域、まして必然的であると考えられるものの領域よりも広いことは当然のことであろう。そしてまたこのようにそれぞれの領域が異なる以上、われわれがある対象について、それが可能的であると判断する場合よりも、現実的、または必然的であると判断する場合の方が、その対象に関する知識を増していることは明らかであり、対象についての規定に変化があると言えるであろう。

しかし私の見るところでは、カントはこのことを必ずしも否定していないのではないかと思われる。さきに述べたように、確かにカントは可能的なものの領域が現実的なものの領域以上に及ぶものでないと述べている。そうしてこの二つの領域が一致する以上は、必然的なものの領域もまたこれと一致することは言うまでもない。しかしカントがこの点について述べている箇処（A 230—232, B 282—284 の段落）はよく読んでみると、「経験的思惟一般の要請」全体の中での附加的な部分にすぎないのである。このことはカントがこの箇処にすぐ引続いて、「私は通常悟性概念に属すると考えられているところのものを残らず取り扱うために、この問題に言及したにすぎない」（A 232, B 284）と言っているところから見ても明らかである。カントはただわれわれに対して現象として存在する経験の世界を越えて、これとは全く異なった世界が可能であるかという絶対的可能性（absolute Möglichkeit）の問題を考察しているのであり、この問題に対して否定的解答、すなわち現実的な経験の世界を越えた別の可能的な世界は考えられないという解答を与えているのである。しかしこの意味において可能性の領域と現実性の領域が一致しているということは、経験の世界の中においてわれわれが可能的と考える対象の領域と、現実的と考える対象の領域とが一致しなければならないということを意味するものではないと言えるのではないであろうか。

同様にカントはまた可能性・現実性・必然性の述語は決して対象の概念の内容的規定に関係するものではないと言っているが、このことも決して、われわれがある対象を可能的であると判断するときと、現実的あるいは必然的と判断するときとの間に、対象に対する知識の程度に変化がないということを意味するものではないと言えるであろう。ある対象を単に可能的であると判断するとき、われわれはまだそれが現実的であるかどうかを知らない。われわれが可能的であると考えても、それは現実的ではあり得ない場合もあるのである。それ故われわれがその対象が現実的であるということを知り得たときには、われわれのその対象についての知識は以前よりも増加しているのである、われわれの知識は発展しているのである。われわれはその知識の発展するに従って、対象についての可能性の判断から現実性の判断、必然性の判断へと進んでゆくのであり、われわれは対象について前に知らなかった規定をしだいに知ってゆくのである。しかしながらカントは恐らくこのことを否定しようとしているのではないであろう。カントの言っているのはただ可能性・現実性・必然性というものは、それが述語として附け加えられる概念を、客観の規定としては少しも増大させないということであって、決してわれわれが可能性の判断から現実性の判断へ、さらに必然性の判断へと進んでいっても、知識の程度に変化がないということではない。たとえばわれわれはある事物（たとえばある種の細菌など）が可能的であると考える。そしてそれをさらに探求していってそれが現実的であることを確かめる（顕微鏡などで）。この場合にはもとよりわれわれの知識の程度には相違が存する。そしてまた恐らく多くの場合には対象そのものについて規定も増加するであろう。しかしもしわれわれがあらかじめその対象を概念的に正しく把握していたとするならば、われわれがその対象の現実性を確かめても、概念そのものは何等変化しないこともあり得るのである。すでに述べたようにカントが「ある物の概念がすでに全く完全であっても、なお私はこの対象について、それが単に可能的であるか、あるいはまた現実的でもあるか、あるいはもし現実的であるならばそれはさらに必然的でもあるかということを問うことができる」と言っているのも、この意味においてではないかと考えられる。

さてもしこのように解することができるとするならば、われわれはカントが可能性の要請を経験の形式的制約との一致に求め、これを現実性および必然性の要請から区別したことに十分その意義を認めることができるのではないであろうか。もとよりすでに見て来たように、われわれは経験の対象が本当に可能かどうかを決定するためには、単に経験の形式的制約との一致ということのみに頼ることのできないことは言うまでもない。われわれはその対象が現実的であるか、そしてさらにそれが必然的であるかどうかを決定する前に、その可能性を決定することができない。しかし実際にわれわれが対象の可能性について判断を下す場合はわれわれがその対象の現実性も必然性も知らない場合であろう。われわれはまだ知覚しないものをも可能的と考えるのである。可能性の要請の原則は、この意味での可能的なものの領域を、すなわちわれわれがいかなる条件のもとに対象を可能的と考えるかということを表現しようとしているのである。さらにこのように解しても、経験の形式的制約との一致という条件は実際にはほとんどその意義を持たないと言わねばならない。われわれが経験の対象についてそれが可能的であると考える場合、われわれは常に知覚や経験的法則との連関を考慮していると言えるであろう。たとえばある種の病気の原因となる細菌が存するのではないかと考えれば、われわれはこの細菌を可能的であると判断しているわけであるが、この場合その可能性は単に経験の形式的制約と一致するからという理由によってではなく、知覚や既知の経験的法則を基礎にして推論されているのである。しかもひとたびある対象の可能性を思惟して、研究の結果その現実性ないし必然性が確かめられれば、今度はさらにその対象の存在ということを基礎にして新たなものの存在の可能性を考えてゆくというように、可能性、現実性、さらに必然性の判断は段階的に展開してゆくというのが実際のわれわれの判断の過程であろう。科学において仮説が立てられ、それを実験的に確かめて自然法則を見出してゆくということはこのような判断の発展過程に外ならない。しかしカントが可能性の要請の原則で言おうとすることは、われわれは少くとも経験の形式的制約と一致しないものは可能的とは思惟し得ないということ、あるいは逆の表現を用いれば、経験の形式的制約との一致という条件しか満足しない事物は単に可能的であるとしか考えられない、ということなのではないであろうか。それはわれわれが対象の可能性を思惟するための最低の条件を示しているのではないであろうか。

カントの可能性の要請はこのように解するとき、そしてその時にのみ意味を持っていると私は考えるが、しかしこう解釈してもなおカントのうちに混乱が存することは否定することができないと思われる。それはカントがこの原則を「経験の形式的制約（直観および概念に関する）と一致するものは可能的である」と表現して経験の形式的制約ということに、直観および概念に関する、という但し書きをつけていることである。この但し書きは何を意味しているのであろうか。

このうち直観という点については問題は存しないであろう。空間・時間という直観形式が一切の経験成立のための先天的制約であると考えられている以上、この直観形式と一致しないものが経験の対象として全く不可能であることは言うまでもないことである。すでに述べた例を用いるならば、二直線によって囲まれた図形というようなものは、概念自身は何の矛盾をも含んでいないけれども、この直観形式という経験の形式的制約と一致しないが故に不可能なのである。これに反して三角形というようなものが可能であるのは「このような図形が、経験のあらゆる対象が基づいている制約のもとにおいてのみ考えられているということ」（A 224, B 271）によっているのである。*

* これらの例でカントはあたかも二直線で囲まれた図形や三角形そのものの不可能性・可能性を論じているような叙述を行っているように見える。しかし恐らくカントの真意はこれらの図形を現実に描き出すこと、あるいは少くとも近似的に描き出すことの可能性・不可能性を論じるところに存するのではないであろうか。そうでないとすると、三角形の可能性の根拠を経験の形式的制約との一致に求めることは無意味になると思われる。カントは「われわれは全く先天的に三角形の概念に実際に対象を与えることができる、すなわち三角形を構成することができる」（A 223, B 271）ことを認めながら、しかもなお三角形の「可能性は疑わしい」となし、三角形の可能なるゆえんは、それが経験の形式的制約と一致するからであると考えているのである。すな

わち三角形そのものの可能性を問題にするなら、それが経験の形式的制約と一致しなくても、したがって単なる「想像の産物」(A 223, B 271) であっても差しつかえないはずである。そうではなく三角形を実際に経験の世界において描き出し得るかどうかを問題にしているが故にこそ、経験の形式的制約との一致が要求されるのではないであろうか。

しかし概念という但し書きに関しては問題は決して簡単ではないように思われる。経験の形式的制約としての概念とは言うまでもなくカテゴリーであるが、果してわれわれはカテゴリーという形式的制約に一致するものを可能的であると考えることができるであろうか。われわれはこれを一つ一つのカテゴリーについて検討してみなければならない。しかしもとよりこの際様相のカテゴリーは除外されるから、検討すべきカテゴリーは量・質・関係の三つである。

まず量のカテゴリーに関して言えば、このカテゴリーは、直観形式が対象の可能性の条件としての経験の形式的制約として考えられる以上、当然経験の形式的制約のうちに含められると言うことができるであろう。なぜなら「直観の公理」の原則の場合に述べたように、この量のカテゴリーは直観の成立する場面ですでに働いているものであるからである。言いかえればこのカテゴリーは空間・時間という直観形式と一つになって働いているのであり、空間的時間的表象は実はこのカテゴリーに従った悟性の総合によって成立しているからである。したがって可能性の要請の原則における経験の形式的制約といわれるもののうちに直観形式を含めることに問題がない以上、このカテゴリーをもその中に含め得ることは当然であろう。

しかし次の質のカテゴリーになるとすでに事情は異なってくる。なぜなら、このカテゴリーは、「知覚の予料」の原則において示されているように、すでに知覚との連関を要求しており、すなわち経験の内容的側面と関係しているものだからである。そうであるとすればこの場合にはもはや経験の形式的制約であるとは言えないのではないであろうか。

実際われわれは質のカテゴリーとの一致ということが対象の可能性を判断するためにどう役立つのか理解することができないであろう。あるいはこのカテゴリーの場合には、われわれは何等か内包量（度）を持ったものという概念は可能的であると考えられるのではないかと言われるかも知れない。しかしよく考えてみると、このような概念は、量のカテゴリーの場合と異なり、ほとんど無意味な概念であると言うべきであろう。量のカテゴリーの場合には、それが直観形式と一つになって働いているのであるから、われわれは、量のカテゴリーとの一致あるいはむしろ直観形式との一致という基準によって個々の具体的な対象についてその可能性・不可能性を識別することができる。たとえば二直線によって囲まれた図形とか丸い四角というような概念の対象は不可能であり、三角形とか四角形というような概念の対象は可能的なのである。これに対して質のカテゴリーの場合には、われわれはこれによって具体的な対象についてその可能性・不可能性を区別することができない。たとえばわれわれが経験的にその存在の全く知られないものを何か空想したとする。その場合われわれはこのような対象が可能的であるかどうかをこの質のカテゴリーとの一致ということによって判断できるであろうか。われわれはこのような対象の性質も内包量を持っているとは言うことができるかも知れない。しかしこの対象そのものが可能的であるかどうかは決してその性質が内包量を持っているということから決定することができないのである。このような対象が可能的かどうかということは、実際にその対象を知覚するか、あるいは知覚との連関が示されるかしなければ、決定することができない。カントみずから経験的対象の可能性はむしろその現実性から判断されなければならないと言っていることはさきに見た通りである。こう考えてみると、質のカテゴリーは、決してそれとの一致ということによって何かある対象の可能性を判断する基準として役立ち得るものではないと言うことができるであろう。むしろこのカテゴリーは単なる経験の形式的制約以上のものであると言うべきであろう。それは知覚という経験の質料的制約と関係するからである。

次に関係のカテゴリーを考えてみよう。この場合にも事情は質のカテゴリーの場合と極めて類似していると言うことができる。カント自身ははっきりとこの関係のカテゴリーを経験の形式的制約のうちに含めて考えている。このことはカントが持続的であって変化するのはその状態にすぎないようなものとか、あるいはそれが定立されると常に必ず他のものがそれに継起するような性質を持ったものとか、さらにあるいは相互作用を行うようなものという例をあげて、「これらの概念の対象が可能なのは、これらの概念があらゆる経験における知覚の関係を先天的に表現しているということ」(A 221, B 269) によっていると述べていることから見ても明らかである。しかしもしも実体というカテゴリーが「経験における知覚の関係を先天的に表現して」おり、すなわち経験成立のための形式的制約であるとするならば、持続的な実体というものは果して単に可能的と判断されるであろうか。むしろわれわれは単にこれが可能的であるばかりでなく、同時に現実的でもあり、必然的でもあると言い得るのではないであろうか。実際カントは「実体持続の原則」において持続的実体が必然的に存在することを証明しようとしたのではなかったであろうか。そうであるとすれば、実体というものについてはわれわれはその必然性を先天的に知り得るのであり、その可能性を問題にすることはないのである。すでに必然的であることが分っているものに対して、わざわざそれは可能的であるという判断を下す必要は存しないからである。もとより因果律や相互作用の場合には実体の場合と多少事情は違ってくる。実体の場合には、自然において量的に増減しない持続的な実体の存在は必然的であると言えるが、因果律や相互作用の場合には具体的にどういうものがどういうものと因果関係に立っているか、あるいは何が何と相互作用の関係に立っているかということは因果性または相互作用のカテゴリーのみでは知ることができないからである。それ故この場合には、因果的に決定された対象というものを考えると、それは単に可能的であり、決して現実的でも必然的でもないと言えるのではないかとも考えられるかも知れない。しかしこのような考え方の取り得ないことは、さきに質のカテゴリーについて述べたことから明らかであろう。われわれは因果性や相互作用のカテゴリーによって決して具体的にある対象の可能性・不可能性を決定することはできないのである。われわれが勝手に何か対象を考え、その対象が他の現象と因果的関係に立っていると想像したとする。われわれはこの対象を可能的であると言い得るであろうか。われわれがそのような特定の対象の可能性・不可能性を決定するためには、さらに進んでその対象が他の現実的なものとどういう因果関係に立っているかを明らかにしなければならないであろう。しかもこのことが明らかにされたときには、その対象はもはや単に可能的と判断されるのではなく、必然的と判断されてしまうのである。

こうしてわれわれはカントが可能性の要請の原則において経験の形式的制約との一致を考えたとき、その形式的制約のうちに直観形式のみならずすべてのカテゴリーを含めてしまったという点に混乱が存在しているのではないかと考える。われわれは質のカテゴリーと関係のカテゴリーとをその中から取り除く必要があるのではないであろうか。経験の形式的制約としてここで考えられ得るのは主として直観形式なのであり、量のカテゴリーはこの直観形式と離れ難く結びついている故にこの形式的制約のうちにいれて考えられるのである。このように解することによって、カントの可能性の要請の原則ははじめて理解し得るものとなるのではないであろうか。確かにこの箇処におけるカントの叙述は複雑でありまた混乱している。われわれがこの箇処を整合的に解釈しようとするためには、どうしても何かの形でカントの言うところに修正を加えねばならない。さきに述べたような、可能性・現実性・必然性の要請はすべて合致すべきであるという解釈も一つの修正の道であろう。しかし私はこの解釈は対象そのものの可能性・現実性・必然性の問題を考えて、認識能力との関係という面を考えていず、この点でカントの真意をとらえていないと考える。カントの真意はむしろわれわれがどういう条件のもとに対象を可能的と考え得るか、あるいは現実的・必然的と考え得るかということを示そうとしたところにあると考えられる。ただカントはここでただ直観形式（したがってまた量のカテゴリー）に関しての対象の可能性のみを述べるべきであったのに、経験の対象の具体的な可能性をも考察してしまった。しかしこの意味での可能性はその現実性ないし必然性というものから切り離すことはできないのであり、ここにカントの叙述が大きな混乱を示してしまった原因が存するのではないかと思われる。そしてわれわれがこの混乱を除こうとすれば、経験の形式的制約といわれるものの中から質および関係のカテゴリーを除去しなければならない。もとよりこれらのカテゴリーも具体的な経験的対象の可能性を考える場合には重要な役割を演ずるが、そうすれば可能性の要請は現実性および必然性の要請から区別する必要がなくなってしまうからである。この三つの要請が合致すべきであるというさきの解釈も、それ故このカント自身の混乱によって生じて来たものであると見ることができると思われる。カントはここでは単にわれわれが対象の可能性を考えるための最低の条件を述べていると見るべきであろう。そしてそのように考えれば、この条件を直観形式という経験の形式的制約との一致ということに求めた可能性の要請の原則は十分に認められることができるのではないであろうか。

現実性の要請　われわれは次に現実性の要請の原則を考察しなければならない。現実性の要請は経験の質料的制約（感覚）との関連に求められた。この際「関連する」（zusammenhängen）ということは、直接に知覚されなくてもとにかく「経験の類推」によって知覚と結合されることを意味している。「物の現実性を認識するための要請は知覚すなわち意識された感覚を要求する。この場合必ずしも、その存在が認識されるべき対象自身についての直接的な知覚が要求されるというわけではないが、しかしとにかくその対象と何等かの現実的な知覚との関連――そしてその関連は経験一般におけるすべての実在的結合を示すところの経験の類推に従うものであるが――が要求されるのである」（A 225, B 272）。カントの挙げている例では、われわれは引きつけられた鉄粉の知覚から、あらゆる物体にゆきわたっている磁気物質の存在を認識する（A 226, B 273）。この場合われわれはもとよりこのような物質を直接に知覚することはできないけれども、しかしわれわれはこの物質の存在が経験の類推の原則によって現実的知覚と関連していると言うことができるから、その存在の現実性を認識することができるというのである。

さてこの現実性の要請について、われわれはまずそれが単に経験の質料的制約との関連ということのみを述べて、経験の形式的制約との一致ということを述べていないことに気がつくであろう。それ故この現実性の要請の原則を文字通りに受け取ると、それは経験の形式的制約との一致という条件が存しなくても成立するかのように解される。しかし現実的な経験の対象が経験の形式的制約と一致しなくても存し得るということはあり得ないから、このような解釈は成立しないであろう。むしろカントは経験の形式的制約との一致ということははじめから自明的なこととして前提し、この条件の外にさらに経験の質料的制約との関連ということを、現実性の要請として考えたのであると思われる。そうでないと、カントは知覚の対象が直観形式と一致しないでも成立すると考えていたことになり、全く不合理な主張をしていることになるからである。そしてこのように解釈すればわれわれはカントの現実性の要請の原則の意味するところを十分に理解することができるであろう。経験の形式的制約との一致ということは、対象の存在を可能的と考えるための最少限度の条件であった。しかしわれわれが対象を現実的と考えるためには、この条件のみではもとより不十分である。われわれはさらにその対象を事実知覚するか、あるいは少くとも知覚と関連するものであると考えなければならないのである。

こうして現実性の要請の原則についてカントの言うところは、可能性の要請の原則の場合と異なり、極めて明瞭であるように思われるが、しかしよく考えてみると、この場合にもやはりカントのうちに混乱が存在していることは否定できない。それはカントがここで単に知覚の対象が現実的と考えられると言うに止まらず、知覚と経験の類推によって関連しているものも現実的と考えられると言っている点である。もとよりこのカントの考えが全然誤っていると言うのではない。われわれは単に知覚の対象のみを現実的と考え、知覚と経験の類推によって関連しているものを現実的と考えないというのではない。カントの挙げている磁気物質というようなものは決して直接に知覚の対象とはなり得ないが、現実的であると言うことができるであろう。しかし問題は現実性の要請のうちにこのように経験の類推による知覚との関連を含めて考えてしまうならば、現実性の要請と必然性の要請とがどこで区別されるかという点に存する。たとえばわれわれが直接知覚し得ない対象を、因果律という経験の類推の原則に従って、現実に知覚される対象の原因として存在すると考えたとする。われわれはその場合確かにその対象が現実的に存在すると考えるであろう。しかし同時にわれわれはそれが必然的に存在すると考えてしまうのではないであろうか。現実性の要請は必然性の要請から区別されなくなってしまうのではないであろうか。もとよりカントの立場ではすべて現実的なものはまた必然的に生起してくるのであるから、われわれがある対象の存在を必然的と考えるとき、われわれはまたその対象が現実的であると考えることは言うまでもない。しかしわれわれが現実的と考えても必ずしも必然的とは考えないものも存するのではないであろうか。そして現実性の要請の原則はその条件を示そうとするものではないであろうか。そうであるとすれば、われわれは現実性の要請から経験の類推による知覚との関連ということを取り除くべきであろう。

それ故私は現実性の要請の原則は、ただ単に、知覚の対象は現実的である、というように言われるべきではないかと考える。もとよりこの場合知覚というのは決して現在の知覚のみを考えてはならないであろう。たとえば私は今私のいる部屋の外に、現在知覚してはいないけれども廊下が現実的に存在していることを知っている。しかしこの場合私が廊下の現実性を考えるのは、私がかつてそれを知覚しそのことを記憶しているからであろう。それ故知覚のうちには現在の知覚のみならず過去の知覚もはいると考えねばならない。しかしそれにしても私が現実的と考えるのは知覚の対象なのであり、もし私が単なる知覚の段階に止まらず、さらにその対象の存在しなければならないことを、経験の類推の原則に基づいて把握すれば、私はそれをただちに必然的であると考えてしまうのである。

もとよりわれわれはこの現実性の要請の原則が、われわれがある対象を現実的と考えるための最少限度の条件を示しているものだと解さねばならない。なぜなら、もしそうでないとすると、この原則は誤っていることになるからである。われわれはある対象を知覚する。そしてその対象を現実的だと考える。しかし知覚とは元来主観的性格のものであり、われわれの知覚の対象は単に主観的な幻影であるかも知れないであろう。そういう場合には恐らくわれわれははじめ現実的と考えていた対象についてさらに考察し、それがたとえば既知の因果法則に適合しないというような理由でそれを現実的でないと判断するにいたるであろう。したがってわれわれは対象が真に現実的であるかどうかを確かめるためには単にそれが知覚の対象であるかどうかということだけでは十分ではなく、さらにそれを経験の類推の原則に従って検討しなければならないのである。しかしすでに述べたように、経験の類推の原則に従って検討してなおその対象が現実的であるとするならば、われわれはその対象を同時に必然的であると考えてしまうのである。それ故現実性の要請の原則は、対象が真に現実的であるかどうかの判定の基準を示すものではなく、われわれが対象を現実的であると考えるための最少限度の条件を示すものと考えられねばならない。そしてその条件としてわれわれは「知覚し得る」ということを考え得るのではないであろうか。すでに述べたように、可能性の要請の原則も、われわれが対象を可能的と考えるための最少限度の条件を示すものと解されねばならなかった。経験の形式的制約と一致するものといえども実際は決してすべて可能的であるとは言えなかったのである。現実性の要請の原則も、これと同じ様に理解されねばならない。われわれがこれらの要請の原則をこの意味に理解せず、対象の真の可能性・現実性の判断の基準を示すものと解釈するならば、可能性の要請も現実性の要請も必然性の要請と合致してしまわねばならないことはすでに述べた通りである。

もし現実性の要請の原則がこのように解釈できるとするならば、この原則が知覚の対象に関係する「知覚の予料」の原則、したがってまた質のカテゴリーと密接に関連していることは言うまでもないであろう。「知覚の予料」の原則は本来知覚の対象である実在的なもの、すなわち現実的なものについての原則であったからである。カントはこの現実性の要請の場合にも、経験の類推の原則を含めて考えてしまった。そしてそのために単に知覚されるということのみならず、知覚と関連するということをも現実性の条件と考えたのである。しかしわれわれは現実性の要請の条件から、この経験の類推の原則を切り離さねばならない。関係のカテゴリーから切り離さねばならないのである。

必然性の要請　最後にわれわれは必然性の要請の原則を考察しよう。必然性の要請は、すでに述べたように、現実的なものとの関連が経験の一般的制約にしたがって規定されているということに求められているが、ここにいう経験の一般的制約というものが経験の類推の諸原則を意味していると解釈するのは極めて当然のことであろう。経験の類推の諸原則はまさに経験の一般的制約であった。それは客観的な経験の根本的法則であり、この法則によってはじめて客観的な経験は主観的な表象の戯れから区別されることができるのであったからである。それ故、現実的なものとの関連がこれらの法則によって規定されているところのものは、まさに経験の必然的関連のうちの一項として理解されるのであり、われわれはこれについてそれを必然的であると考えることができるはずである。

だがカントは意外にも必然性の要請の場合に関係する経験の類推の原則をただ一つ因果律の原則のみに限っているのである。「他の現象が与えられているという制約のもとで、必然的と認識され得る存在は、ただ与えられた原因から因果律に従って生ずる結果の存在のみである。それ故われわれがその必然性を知覚において与えられた他の状態から経験的な因果法則にしたがって認識することのできるのは、物（実体）の存在ではなく、物の状態の存在である」（A 227, B 279—280）。だが私の見るところでは、このようなカントの考えは決して十分な理由を持っているとは思われない。われわれはまず実体持続の原則（現在ではむしろエネルギー恒存の原則と言われるべきであろう）を考えてみよう。われわれがこの原則にしたがって、ある現象の変化に当ってその根底に一定不変の実体（エネルギー）の量があるはずだと考えるとき、この実体の量の存在は必然的であるとは考えられないであろうか。さらに相互作用の原則の場合にはこの原則にしたがってわれわれが対象の存在の必然性を考え得ることは明らかであると思われる。なぜなら、すでに述べたように、相互作用の原則は実は因果律の原則と別個のものではなく、ただその複雑な形態にすぎないからである。われわれが因果律によってある対象の存在の必然性を思惟し得るなら、われわれは相互作用の原則によってさらに一層必然性を思惟し得るはずである。あるいはむしろ現実においては現象はすべて相互作用によって全体的統一をなしているのであるから、われわれがある対象の存在の必然性を認識し得るのは、相互作用の原則によって現象の間の相互関係を把握する場合のみであると言うべきであろう。われわれはカントのように必然性の要請の場合に関係する経験の類推の原則を因果律のみに限定する必要はない。経験の類推の諸原則はすべて対象の必然性の判断の基準として役立つのである。

必然性の要請はこうして関係のカテゴリー全体と結びつくと言えるであろう。

この原則の意義　もし以上に述べた見解が認められるとすれば、われわれは可能性の要請は量のカテゴリーに、現実性の要請は質のカテゴリーに、そして必然性の要請は関係のカテゴリーに関係するものであると言えるであろう。* われわれはすでにこれらのカテゴリーによる直観の公理、知覚の予料、ならびに経験の類推の原則が決して平面的に並列するものではなく、その間に立体的関係の存在すること、すなわち、これらの原則は理論的認識の発展として理解し得ることを述べたが、様相の原則を考察することによってさらにこのことが確かめられたと言うことができるのではないであろうか。様相の原則は決して今まで考察して来た諸原則と並んで存する別種の原則ではない。そうではなく、それは今までの諸原則に述べられたことを全体的に総括したものにすぎないのである。すなわちそれは、量のカテゴリーによる直観の公理の原則によってわれわれは単に対象の可能性しか認識し得ないこと、われわれがさらに進んで対象の現実性を認識するためには質のカテゴリーによる知覚の予料の原則に頼らねばならないこと、そしてさらにわれわれが対象の必然性を認識するためには関係のカテゴリーによる経験の類推の原則によらねばならないことを示しているのである。われわれはこれらの原則によってしだいに認識を発展させてゆくのであるが、その認識の発展は対象の可能性からその現実性へ、さらに進んでその必然性の認識への発展に外ならないのである。

* こうした解釈は決して私の勝手な解釈ではなく、カント自身の叙述のうちにもその根拠を見出すことができるように思う。カントは「経験的思惟一般の要請」の原則について、これを「単なる直観（現象の形式）の総合、知覚（現象の質料）の総合、および経験（これら知覚の関係）の総合に関する」（A 180, B 223）ものと規定している。この文章は可能性の要請が直観形式に、現実性の要請が知覚に、必然性の要請が経験の類推に関係すると見る私の解釈を裏づけるものと言えないであろうか。

このように解するとき、様相の原則が何故に他の諸原則と異なった特別の性格を持たねばならないかということも十分に理解されるであろう。カントはただ判断表から可能性・現実性・必然性というカテゴリーの持つ特別な性格を導き出した。しかしこのようにカント自身十分に事態の真相を把握していなかったにもかかわらず、カントは事態的にはこの原則の特殊性の根拠を十分につかんでいたと言えるのではないであろうか。それは今まで述べて来た量・質・関係のカテゴリーの諸原則を反省し、それを主観との関係において考察することによって、その間に認識の発展の関係が存することを確証したものであったのである。

(3)　観念論論駁および現象界と可想界

観念論論駁　以上われわれはカントの原則論を検討したが、そこに生じて来た結論は、それがカントの意図するような先天的総合判断の基礎づけという意味においては決して成功していないのではないかということであった。先天的総合判断のみ確実性を持ち得るという考えが、カントのうちに残っていた合理主義的思想の現れに外ならないとすれば、カントがあくまでこの考え方に固執して、原則を先天的総合判断として基礎づけようとしたとき、その試みが不成功に終ったということはむしろ当然のことと言わねばならないのである。しかしこのことは必ずしもカントの原則論を全く無意義なものとしてしまうのではない。なぜならカントは実は原則論において、実験的投げ入れとしての自然科学の諸原則を考察し、そしてこの実験的投げ入れによって展開してゆくわれわれの認識の発展の過程を見事にとらえていると解釈することができるからである。もとよりカントの原則論をこのように解釈することはカント自身の自覚を越えていることは言うまでもない。しかし私はこういう解釈は決してカント哲学の本質を傷つけるものではなく、かえってカントの意図するところを真に生かすものではないかと考える。

まず第一にわれわれはこのようにカントのうちから認識論的主観主義を取り除くことによってのみ、カントの意図の少くとも重要な一つである自然科学の基礎づけということが十分に行われると考える。先天的総合判断のみ確実性を持つと考えられるならば、自然科学は決して確実な学問と考えられることはできない。なぜなら自然科学は先天的総合判断のみから成り立つものでないことは言うまでもないからである。したがってカントは単に純粋自然科学のみ確実な学問と考えたのであるが、このことはカントがガリレイやトリチェリの業績を模範として、そこに用いられている実験的方法を形而上学にも導入しようとした意図と矛盾すると言わねばならない。ガリレイやトリチェリの成しとげたことは決して純粋自然科学ではなく、一般の自然科学であったからである。もしもわれわれが行ったように、カントの原則論を先天的総合判断ではなく、実験的投げ入れの展開と考えるならば、このカント哲学の欠陥は消え去るのではないであろうか。そしてわれわれは純粋自然科学のみならず、一般に自然科学が確実な学問たり得ることを理解できるのではないであろうか。

第二に、この点と密接に連関することであるが、自然というものに対するカントの真の考え方もその認識論的主観主義の思想とは矛盾するということである。カントにおいて自然界がわれわれに対して外界として現実的に存するものと考えられていたことはすでに第二章（七五ページ）において触れておいた。かれが自然界を現象の世界と考えたことは、自然界を単なる観念と考えようとするのでなく、外界として存する自然界をそのまま現象の世界と考えようとすることに外ならなかった。自然界はわれわれが常識的に考えている通り、われわれの外に存在しているのである。もとよりカントは「純粋理性批判」において終始一貫こういう立場に立っているのではない。すでに見た通り、カントは「先験的感性論」においては最も素朴に、われわれの外にある物体を物自体と考えていたと言わねばならない。そしてこの物自体を認める点においてみずからの立場はいわゆる観念論とは全く異なると主張していたのである。もしこのように考えれば、自然は単なる表象の世界と考えられてしまわねばならない。カント哲学は世界を表象と見なすものであると考える、歴史的に有名なショーペンハウエルの解釈などが生じたのも決して故なしとは言えないのである。しかしカントはこういう考えを「先験的分析論」ではもはや取っていない。物自体というものに対する考え方、したがってまた現象界としての自然に対する考え方は、感性論と分析論では異なっていると言わねばならない。そしてこの分析論における考え方こそカント本来の意図に合致するものであることは言うまでもないであろう。

このことは原則論において自然においてその量の増減することのない実体というものが現象界のうちに入れられていることを考えてみれば明らかであると言わねばならない。なぜなら感性論において考えられているような物自体とはわれわれの外に存している物体であり、すなわち実体として把握されるものに外ならないからである。もとよりカントは分析論においても常にはっきりこうした考えを取っているとは言えないが、しかしこの一事のみを考えてもカントの意図がどこにあったかは疑問の余地のないところである。さらにこのカントの意図はカントがみずからの立場がいわゆる観念論と混同されることを嫌って、第二版において有名な「観念論論駁」(Widerlegung des Idealismus) を附け加えたことによって最も強く示されていると言えるであろう。観念論論駁はみずからの先験的観念論の立場を、外界の存在を疑わしいと考えたりあるいは誤りであると考えたりする質料的観念論から区別し、空間的事物が現実的に存在することを証明しようとするものであり、自然というものに対するカントの考えを最もよく示していると考えられる。こうしてカントの意図が自然の現実性を認め、ただそれをそのまま現象界と考えるところに存するとするならば、われわれは認識論的主観主義の思想をカントから取り除くことこそ、カントの意図を徹底することであると言うことができるのではないであろうか。認識論的主観主義の思想は決して自然を現実的にわれわれの外にあるものとして考えようとする意図と調和するものではない。認識論的主観主義の立場に立つとき、客観的な経験的対象と主観的な表象の戯れの間に明確な区別をすることが不可能であることは、われわれのすでに見て来たところである。

しかしわれわれはここでただちに一つの問題に突当る。われわれは今自然界そのものを現象界と見ようとするカントの意図は、カントが第二版において「観念論論駁」を附け加えたことによって最もよく示されるが、このカントの意図は認識論的主観主義の思想によっては達成されることができないと述べたが、しかしむしろカントが「観念論論駁」を書いたということが認識論的主観主義の立場からでも自然界を現象界と見ることができることを示しているのではないかということである。なぜなら言うまでもなくカントはみずから認識論的主観主義の思想を捨てていない。しかもその立場から「観念論論駁」を書き得たということはさきに述べたわれわれの見解が誤っていることを示すものではないかと考えられるからである。しかし私は「観念論論駁」はたしかにカントの意図をはっきり示しているけれども、しかしその論証は必ずしも成功していないと考えるのである。われわれは次にこの点を具体的に検討しなければならない。

さて「観念論論駁」においてカントは次のように述べる。質料的観念論はわれわれの外にある空間中の対象の存在を疑わしく証明し得ないと考えるデカルトの蓋然的観念論（problematischer Idealismus）と、それを誤りであり不可能であると考えるバークリの独断的観念論（dogmatischer Idealismus）とに分けられるが、このうち後者は空間を物自体に属すると考えるところから生じてくるものであり、われわれは「先験的感性論」によってこのような考えの取り得ないことをすでに示したのであるから、ここでは問題とはならない。これに反して前者は「われわれの存在の外にある存在を直接の経験によって証明することができないと説くものであり」（B 275）、十分な証明が見出される前には決定的判断を許さないという点で合理的である。それ故この観念論を反駁するためには、「われわれは外界の事物について経験を持つのであり、単に想像を持つのではない」（同上）ということ、あるいは「デカルトにとって疑い得ないものであったわれわれの内的経験でさえ、外的経験を前提してのみ可能である」（同上）ということを証明しなければならないのである。

こうしてカントは次の定理を立て、それを証明しようとする。

定理　私自身の存在の単なる、しかし経験的に規定された意識が、私の外にある空間中の対象の存在を証明する。

証明　私は私自身の存在を時間のうちにおいて規定されたものとして意識している。〔ところが〕すべての時間限定は知覚における何か持続的なものを前提しているが、この持続的なものは私のうちにおける直観であることはできない。というのは、私のうちに見出される私の存在のすべての規定根拠は表象であり、表象である以上、みずから表象とは異なる持続的なもの、すなわちそれとの関係において表象の変化と、したがってまたその中で表象が変化する時間における私の存在が規定されることのできる持続的なものを要求するからである。* それ故この持続的なものの知覚はただ私の外にある物によってのみ可能なのであって、私の外にある物の単なる表象によって可能なのではない。したがって時間における私の存在の規定は、私が私の外に知覚する現実的な物の存在によってのみ可能なのである。さて時間における〔私の存在の〕意識はこの時間限定の可能性の意識と必然的に結びついている。それ故、それはまた時間限定の制約としての私の外にある物の存在とも必然的に結びついているのであり、すなわち私自身の存在の意識は同時に私の外にある他の物の存在の直接的意識である（B 275—276）。

＊　カントは第二版の序言で、この「観念論論駁」の証明の一部を訂正しているが、この文章はこの訂正にしたがう。

さてこの証明においてわれわれはカントが私の外にある物の表象の存在ではなく、私の外にある物の現実的存在を証明しようとしていることに注意しなければならない。カントは、デカルトが私自身の存在のみを直接に確実だと考えたのに対して、私自身の存在を意識するということがすでに私の外に現実に物が存在するということによってのみ可能となると考えることによって質料的観念論の欠陥を免れようとしたのである。ここには外界の存在をそのまま素直に認めようとするカントの意図が極めてはっきりと示されていると言えるであろう。

しかしそれではこの証明は果して成功していると言えるであろうか。われわれは確かにカントの言うように、あらゆる時間限定が知覚における持続的なものを前提しているということを承認することができよう。このことはわれわれがすでに「実体持続の原則」の場合に見て来たところであり、ここで改めて問題にする必要はないであろう。しかし問題はカントがこの点からただちに「この持続的なものの知覚はただ私の外にある物によってのみ可能なのであって、私の外にある物の単なる表象によって可能なのではない」と主張することにある。こういう主張が果して成り立つであろうか。われわれはこの点に疑問を抱かざるを得ない。

この箇処におけるカントの論述もまた極めて難解であって、カントがなぜこういう主張をしたかその根拠は明らかではないが、恐らくカントは「実体持続の原則」において実体の存在が経験成立の制約として確実に証明されたと考え、したがって外界の対象が存在するということがすべての経験的意識の可能性の制約であると考えたのではないかと思われる。このことはカントが次のように言っていることから読み取ることができるであろう。「……われわれが直観として実体の概念に包摂できる持続的なものとしては単に物質があるのみであり、この持続性さえ外的経験から得られるものではなく、あらゆる時間限定の必然的制約として、したがってまた外界の物の存在によるわれわれ自身の存在に関しての内感の規定として、先天的に前提されるのである」(B 278)。しかしもしそうであるとするならば、われわれはこのカントの主張を承認するわけにはゆかない。なぜならわれわれは「実体持続の原則」におけるカントの証明が決して成功していないことを見て来たからである。その証明は決して実体というものが経験における時間限定の制約として先天的に考えられねばならないことを示すものではなかった。それはむしろ、たかだか、持続的な知覚の表象が存しなければ時間限定は不可能であろうということを示しているにすぎなかった。われわれはこの持続的な知覚の表象が可能であるためには、現実に持続的な外界の対象が存在しなければならないと考えることはできるであろう。しかしそれは持続的な表象が成立しているという事実を説明するためには、持続的な外界の対象が存在すると考えるべきだということであって、決して外界の対象の存在をわれわれが直接に意識しているということではない。われわれは知覚から出発して外界の対象の存在を推理する外はないのである。しかしもしここに推理が行われているとするならば、それはまさにデカルトの蓋然的観念論と本質的に異なるところは存しないことになる。観念論論駁は成功していないと言うべきであろう。

もっともこの点についてカントはみずから次のような疑問を提出し、それに対して答えている。「この証明〔観念論論駁の証明〕に対して人は恐らく〝私はしかしただ私のうちにあるもの、すなわち外界の物についての私の表象を直接に意識しているにすぎない。したがってこの表象に対応する何かが私の外に存するかどうかは依然として決定されないままである〟と言うかも知れない。しかし私は時間における私の存在（したがって時間において私の存在が規定され得ること）を内的経験によって意識している。そしてこのことは単に私の表象を意識しているということ以上のことである。むしろそれは私の存在の経験的意識と同一なのであり、この経験的意識は私の存在と結びつきしかも私の外にあるものとの関係を通してのみ規定されるのである」（BXL）。しかしこのカントの証明も結局前に述べたことのくり返しであり、それ以上の何ものをも含まないのではないかと思われる。カントはただ私自身が時間のうちに存在すると意識することが私の外に存在する物との関係によって可能となるということを述べているにすぎない。しかしこの議論の成り立たないことは改めて述べるまでもないであろう。持続的な外界の物が存在しなくても、私の表象として持続的な物の知覚が存すれば、それによって私の存在を時間的に規定することは十分できるであろう。もしこれに対して私が私の表象として持続的な物の知覚を持っていても、それが私の表象にすぎないということが意識されているとするならば、私は決してこれによって自己の時間のうちの存在を規定しないのではないかと言われるならば、われわれは一歩を譲って、確かに私は私の外なる物が存在すると考えていなければ、私の存在を時間的に規定しないであろうということを承認しよう。しかしこの場合でもこのことは決して実際に私の外に物が存在するということを証明するものではない。その際必要なのはただ私が私の外に物が存在すると考えるということであって、決して物が存在するということではないからである。

このことは何よりも、カントがわれわれが持続的な物についての表象を持つからといって、必ずしも実際に外的な物が存在しているとは言えない場合があるということを述べているとき、カントみずからこれを認めていると言えるのではないであろうか。カントは次のように言う。「われわれ自身についてのある一定の意識が可能であるためには外的対象の存在が必要であるということから、外的な物についてのすべての表象が同時にその物の存在を含むということは結論されない。なぜなら外的な物についての表象は構想力の単なる結果であることも十分あり得るからである（夢の場合にも狂気の場合にも)。しかし構想力によって外的な物についての表象が生ずるのは、それが以前の外的知覚の再生であるからであり、この外的知覚は、すでに示したように、ただ外的対象の現実性によってのみ可能なのである」(B 278)。このことはもとより常識的には認めることができるであろう。しかし根本的に考えてゆくと、このように個々の場合に持続的な物についての表象を持っているということが必ずしも実際に物が私の外にあることを示さないとするならば、われわれは一体どうやって、実際に外的な物が存在している場合の持続的な物についての表象と、単なる構想力の産物であるそれとを区別し得るのであろうか。単なる構想力の産物である場合といえども、持続的な物についての表象は、表象としての限り、実際に外的な物が対応している場合の表象と異なるところはないはずである。もしもわれわれが実際に外的な物が対応しているところの表象によって自己の存在を時間的に規定することができるとするなら、単なる構想力の産物であるところの持続的な物の表象によっても同様にわれわれの存在を時間的に規定することができるはずではないであろうか。カントは「経験と考えられている個々のものが単なる想像でないかどうかということは、そのものの持つ特殊な規定を考え、あらゆる現実的経験の基準と連関させることによって決定されねばならない」(B 279) と述べている。すなわちカントの言おうとするのは、単なる構想力の産物である場合は、たとえその表象が持続的な物についての表象であっても、これを他の経験との連関のうちに置いてみるとき不整合が生じてくるから、それによって実際に外的な物が存在している場合の表象から区別できるということであると思われる。しかしもしそうであるならば、持続的な物についての表象としての限り、この二つの場合の表象は何等変りがないことをカントみずから認めていると言わねばならない。二つの種類の表象はそのものとしては互いに区別されない。ただ両者はこれを他の経験と連関させてみるとき、そこにはっきり区別されるのである。もとよりこのカントの考えは正しいと言うべきであろう。しかし問題は、こうなればもはやカントの主張するように、「私自身の単なる、しかし経験的に規定された意識が私の外にある空間中の対象の存在を証明する」とは言えないのではないかということにある。他の経験と関連させることによって決定するとは一体どういうことであろうか。他の経験といえども一つ一つ取って考えれば、いずれもそこに存する持続的な物についての表象に実際に外的な物が対応しているかどうかは決定的に判定し得ないものなのであるから、われわれは決していかなる場合にも直接に外界の物の存在を確実に知っているわけではないであろう。われわれはただ多くの経験を関連的に考えることによって、実際に外界の対象が存在すると考えた方がうまく説明できるという理由によって通常の持続的な物の表象には実際に物が対応していると考えるのではないであろうか。物の表象から物の存在へいたる過程はやはり一つの推理であると言わねばならない。

こうしてカントの「観念論論駁」は決して成功していないと言えるであろう。カントは何とかして外界の対象の現実的存在を基礎づけようとした。しかしカントが認識論的主観主義の立場を捨てない限り、このことは結局不可能であると言わねばならない。認識論的主観主義の立場に立つ以上、自然は主観の構成したものであり、それは主観から独立に存在するものとは考えることができないからである。認識論的主観主義の立場において主張し得ることは、たかだかわれわれが外界の対象が存在すると考えているということにすぎない。カントはこのことを、実際に外界の対象が存在するということと混同してしまっているのではないであろうか。

現象界と可想界　こうしてカントの「観念論論駁」はそれ自身決して成功していないにもかかわらず、自然界そのものを現象界と考えるというカントの意図を最も明瞭に示していると考えることができるが、このカントの意図は「先験的分析論」の最後の章「すべての対象一般を現象界と可想界に区別する根拠について」においても一層はっきり現れている。自然界がそのまま現象界として考えられることになると、物自体と現象界との関係もまた「先験的感性論」の場合とは違った仕方で理解されねばならなくなることは当然であろう。「先験的感性論」の場合には、感覚を生ぜしめる原因としての外的対象が物自体と考えられていた。ところが今やこのような外的対象はそれ自身現象であって物自体ではないと考え直されて来ているのである。現象の世界の領域は拡張され、物自体の世界の領域は縮小されたと言えるであろう。しかしこのように物自体というものに対する考え方が異なってくると、物自体とは一体何なのかということが新しく疑問となって来なければならないであろう。「先験的感性論」の場合の物自体というものは、それがいかに素朴な考え方であっても、とにかくその意味を理解することはできた。しかし自然界全体が現象と考えられると、その現象の奥に存する物自体とは何を意味するか全く理解できないのではないであろうか。むしろわれわれはこういう物自体というものの存在を考える必要は少しもないということになるのではないであろうか。こうして物自体はその積極的意義を失ってゆくのである。

この章においてカントは、みずから言う通り、単に分析論において到達した「解決の総括的概観」(A 236, B 295) を行っているにすぎないのであるが、かれはここで悟性は先天的概念を持っているが、それはただ全く「経験的使用のため」(A 236, B 295) であって、感性的直観が存在しなければ何等の意味をも持たないことを強調する。概念は感性化されなければならない。そしてこのことが行われなければ、「概念は (いわゆる) 感覚のない (ohne Sinn) すなわち意味のない (ohne Bedeutung) 概念に止まってしまうであろう」(A 240, B 299)。それ故われわれは悟性のカテゴリーによって現象の領域を越えた物自体の世界を認識することはできない。したがってわれわれは物自体がどういうものであるかを積極的に規定することはできないのである。もとより物自体あるいは可想界 (Noumenon) という概念は矛盾を含むものではない。「なぜならわれわれは感性が唯一の可能な直観の仕方であると主張することはできないからである」(A 254, B 310)。もしもわれわれが感性的直観以外の直観を持つことができれば、われわれはカテゴリーを用いて物自体を認識することができるかも知れないのである。しかしわれわれは現実に感性的直観以外の直観を持たず、したがってもしも他の直観方法が存するとしても、それがどういうものであるかを知ることができない。それ故われわれは物自体について何ごとをも認識することはできないのである。カントによると、それだからといって物自体・可想界の概念が全く不要だというのではない。むしろこの概念は「感性的直観を物自体の上にまで拡張せしめないために、したがってまた感性的認識の客観的妥当性を制限するために必要なものである」(A 254, B 310)。しかし「このような可想界の可能性は結局認められることはできない。そして現象の領域外の範囲は（われわれにとっては）空虚である」(A 255, B 310)。それ故われわれは可想界という概念を「感性の僭越を制限するための限界概念（Grenzbegriff）」(A 255, B 310) として消極的な意味で用いることはできるけれども、感性界の領域外に何か積極的なものを定立するために用いることはできないのである。

ここにカントの物自体の概念が「先験的感性論」の場合と全くその意義を変えてきていることは疑いないことであろう。はじめ極めて素朴にわれわれの心を触発して感覚を生ぜしめるものと考えられていた物自体はもはや単なる限界概念となり、積極的にそれが存在するということさえ言えないものとなっていったのである。私は認識論的主観主義の立場でこのように自然界をそのまま現象界と認めることが果してできるかどうかということについては、すでに述べた通り疑問を持っている。しかし少くともここにカントの意図ははっきり示されていると考える。

しかしこのように認識論的主観主義の思想を否定して物自体というものを単なる限界概念として解しようとするとき、

それではカント哲学の本来の課題である新しい形而上学の建設ということはどうなるのかと考えられるかも知れない。すでに第一章において述べたようにカントは認識論的主観主義によって物自体の領域を考えることによってはじめて形而上学が可能になると考えていたのであり、それ故「先験的分析論」においてはひとたび限界概念としての物自体という考えに到達しながら、「先験的弁証論」においてはふたたび物自体の世界の存在を主張したのである。そうであるとすれば、認識論的主観主義を否定することは、たとえ自然科学の基礎づけという見地から見て許されるとしても、形而上学の建設という見地からは許され得ないのではないであろうか。しかし認識論的主観主義は実験的方法とは両立し得ないものであった。したがってカントが実験的方法を形而上学へ導入することによって形而上学を新しく建設しようと考えていたとするならば、認識論的主観主義は形而上学にとっても不要であるはずであろう。それではカントの形而上学とはいかなるものであったか。われわれは今や「先験的弁証論」へと進まねばならない。

第五章　理論的認識の限界
（先験的弁証論）

一　先験的弁証論の課題

「先験的弁証論」（transzendentale Dialektik）は「純粋理性批判」のうちにおいて、ある意味では最も重要な意義を持つ部分である。あるいは少くとも最も重要な意義を持つべき部分である。すでに第一章において見たように、「純粋理性批判」におけるカントの意図は単にわれわれの認識が経験の領域に限られることを示して、いわゆる形而上学の可能性を否定するところにあったのではなく、むしろ「形而上学の全革命」を行おうとするところに存した。もとよりカントの言う形而上学というものの中には、先天的認識の可能性を証明しようとする「第一部門」も含まれており、この部門はすでに「先験的感性論」と「先験的分析論」によって成しとげられているのであるが、しかし形而上学はこの「第一部門」のみならず、さらに可能的経験の限界外に出ようとする「第二部門」をも含んでいるのである。カントはまさに「信仰に場所を与えるために知識を制限」しようとしたのである。そうであるとすれば、「先験的弁証論」こそこの形而上学の第二部門を基礎づけるべきものでなければならない。むろん形而上学の第二部門が真に展開されるのは「実践理性批判」であると言えるであろう。しかし少くとも「先験的弁証論」はこの第二部門の可能性を基礎づけ、

「実践理性批判」にいたる道を準備するものでなければならない。「先験的分析論」までの叙述においてはカントは決してこの第二部門の可能性を基礎づけていない。むしろそこではわれわれは経験の領域を越えてゆくことができないという消極的側面が強調されていたのである。これに反して「先験的弁証論」はむしろ逆にわれわれの理論的認識の限界を明らかにし、理論的認識によって解決し得ない問題の存することを示すものでなければならない。われわれの解するように、カントの真実の意図が、自然科学的認識の実験的方法を模範として、その方法を形而上学のうちに導入しようとするところに存するとするならば、「先験的弁証論」のうちにおいてその試みが行われていなければならないのである。

カントの説明　こうして「先験的弁証論」は極めて積極的な意義を持つべき部分なのであるが、われわれが実際にこの箇処におけるカントの叙述を読むと、このようなわれわれの期待は全く裏切られる。われわれを形而上学の「第二部門」に導くべきはずの「先験的弁証論」は、むしろ全く消極的に、われわれの陥りがちな誤り、本来経験の領域内においてのみ妥当性を持っているカテゴリーを経験の領域外のものにまで適用しようとすることによって生ずる誤りを防止するものであると説かれているのである。「先験的弁証論」においてわれわれの出合う第一の問題はこの点に存すると言えるであろう。われわれは「先験的弁証論」の課題が何であったと考えるべきであろうか。われわれはカント自身の叙述をそのままに受け取るべきであろうか。それともわれわれはカント自身とは違った見方を取るべきであろうか。この点を考慮の中心に置きつつ、われわれはまずカント自身の叙述を述べてゆこう。

弁証論とは、カントによれば、仮象の論理学（Logik des Scheins）である（A 293, B 349）。仮象とは蓋然性（Wahrscheinlichkeit）ではない。蓋然性とは「不十分な理由で認識された」ものであり、それ故に欠陥のある認識ではあるが、しかしそれは「真理なのである」(同上)。それはただ程度の低い真理であると言えよう。ところが仮象とは真理ではなくて誤りなのである。それは誤りでありながら、ただ一見もっともらしい根拠を持っているために真理と思い誤られた誤りなのである。こうしてカントにおいて仮象の論理学である「先験的弁証論」が、「真理の論理学」(Logik der Wahrheit)(A 62, B 87)としての「先験的分析論」に対して極めて消極的な意味を与えられていることは否定することができない。ディアレクティークということばが通常カントの場合弁証論と訳されて、ヘーゲルの場合のように弁証法と訳されないのもこの故に外ならないのであろう。われわれはディアレクティークに対して積極的意義を与えたヘーゲルの場合と比較してここに大きな相違の存することを認めねばならないであろう。

さてカントにおいて弁証論とは一般に右のような意味を有するのであるが、ここにカントが先験的弁証論(transzendentale Dialektik)と称するのは、とくに先験的仮象(transzendentaler Schein)を取りあげてその仮象であるゆえんを暴露することをその課題とするものである。先験的仮象とはわれわれの「主観的原則に基づくところの自然的な不可避的な錯覚」(A 298, B 354)である。カントはこれを論理的な仮象および経験的な仮象から区別している。論理的仮象とは「単に推論式を模倣することによって成立する」ものであり、したがって「論理的規則に対する注意の欠乏から生ずるものにすぎない」(A 296, B 353)。それ故このような仮象はわれわれが注意を鋭くすればただちに消え去ってしまうのである。これに対して経験的仮象とはたとえば視覚的錯覚のようなものであって、われわれが海の中心が岸辺よりも高く見えることを避け得ないというような、あるいはまた上りつつある月が大きく見えるのを避け得ないというようなものである(A 297, B 354)。このような経験的仮象はわれわれのどうしても避け得ないものであるけれども、しかしそれは「通常は正しい悟性規則を経験的に使用する際に生じてくるものであって、想像力の影響によって判断力が誤りへ導かれる」（A 295, B 351—352）ものなのである。したがってわれわれは悟性の規則に基づいてこのような仮象を経験において吟味し、これを取り除くことができるであろう。もとよりわれわれはこのような仮象の生ずることを防ぐことはできないが、少くともその誤りであることは、これを認識することができるのである。たとえば天文学者といえども上る際の月が夜空に高くかかっている月よりも大きく見えることをどうすることもできないが、しかし「かれはこの仮象によって欺かれはしない」（A 297, B 354）のである。ところがカントによると、先験的仮象の場合には、上述の二つの仮象の場合と異なって、主観的な原則そのものがわれわれを仮象に導くのである。それは決して単にわれわれの注意を鋭くすることのみによって退けられることができず、またその原則は「決して経験に対する使用を目ざすものではなく」（A 295, B 352）むしろ経験の範囲を越えてわれわれの認識を拡張しようとするものであるから、経験においてこれを吟味することもできない。それ故先験的仮象はわれわれの本性に深く根ざしたものであって、われわれはどうしてもこれを完全に取り除くことのできないものなのである。「先験的弁証論はそれ故超越的判断*（transzendente Urteile）の仮象を発見し、同時にこの仮象によって欺かれることを防ぐことで満足するであろう。しかしこの仮象が（論理的仮象のように）消失してしまい、仮象であることをやめるようにするということは、先験的弁証論の決してなしうることではないのである」（A 297, B 354）。

＊　カントはこの箇処で超越的（transzendent）ということと先験的（transzendental）ということを区別している。カントによると超越的原則というのは「〔経験の範囲という〕制限を取り去りそれのみならずこの制限を越えることを命ずる」（A 296, B 353）ところの原則であって「全く可能的な経験の制限内においてのみ適用される」（A 296, B 352）内在的（immanent）な原則に対するものである。これに対して、本来経験の範囲内においてのみ妥当するカテゴリーに基づく諸原則（すなわち内在的な原則）を誤って経験の範囲を越えて使用するのが「カテゴリーの先験的使用または誤用」（A 296, B 352）なのである。すな

わちカントの意味するところは、本来内在的な原則を経験を超越して使用することが先験的使用なのであり、これは単に判断力の誤りによって生ずるものなのであるが、これに対して本来われわれに経験を超越させようとする原則を超越的と言っていると思われる。――しかしここに言う先験的ということばの用い方がカントの本来の用い方、すなわち「対象にではなく、対象についてのわれわれの認識の仕方に、それが先天的に可能であるべき限りにおいて、一般に関係する認識」（A 12, B 25）とは異なっていることは言うまでもない。カントの用語に多くの混乱があることは否定することができないことである。

さて、それではこのような先験的仮象はどうして生じてくるのであろうか。カントはここで悟性とは異なった理性という能力を考え、この理性という能力の本性から必然的に先験的仮象がうみ出されると考えるのである。

カントは理性を先験的仮象の座（Sitz）と呼び（A 298, B 355）、これを規則の能力としての悟性に対して「原理の能力」（Vermögen der Prinzipien）（A 299, B 356）として特徴づけている。原理とは「概念に由来する総合的認識」（A 301, B 357）であり、その原理のもとに包摂される一切の特殊についての認識の大前提となるものであるが、理性はまさにこういう原理を求めようとするのである。もとよりわれわれは通常原理ということばをもっと広い意味において用いている。すなわち真の意味で原理と言えないものであっても、とにかく特殊を自己のもとに包摂し得る普遍的命題を原理と称するのである。たとえば数学の公理などもこの意味で原理と言うことができる。あるいはまた純粋悟性の原則も同様に原理と称することができる。それどころか、すべての普遍的命題は、たとえそれが帰納によって経験から導き出されたものであっても、理性推理の大前提として用いられ得るのであり、この意味で原理と言い得る（A 300, B 356―357）。しかしこれらはすべて真の意味での原理ではなく、単に「比較的な原理」（A 301, B 358）、すなわち相対的な意味での原理にすぎない。なぜなら、経験から導かれた普遍的命題は言うまでもないが、数学の公理や純粋悟性の原則といえども、それらは決して純粋に概念から由来するものではなく、直観の助けを借りているからである。したがってわれわれは真の意味での原理を与え得るのはただ理性のみであるということを認めることができるであろう。悟性は決して原理を与えることができない。原理からの認識は単なる悟性認識とは全く異なったものなのである。「悟性が規則を媒介とする現象の統一の能力であるとすれば、理性は原理のもとへ悟性規則を統一する能力である。それ故理性は決して直接に経験あるいは何等かの対象に関係するのではなく悟性に関係するのであり、悟性の多様な認識に概念によって先天的統一を与えるのである。そしてこの統一は理性統一（Vernunfteinheit）と呼ばれるのであって、悟性によってなされ得る統一とは全く異なった種類のものなのである」（A 302, B 359）。

こうしてカントは理性を原理の能力と規定するのであるが、それではさらにこの原理の能力は具体的にどういう働きを行うのであろうか。そしてそこからどうして先験的仮象が生じてくるのであろうか。この点を論ずるに当ってカントは、純粋悟性概念を形式論理学の判断表から導き出したと同じように、ここでも推理に関する形式論理学的考察を手がかりとするのである。

カントによれば、理性の使用には単なる形式的使用すなわち論理的使用と、実在的使用とが存する。このうち前者はすでに古くから論理学者によって間接推理の能力として説明されて来たところのものである（A 299, B 355）。後者の実在的使用こそ先験的能力としての理性の働きを解明する場合に重要なものなのであるが、しかしわれわれはその解明のために理性の論理的使用についての考察を利用することができるのである。さて理性はその論理的使用において「その判断（結論）の普遍的制約を求める。そして理性推理そのものが自己の制約を普遍的規則（大前提）のもとに包摂することによるところの一つの判断に外ならない。ところがこの規則もまた再び同じ理性の試みを受けるのであり、こうして（前三段論法によって）制約の制約ができる限り求められてゆかねばならないから、（論理的使用における）理性一般の独自の原則は、悟性の制約された認識に対して無制約者(das Unbedingte)を見出し、それによって悟性の認識の統一を完成しようとすることであるということが分る」(A 307, B 364)。すなわち、カントの言おうとするのは、論理的に使用された理性はある判断が与えられるとその判断の成り立つ制約を求め、さらにその制約の制約を求めるというように、ついに究極的な無制約者が見出されるにいたるまで、その追求を行い、それによって悟性認識に完全な統一を与えようとする働きを行うものなのである。そしてこのように直接には直観や対象には関係せず、ただ悟性とその判断に関係し悟性認識を統一して無制約的な原理を見出そうとすることが、さきに述べたように理性が原理の能力と言われる理由であることは言うまでもない。こうして理性はその論理的使用においても元来無制約者を求めてゆくものなのであるから、その実在的使用においても理性が無制約的な原理を求めようとすることは当然のことであろう。しかし実在的使用における理性は単に論理的使用の場合の理性と異なり、実際に実在的な無制約者を求めてゆこうとするのであるから、ここに「被制約者が与えられているならば相互に従属関係をなしている制約の全系列、したがってそれ自身は無制約的な全系列もまた与えられている」(A 307, B 364)という想定がなされることになる。しかしこのように無制約的なものを実在的に見出そうとすることは経験の内部においては不可能であることは言うまでもないであろう。なぜなら経験のうちにおいて見出されるものはすべて被制約的であるからである。われわれは確かに経験的な対象についてその制約を求めることはできるが、その制約自身常に被制約的なものであって、絶対的な無制約者は経験のうちにおいては決して見出すことができないのである。したがって理性の原理およびそれから生ずる諸原則は「あらゆる現象に対して超越的であり」、すなわち「この原理を、その原理に全く合致するように経験的に使用することは決してできない」(A 308, B 365)のである。もとよりわれわれはこの理性の原理の要求する無制約者を求めて、しだいに被制約的な悟性認識を統一化しようと努力することは許されるであろう。しかしこういう理性の要求を絶対化して、経験を超越する無制約者が実際に存在しなければならないと考えると、われわれは誤りに陥らねばならない。そしてこれがすなわち先験的仮象に外ならないのである。

このように、カントによると、理性は悟性認識を統一して無制約者を原理として求めるという点でおのずから先験的仮象を生ぜしめる傾向を持っているのであるが、無制約者の概念は決して経験のうちに見出されることができず、したがって経験が成立するための制約としての意味を持っている純粋悟性概念とは全く異なるのであるから、それは当然理性自身のうちに先天的に存する概念でなければならないであろう。「理性概念が無制約者を含むとすれば、それは、そのもとにあらゆる経験が属するがしかしそれ自身は決して経験の対象でないところのものに関係する」（A 311, B 367）のである。それ故われわれはここに悟性のうちに先天的概念すなわちカテゴリーが存することを見出したと同様に、理性のうちにもまた先天的概念が存することを見出すのである。カントはこの理性の先天的概念、純粋概念を、プラトンにならって理念（Idee）と名づけた。もとよりカントの言う理念がプラトンのそれと決して同じでないことは言うまでもないことである。カントはプラトンが理念というものを神秘的に演繹したこと、すなわちこれを実体化してしまったこと、およびこれを余りに広範囲に拡張し数学のようなものについてまで考えてしまったことを非難している（A 314, B 371 Anmerkung）。しかしカントは、プラトンが理念というものを考えたとき、プラトンは少くとも理性が単に経験の範囲内に止まることなく、経験を超越した概念を求めるということを洞察したものと考え、この点にプラトンの理念と自己のそれとの間の類似性を認めているのである。「プラトンは、われわれの認識力は現象を経験として読むことができるように現象を総合的統一にしたがって綴るということ以上のはるかに高い要求を感ずるということ、そしてわれわれの理性は経験の与え得る何等かの対象がそれにいつかは合致することのできるよりもはるかに遠くまで行く認識に向って自然的に飛躍してゆく……ということを十分に認めていた」(A 314, B 370―371)。それ故カントは一切の表象、たとえば赤い色というような表象さえこれを理念と呼ぶロックなどのやり方に反対し(A 320, B 377)、純粋理性の概念のみを理念と呼んだのである。

それでは理性の先天的概念、すなわち先験的理念にはどういうものが存するのであろうか。カントはこれを理性の論理的使用の場合の間接推理の形式から導き出そうとするのである。すなわち、カントによると、「あらゆる理性推理〔三段論法〕において私はまず悟性によって一つの規則(大前提)を考える。第二に私は判断力によって一つの認識を規則の制約のもとに包摂する(小前提)。最後に私はその規則の述語によって、したがって先天的に理性によって私の認識を規定する(結論)。それ故に規則としての大前提は認識とその制約との間の関係を示すのであるが、その関係が理性推理のいろいろな種類を構成するのである。したがって理性推理の種類は、あらゆる判断一般が悟性における認識の関係をあらわす仕方において〔定言的判断、仮言的判断、選言的判断の〕三種に区別されると同じく、定言的、仮言的、選言的理性推理の三つがあることになる」*(A 304, B 360―361)。

* このカントの文章の意味することをもう少し具体的に言うと、次のようになると思われる。悟性によってまず考えられる規則(大前提)というのは、たとえば「すべての人間は死ぬものである」というようなものである。次に一つの認識たとえばソクラテスについての認識を規則(すべての人間は死ぬものである)の制約(すなわち人間)のもとに包摂することによって「ソクラテスは人間である」という小前提が生ずる。そして最後に私の認識(ソクラテスについての認識)を規則の述語(死ぬものである)によって規定することによって、「ソクラテスは死ぬものである」という結論が生ずるのである。――ここに述べたのは無論定言三段論法であるが、仮言三段論法、選言三段論法の場合にも大体において同じことがあてはまることは言うまでもない。たと

えば仮言三段論法の場合には「もしAならばBである」(大前提)、「Aである」(小前提)、「故にBである」(結論)という形を取り得るが、ここでも小前提において具体的な一つの認識を、大前提の制約(A)のもとに包摂し、それによって結論において大前提においていわば述語的位置を占めるBによって結論の認識を規定することができるのである。選言三段論法の場合も全くこれと同様である。

それ故カントが「大前提は認識とその制約との間の関係を示す」と言っているとき、その関係とは、たとえばソクラテスについてそれが「死ぬものである」と考える認識とその制約(人間)との間の関係であり、具体的に言えば大前提の判断における主語と述語との関係であろう。したがって理性推理の種類は大前提の判断の種類によってきまることになるのであり、判断に定言的、仮言的、選言的の三種類があるならば、これに応じて理性推理にも同じく三種類があることになるのである。

カントによると、この理性推理の三つの種類に応じて、理性はそれぞれ異なった三つの無制約者を求めようとする。「第一に一つの主語(Subjekt)における定言的総合の無制約者が、第二に一つの系列の項の仮言的総合の無制約者が、第三に一つの体系における部分の選言的総合の無制約者が求められねばならない」(A 323, B 379)のである。すなわち「第一のものはそれ自身もはや述語となり得ない主語へ、第二のものはそれ以上に何ものをも前提しない前提へ、そして第三のものは、概念の分類を完成するためにそれ以上何ものをも必要としない分類の項の集合へ」(A 323, B 379―380)と、それぞれ前三段論法によって進んでゆくのである。

このように三つの種類の理性推理に応じて三つの種類の無制約者を考えようとするカントのやり方には大きな無理が存するように思われる。

まず第一のそれ自身述語となり得ない主語という無制約者とはどんなものであろうか。カントの説明によると、われわれはたとえばソクラテスを人間という主語のうちに包摂するというようにしだいに外延的に広い主語を求めて進んでゆくというのであるが、しかしたとえいくらこのような過程をくり返してより広い外延の主語を求めていっても、われわれは決してみずから述語となり得ない主語というものに到達することはないであろう。なぜなら形式論理学的に見れば述語は主語よりも外延が広いのであるから、外延的に広い概念は必ず述語ともなり得るからである。たとえば人間という概念は「ソクラテスは人間である」というように述語の位置を占め得るのである。それ故それ自身述語となり得ぬ主語が定言的な前三段論法によって無制約者として求められるかどうかがまず疑問であると言わねばならない。さらにもしもこの点を認めるとしても、主語となって述語となり得ぬ無制約者とは具体的にどういうものであろうか。カントはすぐ後に見るようにこれを心という実体と考えた。確かに心という実体も主語となって述語となり得ないと言えるであろう。しかし主語となって述語となり得ないのは決して心という実体のみではない。むしろ何等かの意味で実体的に考えられるものはすべてそういう性格を持っていると言えるであろう。たとえばソクラテスというような個体をあらわす概念が主語となって述語となり得ぬことは明らかである。あるいはまた神という概念も主語となって述語とはなり得ない。それではどうしてこの場合心という実体のみを取りあげるのであろうか。ソクラテスというような個体をあらわす概念は決して無制約者ではないからこれを取り除くということはできるかも知れない。しかし神という概念は決してこれを取り除くことはできないのではないであろうか。むしろわれわれが主語となって述語となり得ない無制約者を考えるなら、神を考える方が自然なのではないであろうか。神に比べれば心という実体が被制約的であることは言うまでもないからである。カントがここで神を考えず心という実体を無制約者と考えたのはむしろ何とかして三つの種類の理性推理に応じて三つの異なった無制約者を考えようとする無理な考え方であると言えるのではないであろうか。あるいはカントは Subjekt ということばが主語という意味と主観という意味とを持つことから、ただちに心という主観的実体を考えてしまったのではないかとさえ考えられる。

第二の仮言的推理に応ずる無制約者の場合にもやはり問題が存する。カントはこの場合には一つの系列においてそれ以上に何ものをも前提しない前提というものを考えている。具体的には、これもすぐ後で見るように、現象の制約の系列の絶対的統一というものを考えているのである。われわれは確かにカントの考えていることを理解することができる。カントは、現象は被制約的なものであるから、われわれは現象の制約の制約を求めてついに無制約者にまで到ろうとすると主張するのである。しかしこの場合にも、やはり純粋に形式論理学的に考察すれば、ここに求められる無制約者は、一切のものを生ぜしめてそれみずからは他の何ものによっても生ぜしめられないもの、すなわち神という無制約者であると言えるのではないであろうか。われわれがあるものの原因を求め、さらにその原因の原因を求めてゆけばついには自己原因である無制約的なもの、すなわち神に到達しなければならないということは、多くの人によって神の存在証明の議論として主張されているところである（カントのいわゆる神の存在の宇宙論的証明）。このような議論こそまさしく仮言的理性推理によって無制約者を求めていったものではないであろうか。そうすると、この場合にもまた求められる無制約者とは神でなければならない。カントはこの場合に神というような無制約者を考えず、どこまでも現象の系列の内部において無制約的なものを考えようとし、それによって三つの種類の理性推理に応じてそれぞれ異なった無制約者を見出そうとしたのであるが、カントの行っているような理性推理の形式論理学的考察から見ればここにもまた大きな無理が存するように思われる。

このように考えると、定言的推理の場合にも仮言的推理の場合にも求められる無制約者はいずれも神であるはずであり、第三の選言的推理の場合のそれ以上何ものをも必要としない分類の項の集合という無制約者が神であることはカントみずから説くところであるから、*実際はいずれの推理の場合にもただ一つの神という無制約者が求められることになると言わねばならない。カントが三つの異なった無制約者という理念を導き出すために大きな無理をおかしていることは否定することができない。われわれは前にカントがカテゴリー表を導くために判断表を手引きとしながら、実は両者の間に必ずしも密接な連関が存在しなかったことを見たが、ちょうどそれと同じような無理が理念の場合にも存していると思われる。次にすぐ述べるように、カントみずから先験的理念を具体的に導き出すに当っては、単に理性推理の形式からではなく、異なった根拠から行っているのである。この事実は少くとも単なる理性推理の形式からのみでは先験的理念の導出が不可能であることを証拠立てていると言うことができるであろう。

＊　私はむしろ選言的推理の場合の無制約者は神ではないと考えるがこの点については後にふれる（本書四八八ページ参照）。

さて、カントによると、われわれの表象は主観および客観に関係する。そして後者すなわち客観は現象としての客観と思惟一般の対象としての客観との二つに分けることができる。したがって表象は、(1)主観に対する関係、(2)現象における客観の多様に対する関係、(3)あらゆる物一般に対する関係、の三種の関係を有することができる。ところが先験的理念は、すでに述べたように、無制約者あるいは制約の絶対的統一に関係するものであるから、それは、(1)思惟的主観の絶対的統一、(2)現象の制約の系列の絶対的統一、(3)思惟一般のあらゆる対象の制約の絶対的統一という三つの種類に分けられることができる。そしてこの三種の先験的理念が、カントによると、まさに上述した三種の理性推理にそれぞれ対応するのである＊（A 333—334, B 390—391）。

＊ このカントの先験的理念の導出の仕方がさきに述べた理性推理の三つの種類というものと全く無関係であることは明らかであろう。理性推理の形式についての議論を全く省略したとしても、われわれはなおここに述べられていることからだけで先験的理念の具体的内容を導くことはできるからである。このことは理性推理の形式から先験的理念を導こうとするカントの意図が無理を含んでいるということを証拠立てていると言えるのではないであろうか。——カントはこの三種の先験的理念と三種の理性推理との対応関係をさらに後の論述で明らかにすると言っているが（A 335, B 392—393）、このカントの約束は必ずしも後の論述においても果されていないようである。

こうしてカントによると三種の先験的理念が存在するが、この先験的理念に応じて三種の先験的仮象が生ずることとなる。第一は思惟的主観を対象とする先験的心理学における誤り、第二は一切の現象の総括、すなわち世界を対象とする先験的宇宙論における誤り、第三は思惟され得るあらゆるものの可能性の最高の制約を含む物を対象とする先験的神学の誤りである。これらはいずれも従来の形而上学において事実行われていた誤りであった。こうしてカントは形而上学における誤りを理性の本性から演繹し、ここに先験的仮象というものの生ずるゆえんを根源的に説明し得たと考えたのであった。

「弁証論」の消極的性格　このようにカント自身の叙述によれば明らかに理性は悟性よりも高次の別個の能力であり、先験的理念はこの理性という能力に先天的に存する概念であり、われわれはこの先験的理念によって欺かれておのずから無制約者が実在すると考えるようになり、この無制約者をカテゴリーによって認識し得ると考えてそこに先験的仮象が生じてくるとされているのであるが、このような見解を取るとき、「先験的弁証論」が全く消極的な意義しか持ち得ないことになることは言うまでもないであろう。先験的仮象が無制約者に対してカテゴリーを適用しようとするところに生じてくる誤りであるとすれば、無制約者という理念がはじめから全く根拠を持たないものである以上、「先験的弁証論」はただ単にこのような誤りに陥らないようにわれわれに注意を与えるという意味しか持つことはできない。「先験的仮象はわれわれが注意しさえすれば防げるような誤りではなく、われわれがどうしても陥ってしまいがちな必然的誤りであるかも知れない。しかしそれにしてもわれわれはただ何とかしてこの誤りに陥らないよう注意するべきであって、「先験的弁証論」はただこの誤りを指摘することによってわれわれに対してカテゴリーを決して経験の領域外の対象に適用してはならないことを強く教えるという役割を持つにすぎない。それは決して形而上学の「第二部門」を基礎づけるべきものではあり得ないのではないであろうか。

もとよりこれに対してはただちに疑問が提出されるであろう。なるほど「先験的弁証論」は先験的仮象に陥ることを防止しようとすることにその主な役割を持っているかも知れない。しかし実際カントは「先験的弁証論」において形而上学の「第二部門」にいたるべき基礎づけを行っているのではないであろうかと。――たしかにわれわれはこのことを認めねばならない。後に見るように、カントは実体としての心と神という理念については、これらが決して理論的認識の対象として成立しないという否定的解答を与えたが、しかし世界の理念についてはやや異なった態度を取り、第三と第四の二律背反の解決に当って、物自体の世界の存在の可能性を考えることによって単なる経験の世界以外に出ることができるということを暗示したのである。これによってカントは恐らく形而上学の「第二部門」への道を準備し得たと考えたのであろうと思われる。この点の詳細な検討は今ここで行うことはできないが、しかしこのようなカントの考え方に対してわれわれはそれが「先験的弁証論」の中で全く唐突に提出されていることにその難点を見出すことができるであろう。「先験的弁証論」においてカントは理性の先験的理念が必然的に先験的仮象を生ぜしめること、したがってカテゴリーを無制約者ないしは経験の領域を越えた物自体の世界に適用することのできないゆえんを終始強調しているのである。ところが第三と第四の二律背反にいたって突如として先験的理念に基づく無制約者としての世界という考えを許し、物自体の世界の存在を可能的と考えることは極めて不合理だと言えるのではないであろうか。まして前章において見たように、「先験的分析論」の最後において、物自体という概念は単なる限界概念であり、物自体の存在を積極的に主張する根拠のないことが示されているのである。この全く根拠を持たない物自体の概念を急に再び復活しようとすることが果して許されるであろうか。私には「先験的弁証論」におけるカントの考え方はどうしても大きな欠陥を含んでいると考えられる。

カントがこのように「先験的弁証論」そのものを単に先験的仮象に陥ることを防止するという否定的な役割を演ずるものとなし、それが本来持つべきであった形而上学の「第二部門」の基礎づけという役割を見失わせるような叙述を行った理由は、恐らくカントが余りにも三種の先験的仮象を導き出すという点にこだわりすぎたというところにあるのではないかと思われる。カントは三種の先験的仮象を導くためには、判断の能力としての悟性とは独立な、推理の能力としての理性を考え、推理の形式の三つの種類に応じて三種の先験的仮象を導くことが最も便宜であると考えたのであろう。カントがこの場合まず推理の三つの種類を考え、そこから三種の先験的理念が存すべきであると推論したのでないことは言うまでもないことであろう。実際にはむしろ逆に、従来の形而上学において現実に三つの大きな誤り、すなわち先験的仮象が存しているという事実を認めることから出発し、なぜこの三つの先験的仮象が根強いものであるかを証明しようとして、それを推理の三つの種類から導こうとしたのであろう。そしてこのためには悟性とは異なった理性という推理の能力を定立し、理性のうちに先天的な三種の理念が存すると考えることが必要であったのである。ここにわれわれは確かにカントの思索のねばり強さを感じ取ることができるであろう。カントは単に三種の先験的仮象が存するということを事実として認めることで満足せず、何故に三種の先験的仮象が存するかという根源を探り出そうと試みたのである。しかしこのカントの思索のねばり強さは他面しばしばカントの欠陥として指摘される建築癖にも通ずるものであろう。カントはここでも余りにも形式を整えようとしすぎているのではないであろうか。そしてそのためカントは確かに三種の先験的仮象をその根源から導出するという点である程度まで成功しているかも知れないが、他面において、「先験的弁証論」を全く消極的性格のものとしてしまったのではないであろうか。

理性についてのカントの考えの動揺　こうして三種の先験的仮象をその根源から導き出そうとするカントの苦心はかえって結果的に「先験的弁証論」にその本来持つべき積極的性格を与えることを不可能にしてしまったと考えられるが、われわれはさらに事態的に考えることによって、このカントの欠陥を一層よく確証することができるであろう。それはすなわち理性というものに対するカントの考えがここで著しく動揺しているということである。

「先験的弁証論」におけるカントの叙述によれば、理性という能力はもともと誤りの源泉であり、「先験的仮象の座」であった。しかし推理の能力である理性が先天的に先験的理念を有し、この先験的理念によって必然的に仮象を生ぜしめると考えることは果して許されることであろうか。われわれの認識において推理というものが極めて重要な役割を演ずるものであることは言うまでもないことである。しかもこの推理の能力である理性が本来誤りに導くという性格を持っているとするならば、われわれの認識は全体として常に誤りに陥る必然性を持つことになってしまわねばならない。これが果して理性というものに対するカントの真の考えであると言えるであろうか。カントほど理性を重んじた人が、たとえ理論理性についてではあっても、それが必然的に誤りに導くものであると考えることは極めておかしなことであると言うべきではないであろうか。

それ故カントもこのように一方で理性を先験的仮象の座として説きながら、また他方では理性の意義を積極的に認めようと努力しているのである。すなわちカントは「先験的弁証論」の附録として「純粋理性の理念の統制的使用について」という章を設け、ここで理性というものの弁護を行っている。しかし私の見るところでは、この二つの見解は決して十分に調和するものではなく、ここにカントの理性に対する考えは大きな混乱を含むものとなってしまっているのである。

この「先験的弁証論」の附録の箇処でカントは理性が決してそれ自身において誤りの源泉ではなく、理性の先験的理念が先験的仮象を生ぜしめるのは理性それ自身の罪ではなく、理性を用いるわれわれ自身の罪であると論じている。「われわれの力の本性に基づくすべてのものは、もしもわれわれがある種の誤解を避け、その本来の方向を見出しさえすれば、合目的的であって力の正しい使用と一致しなければならない。それ故に先験的理念は恐らくはその正しい、すなわち内在的使用を持つであろう。もっともその意味が誤解されて、それが現実の物についての概念であると考えられると、それは超越的に応用されることになり、したがって欺瞞的であり得るのではあるけれども。というのは、理念それ自身ではなく、単にその使用のみが、人が理念を理念に対応すると考えられる対象に直接に向けるか、あるいは単に悟性が関係する対象に関する悟性使用一般に向けるかによって、一切の可能的経験に関して飛越的（überfliegend）（超越的）であったり、土着的（einheimisch）（内在的）であったりするのだからである。そしてすりかえのあらゆる過誤は常に判断力の欠乏に帰せられるべきであって、悟性あるいは理性に帰せられるべきではない」（A 642—643, B 670—671）。すなわち理性の先験的理念はその用い方によって先験的仮象を生ぜしめることにもなれば、また正しい機能を果すことにもなるのである。それでは理念の正しい機能とは何であろうか。それはわれわれの認識を統一づけるということに外ならない。すでに見て来たように、悟性はただカテゴリーによって現象の多様を総合統一し、そこに経験を成立させるものであったが、理性はこの悟性によって成立する認識をさらに総合統一して、そこに認識の絶対的な統一をもたらそうとするのである。「悟性が客観における多様を概念によって統一するように、理性はまた概念の多様を理念によって統一する。すなわち、悟性活動は通常単に部分的統一（distributive Einheit）のみにかかわるのであるが、理性はその悟性活動の目的としてある集合的統一（kollektive Einheit）を設定するのである」（A 644, B 672）。もとよりわれわれは理性による認識の絶対的な統一を目標として進んでいっても、ついに現実にこの目標に到達するということはあり得ない。その統一はあくまでも理念としてとどまるのである。もしもわれわれがこの点を誤解して、この統一を現実に対象のうちに見出し得ると考えるならば、すなわち先験的理念を現実に存在すると考えるならば、われわれはただちに誤りに陥らねばならない。これが言うまでもなく先験的仮象である。しかしわれわれがこのような誤りに陥ることさえ注意するならば、理性の統一はわれわれの認識にとって極めて重要な意義を持っているのである。なぜならこの統一を目標として進んでゆくことによってのみ、われわれの認識はしだいに体系化され統一づけられてゆくことができるからである。この意味で先験的理念は認識の拡張と統一のために不可欠なものであると言わねばならないのである。

このことをカントはまた理念の構成的使用（konstitutiver Gebrauch）と統制的使用（regulativer Gebrauch）と

いう概念の対比によって説明している。構成的使用とは言うまでもなく先験的理念によって対象の概念を構成しようとするものであり、誤った理性使用である。これに対して統制的使用とはあくまでも先験的理念の持つ理念という性格を見誤らず、それを悟性の認識の統一の目標と考えるものであり、正しい理性使用である。カントは次のように述べている。「それ故に私は、先験的理念は決して、それによってある対象の概念が与えられるというように構成的に使用されるものではなく、もし人が先験的理念をそう考える場合には、それは単に詭弁的（弁証的）概念となる、と主張する。これに反してしかし先験的理念は一つの優れた不可欠的に必然的な統制的使用、すなわち悟性をしてある目標を目ざさせるという使用を持つのである。その目標を目ざして一切の悟性の規則の方向線は一点に集中する。そしてその点とは、たとえそれが単に一つの理念（focus imaginarius 虚焦点）、すなわちそれが可能的経験の限界の全く外に存するが故にそれからは悟性概念が実際には生じないような点にすぎないとしても、しかも悟性概念に最大の拡張ならびに最大の統一を与えるのに役立つのである」(A 644, B 672)。

こうしてカントは、理性は構成的に使用されると誤りの源泉となるが、しかし統制的に使用されれば悟性認識を体系づけ統一づけてゆくために不可欠的な役割を果す、と考えているのであり、推理の能力としての理性の意義を認めているのであるが、しかしこのような見解とさきに述べた理性を先験的仮象の座と見る見解とは決して十分に調和しているとは言えないのではないかと思われる。もしも理性が本来無制約者を求めるものであり、三種の先験的理念が先天的に理性のうちに存するとするならば、どうして理性はこのような誤った理念によって悟性認識の統一を行ってゆくことができるのであろうか。悟性認識を理性によって統一するという場合、その統一は経験の対象に対しても客観的妥当性を持たねばならないことは言うまでもないことであろう。悟性認識はもとより経験の対象に関係するが、この悟性認識をいくら理性が統一づけようとしても、その統一の仕方が経験の対象に対して妥当しないようなものであるならば、その統一は全く認識として無意義なものであると言わねばならない。われわれがどんなに悟性認識を統一しようとしても、それが単に主観的な要求にすぎないなら、それが実際に悟性認識を統一づけてゆくということは不可能だからである。それ故にカントも次のように述べている。「実際もし先験的原理が、すなわちそれによって体系的統一が客観それ自身に属するものとして、必然的として先天的に想定されるところの原理が前提されないならば、諸規則の理性統一の論理的原理がいかにして成立し得るかは理解することができない。……元来、統一を求める理性の法則は必然的である。というのは、われわれはこの法則がなければいかなる理性をも有しないであろうし、理性がなければ互いに連関を持った悟性使用というものはないであろうし、そして連関を持った悟性使用を欠けば、経験的真理の十分な徴表を有しないであろうからである。それ故われわれはこのような徴表に関して、自然の体系的統一を客観的に妥当でありかつ必然的なものとして前提しなければならない」(A 650—651, B 678—679)。すなわち理性の求めてゆく体系的統一は自然に対して客観的に妥当するものでなければならないのである。しかしもしも理性の先験的理念がもともと先験的仮象の源泉であるとするならば、この先験的理念に導かれる理性統一がどうして客観的に妥当するのであろうか。むしろわれわれは理性によって悟性認識を統一づけてゆけばゆく程、無制約者を求めようとする誤った方向に迷い込んでゆくことになるのではないであろうか。

この点にカントの理性に対する考え方が大きな混乱を持っていることはどうしても否定することができないであろう。カントは一方において三つの先験的仮象を導き出すために理性という能力を全く悟性から区別しそこに三種の先験的理念が存すると考えた。こう考えれば、理性とは全く誤りの源泉に外ならない。しかし理性がただ誤りの源泉であるということはどう考えても不合理であるから、カントは他方において「先験的弁証論」の附録において、理性の意義を何とかして認めようとしたのではないであろうか。しかしこの二つの見解はカントにおいて決して十分に統一されていない。カントはただ理性の統制的使用を説くことによって、理性の統一づけが事実として経験の対象に対しても客観的妥当性を持っているということを主張しているのみであって、何故にそれが客観的妥当性を有し得るかという根拠を探求していないのである。そして本来先験的仮象へ導くべき理性の先験的理念がそれにもかかわらず統制的に使用されるとき客観的妥当性を有するという極めて不可解な主張を行っているにすぎないのである。われわれはたしかにカントの言う理性の統制的使用というものの意義を認めなければならないであろう。推理の能力としての理性そのものが本来誤りの源泉であるということはいかにしても考えることができない。もとよりわれわれが推理を行うに当って誤りに陥るということは十分あり得ることであるし、あるいはむしろわれわれの認識上の誤りは常に推理の誤りによっていると言うこともできるかも知れない。しかし推理というものが正しい認識にとっても不可欠的なものであることは言うまでもないことである。推理を伴わない認識というものは恐らく存在しないと言えるであろう。推理の能力としての理性そのものが誤りの源泉であるということはどう考えてもおかしいと言わねばならない。推理の誤りは、さきに述べた引用文の中でカントみずから言っているように、「判断力の欠乏に帰せられるべきであって」、理性そのものの罪ではないと言うべきである。しかしそれならば、理性の統一がどうして客観的妥当性を持つのであるか。悟性認識を統一づけるということがわれわれの理性の主観的要求であるとするならば、どうしてこの単なる主観的要求が客観性を持ち得るのであるか。カントはさらに進んでこの点を探求すべきであった。そしてこの探求が行われない限り理性に対するカントの二つの見解は決して整合的に統一されているとは言えないのである。

こうして理性のうちに無制約者という先験的理念があり、それによって必然的に先験的仮象が生じてくるというカントの考え方は、三種の先験的仮象を導出するために考えられたものであろうが、そのためにかえって理性統一の客観的妥当性を基礎づけ得ず理性についての考えを混乱に陥れ、また「先験的弁証論」そのものに積極的意義を与えることができなくなったと考えられるが、それではわれわれはどう考えるべきであろうか。われわれはどう考えれば、これらの欠陥を除去することができるであろうか。

理性と悟性　われわれはまず第一に理性統一の客観的妥当性という問題を考えてみよう。さきに述べたようにカントはこの問題を深く追求することなく放置してしまい、そのため理性という概念が極めてあいまいになってしまったのであるが、私はもしもカントがこの点をさらに徹底して考えていったならば、恐らくカントの理性についての考え方は大きく変っていったのではないかと考える。そしてカントはもはや推理の能力としての理性というものを判断の能力としての悟性から全く切り離して考えるということをやめるにいたったのではないかと考える。理性というものが悟性から全く区別され、ちょうど悟性に先天的概念としてのカテゴリーが存するように、理性にも先天的概念としての先験的理念が存すると考えるならば、このような理性の求める統一が客観的妥当性を持つということは全く理解されることができないからである。われわれはすでに「カテゴリーの先験的演繹」においてカントが悟性の先天的概念であるカテゴリーが何故に直観の対象に対して客観的妥当性を持ち得るかという問題に直面してその解決に苦心したことを見た。今ここで理性と悟性との関係について生じてくる問題もちょうどそれと同じ性格のものであると言うことができるであろう。カテゴリーの場合、カントの見出した解決はカテゴリーが感性的直観によって与えられる対象とは独立に存するものではなく、むしろ直観の対象が成立する場面にすでに働いているものでなければならないということであった。このように考えなければ、何故に悟性のうちに先天的に存するカテゴリーが直観の対象に対して客観的に妥当するかはついに理解することができないのである。それと同じように理性の場合においても、その理念が経験の対象に対して客観的妥当性を持つとするならば、それは悟性の働きから独立のものであってはいけないのではないであろうか。すなわち悟性の働くその場面にすでに理性の理念が共に働いていると考えなければならないのではないであろうか。直観の対象がカテゴリーから独立に与えられるとすれば、それに対してカテゴリーが何故に妥当するかは全く理解できなくなるのと同様に、もしも悟性による判断が理性の働きと無関係に成立してしまうとするならば、理性の理念が悟性の判断の対象に対して妥当性を持つということは理解されることができないはずである。われわれがいかに理性の要求にしたがって悟性認識を統一しようとしても、それはついに単なる主観的な要求にすぎず、実際に経験の対象がこうした要求に対応するような構造を持っているかどうかは決して保証されはしないのである。

悟性が判断の能力であり理性が推理の能力であるとすれば、事態的に考えてもわれわれはこの両者をカントのなしたように全く互いに独立なものと考えることのできないことは容易に理解されると思われる。実際われわれが通常判断と称しているものの中には常に推理の働きが結びついているのではないであろうか。たとえばわれわれが窓から外を眺めて木の梢のゆれているのを見て、外は風が吹いていると判断を下すような場合、われわれはすでに今までの経験から得て来た一般的法則を基礎にして推理を働かせていることは言うまでもないことであろう。判断と推理とは決してその間にはっきり線を引くことのできるようなものではない。形式論理学的に見れば両者はもとより厳密にこれを区別することができるが、しかし実際の判断において推理の働きの加わっていないものはほとんど存しないと言えるのではないであろうか。もし全く推理の働きの加わらない判断というものを考えれば、それは恐らくカントの言う知覚判断というもののみであるということになってしまうと思われる。われわれが現に知覚していることを知覚するがままに判断として表現するならば、そこには全く推理の働きを加える必要は存しない。しかし知覚判断というようなものが真の意味で判断の名に値しないことは言うまでもないことである。カント自身は「プロレゴーメナ」の中で知覚判断のうちにはまだカテゴリーの働きが含まれていないと考えていたことはすでに述べた通りである。もとよりわれわれはこのようなカントの考えを取ることはできない。カテゴリーが直観の対象の成立する場面においてすでに働いているとするならば、知覚判断のうちにもカテゴリーの働きは含まれていると言わねばならない。しかしとにかく知覚判断はカントによってそこにカテゴリーの働きが含まれていないと考えられたほどの最低の判断である。それは判断とも呼べないようなものである。われわれが通常判断と称するものはすべて知覚判断以上の判断であり、そこにはすでに推理の働きが含まれていると言わねばならないのである。

こうしてわれわれは事態的に考察しても推理は判断から決してはっきり区別されるものではなく、したがって推理の能力としての理性は悟性による判断のうちにすでに働いていると考えねばならないと思うのであるが、もしこう言えるとするならば、われわれはカントのように理性のうちに無制約者の理念が先天的に存すると考える必要は全く存しないであろう。むしろ悟性の判断そのものが経験の体系的統一を目ざして行われると考えねばならないのである。すなわち悟性のカテゴリーそのものがすでに統一的な機能を果していると考えねばならないのである。だがこう考えることは果してできるであろうか。悟性はなるほど統一的な機能を持っていると言えるであろうが、その統一的な機能とはただ直観の多様を統一して対象を構成するというものであり、悟性認識をさらに体系づけ統一づけてゆく理性の働きとは根本的に異なるのではないであろうか。しかしわれわれはここでカントの述べている純粋悟性の諸原則が実は実験的投げ入れという意味を持っていたことを思い起さねばならない。それは決して単に直観の多様を総合統一して対象を構成するというようなものではなく、対象の構造そのものについてあらかじめ一つの仮説を立てそれを実験的に吟味してゆこうとする性格のものであると解さねばならなかったのである。そうであるとすれば、この実験的投げ入れはまさに経験を統一的に理解するために行われるのであり、カントの言う理性による統一の機能を含んでいるのではないであろうか。もとよりわれわれはすべての純粋悟性の原則が一様にこのような性格を持っているとは言うことができない。すでに見て来たように、量および質のカテゴリーの原則は本来ただ直観的対象そのものが成立する場面にすでに働いているものにすぎなかった。いかなる直観的対象も、それが成立する以上、必ず外延量的規定を持っていなければならないし、また必ず内包量的規定を持っていなければならない。これらの量および質の原則も、それをわれわれが原則として自覚することができるためには、単に対象を直観するにとどまらず、さらにその対象について反省し、それが外延量ならびに内包量的規定を持つということを一般的な原則として打ち立てねばならないことは言うまでもない。そしてこの意味においてはこれらの原則も実験的投げ入れという意味を持っていることはすでに述べた通りである。しかし少くともこれらの原則の表現している内容そのものは直観の対象の持っている性格をそのままつかもうとしているのであり、経験の統一づけという意味を持っていないと言い得るであろう。しかし関係のカテゴリーの原則においては事情は全く異なっている。それは、すでに直観の対象として成立している経験の対象について、その対象相互の関係を問題としているのである。言いかえれば、それは直観的に与えられる対象そのものの持つ性格をそのままにとらえようとするものではなく、もはや直観によっては知り得ない事柄についての判断なのである。直観的に与えられる対象が相互にどういう関係を持っているかを把握するためには、われわれは仮説を立ててそれを実験的に吟味してゆく外はないのである。それはすでに経験の統一的把握を目ざす推理の働きによって行われると言わねばならないであろう。実体持続の原則はあらゆる現象の変化の根底に量において不変化的な実体が存しなければならないということを主張するものであったが、このような主張は多様な現象のうちに同一的なものを求めようとするものであり、まさに現象を統一的に理解しようとするための実験的投げ入れであると解することができるであろう。しかしわれわれは単にこの実体持続の原則のみによって現象を統一的に理解することはできない。実体というものは抽象的なものにすぎない。あらゆる現象の変化の根底に量において増減しない実体が存すると言っても、それによってわれわれは現象を真に理解したということにはならない。むしろわれわれはこの実体がどういう条件のもとに具体的にどういう形で現れてくるかということを知らねばならないであろう。このことを知ることによってわれわれは現象の統一的理解に一歩を進めることができるのである。このような統一的理解に向っての実験的投げ入れがすなわち因果律の原則に外ならないことは言うまでもない。実体持続の原則はこうして因果律の原則によって補われなければならない。あるいはむしろわれわれの実験的投げ入れは現象の統一的理解を目ざして実体持続の原則からさらに因果律の原則へと展開してゆかねばならないのである。しかしまたこの因果律の原則もふたたび交互作用の原則にまで具体化されねばならない。現実の現象は決して単に一つの因果関係によって規定されているのではなくて多くの因果系列の相互限定によって規定されているからである。われわれが真に現象を統一的に理解しようとするならば、多くの因果系列相互の関係を知らねばならない。交互作用の原則は因果律の原則を越えたさらに高次の実験的投げ入れに外ならない。こう考えると、関係のカテゴリーの諸原則はすでに現象の統一的理解を目ざす推理によって成立していると言うことができよう。カントはこれらの原則の実験的投げ入れという性格を自覚しなかったため、理性を全く悟性から分離し、理性の先験的理念を悟性のカテゴリーから全く独立に定立しなければならないと考えてしまったのだと思われる。

こうしてわれわれは理性のうちに先天的に存する三種の先験的理念という思想を捨てることができるであろう。理性のうちにこのような理念が存し、この理念を目ざして理性が悟性認識を統一しようとすると考えるならば、このような理念そのものが先験的仮象を生じさせるものである以上、その統一が客観的妥当性を持ち得るはずはない。理性は確かに統一を求めるであろうが、しかしその統一は決して無制約者という理念に導かれるものではないのである。それはただ現象の統一的理解を目ざすのであり、関係のカテゴリーの原則のうちにすでに働いているものなのである。このように考えることによってはじめて理性の統一が何故に客観的妥当性を持ち得るかということも理解されるのではないかと考えられる。

事実、カントも理性の統制的使用を論ずるに当っては、理性の働きをただ全く現象の統一的理解のための方向を示すものと解しているのである。カントは悟性認識を導くべき理性の働きを三つの原理に分けて述べている。その三つの原理とはすなわち類の原理(Prinzip der Gattungen)、種の原理(Prinzip der Arten)、および親和性の原理(Prinzip der Affinität)である(A 654—657, B 682—685)。あるいはまたこの三つの原理は同種性(Homogeneität)、特殊化(Spezifikation)および連続性(Kontinuität)の原理と名づけられる(A 658, B 686)。まず類の原理とは現象の多様の根底に存する統一を求めてゆくことを要求するものであるが、このことは「始源(原理)は必要なしに多数にしてはならない」(entia praeter necessitatem non esse multiplicanda.)という周知の規則によって表現されている(A 652, B 680)。この原理によってわれわれは多様な個物を少数の種に、さらにこの種をより少数の類に、さらにまたこの類を一層高次の族に還元しようとする(A 651—652, B 679—680)。たとえばわれわれが自然における種々な力の根底に一つの根本的力を見出そうとしてどこまでも努力するというのもこの故に外ならない。もとよりわれわれがこのような目標に到達することができるかどうかはあらかじめ断定することはできない。しかしわれわれはこの理性の原理に導かれて進んでゆくことによって現象の統一的理解を目ざすことができるのである。

この類の原理に対して、第二の種の原理はこれと全く反対に、「物の多様性と差異性」(A 654, B 682) という側面に着目させるものである。これは「存在するものの多様は理由なくして減ぜられてはならない」(entium varietates non temere esse minuendas.) という規則によって言いあらわされている (A 656, B 684)。すなわちこの原理は現象の持つ多様性をどこまでも尊重して、この多様性の根底に同一の類が存するにもかかわらず、この多様性を無視してはいけないことを教えるのである。したがってわれわれはこの原理にしたがって、「それぞれの差異性に対してさらに小なる差異性を求め」(A 656, B 684)、類のもとに含まれる種をさらに細かく分けてゆこうとするのである。すなわち類の原理が「類に関して外延 (一般性) に関心を示す」のに対して、種の原理は「種の多様性に関して内包 (規定性) に関心を示す」のである (A 654, B 682)。この二つの原理はこうして全く相反する性格を持つのであるが、しかもこの二つの原理は現象の認識を体系づけるために要求されるのである。

しかし理性はさらに第三に親和性の原理を要求する。この原理は「差異性を段階的に増加させることによって一つの種から他の種へ連続的に移行することを命ずる」(A 657—658, B 685—686) ものである。すなわち一つの種と他の種との間の差異は決して飛躍的なものではなく、連続的なものでなければならぬことを要求するのである。もとよりこの原理の要求するところも常に理念にすぎないが、しかしわれわれはこの原理にしたがって常に連続性を求めてゆくとき、「あらゆる多様性はしだいに増加してゆく限定のあらゆる度を通じて、唯一の最高類から由来することとなり」(A 658,

B 686)、ここにわれわれは現象についての真に体系的統一を持った認識を得ることとなるであろう。この意味でこの原理は上に述べた類の原理と種の原理とを総合した最も高次の原理であると言うことができる。そしてこの原理は「形式の間には空虚は存在しない」(non datur vacuum formarum.) (A 659, B 687) という規則によって言いあらわされているものなのである。

このようにカントは類の原理、種の原理、および親和性の原理を理性の働きに基くものと考え、これらの原理によって悟性認識を統一づけようとすることによって理性はもとより構成的使用においてではないけれどもその統制的使用において十分積極的な役割を果すと考えたのであるが、これらの原理がさきに理性の先験的理念と考えられた無制約者、すなわち心、世界、神というような概念を含んでいないことは言うまでもないことであろう。それはただ認識を統一づけるための方向を示しているにすぎないのである。しかもこの三つの原理を内容的に検討してみると、そこに関係のカテゴリーの諸原則の目ざすものとの間にかなりの程度において類似性が見出されるのではないであろうか。実体持続の原則は一切の現象の多様の根底に同一な実体の存することを主張するものであるが、これはまさにどこまでも現象のうちに同一の類を求めてゆく類の原理と同じ方向の統一を目ざすものであると言うことはできないであろうか。われわれが現象のうちにおいて最高の類を求めてどこまでも進んでゆくとき、実体というものに逢着することは当然であるとは言えないであろうか。また因果律の原則が種の原理と同じ方向の統一づけを目ざすことも容易に理解されると思われる。さきに述べたように、因果律の原則は単に抽象的な実体というものの存在を考えることに満足せず、いかなる条件のもとにおいていかなる形において現象するかということを知ろうとするものであると言えるであろうが、このような因果関係を詳細に把握すればわれわれは現象の持つ差異性を認識することになるであろう。交互作用の原則と親和性の原理との対応関係は前の二つの場合に比して弱いと言わねばならないであろうが、しかしこの場合でもわれわれが真に現象の統一的把握を目ざすならば、多くの因果系列の間の相互関係を把握しなければならないことは言うまでもないことであろう。カントは親和性の原理によって種と種との間の差異の連続性を把握するとき現象の統一的把握が可能であると考えているが、しかし実際は現象の統一的把握のために必要なのは相互作用の関係なのではないであろうか。

もしこのように見ることができるとするならば、われわれは関係のカテゴリーの諸原則そのものが統一を目ざす理性によって投げ入れられた原則であると考えることが許されるであろう。理性は決してカントの説くような誤りの源泉としての能力ではない。* 理性の統制的使用が経験の認識においてその意義を持っているとするならば、理性はすでに悟性の原則のうちにも働いていなければならない。われわれは理性のうちに悟性のカテゴリーとは全く独立に先験的理念が存していると考える必要はない。理性は関係のカテゴリーのうちに働いているのであり、われわれは先験的仮象はこのカテゴリーを経験の領域外に適用しようとすることによって生じてくると考えればよいのである。

＊　カントにおいて理性という概念は元来極めて多義的に用いられている。「先験的弁証論」の場合のように、悟性から区別された推理の能力として極く狭く考えられているかと思うと、また広く、先天的認識能力一般を意味するものとしても用いられている。たとえばカントは「理性は先天的認識の原理を与える能力である」(A 11, B 24) と述べているが、このような場合には理性は決して感性や悟性から区別されて考えられているのではなく、すべて先天的認識の原理を含むものが理性と考えられているのである。「純粋理性批判」と言われる場合の理性の意味するところもまたこの広い意味での理性でなければならない。

「弁証論」の積極的意義　こうしてわれわれは理性統一の客観的妥当性という問題を考えてゆくことによってカントのように理性を悟性から全く切り離して先験的仮象の座と考える見方から脱することができると考えるのであるが、それでは第二にこのように考えることによって果して「先験的弁証論」に積極的な意義を認めることができるであろうか。われわれは次にこの問題を考察しなければならない。

一見すると、われわれのように理性というものを考え直したとしても、この問題については少しも影響がないように思われる。カントは「先験的弁証論」というものを先験的理念によって必然的に生ずる仮象を防止する役割を果すものと考えたため、形而上学の「第二部門」の基礎づけというその積極的意義を明らかにすることができなかった。しかしわれわれのように先験的仮象は実は単に関係のカテゴリーを経験外の対象に適用しようとするところに生ずると考えても、そこに本質的な相違はないと考えられるであろう。この場合といえどもカテゴリーを経験外の対象に適用しようとすることが誤りである以上、われわれはやはりこのような先験的仮象に陥らないように注意すべきなのであり、「先験的弁証論」が先験的仮象の防止という消極的性格を持つことに変りはないであろうからである。

確かにその限りにおいてそこには何の相違も生じない。そしてわれわれは「先験的弁証論」がその点で先験的仮象の防止という消極的性格を持っていることを認めなければならない。しかし問題は先験的仮象がどこから生じてくるかというところにあるのではないであろうか。先験的仮象が無制約者という先験的理念から生じてくるとするならば、無制約者の存在を考えることがはじめから全く根拠を持っていない以上、先験的仮象は単に全くの誤りであってわれわれはただこの先験的仮象に陥らないよう注意しさえすればよいことになる。したがって「先験的弁証論」はこのような先験的仮象を防止するという消極的意義しか持つことはできない。しかしもし先験的仮象というものが無制約者でない経験外の対象に対してカテゴリーを適用することから生ずるものであり、しかもこの経験外の対象が絶対にその存在を否定することのできないような性格のものであるとしたらどうであろうか。この場合には、その対象に対してカテゴリーを適用することはもとより誤りであり、われわれはこの誤りに陥ることを防止しなければならないけれども、しかしその対象の存在を否定することが不可能である以上、われわれはその対象にカテゴリーを適用しようとすることによって先験的仮象が生ずるということを自覚することによって理論的認識の限界を知ることができるのではないであろうか。そしてこのように経験についての理論的認識が限界を持っているということが示されれば、それによって形而上学の「第二部門」の可能性が基礎づけられるのではないであろうか。

しかしそれではそれ自身無制約者ではなく、しかも経験の領域外にあってその存在を絶対に否定することのできないものとは何であろうか。私はそれは経験の成立するための基礎に存しながら、しかも経験の対象となり得ないもの、具体的に言えば、先験的統覚、「われ思う」の「われ」であると考える。あるいはわれわれの解釈して来たところにしたがえば、経験の対象について認識を行ってゆく場合に実験的投げ入れを行う自我であり、主体である。われわれはこのような自我の存在を否定することは絶対にできないであろう。なぜなら理論的認識はこの自我の働きによって成立するものであり、すなわち自我は経験的認識の可能性の制約だからである。しかもこの自我は決して経験の対象となり得るものではない。もしもわれわれがそれを理論的認識の対象としようとすれば、それはただちにその本来の主体的性格を失って単なる客体と化してしまわねばならない。先験的統覚は経験的統覚に堕してしまわねばならないのである。したがって理論的認識の根底にも働いているこの主体的自我こそ理論的認識の限界を自覚させ、形而上学の「第二部門」にいたる道を開かせるものと考えねばならないであろう。われわれは実験的投げ入れを行ってゆく主体的自我の存在に気づかざるを得ない。なぜなら「先験的分析論」における理論的認識の検討によってこの自我の存在こそ理論的認識を成立させるものであることが知られたからである。しかし理論的認識の限界を自覚しないわれわれはまずこの自我に対してカテゴリーを適用し、それを理論的認識の対象としようとする。ここに先験的仮象が生じてくる。それ故われわれはこの先験的仮象を暴露しなければならない。しかしたとえいかに先験的仮象を暴露しても、自我の存在を否定することができない以上、それで問題が解決されてしまったのではない。われわれはむしろこのことによって理論的認識の限界を自覚し、理論的認識によって解決し得ない他の領域が存することを認識するであろう。それがすなわち形而上学の「第二部門」の領域であり、「実践理性批判」の領域である。このように考えてのみ「先験的弁証論」ははじめてその積極的意義が認められるのではないかと考えられる。

カント自身はこの「実践理性批判」の領域を物自体の世界と考えたことは言うまでもない。しかしわれわれは決してそう考える必要はないであろう。それはむしろ主体的な世界、どうしても理論的認識の対象となり得ない世界であり、人間の実践の世界である。そして理論的認識を行うということもまた人間の一つの実践であるとするならば、われわれが実験的投げ入れを行うところの自我の自覚を通じて人間の実践の世界に導かれるということは極めて当然のことであると言えるのではないであろうか。

しかしこのように解釈すれば、なるほど「先験的弁証論」に積極的意義を認めることができるかも知れないが、カントが苦労して導き出そうとした三種の先験的仮象の必然性という点はどうなるであろうか、と問われるかも知れない。だがこの点に対して答えることは上述したところから極めて容易であろう。われわれのように解釈すれば、先験的仮象は自我というものに対してカテゴリーを適用しようとするところに生ずるものであることになる。しかしこの場合適用されるカテゴリーは実はすべてのカテゴリーではなく、ただ関係のカテゴリーにすぎないのである。すでに述べたように理性統一という意味を持つカテゴリーは関係のカテゴリーのみであった。主体的な自我は決して直観の対象となり得るものではないから、それに対して直接に量および質のカテゴリーを適用しようとする試みが生じてくるはずはない。

われわれが主体的な自我をも理論的認識の対象として考えようとするとき、そこには経験の世界と自我とを統一的に把握しようとする関心が働いているのであり、したがってそこに適用されるカテゴリーは理性統一という意味を含んでいる関係のカテゴリーでなければならない。そうすれば実体・因果性・交互作用という三つの関係のカテゴリーに応じて三種の先験的仮象が生じてくるということは容易に理解されるのではないであろうか。われわれは決してカントのように理性のうちに三種の先験的理念が存するというような技巧的な考え方をする必要はない。むしろ先験的仮象は経験外の対象である自我にカテゴリーを適用しようとするところに生ずると考えることによって極めて自然に三種の先験的仮象を導き出すことができるのである。カントのように推理の三種の形式から三種の先験的理念を導こうとするやり方がその技巧性にもかかわらず必ずしも成功していないことはすでに見た通りである。

以上のような解釈が極めて大胆なものであることはもとより私自身十分自覚している。それは「先験的弁証論」におけるカント自身の叙述をその根底からくつがえすと言えるであろう。しかしそれにもかかわらず私があえてこのような解釈を取ろうとするのは、すでに述べて来たように、「先験的弁証論」に積極的意義を認めることが真にカントの意図を生かすことであると考えるからである。カント自身の叙述にそのまま従っている限り、われわれはどうしても「先験的弁証論」を否定的性格のものと解する外はない。そして私は、カントの述べている三種の先験的仮象を具体的に検討してみるとき、かなりの程度まで私の解釈が成り立ち得ることが実証されるのではないかと思うのである。以下われわれはこの点を考察の中心としながら、三種の先験的仮象についてのカントの叙述を検討してゆこう。

二　純粋理性の誤謬推理

カントの説明とその検討　すでに述べたようにカントによると理性はその三つの先験的理念によって三種の先験的仮象を生ぜしめる。すなわちそれは、第一にもはやそれ自身述語となり得ない主語を求めて思惟的主観の絶対的統一へ、第二にそれ以上何ものをも前提しない前提を求めて現象の系列の制約の絶対的統一へ、第三にそれ以上いかなる概念の下にも立たない類を求めて思惟一般のあらゆる対象の絶対的統一へ推理してゆくのである。もとより先験的理念は超越的なものであるから、実際は決して認識の対象となり得るものではなく、したがって右の三種の推理は理性推理（Vernunftschlüsse）というよりはむしろ詭弁的推理（vernünftelnde Schlüsse）と言うべきであるが（A 339, B 397）、しかしそれにしてもそれは理性の本性から生じたものなのである。カントはこの三種の推理をそれぞれ先験的誤謬推理（transzendentaler Paralogismus）、純粋理性の二律背反（Antinomie der reinen Vernunft）、純粋理性の理想（Ideal der reinen Vernunft）と名づけた（A 340, B 398）。この三種の詭弁的推理のうち、われわれはまず先験的誤謬推理について考察しなければならない。

カントによると、この先験的誤謬推理は単なる「われ思う」という概念ないし判断から出発して思惟体としての自我、すなわち心（Seele）という実体を想定し、この心について全く経験を交えずに先天的に種々の規定を与えようとするところに生ずるものである。元来「われ思う」ということは、すでに「先験的演繹」の箇処で述べたように、あらゆる意識の根底に存するものであった。この「われ思う」、すなわち先験的統覚があらゆる意識に伴わなければ、意識は私の意識であることはできないはずであり、したがって一切の認識は成り立たないのである。それ故に、「われ思う」ということは決して経験的性格のものではなくて先験的なものであり、その限り最も確実なものであるということができるが、しかしこの「われ思う」ということを出発点として、しかも全くこの「われ思う」ということだけから、自我ないし心というものについて種々な規定を与えようとすることは決して正しい推理であると言うことはできない。しかもいわゆる合理的心理学（rationale Psychologie）はまさにこのことをなそうとするのである。すなわち合理的心理学はただ「われ思う」という命題のみを根底として、自我にカテゴリーを適用し、これに次のような規定を与えようとするのである。ただこの場合自我に対してまず適用されるカテゴリーは実体のカテゴリーであり、そのためカテゴリー表の順序がここでは多少変えられる。*

1、心は実体である。

2、性質上単純　　3、それが存在する種々の時間に関して数的に同一、すなわち単一性（数多性ではない）。

4、空間中の可能的な対象と相互関係を持つ。

＊　カントがカテゴリー表をなぜこのような円環的な形式で書いたかという理由は、恐らくこの場合に実体からはじめようとするためではなかったかと思われる（九五ページ参照）。

このように心というものがカテゴリーによって規定されると、さらに進んでこれらの規定を複合することによって、合理的心理学におけるあらゆる概念が出てくる。すなわちこの実体は単に内感の対象であるというところから非物質性

(Immaterialität)という概念が生じ、単純な実体であるというところから不朽性(Inkorruptibilität)という概念が生じ、知的な実体の同一性というところから人格性(Personalität)という概念が生ずる。そして以上の三つの概念が合すると、精神性(Spiritualität)の概念が生ずる。空間における対象との関係ということから物体との交互作用(Kommerzium mit Körpern)という概念が生じ、こうして心は物質における生の原理として表象され、生動性(Animalität)の基礎としての心として考えられ、この生動性が精神性によって制限されると不滅性(Immortalität)という概念が生ずるのである(A 345, B 403)。

こうしてカントによると、いわゆる合理的心理学は単なる「われ思う」というものから出発して、これにカテゴリーを適用し、さらにそこに生ずる規定を結合することによっていかにも多くの規定が心に与えられるかのように考えている誤謬推理に外ならないのであるが、カントはさらに進んでこれが誤謬推理であるゆえんを一々具体的に検討する。しかしわれわれはカントの行ったこの検討に立入る前に、この先験的誤謬推理についてのカントの説明も決して、定言的な前三段論法によって絶対的主語を求めてゆくことがどうして心という理念にいたらねばならないかということを基礎づけていないことをもう一度くり返して注意しておかねばならない。

カントはここで全く唐突に「われ思う」ということを持ち出してくる。そしてこの「われ思う」ということから自我ないし心という実体の存在へ推理してゆくことが定言的推理の形式に対応していることはここではもはや全く自明的であるかのように一言も触れていないのである。しかしすでに述べたように、定言的推理の前三段論法によって求められるものは一切を自己のうちに包括するような無制約者であって、決して自我ないし心というようなものではないであろう。カントが定言的推理の形式に応ずる無制約者を心と考えたというところにはどうしても一つの混乱が存すると言わねばならないように思われる。カントは「プロレゴーメナ」において次のように述べている。「人はすでに早くから、あらゆる実体においてその真の主体（Subjekt）、すなわちすべての偶有性（述語としての）が引き去られた後に残るところのもの、実体的なものがわれわれにとって知られ得ないことに気づき、そしてわれわれの洞察力のこのような制限についてしばしば不平がもらされた」。ところが、「われわれはわれわれ自身の意識（思惟的主体）においてこの実体的なものを持つように見える。しかも直接的な直観において持つように見える。というのは、内感のすべての述語は主体としての自我に関係し、この自我はもはや他のいかなる主体の述語としても思惟され得ないからである。それ故にここに述語としての所与概念の主体に対する関係における完全性は単なる理念ではなく、対象すなわち絶対的主体そのものが経験において与えられているように思われる」（*Prolegomena*, §46, IV, S. 333—334）。すなわちここでカントの言おうとしているのは、われわれは物体についてはその真の主体を認識することができない、なぜならわれわれがいかに物体について認識しようともそれは物体の偶有性であって実体そのものではないからである、ところがこれに反して自我についてはわれわれは直接にその主体を認識し得るように思われる、というのはわれわれは自我というものを直接に意識しているのであるが、しかもこの自我は決して何か他の実体の偶有性ではなく、したがって他の主体の述語とはなり得ないからである、ここにわれわれが自我というものはもはや他のものの述語たり得ない絶対的な主語（主体）であると考えるにいたる、ということであると思われる。恐らくカントがもはや何ものの述語ともなり得ない絶対的な主語を求めるという定言的な前三段論法が心という実体の理念と結びつくと考えた理由はここにあったと考えられる。

確かにこのように考えるとわれわれは一応定言的な前三段論法と心という理念との関連を理解し得るように思われる。しかしよく考えてみると、実は定言的推理の前三段論法によって要求される絶対的主語と、自我ないし心を絶対的主語

（主体）と考えるという場合とでは、主語という意味が全く異なっているのではないかと考えられる。前者の場合には、その意味するところは、前にも述べたように、必ずしも直接に自我とか心とかいうものと結びつくものではない。むしろあらゆる個体的なものは主語となって述語となり得ないと言うことができるのである。なぜなら述語は常に一般的な性格を持つからである。それ故心とか自我というものも、それが個体的なものである限り当然主語となって述語となり得ないもの、その意味で絶対的主語と言うことはできようが、われわれはそれと全く同等の権利を以てソクラテスとかプラトンというような個体を、あるいはさらに神というものを絶対的主語と考えることができる。そうであるとすればわれわれが絶対的主語という無制約者を求めてゆくとするならば、当然神というものに突当るべきであって、心とか自我というものをとくに取り出してくる必要はないはずである。それ故カントが心ないし自我を絶対的主語と考えたとき、そこには Subjekt ということばの持つ二義性がひそかにその役割を演じていたのではないであろうか。すなわち Subjekt ということばが一方に主語という意味を持つと同時に、他方主体（主観）という意味を持っていることから、カントは絶対的主語というものをただちに絶対的主体というものと結びつけてしまったのではないであろうか。さきに見た通り（三六八ページ）カントは三種の前三段論法から三種の先験的理念を導こうとしながら、実際にはこのことを遂行し得ず、主体（主観）および客観に対する関係という見地を入れることによってはじめて三種の先験的理念を導いたのであるが、この際なぜ主観との関係が定言的な前三段論法に対応しているかということについては何も説明していない。このこともカントが Subjekt ということばの二義性によって欺かれていたことを示すものであると言えるのではないかと思われる。もとよりこの場合問題となっているのは先験的誤謬推理である。したがってたとえここにカントが Subjekt ということばの二義性に欺かれていたとしても、そのことは必ずしもカント自身の誤りではないと言われるかも知れない。なぜなら先験的誤謬推理を行っている合理論的形而上学者がまさにこの二義性に欺かれているのであり、カントはこの先験的誤謬推理の生じてくるゆえんをそのまま叙述しているとも解することができるからである。カントが絶対的な主語を求めながらそれを主観に見出し得ると考えるという点に先験的誤謬推理の誤りを見たとするならば、絶対的主語という理念と主観との対応が正しくないのはむしろはじめから当然のことであるとも考えられる。しかしそれにしても、もしそうであるなら、カントはこの点をもっと説明すべきであったのではないであろうか。この説明が全く存しない以上、われわれはカント自身が先験的誤謬推理の誤りと同様の誤りによってその結果定言的推理と心という理念との連関を無雑作に自明的なものと考えてしまったのではないかと疑い得るであろう。

このように定言的推理によって求められる無制約者と心というものとの連関が基礎づけられていないとするならば、われわれはむしろ自我というものに対して実体というカテゴリーを適用しようとするときに先験的誤謬推理が生ずるというさきに述べた解釈を取るべきではないであろうか。自我というものは理論的認識の可能性の制約であり、その存在を否定することが許されない以上、この自我を実体として把握しようとする試みが生じてくることは極めて自然であり、そこに先験的誤謬推理が成立することも容易に理解されるであろう。しかし――とひとは言うかも知れない――もしこう考えるならば、先験的誤謬推理はただ自我を実体として把握しようとするところに生ずるにすぎない、だがカントは自我に実体という関係のカテゴリーのみならず、量、質および様相のカテゴリーを適用しようとするところにも先験的誤謬推理が成立すると考えているのではないかと。しかしこの点については私はカントの先験的誤謬推理についての叙述をよく検討すればおのずから解答が与えられてくると考える。私の見るところでは、カントが先験的誤謬推理と考えているものは要するにただ自我に実体というカテゴリーを適用するところに生ずるのであり、他のカテゴリーの場合は単に第二次的な性格を持つにすぎないのである。われわれは以下このことを先験的誤謬推理に対するカントの批判について具体的に検討しよう。

第一版における第一、第二、第三の誤謬推理

第一、実体性の誤謬推理

その表象がわれわれの判断の絶対的主語であり、それ故に他の事物の規定として用いられ得ないところのものは実体である。

思惟する存在者としての自我は、わたくしのあらゆる可能的判断の絶対的主語であり、自我自身というこの表象はいかなる他の事物の述語としても用いられることはできない。

それ故に、思惟する存在者（心）としての自我は実体である。

この第一の誤謬推理に対するカントの批判はおよそ次の通りである。

われわれはすでに「先験的分析論」において、カテゴリー（したがって実体のカテゴリーも）というものは、もしも直観がその根底に存しなければ、それ自身決して客観的意味を持つことができないことを見た。カテゴリーはそれ自身においては単に内容のない判断の機能にすぎないのである。さてわれわれはあらゆる事物について、それが事物の単なる述語や諸規定から区別される限りそれを実体と言うことができる。したがって自我というものもまたこれを実体と考えることはできる。なぜなら自我はあらゆる思惟において常に思考が単にその規定として属するところの主語であり、それは決して他の事物の規定として用いられることはできないからである。しかしながら、このことは決して思惟する

存在者としての自我が永続するということ、したがって生成もしなければ消滅もしないということを意味するものではない。なぜならわれわれは実体という単なるカテゴリーからこのような性質を推論することはできないのであり、こういう推論を行うためには与えられた対象の持続性ということを経験的に知っていなければならないが、われわれは自我については何等の経験をも持つことができないからである。自我はなるほどあらゆる思考のうちに存する。しかしこの自我という表象にはいかなる直観も結びついていない。それ故にわれわれはこの表象があらゆる思惟において常に現れてくることを認めることはできるが、それが恒常的な直観であるということは決して知覚され得ないのである。こうして要するにこの第一の誤謬推理は思惟の恒常的な論理的主語を以て属性の実在的主語（主体）の認識であると称するところに生じてくるものに外ならないのである。

第二、単純性の誤謬推理

その働きが決して多くの働く事物の連合として見られ得ない事物は単純（einfach）である。

さて、心ないし思惟する自我はそのようなものである。

それ故に心は単純である。


カントによるとこの誤謬推理は合理的心理学のあらゆる誤謬推理のうち最も克服し難いものであるが、それは次のように推論する。すべての複合された実体は多くの実体の集合であり、その働きもまた多くの実体の働きの集合と考えられねばならない。しかしこのことは、この働きから生ずる結果が単に外面的なものである場合には可能であるが（たとえば物体の運動はそのあらゆる部分の運動の結合されたものである）、思想に関しては可能ではない。なぜならもし思惟するところのものが複合的なものであるとするならば、その各部分がそれぞれ思想の一部を含み、それが結合してはじめて全体の思想を含むようになると考えられねばならないが、これは極めて不合理であるからである。諸表象（たとえば一つの詩句の個々の語）が多くの存在者のうちに分配されたとすれば、それらは決して一つの全体的な思想（詩句）を形作らないであろう。それ故思想は複合的なものに内属することはできない。したがって思想は多くの実体の集合ではないところの絶対に単純な一つの実体のうちにのみ存し得るのである。

このような推論は一見もっともらしいと思われるかも知れないが、しかし、カントによると、この推論もまた第一の誤謬推理と同じように「われ思う」という先験的統覚の形式的命題のみを基礎として、そこから自我を単純な一つの実体と考えようとする誤りを犯しているのである。われわれはもとより「われは単純である」と言うことはできる。しかしそのことは単に「われというこの表象が何等の多様性をも含んでいないこと、そしてそれが絶対的（しかし単に論理的な）単一性であるということ以上の何ものをも意味しないのである」（A 355）。ところがこの誤謬推理はここからただちに自我が単純な実体であると推論してしまう。そこにその誤りが存するのである。

第三　人格性の誤謬推理

異なった時間における自己の数的同一性を意識しているものは、その限りにおいて人格（Person）である。

さて心とはそういうものである。

故に心は人格である。

カントによると、人格の同一性は私自身の意識のうちにおいて不可避的に見出されうる。なぜなら、私は元来内感の対象であって、あらゆる時間は単に内感の形式にすぎないのであるから、私はあらゆる私の継起的な諸規定を、あらゆる時間において、すなわち私自身の内的直観の形式において数的に同一な自己へ関係させるからである。しかしながら、このことは実は単に時間における自己意識についての完全な同一命題であるにすぎない。というのはこの命題の意味するところは、「私はその中において自己を意識している全時間において私はこの時間を私の自己の統一性に属するものとして意識している」ということ、あるいは「この全時間は個別的統一としての私のうちにある」、または「私はこれらすべての時間のうちにおいて数的同一性を以て存在している」ということに外ならないからである。言いかえれば、この場合の私自身の意識の同一性というのは、「われ思う」ということの論理的同一性であって、私の思考の形式的制約にすぎない。われわれはここからただちに私自身の客観的持続性（objektive Beharrlichkeit）を推論することはできないのである。われわれは主観が「私」という同じ名前を与えられ得るにもかかわらず、しかしその主観が常に変化しているということをも十分に考えることができるからである。

こうして要するに、この第三の誤謬推理も「われ思う」という先験的統覚における自我の論理的同一性からただちに客体としての自我の同一性を導こうとする誤りをおかしていると言うことができる。

さて以上の第一、第二、第三の誤謬推理に対するカントの批判を考えてみると、これらの誤謬推理のうちで最も基礎的なものは結局第一の誤謬推理であるということが理解されるであろう。これらの誤謬推理の誤りであるゆえんは「われ思う」という先験的統覚の論理的命題から出発して、この自我を客観的存在者、実体と考えようとするところに存するのである。われわれは単に論理的な意味においてならば、自我を実体と称することもできるし、またそれを単純であるとも数的に同一的であるとも言うことができる。ただわれわれがこれを論理的な意味でなく実在的な意味に解して、自我を客観的な実体と考えるとそこに誤りが生じてくるのである。そしてこの誤りはまさに第一の誤謬推理の誤りに外ならないのである。第二の誤謬推理も第三の誤謬推理も共にこの第一の誤謬推理の基礎の上に立った誤りにすぎない。すなわち第二の誤謬推理は客観的な実体としての自我を単純であると考える誤りである。自我を客観的な実体と考えること自身が誤っているのであるから、この実体を単純であると考えることもむろん誤りである。しかしそれは自我を単純であると考えることが誤りであると言うよりは、むしろ自我を単純な客観的な実体と考えることが誤りであると言わねばならない。自我を客観的な実体と考えることが誤りである以上、それを単純と考えようともあるいは複合的と考えようともいずれも誤りであるはずだからである。したがって第二の誤謬推理は第一の誤謬推理とは独立な別の誤謬推理ではなく、むしろ第一の誤謬推理から派生してくる第二次的な誤りにすぎないのである。第三の誤謬推理の場合にも事情は全く同様である。この場合にも誤りは自我を数的に同一的なものと考えるところに存するのでなく、自我を数的に同一的な実体と考えるところに存する。われわれが自我を実体と考えてしまえば、それを数的に同一的と考えようと時間的に変化するものと考えようといずれも誤りであることは明らかである。第三の誤謬推理もまた第一の誤謬推理から派生してくる第二次的なものにすぎない。このように考えてくると、先験的誤謬推理は要するに自我に対して実体というカテゴリーを適用しようとするところに生じてくる誤りであると言うことができるであろう。われわれがこの誤り、すなわちカントの言う第一の誤謬推理に陥らないように注意すれば、第二、第三の誤謬推理もおのずから消失してしまうのである。

第二版の場合　カントがこの先験的誤謬推理の箇処の叙述を第二版において極めて簡単にしてしまったということは、カントみずからこの事情に気がついたからであるとは言えないであろうか。カントは第一版においては第一、第二、第三の誤謬推理をそれぞれ別個の独立のものと考え、そのためその各々について詳細な検討を行ったのであろう。しかし上に見たように実はこれらの誤謬推理はそれぞれ独立のものではなく、第一の誤謬推理こそ最も基本的なものであり他はそれを基礎として生じる第二次的誤謬にすぎないとするならば、これらの誤謬推理はそれぞれ詳細に検討される必要はないことになるであろう。もとより第二版においてもカントは決して第二、第三の誤謬推理が単に第二次的なものであると明言しているわけではない。しかしカントが第二版において叙述を全く簡単化しているということはカントがこの事情を自覚したからであると言えるのではないかと思われる。

第二版における叙述はおよそ次の通りである。「私は単に思惟することによって何等の客観をも認識するのではない。与えられた直観を、それにおいて一切の思惟が成立するところの意識の統一に関して規定するということによってのみ、私は何等かの対象を認識し得るのである。それ故に私は自己を思惟するものとして意識するということによって私自身を認識することはできないのであり、私自身の直観を思惟の機能に関して規定されたものとして意識することによって、私自身を認識するのである」(B 406)。すなわち簡単に言うならば、私自身を対象として認識するためには、私自身についての直観が与えられることが必要なのである。このような見地から先験的誤謬推理を検討してみると、

㈠　思惟するところの自我が思惟において常に主語として、そして単に述語のように思惟に従属するものとして見なされ得ないものとして考えられねばならないということは必然的な同一的命題である。しかしこのことは決して自我が

客観として自己自身で存立する存在者すなわち実体であるということを意味するものではない。このような主張をするためにはさらに進んで単なる思惟においては決して見出されない直観的与件が必要であるからである。

(二) 先験的統覚の自我が単数（Singular）であり、したがって論理的に単純（単一）な主語を示すものであるということは、すでに思惟の概念そのもののうちに存することであり、それ故に分析的命題である。しかしこのことは思惟する自我が単純な実体（einfache Substanz）であるということを意味しない。実体という概念は常に直観と関係するものであるが、この場合には何等直観は存在せず、ただ純粋に思惟の領域についてのみ語られているにすぎないのだからである。

(三) 私が意識しているあらゆる多様において私自身の同一性が存しているという命題は同様に概念そのもののうちに存する、したがって分析的な命題である。しかしこの主体（主観）の同一性ということは、それによって主体が客観として与えられるところの直観と関係を持たず、それ故にまた人格の同一性、すなわち主体の状態が変化しても思惟する存在者としての自己自身の実体が同一性を持つという意識を意味するものではない。なぜならこのような主張をするためには、与えられた直観の上に基づく総合判断を必要とするからである。

以上が第二版におけるカントの叙述の大体であるが、このように先験的誤謬推理の批判を簡単にしてみると、さきにわれわれが述べたことは一層はっきりと理解されてくるであろう。カントはここで第二の誤謬推理の場合にも第三の誤謬推理の場合にも「実体」ということばをはっきりと用いており、自我を単純な実体と考えること、および自我が実体として同一性を持つと考えることが誤りであると明言しているのである。第二、第三の誤謬推理は決して第一の誤謬推理と並ぶような性質のものではなく、むしろ先験的誤謬推理はただ一つ第一の誤謬推理、すなわち自我に対して実体のカテゴリーを適用するという誤りによってのみ成立するものであることは、カント自身によっても認められていると解することが許されるであろう。

このことはカントが先験的誤謬推理の核心を次のような形でまとめているとき、さらに一層確かめられるであろう。カントは言う。「合理的心理学のやり方には以下の理性推理によって示される一つの誤謬推理が行われている。

主語としての外思惟され得ないものはまた主語としての外存在しない、したがってそれは実体である。

しかるに思惟する存在者は、単に思惟する存在者として考察される限り、主語としての外思惟され得ない。

それ故にそれは主語としてのみ、すなわち実体としてのみ存在する」(B 410—411)。

だが、先験的誤謬推理というものがここに述べられている推理によって生じるものであるとするならば、先験的誤謬推理が結局第一の誤謬推理に外ならないことは明らかであろう。なぜならこの推理こそまさに第一の誤謬推理に外ならないからである。小前提、すなわち思惟する存在者は主語としての外思惟され得ないということは、確かにそれ自身としては成立する。しかしそれは単に論理的な意味において成り立つにすぎない。ところが大前提において用いられている主語という概念は実体としての主語を意味している。すなわちそれは論理的な意味においてではなく、実在的な意味において用いられているのである。こうして二つの前提において同じ主語という概念が全く異なった意味において用いられているにもかかわらず、この両者を混同してただちに思惟する存在者を実体として把握しようとするところにこの推理の誤りが生じてくるのである。言いかえれば、同じ主語（主体）ということばに欺かれて、単に客観的な対象、したがって直観が与えられなければ認識できないような対象についてのみあてはまる実体というカテゴリーを、論理的な意味における自我、主体としての自我に対しても適用しようとするところに誤りが存するのである。われわれが第一版における第一の誤謬推理の三段論法とここに述べられている三段論法とを比較してみるならば、両者の表現に多少の相違はあっても、本質的に全く同一であることを容易に認めることができるであろう。

カントはこの三段論法について次のように述べている。すなわち大前提においては、「一般にあらゆる関係において、思惟され得る、したがってまた直観においても与えられ得るように思惟され得る存在」(B 411) について語られている。これに反して、小前提においては、「単に主語(主体)として、思惟および意識の統一に関する」(同上) ところの存在者について語られている。したがって結論は媒概念多義の誤りによって推論されていることになる、というのである。そしてさらにまた註において (B 411 Anmerkung) この点を具体的に説明して、ここでは「思惟というものが二つの前提において全く異なった意味において解されている」と述べている。すなわち大前提においては思惟は客観一般、したがって直観において与えられ得るような客観に関係するものとして考えられているが、小前提においては自己意識との関係において成立するところのものとして考えられているのであり、それ故大前提においては主語としての外考えられないような事物について語られるが、小前提においては事物についてではなく思惟について語られるのであり、したがって結論においては、「私は主語(主体)としての外存在しない」と言われるべきではなく、ただ「私は私の存在の思惟において私を単に判断の主語としてのみ用いることができる」と言うことができるのみであるというのである。——このようなカントの説明は、一見すると、上にわれわれが述べたところと一致しないように思われるかも知れない。われわれはこの三段論法の誤謬は要するに Subjekt という概念の二義性を混同して論理的な意味での主語をただちに実在的な意味での主語(実体としての主体)と考えてしまうところに存すると述べたが、カント自身はこれを存在者 (Wesen) という概念の二義性、あるいはまた思惟という概念の二義性に由来すると述べているのである。しかしよく検討してみると、これは結局において全く同じことに帰着することが分ると思われる。

まず存在者の二義性という点を考えてみると、大前提においてはカントは存在者という概念を用いていないのであるから、大前提を存在者という概念を用いて言いかえると次のようになるであろう。

「主語としての外思惟され得ない存在者はまた主語としての外存在しない、したがってそれは実体である」。

これに応じて小前提もまた完全な形に直せば次のように言い直されねばならない。

「しかるに思惟する存在者は、単に思惟する存在者として考察される限り、主語としての外思惟され得ない存在者である」。さてこの大前提と小前提から結論として

「それ故に思惟する存在者は主語としての外存在しない、したがってそれは実体である」。

という命題を導く三段論法が媒概念多義の誤りに陥っているとするならば、その媒概念とは、大前提において主語の位置を占め、小前提において述語の位置を占めている「主語としての外思惟され得ない存在者」という概念であることは言うまでもない。それ故カントがこの三段論法において「存在者」という概念が二義的であるというとき、それはこの「主語としての外思惟され得ない存在者」という概念が大前提と小前提において異なっているということであると考えられねばならない。

それでは何故にこの概念の意味が大前提と小前提において違っているのであろうか。それは言うまでもなく「主語としての外思惟され得ない」ということばが二義的であるからであると言わねばならない。それ故にカントは「存在者」という概念の二義性ということをまた「思惟」の二義性としても説明し得たのであったろうと思われるのである。確かにカントの言う通り、この場合思惟という概念は大前提と小前提において異なった意味に用いられていると言うことができるであろう。大前提の場合には、それは客観的な対象についての思惟であり、小前提の場合には、それは単に自己意識に関係する思惟であるからである。だがさらに進んで、それでは何故にこの両者の場合に思惟という概念が異なった意味において用いられているのかということを考えるならば、それは結局同じ主語という概念が異なった意味で用いられているからであると考えることができるのではないであろうか。すなわち「主語としての外思惟され得ない」ということばにおいて、大前提の場合にはその主語とは実在的な意味において、すなわち実体という意味において用いられているのに対して、小前提の場合にはその主語とは全く単に論理的な意味で用いられているにすぎないのである。こうしてこの三段論法が媒概念多義の誤謬に陥っているのは要するに主語という概念が二義的に用いられ、それが混同されているということに原因しているのである。

こうしてわれわれの見るところによれば、合理的心理学の先験的誤謬推理は本質的に見て絶対に理論的認識の対象となり得ない自我について理論的認識のカテゴリーである実体という概念を適用してこれを規定しようとするところに成

立するものであると言うことができると思われる。カント自身は単に実体というカテゴリーのみならず、量・質などのカテゴリーを適用することによってそれぞれ誤謬推理が成立すると考えたが、しかし上に見て来たように、実は第二、第三の誤謬推理は第一の誤謬推理の基礎の上に生じてくる第二次的な誤りにすぎない。これらの誤謬推理を第一の誤謬推理と並立する同格のものと考えたところにカントの欠陥が存すると言わねばならない。なぜなら、このことによってカントは理性自身のうちに無制約者としての心という先験的理念が存し、この先験的理念に導かれてわれわれがすべての種類のカテゴリーを経験外の無制約者に適用しようとするようになると考えねばならなくなったからである。そしてその結果「先験的誤謬推理」は単に否定的性格を持つにすぎなくなってしまったのである。われわれは先験的誤謬推理に陥らないように注意しさえすればよいのであり、言いかえればただ単に経験の範囲内の認識に満足していさえすればよいのである。「先験的誤謬推理」は決して理論的認識の限界を示すという意義を持ち得ないのである。しかしもしも「先験的弁証論」そのものが理論的認識の限界を示し、形而上学の「第二部門」への橋渡しをするという積極的意義を持つべきものであるとするならば、「先験的誤謬推理」の箇処もまたそのための役割を果すべきであろう。そのためにはわれわれは理性自身のうちに無制約者という先験的理念が存すると考えるべきではない。われわれは理論的認識の可能性の制約として絶対にその存在を否定することのできない自我というものに対して実体のカテゴリーを適用しようとするところに先験的誤謬推理が生ずると考えることによって、はじめて「先験的誤謬推理」に積極的意義を認めることができると考えるのである。そしてカントの行っている先験的誤謬推理の批判を以上のように具体的に検討してみると、このわれわれの解釈こそ事態の真相をとらえるものであると主張し得るのではないかと思うのである。

このことはさらにカントが先験的誤謬推理の叙述を実体のカテゴリーから始めて質・量のカテゴリーへ移っていると

いうことを見ても一層確かめられると思う。カントはなぜこの場合に実体のカテゴリーから始めねばならないかという点に関して決して明確な説明を与えていない。むしろカントはこのことを全く当然であるかのように行っているにすぎないのである。しかしながらもしカントの主張するように理性のうちに先験的理念が存し、これによって先験的仮象が生ずるとするならば、あらゆるカテゴリーは同格であって決して実体のカテゴリーがこの場合に他のカテゴリーよりも先に取り扱われねばならないという理由は存しないのではないであろうか。ところがカントはカテゴリーの順序を崩して実体のカテゴリーから始めているのである。このことはまさにカントが自我に対して実体のカテゴリーを適用しようとすることが先験的誤謬推理の基礎であり、他の誤謬推理は第二次的なものであることを認めているからではないであろうか。さらにまた関係のカテゴリーの中でなぜこの場合に実体のカテゴリーのみが取りあげられて他のカテゴリーが捨てられねばならないのかという理由もこう考えてのみはじめて理解されるのではないかと考えられる。

第四の誤謬推理　さて、われわれは以上の叙述において第四の誤謬推理については全く触れないで来たが、次にこれについて述べなければならない。

われわれの解釈するところによれば、元来様相のカテゴリーは決して他の量・質・関係のカテゴリーと同列的な性格を持つものではなく、むしろそれは他のカテゴリー、あるいはむしろ他のカテゴリーに基づく諸原則を別の形において、すなわち主観との関係という見地から新しく把握したものに外ならなかった。そうであるとすれば、様相のカテゴリーの場合を他のカテゴリーの場合と全く同様に取扱おうとすることはもともと不可能なことであると言わねばならないのである。ところがカントはこの様相のカテゴリーの持つ特殊な性格を明確に自覚しなかったため、これをあくまでも他のカテゴリーと同様に取扱い、先験的誤謬推理の場合においても様相のカテゴリーに基づく第四の誤謬推理を考えようとしたのであった。しかしすでに述べたように、先験的誤謬推理は元来実体のカテゴリーによってのみ生ずるものであり、量および質のカテゴリーの場合でさえ決してそれによって誤謬推理が生ずるものではなかった。そうすれば、まして様相のカテゴリーの場合に、それに基づいて先験的誤謬推理が生ずるというようなことは全く考えられないことであると言わねばならない。それ故われわれが第四の誤謬推理を考察するとき、そこには様相のカテゴリーとの対応関係は全く存在していないことに気がつくのである。

このことは第四の誤謬推理についてのカントの叙述を少し注意深く検討すればただちに理解されることである。すでに述べたように、カントはこの第四の誤謬推理による合理的心理学の命題を「空間中の可能的な対象と相互関係を持つ」と規定している。この場合様相のカテゴリーとの対応は言うまでもなく可能性という概念によってなされていると考えられているのであろう。ところがその同じページの註においてカントは「心のこの最後の項目の属性は存在（Existenz）のカテゴリーに属する」（A 344, B 402. Anmerkung）と述べており、また他の箇処においても（A 403）存在のカテゴリーに対応させているのである。存在のカテゴリーとは可能性ではなく現実性のカテゴリーを意味していることは言うまでもない。このようにカント自身ある時には可能性のカテゴリーを、またある時には現実性のカテゴリーを対応させているという事実は、第四の誤謬推理と様相のカテゴリーとの対応関係がいかに恣意的なものであるかということを示しているといえるであろう。

さらに進んでわれわれが第四の誤謬推理を内容的に検討しても、それが他の三つの誤謬推理とは全くその性格を異にすることが見出されるのである。すなわち他の誤謬推理においてはいずれも自我ないし心というものの性質が問題とされていた。心が実体である、心が単純な実体である、心が同一的な実体である、という命題はいずれも心というものについてある規定を与えようとするものであった。ところが第四の誤謬推理の場合にはもはや決して心そのものの性質が問題とされているのではない。あるいはまた心という概念と認識との関係を問題にして、その概念の可能性・現実性・必然性を決定しようとするものではない。そうではなく問題は実体としての心を想定する立場、すなわち合理的心理学の立場から外界の事物というものがいかに考えられるかというところに移されているのである。

すなわち第四の誤謬推理の叙述（第一版における）は次の通りである。

第四、観念性の誤謬推理

与えられた知覚の原因としてのみその存在が推論されることのできるものは単に疑わしい存在を有する。

さてすべての外的現象は、その存在が直接知覚されず、与えられた知覚の原因としてのみ推論され得るような種類のものである。

それ故に外感のあらゆる対象の存在は疑わしい。この不確実性を私は外的現象の観念性と称する。……

私はこの第四の誤謬推理が内容的に無意味なものだと言うのではない。この誤謬推理の主張するところは外的対象の存在が疑わしいとする観念論であり、したがってこの誤謬推理に対するカントの批判は観念論論駁という意味を持っている。前章において考察したいわゆる「観念論論駁」は第二版においての追加であるから、この第四の誤謬推理の箇処は第一版における観念論論駁として最も重要な意味を持つと言わねばならない。* しかし私がここで言いたいのは、この第四の誤謬推理が内容的に見て実体としての心を想定する合理的心理学と何等の関係をも持っていないということである。この誤謬推理は決して実体としての心という概念を予想していない。われわれは心を実体として考えなくても、なおかつ外的対象の実在を疑うことができる。そして実際、第四の誤謬推理についてのカントの説明のうちにおいても心という概念はどこにも用いられていないのである。内的知覚のみを直接的で確実なものと考え、外的知覚の対象の存在はこの直接的知覚に基づいて推論されたものと考える立場、すなわちこの第四の誤謬推理で問題とされているような観念論的立場は必ずしも心を実体として把握する立場と結びついてはいないのである。この第四の誤謬推理がいかに必然性を持たないものであり、ただカントが無理に論述の形式を整えるために考え出したものであるかは明らかであると思われる。

* ただしこの箇処における観念論論駁は第二版のそれに比べると内容的に見ても不十分なものである。すなわちここでカントはこの観念論の誤りを次のように述べる。われわれが外的現象を以てわれわれの外にそれ自身において存する物としての対象によってわれわれのうちに生ぜしめられた表象であると考えるならば、観念論に陥ることは当然である。なぜならこの場合には物の存在は結果から原因への推理によって認識される外はないが、結果から原因への推論は常に不確実であるからである（A 372）。しかしながら実は外的対象は決してわれわれから独立にその外に存するものではなく「単なる現象であり、したがって私の表象の一種にすぎず」（A 370）、対象はこの表象を離れては無である。それ故外的対象の存在ということは決して結果から原因への推理によって知られるのではなく、われわれが内的知覚によって私自身の存在を知ると同じく、外的知覚によって直接的に知られるのである。それ故先験的観念論によればわれわれは「単なる自己意識の外に出ることとなく、そして私のうちにおける表象の確実性、すなわち〃われ思う、故にわれあり〃（Cogito, ergo sum.）より以上の何ものをも想定することなしに、物質の存在を承認する」（A 370）ことができるのである。——カントはこのような仕方で観念論を論駁しているのであるが、この議論を第二版の「観念論論駁」における議論と比較すると、そこに大きな相違がある。第二版においてはすでに見た通り（三四八ページ）、表象とは異なった私の外なる物の存在を強調しているのに対し、第一版のここでは、外的対象とは表象にすぎないと言わ

れているからである。しかしカントの立場がいわゆる自然界をそのまま現象界と考えるものである以上、外的対象をわれわれの表象と同一視することはどうしても許されないと言うべきであろう。それ故第四の誤謬推理の箇処の観念論論駁は極めて不十分であると言わねばならない。カントが第二版において全く異なった新しい観念論論駁を試みたのもそのためであったと考えられる。

こうして第四の誤謬推理は内容的にも実体としての自我というものと必然的連関を持つものではないと言わねばならないが、このことはカントが第二版においてこの箇処の叙述を内容的にも全く変えてしまったことを見ても確かめられるのではないかと考える。恐らくカントはみずからこの点に気づき、そのため観念論論駁という問題を第二版においては前の箇処に移し、第四の誤謬推理の内容を変えたのではないかと考えられる。

第二版においてはこの第四の誤謬推理は次のように叙述されている。

私が思惟的存在者としての私自身の存在を私の外なる他の物（それには私の身体もまた属する）から区別するということは分析的命題にすぎない。なぜなら他の物とは、私が私から区別されたものとして思惟するところのものだからである。しかしながらこの私自身の意識が、それによって私に表象が与えられるところの私の外なる物がなくても可能であるかどうか、そしてまた思惟的存在者としての私が（人間であることなしに）存在し得るかどうかということについては、私はそれによって何等知るところはないのである（B 409）。

すなわちこの第二版の叙述においては問題は直接に観念論論駁という形において取り扱われていない。「われ思う」という命題から出発してこの自我を実体として把握するとき、自我は当然外的な物とは根本的に異なった別種の実体であり、したがってそれは外的な物とは全く無関係にそれ自身で存在し得ると考えられるようになるであろう。そしてこれが誤謬推理である。これに対してカントは、「われ思う」の自我は決して実体としての自我ではないのであるから、自我が外的な物と異なるということは当然であるとしても、そのことは決して自我が外的な物がなくても存在し得るということを証明するものではないという批判を加えているのである。すなわちここでの問題は自我というものを外的な物から独立な実体と考えることができるかどうかということであって、決して観念論の正否ということには触れていないのである。もとよりこのように心を外的な物から全く独立な実体と考える立場に立てば、そこから外的な物の実在を疑うという観念論的見解も生じ得るであろう。しかしこの両者の間には決して必然的結びつきは存在しない。われわれは実体として心の存在を認めても、それと共に外的な物の存在をも認めることはできるからである。第四の誤謬推理の叙述が第一版と第二版において内容的にも全く異なったものとなっていることはここに十分に認められるであろう。そしてこのように第一版と第二版においてその内容が全く変り得たということ自身が第四の誤謬推理そのものが叙述の形式的整備のために無理に附け加えられたものであることを示していると言うことができるであろう。

もとより第二版の叙述はこの第四の誤謬推理の問題を確かに合理的心理学と関係のあるものとしている。ここでは実体としての自我という概念が問題とされているのであり、それだけ第二版の叙述は第一版に比して整合的であると言うことができる。しかしこの第二版の叙述においても、それは少くとも様相のカテゴリーとの対応関係を持っていない。ここでカントは恐らく自我の存在（Existenz）ということが問題になっているから、現実性のカテゴリーとの対応が存すると考えているのであろう。しかし様相のカテゴリーは元来ある対象と主観との関係に関するものであった。すなわちそれが単に可能的と考えられるか、それとも現実的と考えられるか、あるいはさらに進んで必然的と考えられるかという点にかかわるものであった。そうであるとすれば、ある対象の存在（ここでは自我の存在）ということが現実性のカテゴリーに対応すると考えることはできないであろう。むしろわれわれがある対象の存在について、それを可能的と考えるかあるいは現実的ないし必然的と考えるかということが問題になるときに、はじめて様相のカテゴリーが働くと言わねばならない。それ故カントがここで自我の存在が問題になっているということがただちに現実性のカテゴリーと対応していると考えたとすれば、そこには大きな誤りが存すると言うべきである。自我を実体として考えることがもともと誤っているとするならば、このような自我を可能的と考えること、まして現実的とか必然的とか考えることがはじめから全く問題となり得ないことは言うまでもないことであろう。

こうして第四の誤謬推理はカントが量・質・関係・様相という四種類のカテゴリーに応じて一つづつ誤謬推理を考えようとしたところから無理に附け加えられたものであって、実はよく検討してみると様相のカテゴリーというものと何の関係をも持っていないのである。そしてカント自身ここに大きな動揺を示していることはすでに見た通りである。このことは先験的誤謬推理というものが、われわれの解釈して来たように、理論的認識の可能性の制約としての自我に実体というカテゴリーを適用しようとするところに生ずると考えるべきであることを示していると見ることができるのではないであろうか。

ただ最後に第四の誤謬推理の問題としているところは、これを先験的誤謬推理というものから切り離して考えれば、確かに一つの意味を持っているということを注意しておこう。少くとも第二版において述べられている形においてはこの誤謬推理の問題は自我と外的な対象との関係の問題であったが、この問題は決して等閑視することのできないものであると言わねばならない。理論的認識の根底においてもすでに働いている能動的な自我は果して外界の対象に対してどういう関係に立つのであろうか。外界の対象はすでに「先験的分析論」において述べられていたように、自然の因果的必然性のもとに立つものであった。われわれは自然についての理論的認識の範囲内では、一切の現象を因果律の見地のもとに考察しなければならないのであった。それでは自我は果してこの因果律のもとに包摂されるべきものなのであろうか。それともそれは自然因果律のもとに立たないものとして理解されるべきであろうか。この問題は、われわれが理論的認識の対象とはなり得ない自我の存在を自覚するとき、そしてこの自我についてさらに進んで理解しようとするとき、どうしても生じて来なければならない問題であろう。すなわち、自我に対して実体のカテゴリーを適用しようとすることの誤りであることは、「先験的誤謬推理」の箇処によって明らかにされた。しかしそれでは自我に対して因果律のカテゴリーを適用しようとすることはどうであろうかという問題が次にただちに生じて来なければならないのである。第四の誤謬推理はこの問題の所在を暗示するのであり、「先験的誤謬推理」から「純粋理性の二律背反」への移行を準備するものであると解することができると思われる。

三　純粋理性の二律背反

カントの説明とその問題点　純粋理性の二律背反とは、すでに述べたように、仮言的推理によって理性がそれ以上何ものをも前提しない前提を求めて現象の系列の制約の絶対的統一を求めようとする場合に生ずる先験的仮象であった。先験的誤謬推理が主観に関する絶対的統一を求めようとするものであったのに対して、これは現象としての客観の絶対的統一を求めようとするものである。そしてカントによれば、この場合には理性はおのずから「自己の要求を放棄しなければならないような矛盾にまきこまれてしまう」(A 407, B 433) ということをその特色とするのである。このようなことは先験的誤謬推理の場合には決して起らなかった。そこでは「われわれの思惟の主観の理念に関してただ一方的な仮象を生ぜしめ、反対の主張に対しては理性概念から最小の仮象さえ見出されない」(A 406, B 433) のであった。すなわちすでに見て来たように、実体としての自我の存在を考えるという先験的仮象が生ずるのみであって、これに対立する考え方が生ずるということはなかった。「唯心論 (Pneumatismus) の側が全く有利であった」(同上) のである。これに反して現象の客観的総合に理性を適用しようとするときには、互いに相対立する二つの主張が同等の権利を以て成立することになり、理性は不可避的に背反に陥るのである。

こうして現象の系列の制約の絶対的統一を求めようとする合理的宇宙論 (rationale Kosmologie) の試みは前の合理的心理学の場合とは異なった性格を持ち、その故にこの先験的仮象は純粋理性の二律背反 (Antinomie) と呼ばれるのであるが、それではそこに生ずる二律背反とは具体的にどういうものであろうか。カントはこの場合にもまたカテゴリー表を利用し、量・質・関係・様相それぞれのカテゴリーによって二律背反が生ずると考えたのである。しかしカントによると、この場合問題となっているのはあくまでも現象の系列の制約の絶対的統一を求めるということであるから、すべてのカテゴリーが二律背反の成立に関係を持つのではなく、ただ「その総合が一つの系列、しかも一つの被制約者に対する(並列的でなく)従属的な制約の系列を構成するところのカテゴリー」(A 409, B 436) のみが二律背反を生じさせるのである。

まず量のカテゴリーについて言えば、「われわれのあらゆる直観の二つの根源的量である時間と空間」(A 411, B 438) はこのような系列を成り立たせる。時間に関してはわれわれは時間そのものが一つの系列であり、したがって現在の時間が成立するためには過去の時間がその制約として存しなければならないと考え得ることは言うまでもない。それ故「理性の理念によれば、過ぎ去った全時間が所与の瞬間の制約として必然的に与えられたものとして考えられる」(A 412, B 439) のである。空間の場合には、空間の諸部分はすべて同時的に存在しており、したがって時間の場合と異なり、空間の「ある部分は他の部分の可能性の制約ではなく、空間は時間のようにそれ自身で系列を構成しない」(同上)。しかし、「われわれがそれによって空間を覚知するところの空間の多様な諸部分の総合〔すなわちわれわれが空間の多様な部分を覚知する総合の仕方―筆者〕は継時的であり時間のうちにおいて行われるのであるから、一つの系列を含んでいる」(同上)。つまりわれわれがある空間の大きさを順次に単位を加えて測定するという場合、われわれはその空間を他の空間の部分によって限界づけられたものと考えるのであるが、その限り限界づけられた空間はまた制約されたものと見ることができるのである。

第二に質のカテゴリーについて見ると、この場合には空間における実在性すなわち物質について制約の系列が成り立つ。なぜなら物質が成立するためには、その制約としてその部分が存しなければならず、さらにこの部分はより小さな部分をその制約とする。それ故、こうしてわれわれが物質の制約を求め、さらにその制約の制約を求めて背進してゆくとき、われわれは「物質の実在性を無に帰してしまうか、あるいはもはや物質ではないもの、すなわち単純なものに消滅させてしまうか」(A 413, B 440) するまで、この系列をたどって物質を分割してゆかねばならない。「したがってこの場合にも制約の系列と無制約者への進行が存するのである」(同上)。

第三に関係のカテゴリーについて見ると、まず実体と偶有性というカテゴリーはこのような系列を成立させない。なぜなら偶有性とは互いに並立的なものであって系列を作るものではなく、また偶有性は実体と従属的関係に立つものではなく、実体の存在する仕方に外ならないからである（A 414, B 441)。同様にまた交互作用における諸実体も単なる集合であって決して系列をなすものではない。なぜならそれらは互いに可能性の制約として従属的関係に立つものではないからである(同上)。しかしこれに対して因果性のカテゴリーは系列を形作る。なぜなら「因果性のカテゴリーは与えられた結果に対する原因の系列を示すものであり、この系列においてわれわれは被制約者としての結果から制約としての原因へとさかのぼってゆく」(A 414, B 441—442) からである。

第四に様相のカテゴリーについて見ると、可能性・現実性・必然性というカテゴリーは決して系列を形作らない。ただ偶然的なものは常に被制約的なものと見なされねばならず、こうしてわれわれはその制約を求めてついに無制約的必然性にいたるまで背進してゆかねばならないから、系列が構成される（A 415, B 442)。

こうしてカントによると、量・質・関係・様相のカテゴリーについてそれぞれ一つづつ背進的系列を形作る概念が見出されたわけであり、したがって宇宙論的理念は四つあり、そしてまたそれ以上は存在しない。それを一括して示せば次の通りである。

1、あらゆる現象の与えられた全体の合成（Zusammensetzung）の絶対的完全性

2、現象における与えられた全体の分割（Teilung）の絶対的完全性

3、現象の生起（Entstehung）の絶対的完全性

4、現象における変化的なものの存在の依存性（Abhängigkeit des Daseins）の絶対的完全性

さてこうしてこの四つの宇宙論的理念によって理性は無制約者を求めてゆくのであるが、カントによると、この場合

無制約者というものは二通りの仕方で考えられることができる。すなわちまず第一には、「無制約者は単に全系列のうちにのみ成立するものであり、その系列においてはすべての項は例外なく制約されており、ただその全体のみが絶対に無制約的である」（A 417, B 445）とも考えられる。このように考えれば、われわれは系列の制約を求めていってもついに無制約的な第一項に到達することはないのであるから、制約を求めてゆく背進は無限であると考えられる。すなわちその系列は無限であって決して完成されるということはない。第二にしかしわれわれは無制約者を「系列の一部、すなわちその系列の他のすべての項がそれに従属し、それ自身は他のいかなる制約のもとにも立たないところのもの」（同上）とも考えることができる。この場合には系列のうちに無制約的な第一項が存すると考えられるから、系列は完結的なものとなる。そしてこの系列の第一項とは時間に関しては世界の初め（Weltanfang）、空間に関しては世界の限界（Weltgrenze）、部分に関しては単純なもの（das Einfache）、原因性に関しては絶対的自己活動（absolute Selbst-tätigkeit）（自由）、変化的な事物の存在に関しては絶対的自然必然性（absolute Naturnotwendigkeit）である。このように無制約者というものの考え方に二通りの仕方があることから、それぞれの宇宙論的理念に対して相対立する二つづつの見解が成立することになり、ここに次のような二律背反が生ずるのである。

第一の二律背反

定　立　世界は時間上始めを有し、空間的にもまた限界のうちに囲まれている。

反定立　世界は始めを有せず、空間的にも限界を持たない。それは時間に関しても空間に関しても無限である。

第二の二律背反

定　立　世界におけるすべての複合された実体は単純な部分より成る。一般に単純なもの、あるいは単純なものから複合されたもの以外には何も存在しない。

反定立　世界におけるいかなる複合されたものも単純な部分から成るものではない。一般に世界において単純なものは存在しない。

第三の二律背反

定　立　自然法則にしたがう因果性は、世界の現象がすべてそこから導かれる唯一の因果性ではない。現象の説明にはなおこの外に自由による因果性を想定することが必要である。

反定立　自由は存在しない。世界における一切は単に自然法則にしたがって生起する。

第四の二律背反

定　立　世界には、その部分としてかまたはその原因として、絶対に必然的なものである何かが属している。

反定立　世界の内においても外においても、絶対に必然的なものは一般に世界の原因として存在しない。

定立の側が系列の第一項を無制約者と見る立場に立つものであり、これに対して反定立の側が系列全体を無制約者と見、したがって無制約的な第一項を認めない立場に立つものであることは言うまでもないが、カントによるとこの両者の立場は共に同等の権利を以て主張されるのであり、理性は必然的にこの二律背反に陥るのである。そしてまたそれぞれ異なった点において理性の関心に合致するのである。定立の側は独断論（Dogmatismus）の立場の主張するところであるが、この立場はわれわれの実践的関心に合致する。なぜなら、世界が始めを有すること、私の思惟的自己が単純な不朽な性質を持つこと、この自己がその行為において自由であること、および事物の全秩序が一つの根源的な存在者（Urwesen）から由来するということはすべて道徳および宗教の土台だからである（A 466, B 494）。第二にまたこの立場は理性の思弁的関心に対しても合致する。なぜなら、われわれはこの立場に立てば、無制約者から始めてしだいに被制約者へと系列を下ってゆくことができるからである（A 466—467, B 494—495）。さらに第三にこの立場は通俗性という長所がある。なぜなら、無制約的な始めを考えることなく、どこまでも制約の制約を求めて背進してゆくことには常識は堪えることができないからである（A 467, B 495）。これに対して反定立の側、すなわち経験論（Empirismus）の立場は道徳および宗教からその力を奪い取ってしまうこととなり、実践的関心にとっては適合しないが、しかし理性の思弁的関心に対しては独断論の立場よりもはるかに有利である。なぜなら、この場合「悟性は常にその特有の地盤、すなわち可能的な経験の領域の上にのみ立ち、経験の法則を探求しこれによってその確実で明白な認識を限りなく拡張することができる」（A 468, B 496）からである。

さて、以上が二律背反に関するカントの説明の大体であるが、この説明についてわれわれはそれが決して仮言的推理と宇宙論的理念との間の必然的連関を示していないことに注意しなければならない。この点はすでに前にも触れたことであり（三六七ページ）、ここでは改めて詳しく論ずる必要はないであろうが、仮言的前三段論法によって要求されることはわれわれがあるものの前提の前提を求めていってついにそれ自身他のいかなる前提をも必要としない究極的な前提にいたるということであって、必ずしも現象の制約の系列をたどってさかのぼってゆくということが要求されるのではない。むしろわれわれがあるものの究極的な前提を求めてゆくならば、他の何ものにも依存しないものとして考えられる神に行きつくことが当然であると考えることができるであろう。ところがカントはこの場合も、ちょうど先験的誤謬推理の場合に突然「われ思う」ということを持ち出してもはや決して述語となり得ない主語というものを自我という主体と考えたのと同様に、突然に現象の系列という概念を持ち出して来て、もはや何ものをも前提しない究極的な前提というものを現象の系列における無制約者というものと同一視しているのである。しかしどうして仮言的前三段論法の背進を現象の系列のうちに限らねばならないのか、その理由は全く示されていないと言わねばならない。先験的誤謬推理の場合に定言的前三段論法によって求められる無制約者を主体（主観）と考えることが一つの飛躍であったと同じく、この場合にもまた一つの飛躍が存することは否定することができないであろう。もとよりこの場合には先験的誤謬推理の場合に比べるとその飛躍の程度ははるかに小さいと言えるであろう。先験的誤謬推理の場合には主語という意味でのSubjekt という概念がただちに主体（主観）という意味に転化されていたのであった。これに対してこの二律背反の場合にはこのような甚だしい混乱は存在しない。現象の系列の制約を求めて背進してゆくということは確かに仮言的前三段論法であるということができるであろう。しかしそれにしてもこの二つのことは決してただちに同一とは言えない。現象の系列の制約を求めて背進するということは仮言的前三段論法のある一つの適用であるかも知れないが、決してその全部をつくすものではない。われわれは仮言的前三段論法によって必ずしも現象の系列の制約を探求することを要求されるものではない。われわれはこれとは全く違った方向においてあるものの前提を求めてついに神にいたるまで背進してゆくこともできるはずである。制約の制約を求めてゆく背進が現象の領域に限られるという必然性は少しも存しないと言わねばならない。カントが二律背反の場合に前三段論法の背進を現象としての客観の領域のみに関するものと考えたということは決して十分な基礎づけが与えられていないと言うべきであろう。

もしこのように見ることができるとするならば、われわれはこの場合にも二律背反という先験的仮象は実はカントの言うように仮言的推理に対応して理性のうちに現象の系列の制約の絶対的無制約者という先験的理念が存しそれによって生ぜしめられると考えるべきではなく、むしろ自我というものに因果律の原則を適用しようとするところに生ずるものであると解することが許されるのではないであろうか。先験的誤謬推理の場合にもわれわれはカント自身の説明を離れて先験的仮象は自我というものに実体のカテゴリーを適用しようとするところに生ずると考えるべきであると主張した。そして事態的に考察しても、このように解釈した方がはるかに整合的であることはすでに見て来た通りである。それと同様に、二律背反の場合にも、われわれは自我というものに因果律のカテゴリーを適用しようとするところに先験的仮象が生ずると考え得るのではないであろうか。そしてこのように解釈してこそ、「先験的弁証論」にその積極的意義を認め得るのではないであろうか。

しかしながら、このような主張に対してはただちに疑問が提出されるであろう。先験的誤謬推理の場合には明らかに問題は自我というものであった。それ故に先験的誤謬推理は実体というカテゴリーを自我に対して適用しようとするところに生ずる誤りであると解釈することは必ずしも無理ではないかも知れない。しかし二律背反の場合には、カントは問題を全く客観に関するものと考えている。自我というものはここでは全く問題とされていない。二律背反はただ理性が現象としての客観に関して絶対的統一を求めようとする場合に生ずるのである。そうであるとすれば、この場合因果律というカテゴリーを自我に対して適用しようとするときに先験的仮象が生ずると解することは極めて大きな無理を伴ってくるのではないであろうか。少くともそれはカントの意図を全くゆがめてしまうことになるのではないであろうか。――しかし私の見るところでは、必ずしもそうではない。なるほどカントは二律背反は現象としての客観に関する絶対的無制約者を求めようとするところに生ずると考えた。しかしカントが第三の二律背反において取り扱っている自由は密接に自我と結びついていると言わねばならないのではないであろうか。理論的認識の根底にもその可能性の制約として存している自我の実践的な働きこそ自然因果律によって規定されない自由なものと考えられているのではないであろうか。そうすれば第三の二律背反において自我というものは中心的な問題となっているのである。むろんこのことは第三の二律背反についてだけ言えることであって、他の二律背反の場合には自我というものが問題とされていないことは認められねばならない。しかし私は真に二律背反と言われるべきものはただ第三の二律背反のみであり、他の二律背反は実は決して真の意味で二律背反をなしていないのではないかと考えるのである。われわれは以下においてこの点を明らかにすることを目ざしつつ、カントの所説をさらに具体的に検討してゆこう。

二律背反の必然性の問題　われわれはまず宇宙論的理念の場合にどうして二律背反が生じてくる必然性があるかという点をもう一度改めて反省してみなければならない。すでに述べたように、カントは二律背反が生ずるということは宇宙論的理念の場合にのみ特有のことであると考え、その理由をこの場合には絶対的無制約者というものを現象の系列の全体と考えるか、または現象の系列の第一項と考えるかの二通りの考え方が存し得るという点に求めている。しかしながらこのようなカントの考え方は果してそのまま認められることができるであろうか。

なるほどこのように考えれば一見したところ確かに何故に宇宙論的理念の場合にのみ二律背反が生じてくるかの理由が理解されるように思われる。なぜなら無制約者というものがこのように二通りの仕方で考えられるというのは現象としての客観の系列にかかわる宇宙論的理念の場合のみであろうからである。現象としての世界における無制約者が求められるからこそ、無制約者は現象の系列の最初の項としても、また現象の系列全体としても考えられることができるのである。これに反して、「先験的誤謬推理」のような場合には、そこに問題となっているのが決して系列と関係を持つ無制約者ではないから、無制約者を二通りに解することは不可能であり、そこにはただ一つの考え方しか生ぜず、したがって二律背反は成立しないと言えるであろう。しかしわれわれはさらに一歩進んでカントの言うところを内容的に検討してみなければならない。そうすると、われわれはそこに一つの大きな難点が存することに気がつくであろう。

宇宙論的理念によって求められる無制約者とは、すでに見て来たように、それ自身はもはや他の何ものをも前提としないような究極的な前提であった。だが、無制約者がこのようなものであるとするならば、上に述べた無制約者に対する二つの考え方が果して両方共このような無制約者の理念に適合するものであると言えるであろうか。現象の系列の制約の第一項を求めるという考え方が究極的な前提としての無制約者の理念に適合するということは疑いない。しかしもう一つの考え方、すなわち現象の系列の全体を無制約者と考える考え方が果して真に宇宙論的理念によって要求される無制約者を考えていると言えるのであろうか。現象の系列の全体というものがどうして究極的前提という意味を持ち得るのであろうか。それは究極的前提でないのみならず、さらに何等の前提でさえないと言うべきではないであろうか。なぜなら、それはまさにその前提を求められている当の現象の全体に外ならないからである。それ故現象の系列の全体を無制約者と考え、これ以外には現象の系列に関しては何等の無制約者も考えられ得ないとする立場は、実は無制約者に対する一つの考え方と言うべきではなく、むしろ無制約者を認めないという考え方であると言うべきであろう。宇宙論的理念は現象の系列の制約に関してもはやそれ以上何ものをも前提しない前提としての無制約者を求めるが、このような無制約者は存在しないと主張するのが、この現象の系列全体を無制約者と考える立場なのである。すなわちこの立場は現象の系列に関する理性統一を否定しようとする立場に外ならないのである。このように考えてくると、二律背反の二つの立場は、カントの言うように現象の系列に関して無制約者を二通りに考えることから生じてくるのではなく、無制約者を認めるか認めないかということから生じてくると考えられねばならない。言いかえれば、二律背反の二つの立場は、理性が宇宙論的理念を求めて二つの仕方で理性統一を行うということからではなく、理性統一を認めるか認めないかということから生ずるものと言うべきである。定立の立場と反定立の立場との相反は決して無制約者を求める理性自身の二つの立場の相反ではなく、理性の立場と反理性の立場との相反、あるいは、あくまでも絶対的統一を求めようとする理性の立場と、それに反対してこのような絶対的統一を認めずどこまでも被制約者の領域を越え出まいとする悟性の立場との相反であると言わねばならない。

このことはカントが他の箇処では二律背反に対して次のような説明を与えているところから見ても納得されると思われる。「このような弁証的理説は経験概念における悟性統一に関係するものではなく、単なる理念における理性統一に関係する。そしてこの理念の制約は、まず規則にしたがった総合としては悟性に合致しなければならないが、また同時に総合の絶対的統一としては理性に合致しなければならないから、それが理性統一に適合すれば悟性に対しては過大となり、それが悟性に合致すれば理性に対して過小となる。そしてそこからいかなる仕方で始めるにしてもついに避けることのできない矛盾が生じて来なければならないのである」(A 422, B 450)。この説明によるならば、二律背反というものは理性が無制約者を考える二通りの仕方から生ずるのではなく、理性と悟性の立場の相反によって生ずるとされていることは明らかであると言えよう。われわれの理性は絶対的な統一を求めてゆくが、このような理性統一は悟性の立場からは認められることができない。すなわち悟性に対しては過大である。したがってわれわれは悟性の立場に立って理性統一を否定することができる。これがすなわち反定立の立場である。しかし他方もし理性統一を全く認めないならば、絶対的統一を求める理性の要求は決して満足させられることができない。すなわち理性に対して過小である。それ故に理性の立場に立てばやはりあくまでも理性統一を主張しなければならない。これがすなわち定立の立場である。定立と反定立の立場は理性と悟性との争いを示しているのである。すでに述べたように、カントが定立の側を独断論、反定立の側を経験論と呼んでいることもこの事情をはっきり示していると見ることが許されるであろう。なぜなら経験論とは決して理性の立場において生じてくるものではないからである。経験によって束縛されることなく、経験的には決して見出し得ない無制約者を求めてゆくということこそ理性の立場なのである。経験論とは悟性の立場であると言わねばならない。

ここに注意しておかねばならないのは、右に述べたようにカントが定立の立場を悟性に対して過大、反定立の立場を理性に対して過小であると説きながら、また他の箇処ではこれとは違った説明を与え、定立の立場を悟性概念に対して過小、反定立の立場を悟性概念に対して過大であると述べている（A 486, B 514）ということである*。すなわちカントの言うところによれば、まず第一の二律背反の場合、もし世界が始めを持たないとすれば世界は悟性概念に対して過大である。なぜなら、悟性概念はどこまでも背進を続けてゆくということを本質とするものであり、したがってこの場合悟性概念は決して経過した永遠全体に到達することができないからである。しかしまた世界が始めを持つとすれば、それは悟性概念に対して過小である。なぜなら、どこまでも背進してゆく悟性はこの始めを越えて、さらにその時間制約を問うてゆかねばならないからである。空間的な限界の問題に対しても全く同様のことが言える（A 486—487, B 514—515）。第二の二律背反の場合にも、もしすべての物質が無限に多くの部分から成るとすれば、分割を限りなく続けて背進してゆくということは悟性概念に対して過大であり、また空間の分割が単純なものに行き当って終るとするならば、われわれの悟性はさらにこの単純なもののうちに含まれる部分に背進してゆくことを要求するから、悟性概念に対して過小である**（A 487—488, B 515—516）。第三の二律背反の場合にも、もし世界において生起するすべてのものが自然因果律の法則によって生ずるとすれば、われわれは出来事の原因を求めてどこまでも背進してゆかねばならず、したがって悟性概念に対して過大である。しかしもし自由によって出来事が生起すると仮定するならば、われわれはさらにこの点を越えて「何故に」ということを問い続けねばならず、悟性概念に対して過小となる。さらにまた第四の二律背反の場合にも、もしもわれわれが絶対的に必然的な存在者を仮定すれば、それはあらゆる与えられた時点を無限に離れた時間に存すると考えられねばならない。そうでないとすると、それはそれ以前の時間に存する存在者に依存することになってしまうからである。ところがこのようにあらゆる与えられた時点を無限に離れたものにはわれわれはいかに現象の系列を背進していってもついに到達することができず、それ故それは悟性概念に対しては過大である。またこれと反対に世界に属するものがすべて偶然的であるとすれば、われわれはこの偶然的なものが依存している他の存在を求めて無限に背進しなければならないから、それは悟性概念に対しては過小であるというのである。＊＊

＊　この説明においてカントが定立の立場を悟性概念に対して過小、反定立の立場を悟性概念に対して過大と言っていることは奇異に感ぜられるであろう。なぜなら、さきに見たように、カントは定立の立場は全く反対の規定を与えられているのである。しかしこれは結局、観点の相違によるものと見るべきではないかと考える。すなわち、われわれが悟性を中心として考えるならば、悟性というものがどこまでも現象の系列をさかのぼって背進してゆこうとする本質を持つ以上、現象の系列における第一項を認めるということは確かに悟性に対して過小であると考えられる。しかしわれわれが理性統一を中心として考えれば、現象の系列における第一項を認めることこそ理性の要求する統一なのであるから、それを認め得ないということが悟性の持つ弱さであるということになり、したがって定立の立場は悟性に対して過大であると考えられるのであろう。こう考えれば、カントはこの二つの説明において矛盾したことを言っているのではなく、同じ事態を全く反対の表現で言いあらわそうとしていると見ることができよう。

＊＊　この第二の二律背反の場合、カントは定立の立場、すなわち単純なものの存在を認める立場については、実はそれを悟性に対して過小であると言わず、「無制約者の理念に対して過小である」と言っているのであるが、他の二律背反に関する説明と比べて不整合の感を免れない。われわれが本文において述べたように「悟性概念に対して過小」と言って少しも差しつかえがないように思われる。まして「無制約者の理念に対して過小」ということは「理性に対して過小」ということと同じことであると考えられるが、カントは前に述べたもう一つの説明では、反定立の立場を「理性に対して過小」と言っているのである。ところがここでは定立の立場が「理性に対して過小」とされることになるから、ここに矛盾が生ずることになる。それ故カントがこの箇処で定立の立場を「理性に対して過小」とするとき、その意味するところは現象の系列全体という無制約者を考える理性の立場

に対して過小ということであると解さねばならないと思われるが、この立場はすでに述べたように実は悟性の立場に外ならず、したがって「悟性に対して過小」という方が他の二律背反の場合に照して妥当であると言えよう。

＊＊＊ この第四の二律背反におけるカントの説明は他の二律背反の説明と比べて極めて不整合である。第一、第二、第三の二律背反の場合には、定立の側が悟性概念に対して過小であり、反定立の側が悟性概念に対して過大であると言われて来た。ところがこの第四の二律背反の場合には、これとは反対に、定立の側が悟性概念に対して過大であり、反定立の側が過小であるとされているのである。私はこの場合にもカントは当然他の場合と同様の説明を行うべきであったし、またそれで何も不都合は生じないと考える。すなわちもしもわれわれが定立の立場を取って必然的なものが存すると考えるならば、われわれの悟性はさらにその必然的なものを越えて系列を背進してゆこうとするから、それは悟性概念に対しては過小となり、また反定立の立場、すなわち必然的なものは存在せず一切は偶然的であるとするならば、悟性は偶然的なものの依存する他の存在を求めて無限に背進してゆかねばならないから、それは悟性に対して過大であるということになる。なぜカントがこの第四の二律背反の場合にこのような不整合をおかしているのかという理由はもとより分らないが、恐らく前に述べたもう一つの説明、すなわち定立の立場は悟性に対して過大、反定立の立場は理性に対して過小という説明が混入して来てしまったのではないであろうか。このことは本文に述べたこの二律背反についてのカントの叙述を見ても確認することができるように思われる。すなわちカントは定立の立場に立つと必然的な存在者は無限に離れた時間のうちに存すると考えられなければならないが、このような無限な時間を隔てたものにはわれわれはどうしても到達できないから、それは悟性に対して過大であると言っているのであるが、これはさきに定立の立場を悟性に対して過大であると説明している場合の考え方と同じである。また反定立の立場に立てば、われわれは偶然的なものの依存する他の存在を求めて無限に背進しなければならないから、悟性に対して過小であると言っているのであるが、この考え方は不整合であり、むしろ他の二律背反の場合と同じように「悟性に対して過大」であると言われるべきところである。それ故カントがここで「過小」という表現を用いるなら、偶然的なものしか存在しないとすると理性の統一の要求が満足させられないから「理性に対して過小」と言うべきであったと考えられる。

このようにカントは定立と反定立の相反を「悟性に対して過小」、「悟性に対して過大」と説明しているのであるが、もしこう考えられるとすれば、二律背反は理性の立場と悟性の立場との相反によって生ずるのではなく、悟性という同一の観点から二つの立場の相反が生ずるということになる。しかしこの説明は実は外見上前の説明と異なっているだけで、実質的には「悟性に対して過大」、「理性に対して過小」ということと全く同一であると思う。定立の立場、すなわち現象の系列の第一項を認めることが何故に悟性概念に対して過小であるかというと、それは悟性はこの第一項に立止まることなく、さらにその制約を求めて進んでゆかねばならないからというのであったが、このことは要するに理性の要求する統一というものが悟性の立場にとっては決して認められ得ないものであるが故に外ならないのであろう。それ故に、定立の立場が「悟性に対して過小」であるということは、理性統一が悟性の立場では認めることができないということ、すなわちその意味で「悟性に対して過大」であるということに外ならない。また反定立の立場すなわち、現象の系列の第一項を認めないことが何故に悟性に対して過大であるかというと、それは悟性が無限に現象の系列を背進しなければならないからであるが、現象の系列の第一項を認めるということは理性の要求するところであるから、この場合「悟性に対して過大」であるということはすなわち「理性に対して過小」ということに外ならないのである。それ故、「悟性に対して過小」、「悟性に対して過大」という説明は「悟性に対して過大」、「理性に対して過小」という説明と実は全く同一であり、同じ事態を別の表現で言いかえたものにすぎないと見るべきであると考えられる。

こうして二律背反は無制約者に対する理性の二つの見方から生ずるものではなく、むしろ無制約者を認めようとする理性の立場と無制約者を認めない悟性の立場との相反から生ずるものであると解さねばならないが、もしそうであるとするならば、われわれはカントが宇宙論的理念の場合にのみ二律背反が生ずると考えたことに対して疑問を持つことができるであろう。なぜなら理性と悟性との立場の相反は決して宇宙論的理念の場合にのみ生ずるものではなく、あらゆる理念の場合に生じ得るであろうからである。理性はあらゆる理念の場合に常に無制約者を求めてゆく。しかしこれに対してもしもわれわれがこの理性の試みを承認せず、あくまでも悟性の立場に立止まろうとするならば、われわれは理性の立場に反対して無制約者の存在を否定し続けるであろう。そしてこの理性の立場と悟性の立場は互いに全く相矛盾するであろう。理性の求める無制約者というものは悟性に対しては常に過大である。なぜなら、それは決して経験の領域のうちに見出されることはできず、したがってあくまでも経験の領域に止まろうとする悟性の決して容認し得るものではないからである。しかもどこまでも無制約者を求めてゆこうとする理性の要求は悟性の立場に対して常に不満を持つであろう。すなわち、悟性の立場は理性にとって常に過小である。こうして理性と悟性の立場の対立が生じてくることは当然のことであり、二律背反はあらゆる理念の場合に必然的に生じてくると言わねばならないと思われる。

このことを確かめるため、われわれは「先験的誤謬推理」の場合を振り返ってみよう。カントはこの場合にはただわれわれの思惟的主観の理念に関して単に一方的な仮象が生ずるのみであって、反対の主張に対しては理性概念から最小の仮象さえ生じないと考えた。すなわちここでは唯心論が決定的に有利な位置を占めるとされているのである。しかしながらこの場合にも実はわれわれが悟性の立場に立止まろうとするならば、思惟的主観の絶対的統一を全く認めないという立場も成立するのではないであろうか。われわれがもしも悟性の立場に立って経験のうちに見出されるもの以上に一歩も出ようとせず、すべてのものを経験的な自然法則によって割り切ろうとするならば、われわれはもとより唯心論の主張するような実体としての心というものを認めることはできない。それ故ここに唯心論に対して反定立としての他の立場が成立すると言えるのではないであろうか。カント自身唯心論に対立するものとして唯物論の名を挙げているが(A 379, B 420)、これこそまさにこの反定立の立場と考えることができると思われる。なぜなら唯物論とはあくまでも悟性の立場に立って経験のうちにおいて妥当する自然法則によってすべてを割り切ろうとし、その結果自我というものをも単なる物質的なものとして説明しようとするものと解し得るからである。さらにまた後に見るように、「純粋理性の理想」の場合においてもカントは二律背反が成立するとは考えていないが、しかしこの場合といえども理性の立場で神の存在が主張されるならば、これに対して悟性の立場においては神の存在を否定する反定立の立場が考えられるのではないかと思われる。

こうして二律背反が理性と悟性の立場の相反によって生ずるものである以上、とくに宇宙論的理念の場合にのみ二律背反が生ずるという理由は決して存在しないと思われるが、さらによく考えてみると、われわれは宇宙論的理念の場合にはかえって二律背反は全く生じ得ないと言い得るのではないかと思うのである。なぜなら、ここで問題になっているのは現象としての客観の世界であるから、「先験的分析論」のカントの考え方にしたがうならば、われわれは当然悟性の立場に立たねばならないからである。ここでは世界の絶対的統一を求めようとする理性の立場は何等の意義をも持ち得ないと言わねばならない。それは理性を構成的に使用しようとする誤りであり、理性の立場の主張は全くの先験的仮象に外ならないはずである。これに対して悟性の立場の主張は現象としての客観の世界に関する限り絶対に正しいものと言わねばならない。現象の世界・経験的世界に関する認識が悟性の立場に立って行われなければならないということはカントの立場から見て言うまでもないことだからである。そうすればここには真の意味での二律背反は存しないことは明らかであろう。定立の立場は誤りであり、反定立の立場は正しいのであるとすれば、この二つの立場は決して同等の権利を以て相対立するものではなく、したがってわれわれが定立と反定立のいずれの側を取るべきかを思い悩むこともないはずである。むろんこの場合でも理性の立場と悟性の立場は互いに全く正反対の主張をするのであるから、形式的には二律背反が成立すると言うことはできるかも知れないが、しかしそのうちの一方が誤っており、他方が正しいことが明らかであるとすれば、それは実は真の意味で二律背反と言われるべきでないことは言うまでもないことであろう。

われわれはむしろ二律背反は宇宙論的理念の場合よりも「先験的誤謬推理」の場合にかえって成立すると考えねばならない。「先験的誤謬推理」において問題となっていたのは決して現象としての客観の世界ではなく、「われ思う」の自我であった。すなわちそこでは客観的な経験的世界とは全く異なった次元の自我というものが問題とされていたのである。それ故この場合には悟性の立場に立止まっても決して問題の正しい解決の得られないことは当然であろう。唯物論とは、すでに述べたように、あくまでも悟性の立場に立って自我というものをも経験的世界の法則によって説明しようとするものであると解することができるが、自我というものが経験的世界に属するものでない以上は、この立場が誤っていることは言うまでもないことである。それ故にこの立場に対して、自我というものを超経験的な特別な実体として考えようとする唯心論の立場が同等の権利を以て対立することができるのである。もとより唯心論の立場が誤りであることはカントの批判した通りであろう。しかしそれにしても、唯物論の立場もまた誤っている以上、唯心論は唯物論に対して同等の権利を以て主張され得るのであり、二つの立場は互いに他を否定することができず、ここに二律背反が成立すると考えることができるであろう。同様にまた「純粋理性の理想」の場合においても、そこで問題になっているのは現象としての客観ではなく、思惟一般のあらゆる対象であるから、やはり悟性の立場も理性の立場も共に誤っており、その限り両者は同等の権利を以て対立すると言えるであろう。すなわち神の存在を認める理性の立場と神の存在を否定する悟性の立場は二律背反を構成すると言えるであろう。ところが宇宙論的理念の場合には事情は全く異なっている。現象の世界が問題となっている以上は当然悟性の立場が正しいと考えられなければならず、そこには理性の立場と悟性の立場の二律背反が生ずるとは考えることができないのである。

このように二律背反は「先験的誤謬推理」や「純粋理性の理想」の場合には成立するが、宇宙論的理念の場合には成立しないということは極めて奇矯な見解であると言われるであろう。しかし私は、宇宙論的理念についてカントの言うところをそのまま認める限り、どうしてもこう考えないわけにはゆかないと思うのである。そうであるとすれば、われわれは宇宙論的理念に対するカントの見解に大きな疑問を持たねばならないであろう。宇宙論的理念において問題とされているのは決してカントの言うような現象としての客観の世界ではないのではなかろうか。むしろここでも実は現象としての客観の世界を越えたものが問題となっているのではないであろうか。その現象としての客観の世界を越えたものとは言うまでもなく「われ思う」の自我である。理論的認識の可能性の制約であるところのこの自我、理論的認識の根底にあって実験的投げ入れを行っている能動的・実践的な自我の存在をわれわれは決して否定することができない。しかもこの自我は決して理論的認識のカテゴリーによってはとらえることができないのである。「先験的誤謬推理」はこの自我に実体のカテゴリーを適用しようとするところに生じた誤りであった。そうすれば、カントが宇宙論的理念に関して生じてくると考えた二律背反も、この実践的な自我に対して因果性のカテゴリーを適用しようとするところに生ずると考えることはできないであろうか。もしもこう考えることができるとするならば、われわれはこの場合になぜ二律背反が成立するかという理由を十分に理解することができるであろう。自我というものの能動的・実践的な働きを否定することができない以上、われわれは自我の存在を無視して一切が自然因果律によって支配されていると考える悟性的立場に立止まることはできない。反定立の立場はこの点でその限界にぶつからねばならない。しかしまた他方それだからと言ってただちに自然因果律の絶対性を否定し、現象の系列の第一項を認めようとすることもまた決して正しいと言うことはできない。自然因果律の絶対性はすでに「先験的分析論」において確立されているのである。したがって定立の立場もまたただちに承認されるわけにはゆかない。ここにわれわれは二律背反にぶつかるのではないであろうか。

悟性の立場に立つ以上、反定立の立場は絶対であった。われわれはこの立場を軽々しく否定することはできない。しかしわれわれが自我の働きの存在を自覚するとき、反定立の立場は動揺しなければならない。ここに定立の立場が生じてくる。だがこの定立の立場もまたそれが反定立の立場を否定しようとするものである限り、容易に承認され得るものではない。われわれは定立の側に立つべきか反定立の側に立つべきかという問題に直面する。そしてここに二律背反が生ずるのである。

このような見方がもし成り立つとするならば、二律背反において問題となっているのは決してカントの言うように現象としての客観の世界ではなく、「先験的誤謬推理」の場合と同じように、経験の領域のうちに含まれ得ない自我であると言うことが許されるであろう。そしてカントがこの自我の問題を扱っているのは第三の二律背反においてであるから、真の意味での二律背反はただこの第三の二律背反のみであると言うことができると思われる。カント自身は二律背反を現象としての客観の系列に関する無制約者という理念から生ずるものと考えたため、量・質・関係・様相のすべてのカテゴリーについてそれぞれ一つづつ成り立つものと考えた。しかしわれわれは第三の二律背反以外のものは実は真の意味での二律背反ではないと考えることができる。それらはむしろカントが二律背反の本質について誤った考えをしていたことによって、そしてまたカントの建築癖から誤り加えられたものにすぎないと言うべきである。

だがこのような解釈は余りにも独断的にすぎると考えられるでもあろう。確かに今までのところわれわれはただわれわれの解釈を大胆に主張したにすぎない。この解釈をさらに基礎づけるためには、カントが行っている個々の二律背反についての叙述、ならびにカントがその二律背反に対して与えている解決を詳細に検討しなければならない。

第一の二律背反　第一の二律背反は、すでに述べたように、世界が時間的・空間的に限界を有しているかどうかという問題に関して成立するべきものであった。すなわち、定立の側においては世界は時間的な始めを有し、空間的にも限界があることを主張するのに対して、反定立の側においては世界は時間的に始めを有せず、空間的にも限界を有しないと主張するのである。しかしながら、この二律背反は果して真の意味で二律背反を構成しているであろうか。われわれはまず定立の側から検討を始めてゆこう。

定立(ａ)　世界は時間上始めを有する。

この命題に対してカントの述べている証明は次の通りである。

もしも世界が時間的に始めを持たないと仮定せよ。そうすると、すべての与えられた時点にいたるまでにすでに永遠が経過し、したがって世界における事物の継起する状態の無限の系列が流れ去ったことになる。ところが系列の無限性ということは、まさにその系列が決して完成され得ないという点に存するのである。それ故に無限な流れ去った世界系列というものは不可能であり、したがって世界は始めを有しなければならない。

さて、われわれはこの証明が実は何等の証明にもなっていないことに注意しなければならない。カントの言うところは、簡単に言えば、世界に始めがないとすると、現在の時点にいたるまでに事物の無限の系列が存しなければならないが、このことは不可能であるから世界は始めを有しなければならないということであろう。したがってこの証明の中でその根拠となっているのは、無限の世界系列というものは不可能であるということであるが、実はこのことこそ定立の主張そのものに外ならないことは言うまでもないことであろう。無限の世界系列というものが不可能であるということを前提するならば、世界に始めが存することは当然である。なぜなら、この二つは同じことであるからである。それ故カントの証明はただ証明という偽装をしたにすぎず、実は単に直接に定立の主張を何等の根拠づけもせず述べたものにすぎない。それは全く循環論証に外ならない。

（b）　世界は空間的に限界のうちに囲まれている。

カントの述べている証明は次の通りである。

もしも世界が空間的に限界を有しないと仮定せよ。そうすると、世界は同時に存在する事物の無限な与えられた全体であろう。ところがわれわれは直観のうちに与えられないような量の大きさを、ただ部分の総合によってのみ思惟することができる。それ故に、限界のない、すなわちあらゆる空間をみたす世界を全体として思惟するためには、無限な世界の部分の継時的な総合が完成されたものとして見なされねばならない。言いかえれば、あらゆる共存する事物を数えつくすのに、無限な時間が経過したものと考えられねばならない。しかしこのことは不可能である。それ故、事物の無限な集合が同時に与えられるものとして考えられることはできず、したがって世界は空間的に無限であることはできない。

この証明においてカントは空間の問題を時間の問題に還元している。この空間の場合には(a)の時間の場合と異なり、空間的に無限な世界は同時的に与えられているのであるから、無限な世界を考えることは何の困難も含んでいないように見える。しかしカントは無限な世界を思惟するためにはその部分を継時的に附け加えてゆく外はないが、このことは無限な時間を必要とすることであり、それは(a)において示された通り不可能であるというのである。

しかしカントのこの証明は無限な世界の全体について思惟することが不可能であるということからただちに無限な世

界そのものが不可能であるということを推論しようとするものであり、そこには極めて大きな論理的飛躍が存しているとと言わねばならない。無限な世界というものを考えるならば、われわれは確かにその部分を順次に附け加えていってもついにその全体を完成することはできないであろう。しかしこのことは実は何等無限な世界というものが不可能であるということを示すものではない。むしろわれわれはその部分を順次にどれだけ附け加えていっても世界全体を完成することができないときに、世界を無限であると考えるのではないであろうか。要するに世界全体の概念を構成し得ないという主観的不可能性から世界そのものの客観的不可能性を推論しようとすることは、スミスも言う通り（*Commentary*, p. 485)、不適中の誤り（ignoratio elenchi）を犯していると言わねばならない。

それ故、カントの証明は実は何等の証明でもない。それはただはじめから証明されるべきことを前提していると言わねばならない。なぜなら、カントは世界全体の概念は完成され得なければならないということを前提し、その前提の上に立って、世界全体の概念が完成され得ないということは認めることができないから、世界は無限であることはできないと論じていると解する外はないが、世界全体の概念が完成され得るということはただ世界が有限である場合にのみ可能なのであり、したがって世界全体の概念が完成され得なければならないということを前提するということは、世界が有限であるということを前提しているということと同じことであるからである。したがってカントの証明はここでもまた(a)の場合と同様に循環論証であり、真の証明とはなっていないのである。

反定立（ａ）　世界は始めを有せず、時間に関して無限である。

カントの証明は次のごとくである。

もしも世界が始めを有すると仮定せよ。そうするとその世界の始めの前に、そのうちに事物の存しない時間が先行しなければならないから、空虚な時間が存することとなる。ところが空虚な時間のうちにおいては、いかなる事物の生起も可能ではない。なぜなら、これらの時間のいかなる部分もすべて同じように空虚なのであるから、他の部分においてではなく、まさにある特定の時間の部分において事物が存在するようになるべき制約が存するとは考えられないからである。それ故に世界の中においては事物の多くの系列は始まり得るであろうが、世界そのものは決して始めを有することができない。したがって世界は時間に関して無限である。

しかしながらこの証明も実は何等の証明にもなっていない。この証明は空虚な時間の中においてはそのいかなる部分も決して事物の生起の制約を含み得ないということから世界に始めがないということを基礎づけようとするものであるが、しかしこのことは世界が始まるということの制約は、その前に先行する事物の存在のうちに求められねばならないということを前提していることに外ならない。空虚な時間が何故に事物の始まりの制約を含み得ないかというと、空虚な時間のうちには事物が存しないからであると考えられているのである。だがもしこのことを前提するならば、世界に始めがないということは証明するまでもないことにすぎない。なぜなら、この前提そのものが世界に始めがないということを意味しているからである。もしもわれわれが世界の始めというものを考えるならば、その始めは当然先行する事物によって制約されるものではない。先行する事物によって制約されないが故にこそ、それは世界の始めと言われ得るのである。カントの証明のように、空虚な時間のうちには先行する事物という制約が存しないから、世界の始めは存在しないと主張することは、始めから定立の主張を前提して議論していることであり、何の証明でもなく、ただ直接に定立の主張を述べているにすぎない。

（b）世界は空間において限界を持たず、したがって空間的にも無限である。

カントは次のように証明しようとする。

世界が空間的に限界を持つと仮定せよ。そうすると世界は限界を有しない空虚な空間のうちに存することとなる。したがって世界と空虚な空間との関係が存在することになる。しかし世界とはその外には何等の直観の対象も存しない絶対的な全体であるから、空虚な空間に対する世界の関係は対象に対する世界の関係ではない。それ故このような関係、したがって空虚な空間による世界の限界づけということは無意味である。したがって世界は空間に関して限界づけられていず、無限である。

この証明においてまず注意しなければならないのは空虚な空間と世界との関係というようなものは無意味であると考えられているということである。しかしどうして空虚な空間と世界との関係というものは考えることができないのであろうか。むしろわれわれは通常空間を空虚なものと考え、この空間との関係において対象の位置を規定するのではないであろうか。この点についてカントは次のように述べている。「空間は外的直観の単なる形式であって、外的に直観され得る現実的対象ではない。……それ故に経験的直観は現象と空間（知覚と空虚な直観）から合成されたものではない。……ひとがこの両者のうちの一つを他から（たとえば空間をあらゆる現象の外に）分離しようとするならば、そこから外的直観についてのいろいろな空虚な規定が生じてくる」（A 429, B 457 Anmerkung）。すなわちカントの言おうとするのは、空間というものは外的直観の単なる形式なのであるから、世界と空虚な空間との関係ということは無意味であるということであろう。しかし空間が外的直観の形式であるということはカント自身の考えであって、この反定立の立場を主張する人々の考え方でないことは言うまでもないことである。それ故、カントがここで反定立の側の主張の証明を与えようとする場合に、自己の考え方を借りているということは不整合であると言われねばならない。

一歩を譲ってこの不整合をとがめないとしても、この証明がまたしても循環論証に外ならないことは、少し考えてみれば明らかであろう。カントは世界を空虚な空間によって限界づけるということは無意味であると言う。しかしこのことは要するに事物は他の事物によってのみ限界づけられるということを認めることであり、したがってまた世界は空間的に限界を持たないということを認めることである。そうすればカントの証明は、「世界は空間的に無限である、なぜなら世界が空間的に限界を持つとすると、それは空虚な空間によって限界づけられねばならないがこのことは不可能だからである、なぜなら世界は空間的に限界を持たないから、」という循環をおかしていることになると言わねばならない。

以上のように言うことができるとするならば、第一の二律背反における定立の主張も反定立の主張も共に決して真に証明されているのではなく、実はただ何の基礎づけもなく主張されているにすぎないのである。もとより定立も反定立もカント自身の主張ではなく、カントによれば共に誤っているのであるから、これらの定立と反定立の主張に対する完全な証明をカントに要求するということは無理なのではないかとも言われるかも知れない。しかし少くともカントは、われわれが理性を構成的に使用しようとする場合には定立の立場も反定立の立場も共に絶対に正しいのであり、したがって少くともその立場においては確実な証明を与え得ると考えたのであろう。そうでなければカントみずからこれらの立場に対して証明を与えようとすることは全く不可解となってしまうからである。しかし上に見て来たように、実はカントの与えた証明は何等の証明でもなく、定立の立場も反定立の立場も共に何等の基礎づけをも与えられていないのである。

このように見られるとすれば、われわれはなるほど定立と反定立の主張が互いに相容れることのできない対立的主張であるということは認めねばならないが、ここに真の二律背反が成立していると考える必要はないのではないであろうか。二律背反が成立するのは、定立と反定立の主張がいずれも確実な基礎の上に立っていて、われわれがこの対立的主張のうちいずれを取るかということに苦しむという場合であろう。もしも定立と反定立の主張が共に確実な基礎の上に立たず、ただ直接的に主張されているにすぎないものであるとするならば、われわれは二つの主張の間の二者択一に苦しむという必要もないはずである。われわれはただ事態そのものを考察し、それによってこれらの主張の正否をきめればそれでよいのである。そこには二律背反は全く存していないと言わねばならない。

それでは事態そのものの考察とは何であろうか。宇宙論的理念というものが、すでに述べて来たように、現象としての対象の世界に関係しているものである以上は、当然経験的考察でなければならないことは明らかであろう。そして経験的考察を行うのが悟性の役目であり、反定立の立場が悟性の立場を示しているとするならば、われわれがこの第一の二律背反において反定立の立場を取って定立の立場を捨てねばならないことも言うまでもないことであろう。もとより後に見るようにカント自身はこの二律背反に定立も反定立も共に誤りであるという解決を与えている。この点から見ると、私が反定立の立場を取るべきであると言ったことは、カントの考えと矛盾していると思われるかも知れない。しかし私はカントが二律背反に与えた解決をよく考えてみると、そこではほとんど反定立の立場の主張が肯定されているのではないかと考えるのである（本書四六六ページ以下参照）。

第二の二律背反　第二の二律背反は世界における事物が単純なものから成るかどうか、言いかえれば世界には単純なものが存するかどうかという問題に関するものであるが、私の見るところではこの二律背反も、よく検討してみると、決して真の二律背反を構成するものではない。

定立　世界におけるすべての複合された実体は単純な部分から成る。一般に単純なもの、あるいは単純なものから複合されたもの以外には何も存在しない。

証明　複合された実体が単純な部分から成るものでないと仮定せよ。そうすると、すべての複合を思考において除去してみると、複合された部分も、また（前提によって単純な部分は存しないのであるから）単純な部分もないことになり、したがって何ものも残らず、いかなる実体も与えられていなかったということになる。それ故すべての複合を思考において除去することが不可能であるか、あるいはそれを除去した後に単純なものが残存するかのいずれかであろう。しかし第一の場合には、複合されたものは実体から成立するものではないこととなる（なぜなら実体においては複合ということは実体間の偶然的関係にすぎず、実体はそれ自身において持続する存在体としてこの関係なしに存立せねばならぬからである）。だがこのことは前提に矛盾することになるから、第二の場合のみが残ることとなる。すなわち世界における実体的複合体は単純な部分から成る。

この証明もまた何等の証明でもなく、はじめから定立の主張を前提してなされた循環論証に外ならないことは容易に見て取れるであろう。この証明においてその基礎となっているのは、「複合ということは実体間の偶然的関係にすぎず、実体はそれ自身において持続する存在体としてこの関係なしに存立せねばならない」という、カント自身括弧の中に入れて述べている部分である。この部分を基礎としてカントは実体が複合的なものであることが不可能であると論じ、単純な部分が存しなければならないということを証明しようとしているのである。しかしこの部分に述べられていることは実はまさに定立の主張そのものに外ならない。複合ということが実体においては偶然的関係にすぎない、ということを認めれば、それはただちに実体は単純な部分から成るということを認めることになることは当然のことにすぎない。したがってこの証明は決して真の証明ではなく、ただ定立の立場を直接的に主張しているだけなのである。

反定立　世界におけるいかなる複合されたものも単純な部分から成るものではない。一般に世界において単純なものは存在しない。

証明　（実体としての）複合的な事物が単純な部分から成ると仮定せよ。すべての外的関係、したがって諸実体の複合ということはただ空間中においてのみ可能であるから、複合的なものは、それが占める空間と同じだけの部分から成るのでなければならない。ところが空間というものは単純な部分から成るものではなく、諸空間から成るものである。それ故に実体の単純なる部分もまた空間を占めなければならないが、空間を占めるあらゆる実在的なものは互いに並列的に存在する多様を自己のうちに含み、したがって複合されている。それ故単純な部分が複合されているということになり矛盾が生ずる。したがって実体の単純な部分は存在しない。

このカントの証明もまた決して成功していない。この証明は空間中に実在するところのものはすべて多様を含み、したがって単純であることはできないということをその論拠としている。しかしこの論拠が果して単純なものが存しないという反定立の主張を十分に基礎づけ得るものであろうか。なるほどわれわれは空間のうちに存するものがすべて多様を含むということを経験的事実として認めることができるかも知れない。しかし実体というものがそれ自身多様を含んでいるとしても、もはやそれ以上分割できない単純なものとして存在するということは十分に考えることができるのではないであろうか。事実カントもこの「反定立に対する註」の箇処で単子論者について触れ、かれらは反定立の主張に反対するが、もしかれらの言うところを認めるならば、われわれは「単純ではあるが空間の部分ではなく単にその限界である数学的点の外に、同様に単純ではあるが空間の部分であって、それの単なる集合によって空間をみたすという長所を持つところの物理的点を考えねばならない」(A 441, B 469) ことになると述べ、このような考え方は物体が物自体であるとすれば成り立つかも知れないが、しかしわれわれは「先験的感性論」において、物体は物自体ではなく、したがってこの考え方の成り立ち得ないことをすでに否定したと言っているのである (A 442, B 470)。しかし実はもしカントの先験的観念論の立場を取るならば、単子論者の立場もむろん否定されるであろうが、しかし同時にこの反定立の立場も否定されねばならないことになってしまうのではないであろうか。なぜなら、カント自身はこの第二の二律背反の場合においても、定立の立場も反定立の立場も共に誤りであるという解決を与えているからである。そうであるとすればカントがここに反定立の立場を弁護するために、みずからの先験的観念論の見解を引き合いに出すということは不合理であり、カントみずからこの反定立における証明の不十分さを認めていたことを示しているのではないかと考えられる。

こう考えてみると、この反定立の証明も実は何等の証明ではなく、十分基礎づけられていない考え方を論拠として自己の主張を直接的に証明しようとしたものであると言わねばならない。

こうして第二の二律背反もまた真の二律背反ではないと言えるであろう。定立の主張も反定立の主張も共に確実な基礎の上に立って証明されているのではない。そうすればわれわれはこの場合もただ事態の考察によって問題を解決すればよいのであり、決して定立と反定立のいずれを取るべきかに悩む必要は存しないはずである。そして私はこの場合も、カント自身は定立、反定立共に誤りであるという解決を与えたけれども、事態的に考察する限り、悟性的立場すなわち反定立の立場を取るべきであると考えるのである（本書四六八ページ参照）。

第三の二律背反　第三の二律背反はすでに述べたように世界のうちに自由な原因があるかどうかということに関するものであり、二律背反の中で最も重要なものであるばかりでなく、「純粋理性批判」から「実践理性批判」へ移ってゆく展開の鍵を含むものであるが、しかしカントがこの二律背反における二つの主張に与えた証明は、やはり前の二つの場合と同じく、極めて欠陥の多いものである。

定立　自然法則にしたがう因果性は、世界の現象がすべてそこから導かれる唯一の因果性ではない。現象の説明にはなおこの外に自由による因果性を想定することが必要である。

証明　自然の法則にしたがう因果性の外何等の因果性もないと仮定せよ。そうするとすべて生起するところのものは、それが規則にしたがって必然的に継起するところの先行状態を予想することになる。しかしその先行状態もまた生起したものである。なぜならそれが生起したものでなく常に存在したとするならば、その結果もまたはじめて生じたのではなく、常にあったことになるであろうからである。それ故にすべてが単に自然の法則にしたがって生起するとするならば、常に第二次的な始めがあるのみであって、決して最初の始めがないことになり、原因の系列の完全性は存しないことになる。ところが自然の法則とは、まさに十分に先天的に規定された原因なくしては何ものも生起しないという点において成立する。それ故に、すべての因果性は自然の法則によってのみ可能であるという命題は自己自身と矛盾することになる。それ故に自然法則にしたがう因果性の外に、自由による因界性が存する。

この証明の重点は、自然法則による因果性というものは何ものも十分な原因なくしては生起しないということを要求するものでありながら、みずからは原因の系列をさかのぼっていってもついに最初の原因を見出すことはできないから、現象の生起の十分な原因を示すことができず、したがって自己矛盾するというところに存する。しかし自由な原因というものを認めず、あくまでも自然法則にしたがった因果性を求めてゆこうとする人、すなわち反定立の立場に立つ人は、現象の生起の十分な原因を求めるが故にこそ、原因の原因をどこまでも追求して無限にさかのぼってゆかねばならないのだと主張するのではないであろうか。むしろ自由な原因を認め、世界の生起の第一の原因を無雑作に認めてしまう定立の立場こそ、現象の生起の十分な原因を追求しないものと考えられるのではないであろうか。それ故、この証明において、第一の原因というものを認めなければ原因の系列は完成されないから、自然因果律によっては現象の生起の十分な原因を示すことができないと言われるとき、そこにははじめから、現象の生起の十分な原因を示すということは第一の原因を認めるということであるという前提が存していると言わねばならない。だが、この前提こそまさに定立の立場の主張なのである。したがってこの証明はやはり前の二律背反の証明と同じく、何の証明にもなっていないと言わねばならない。

反定立　自由は存在しない。世界における一切は単に自然法則にしたがって生起する。

証明　自由というものが原因性として存すると仮定せよ。すなわち世界の出来事の系列をみずから自発的に生起せしめるような能力が存すると仮定せよ。そうすると、この原因は先行状態と何等の因果的連関を持たないこととなる。ところがこのことは因果律に反している。そしてこのような原因を考えると、経験の統一は不可能である。それ故に自由は存在しない。

この証明もまたそれだけとしては何等の証明にもなっていないことは明らかである。この証明の言うところは、要するに、自由な原因性というものを認めるならば、それは自然法則にしたがった因果律というものと矛盾するから、それは不可能であるということである。しかし自然因果律によって世界におけるすべての生起が説明されるかどうかということこそ今問題になっているのである。それ故この証明もまた証明されるべきものを前提していると言われねばならない。

こうして第三の二律背反の場合もまた、前の二つの二律背反の場合と同様に、定立に対しても反定立に対しても決して真の意味での証明は与えられていない。したがってそこには真の二律背反は存在しないと言うことができる。われわれは世界のうちに自由が存するかどうかという問題については、ただ悟性の立場に立って事態的に解決してゆけばよいのである。

それでは悟性的立場に立って事態的に考察するとき、この問題はどう解決されるべきであろうか。それは言うまでもなく反定立の立場に立つべきであると言わねばならない。もとより上に述べたように反定立の立場も決して十分な証明を与えられていない。しかし自然因果律が現象としての対象に対して絶対的な妥当性を持つということはカントが「先験的分析論」において基礎づけたところであった。このカントの基礎づけが成功しているかどうかについては問題が存することはわれわれの見て来たところであるが、少くともカント自身にとっては現象の世界が自然因果律によって支配されていることは疑い得ないことであったのである。そうであるとすれば、この第三の二律背反において定立の立場を捨てて反定立の立場を取らねばならないことは言うまでもないことである。出来事の生起の第一の原因を認めずどこまでも原因の原因を探ってさかのぼってゆかねばならないとすれば、われわれはたしかに統一を求める理性の要求に対して不満足を感じるかも知れない。しかしこの要求が単なる要求であって何等の理論的根拠を有するものでもなく、証明を与えることもできないものであるならば、われわれはこの要求を捨て去らねばならない。そして悟性の立場、反定立の立場を取らねばならないのである。

こうして現象としての対象が問題になっている限り、われわれはこの第三の二律背反の場合、絶対に反定立の立場に立たねばならない。したがって二律背反はこの場合全く成立しないのである。私はさきに第一と第二の二律背反の場合にも、現象としての対象が問題となっている以上、われわれは反定立の立場に立たねばならないと述べた。そして後に見るように、カント自身の解決も本質的には反定立の立場を支持していると考える。しかし少くともカント自身は第一と第二の二律背反の場合には定立と反定立の両者共誤りであるという解決を与えようとした。そしてこのことはカントの立場から見て少くとも矛盾を含んではいないのである。なぜなら、世界が時間的空間的に限界を持つかどうか、あるいはまた物質的な実体が無限に分割し得るかどうかというような問題は自然因果律の問題に比べれば小さな問題であって、自然認識の原則と関係していないからである。それ故カントは定立も反定立も共に誤りであるという解決を与えることができると考えたのであり、そこには外見上二律背反が成立するように装うこともできたのである。ところが第三の二律背反の場合には事情はこれとは異なっている。自然因果律は自然認識の根本的原則であり、これを否定することはカント哲学の根本的立場と矛盾してしまうのである。そうすれば、ここでは定立と反定立の両者共誤りであるという解決を与えることは許されない。われわれはどうしても反定立の立場を取らねばならない。カントが第三の二律背反の解決に当って、現象界に関しては反定立の立場が正しいと考えたのもこの故であったと思われる。しかしそれと共に、この二律背反が全く何等真の二律背反ではないことは誰の目にも明らかであろう。宇宙論的理念は現象としての対象に関係するものなのであるから、ここでは定立の立場の存立し得る可能性は全く存しないのである。

このように第三の二律背反の場合においても、宇宙論的理念が現象としての対象に関するものである限り、二律背反は成立しない。いやむしろこの場合には第一、第二の二律背反の場合以上に、反定立の立場の正しさは疑うことができないのである。しかしながら、それではこの第三の二律背反は全く無意味なものであろうか。カント自身最も重要な意味を与えたこの二律背反は全くの誤りの上に基づいているのであろうか。われわれがすでに見たように、定立の主張に対してカントの与えた証明は決して真の証明にはなっていない。したがって定立の主張は、カントが基礎づけようとしている形のままでは全くその根拠を有していないと言わねばならない。だがわれわれはさらに一歩進んでカントが何故にこの定立の主張に大きな意義を与えたかの理由を考察してみよう。

その理由とは言うまでもなく、この定立の主張を認めなければ、人間の実践的自由というものが全く認められなくなるということであった。もしも人間の行為というものが全く自然因果律によって規定されつくしてしまうとするならば、われわれは自己の行為に対して何等の責任を持つはずはなく、したがって道徳というものは全く無に帰してしまうであろう。だがわれわれが道徳を有し、自己の行為に責任を負うということは否定し得ない事実なのではないであろうか。——この人間の実践的自由の問題こそ、カントにとってこの定立の主張が最も深い関心の対象となったゆえんであったのである。「もしも感性界におけるすべての原因性が単なる自然であるとすれば、あらゆる出来事は他の出来事によって時間のうちにおいて必然的法則によって規定されてしまうことになり、したがってまた現象は、それが意志決定を規定するものである限り、意志決定の自然的結果としての行為を必然的なものとしなければならないことになるから、先験的自由の廃棄は同時にすべての実践的自由を絶滅することになるであろうということは容易に理解されるところである。なぜなら、実践的自由は、何かが起らなかったとしてもなおそれが起るべきであったということ、そして現象におけるその原因は決して決定的なものではなくて、われわれの意志決定のうちには、かの自然原因から独立に、のみならず自然原因の力と影響とに反してさえ、時間秩序のうちにおいて経験的法則にしたがって決定されているところのあるものを生ぜしめる原因性、したがって出来事の系列を全然みずから始めるという原因性が存するということを前提するからである」(A 534, B 562)。すなわち、カントは、一つの状態をみずから始めるという先験的自由が存在せず世界におけるすべての出来事が自然因果律によって規定されてしまうとすれば、またわれわれみずから行為を自発的に決定するという実践的自由も認めることができないという点に、無雑作に定立の主張を否定し去ることのできない理由を見出したのである。現象界としての自然に関する限り、定立の主張は何の根拠も持つことはできない。定立の主張がその根拠を得て来るのは、実践的自由という問題が登場してくることによっているのである。

実際、われわれは人間が実践的自由を持っているという事実を決して否定することができないであろう。われわれは常にみずからの意志によって自己の行為を決断してゆかねばならない。たとえわれわれが第三者の立場に立って他人の行為を眺める場合にその人の行為を遺伝とか環境とかの自然的原因によって生じたものであると考えることができるとしても、自分自身の行為についてはどうしてもみずから何をすべきかを考え、自己の自由によって決断しなければならない。われわれは自分がこれこれの遺伝を持っている、あるいはこれこれの環境に育ったからということを基礎として自分の行為を決断することはできない。たとえばもし自分は悪い環境に育ったから悪事を行うべきだと考えるとしたら、それは全くばかげたことであると言わねばならない。そうすれば、われわれは人間には実践的自由があるということを認めねばならないのではないであろうか。カントは次のように述べている。「こうしてすべての人はその意志決定の経験的性格を有している。……そしてこの経験的性格は現象から結果として、そして結果の示す現象の規則から取り出されねばならないから、人間のすべての行為は現象の中においてはその経験的性格やそれと共に働く他の原因によって、自然の秩序に従って規定される。そしてもしもわれわれが人間の意志決定のすべての現象をその根底まで探求することができるならば、われわれが確実に予言し得ずまたその先行する諸条件から考えて必然的なものとして認識し得ない人間の行為は一つとして存しないであろう。それ故にこの経験的性格に関しては自由は存しない。そしてわれわれがもし人間を単に観察（beobachten）し、人間学においてなされているように人間の行為の原因を自然学的に探求しようとするならば、われわれは人間をただ経験的性格に従って考察することができるのみである。しかしながら、われわれがまさにこの同一の行為を理性との関係において考究するならば、しかもその行為をその根源に関して説明するために思弁的理性に関してでなく、理性が行為を産出する原因である限りにおいて考究するならば、あるいは一言にして言えば、われわれが行為と理性とを実践的観点から対照するならば、われわれは自然秩序とは全く異なった他の規則と秩序とを見出すのである」（A 549—550, B 577—578）。

このように第三の二律背反の定立の主張が、もとより自然現象に関してではないけれども、別の観点から十分な根拠を持つものとして考えられることができるとするならば、われわれはこの第三の二律背反を真の二律背反として認めることができるのではないであろうか。カント自身は極めて拙い仕方でこの二律背反を提出したことはすでにくり返し述べて来たところである。現象としての対象が問題となっている限り、カント哲学の立場に立つ以上われわれは決して自由という原因を認めることはできない。したがって二律背反は成立しない。われわれは定立の立場を否定して反定立の立場に立たねばならない。しかし場面が自然界から人間の実践というものに移されると、定立の主張もまた十分な根拠を持ってくるのであり、われわれは自由というものの存在を認めるべきかどうかという二律背反にぶつかるのである。「先験的分析論」において自然因果律の絶対性は基礎づけられた。しかしそれではわれわれは自然因果律によってすべてを割り切ることができるのであろうか。ここに人間の実践の問題が浮び上ってくる。みずから自発的に自己の行為を決断する人間的主体まで自然因果律によって規定されていると考えることが許されるのであろうか。第三の二律背反はこういう意味においてはじめてその意義を有すると考えられる。

第四の二律背反　第四の二律背反は世界の原因としての絶対に必然的なものが存するかどうかという問題に関するものであるが、カントの言うところは次の通りである。

定立　世界には、その部分としてかまたはその原因として絶対に必然的なものである何かが属している。

証明　感性界は変化の系列を含んでいる。ところがすべての変化は時間上それに先立ち、それのもとにおいてのみ変化が必然的であるような制約の下に立つ。さてすべての被制約者はその存在に関して、絶対的無制約者にいたるまでの制約の完全な系列を前提する。それ故に変化が存する以上は絶対に必然的なものが存しなければならない。しかもこの絶対に必然的なものは感性界に属する。そうでないとすると、感性界の外にあるものから世界の変化の系列が生じてくることになるが、このことは不可能だからである。

このカントの証明についてわれわれがすぐ気がつくのは、この証明が第三の二律背反の定立の場合の証明と実質的に全く同一であるということであろう。この証明は二つの部分、すなわち変化する被制約者が存する以上はその窮極の制約として絶対に必然的な無制約者が存しなければならないという部分と、この絶対に必然的なものが感性界に属するものであるという部分から成り立っていると見ることができるであろうが、このうち第一の部分は第三の二律背反の定立において自由の原因性を基礎づけようとしたのと全く同一の論証である。この場合被制約者から絶対に必然的なものにいたるまでの制約の系列が存しなければならないということは、自然因果律によってはついに最初の原因に到達することができないから、十分に限定された原因を示すことができず、したがって自由な原因性を認めねばならないという第三の二律背反の定立の場合の議論を前提しなければ全く理解することは不可能である。あるいはむしろ第三の二律背反の場合の議論を簡単に省略した形で述べたものにすぎないと言うべきであろう。それ故、第四の二律背反において絶対に必然的なものと言われるのは、結局第三の二律背反において言われる自由な原因性を持つものに外ならない。そうであるとすれば、この定立の主張は、その証明の仕方においてもその証明の目ざすところにおいても、全く第三の二律背反の定立の主張と同じであると言わねばならない。

絶対に必然的なものが感性界に属するというこの証明の第二の部分は、第三の二律背反の場合には特に附け加えられていないが、しかしカントは宇宙論的理念を現象としての対象に関するものと考えているのであるから、このことは本来第三の二律背反の場合にも当然述べられることのできたことであり、何も第四の二律背反と第三の二律背反との内容的な相違を示すものではない。ただ私はこの第二の部分の証明も、証明そのものは極めて不合理であるということを附け加えておきたい。なぜなら、この証明においては被制約者の制約は必ず被制約者に対して時間的に先行する現象でなければならず、現象以外のものではあり得ないということが前提されていると思われるが、しかしこの前提はまさに自然因果律の正しさを認めた時に許されるものであろう。ところが自然因果律を認めれば、第一の原因としての絶対に必然的なものの存在は認められることができないのである。カントの証明は自然因果律を認めながらしかもそれを否定するという不整合をおかしていると言われねばならない。

反定立　世界の内においても外においても、絶対に必然的なものは一般に世界の原因として存在しない。

証明　世界そのものが必然的なものであるか、あるいは世界のうちに必然的なものが存すると仮定せよ。そうすると、世界の変化の系列において、絶対に必然的な、したがって原因のない始めが存することとなるか、あるいは系列そのものが始めを持たず、その系列のあらゆる部分は被制約的であり偶然的であるにもかかわらず、全体として絶対に必然的で無制約的であるかのいずれかである。しかし前の場合は、時間における一切の現象の規定の力学的法則（自然因果律）に矛盾するから不可能であり、後の場合は自己矛盾であるからやはり不可能である。また世界の外に絶対に必然的な世界原因が存すると仮定すれば、この原因は世界の変化の最初の原因としては時間のうちに存しなければならないはずであるから、自己矛盾を含むことになり、これも不可能である。

この反定立の主張およびその証明もまた実質的には第三の二律背反の反定立の場合と全く同一であると言うことができるであろう。第三の二律背反の反定立の場合には自然因果律を前提して自由な原因性というものを認めることは自然因果律に違反するから不合理であると言われていたのであるが、この第四の二律背反の反定立の場合の証明も、要するに絶対に必然的であって他のものによって制約されていない無制約者は自然因果律に違反するから考えることができないと論じているのである。ただ第三の二律背反の場合には自由というものは世界のうちには存しないということのみが言われていたのに対し、第四の二律背反の場合には必然的なものが世界のうちに存しないということばかりでなく、それが世界そのものであるということもまた世界の外に存することもできないということが附け加えられているから、その点でやや異なっているように見える。しかしこれらの点の証明もまた自然因果律を前提すればこれらは不可能であるということによって行われているのであり、とくに新しい見地を持ち出したものではない。それ故にこの第四の二律背反の反定立の主張は第三の二律背反のそれと全く同一であると見ることができる。

このように見てくると、第四の二律背反は決して第三の二律背反とは異なった独立のものとして見る必要は存しないと考えられる。定立の主張も反定立の主張も両者において本質的に同じなのである。私はすでにカントの様相のカテゴリーは決して他の量・質・関係のカテゴリーから独立なものと見るべきではなく、むしろ同じカテゴリーを別の観点から見たものにすぎないと述べた。したがってカントが「先験的誤謬推理」においてこの様相のカテゴリーを他のカテゴリーと並列的なものとして、様相のカテゴリーに基づく第四の誤謬推理を考えたのは決して根拠のあることではなく、カントの建築癖を示すものであると言わねばならなかったのである。それと同じことが今またこの第四の二律背反についても言えるのではないかと思われる。この二律背反が内容的には全く第三の二律背反のくり返しにすぎないということも、この点から考えれば当然のことであったのである。

しかし第四の二律背反が第三の二律背反と内容的に同じだということは、第四の二律背反が真に二律背反として成立するということを意味するものではない。すでに見て来た通り、第三の二律背反も決してカントの述べている形のままで成立するものではなかった。現象としての対象が問題になっている限り、われわれは当然反定立の立場を取る外はなかった。自由な原因性というものは決して認められる余地のないものであった。第三の二律背反が二律背反として成立するのは、われわれが人間の実践的自由というものの存在を考えるときにおいてであったのである。ところが第四の二律背反は決して人間の実践的自由というものと関係を持たないと言わねばならない。われわれは人間の実践的自由を考えても、そこには絶対に必然的な存在者というようなものを考える必要のないことは言うまでもないことであろう。人間はもとより決して無制約的な必然的存在者ではない。無制約的な必然的存在者と言い得るのは世界そのものの究極的な創造者である神の外には存在しないであろう。しかし神は決して人間の実践的自由と直接に連関するものではないのである。それ故に第四の二律背反は第三の二律背反と実質的に同じものでありながら、自由の原因性というものを絶対に必然的なものと結びつけることによってもはや二律背反として成立しなくなっていると言わねばならない。そして宇宙論的理念が現象としての対象に関するものである以上は、われわれは反定立の立場を取るべきであって、定立の立場を取ることは絶対に許されないのである。実際われわれがこの二律背反の定立の主張をよく考えてみると、それがいわゆる神の宇宙論的証明に外ならないことを見出すであろう。それは被制約者が存する以上は、その制約の制約を求めてさかのぼってゆくとき、どうしても無制約的な絶対的な存在者に到らねばならないと論じているのだからである。しかし後に見る通り、カント自身この神の宇宙論的証明の妥当性を否定している。そうであるとすれば、カント自身の立場からしても、第四の二律背反の定立の主張は全く成り立たないものと言わねばならない。

以上においてわれわれはカントの述べている四つの二律背反について詳しく検討した。われわれの検討の結果によれば、二律背反はいずれもそのままの形では成立し得ないものであった。宇宙論的理念がカントの言うように現象としての対象に関するものであるなら、われわれは悟性的立場に立つべきであり、定立の主張は全くその根拠を持たないのである。ただ第三の二律背反のみ、そこにおいてカントが問題にしているものが決して現象としての対象ではなく人間の実践的自由ということであるという理由によって、真に二律背反としての意味を持っているのである。だがもしこのような検討の結果が正しいとするならば、二律背反は自発的な働きを行う主体というものに自然因果律を適用しようとするところに生ずるものであるというさきに述べた私の解釈が承認されるのではないであろうか。カント自身は理性のうちに三種の先験的理念が存し、この理念によってわれわれに三つの先験的仮象が生ずると考えた。しかし「先験的誤謬推理」の場合でも、それは実は客観的世界のうちに含まれ得ない自我について実体のカテゴリーを適用しようとするところに生ずるものであった。カントはそれぞれのカテゴリーに応ずる多くの誤謬推理について述べているが、これらの誤謬推理も実は自我に実体というカテゴリーを適用しようとするただ一つの誤謬推理の上に基づいているものにすぎなかったのである。それと同様にわれわれはカントが「純粋理性の二律背反」と呼ぶ先験的仮象もまた自我というものに自然因果律を適用しようとするところに生ずる誤りであると見ることができるのではないであろうか。自然を対象とする限り、われわれは自然因果律によって一切が支配されていると考えることができる。しかしわれわれが自発的な自我の働きの存在を自覚するとき、そのような見方は動揺してくる。われわれは一方においてはあくまでも自我にも自然因果律を適用しようと試みる。しかし他方においてはこのような適用がその限界を持っていることを感ぜざるを得ない。ここに二律背反が生ずるのである。カントはこの場合にもまた四種のカテゴリーに基づく四種の二律背反が成立すると考えた。しかし因果律以外のこれらのカテゴリーによる二律背反は実は全く何等の二律背反でもなかったのである。

カントの解決　以上のような見方はまた二律背反についてカントの与えた解答を検討することによっても納得することができるのではないかと思われる。もとよりカントの解答は上に述べた私の見解と表面上異なることは言うまでもない。このことは私が二律背反が成立しないと考えるところにもカント自身は二律背反の成立を認めていることから考えても当然のことである。具体的に言うならば、私は宇宙論的理念が現象としての対象に関するものである以上、反定立の立場が正しく定立の立場は誤りであると述べた。そしてただ第三の二律背反の場合のみが真の二律背反であって、この場合には自然のみを考察の対象とするならば当然反定立の立場が正しいが人間の実践的自由というものが問題とされるとき定立の立場も認められねばならないと考えたのである。これに対してカントの与えた解答は、第一、第二の二律背反の場合には定立も反定立も共に誤りであるが、第三、第四の二律背反の場合には定立も反定立も共に真であり得るというものであった。第三の二律背反については私の見るところもカントの解答と一致するが、その他の場合には全く異なっていると言わねばならない。しかしこのような表面上の相違にもかかわらず、私はカントの二律背反に対する解答をよく反省してみると、それは私の見方と本質的に一致するのではないかと考えるのである。

カントはこの純粋理性の二律背反を解決する鍵としてまず自己の先験的観念論の立場を提出する。「われわれは〝先験的感性論〟において次のことを十分に証明した。それはすなわち、空間時間において直観されるすべてのもの、したがってわれわれに可能な経験のすべての対象は、現象に外ならない、言いかえれば延長体あるいは変化の系列として表象される姿においてはわれわれの思考の外部にそれ自身で基礎づけられた存在を持たないところの単なる表象に外ならないということである。私はこの学説を先験的観念論と称する。先験的意味における実在論者とはわれわれの感性のこの変様をそれ自身存立する事物となし、それ故単なる表象を物それ自体となすものである」(A 490—491, B 518—519)。カントによると、われわれがこの先験的観念論の立場に立って考察するとき、純粋理性のすべての二律背反は次のような弁証的論証(dialektisches Argument)に基づいて生じたものであることが理解される。すなわちそれはまず大前提として、「被制約者が与えられるならばそのすべての制約の全系列もまた与えられている」という命題を立てる。次に小前提として、「ところがわれわれには感性の対象が被制約的なものとして与えられている」という命題を立て、ここから結論として、それ故に感性の対象の制約の全系列もまた与えられていると主張するのである(A 497, B 525)。

しかしながらこの推論は一見極めてもっともらしく見えるかも知れないが、実はその大前提の命題がすでに誤っているのである。なぜなら、われわれにある被制約者が与えられているとき、われわれがこの被制約者の制約を求めてその制約の系列をさかのぼってゆかねばならないということは明らかであるが、しかしある被制約者が与えられているときに、ただちにその制約の全系列が現実的に存していることは決して言われ得ないからである。言いかえれば、「被制約者が与えられているとき、まさにそれによってその被制約者に対するあらゆる制約の系列へさかのぼってゆくということがわれわれに対して課せられている(aufgegeben)」(A 497—498, B 526)のであるが、しかし被制約者が与えられると共にその制約の全系列もまた与えられている(gegeben)ということは言い得ないのである。というのは、先験的観念論の教えるところによれば、われわれに与えられる被制約者は「単なる表象であって、私がその知識に(すなわち現象そのものに、というのは現象とは経験的知識に外ならないから）到達しない限りは決して与えられないところの現象」（A 498, B 527）なのであるから、被制約者が与えられると共にその制約が与えられるのではなく、それはただわれわれの覚知における経験的総合においてのみ、言いかえればわれわれが実際に被制約者の制約を求めて経験的にさかのぼってゆく限りにおいてのみ与えられるにすぎないからである。

ところが二律背反の弁証的論証はいずれもこの点を洞察せず、われわれに与えられる被制約者をただちに物自体、すなわちわれわれの思考から離れてそれ自身において存するものと考えるから、ここからただちに、被制約者が与えられる以上は、その制約の全系列もまた与えられると考えてしまうのである。もとより被制約者が物自体であるとするならば、被制約者が存在するためにはその制約の全系列の存在が前提されなければならないことは当然であるが、しかし実は被制約者は物自体ではなくて現象である。そしてこの点を見抜かなかったところに弁証的論証の誤りが存するのである。それ故にこの宇宙論的理性推理においては次のような誤謬推理が行われていることになる。すなわちその大前提においては「被制約者というものが純粋カテゴリーの先験的意味において」〔すなわち経験というものと無関係に純粋に論理的な意味においてということであろう――筆者註〕とらえられているが、これに対して小前提においては被制約者は「単なる現象に適用された悟性概念の経験的な意味において」とらえられているのである。このように大前提と小前提において被制約者という概念の意味が異なっているから、そこにいわゆる媒概念多義の虚偽（sophisma figurae dictionis 立言形式の虚偽）をおかすことになる（A 499, B 527―528）。

このように宇宙論的理性推理はいずれも誤りをおかしているのであるから、定立も反定立も共に誤った基礎の上に立てられた主張なのであり、したがって両者共に否定されなければならない。たとえば「すべて物体はよい匂いを持つか、よい匂いを持たないかのいずれかである」と言うならば、この命題は正しいように言えるかも知れないが、しかし実は第三の場合、すなわちある物体が全然匂いを持たないということも可能であり、したがって前の命題に含まれている二つの相対立する立場はいずれも誤りであり得ることになる。これと同様にもしも「世界は無限である」という命題と「世界は有限である」という命題が真の矛盾対立、カントの用語を用いれば分析的対当（analytische Opposition）（A 504, B 532）ではなく、第三の立場の可能性を残すところの単に見せかけだけの矛盾対立、カントの用語を用いれば弁証的対当（dialektische Opposition）（同上）にすぎないとするならば、すなわち世界が無限でも有限でもないということが可能である場合には、「世界は有限である」という定立の立場も「世界は無限である」という反定立の立場も共に誤りであるということになるのである。ところがさきに述べた先験的観念論の立場から見れば、この第三の立場が可能であることは明らかである。なぜなら世界は単なる現象であり、したがって覚知における経験的総合から離れてそれ自身において存在するものではないから、それは全体として与えられているものではない。したがってそれは全体として無限であるとも有限であるとも言うことができないからである（A 503—508, B 531—533）。

さて以上のような見解を基礎にしてカントは二律背反の一つ一つについてその解決を示そうとするのであるが、その解決は上述のところからほぼ推察されるであろう。

第一の二律背反についての解決は次のようなものである。まずそれに対しては消極的に次のように答えられる。「世界は時間上究極の始めを持たず、空間上究極の限界を持たない」（A 520, B 548）と。「なぜならそうでない場合には、世界は一方に空虚な時間によって、そして他方において空虚な空間によって限界づけられることになるであろう」。しかし世界は物自体ではなく現象であるから、この場合には「絶対に空虚な時間ないし空虚な空間による限界づけということの知覚が可能であり、この知覚によってこの世界の限界が可能的経験において与えられるということにならねばならないが、このような経験は内容的に全く空虚なものであり、不可能であるからである」（A 521, B 549）。そしてここからさらに、「世界の量の限定としての世界現象の系列における背進は不定的に（in indefinitum）進んでゆく」（A 521, B 549）という肯定的解答が与えられる。すなわちその意味するところは、すでに見たように、世界における被制約者が与えられても、それと同時に制約の全系列が与えられているのではなく、ただわれわれがその制約を求めてどこまでも不定的に背進してゆくという課題が与えられているにすぎないということに外ならない。

第二の二律背反に対するカントの解決の仕方もこれと全く同様である。この二律背反は実体の分割に関するものであるが、カントによると、この場合には部分に分けるべき全体がすでに与えられているのであるから、それと同時にその部分もまた与えられていると言わねばならない。したがって第一の二律背反の場合と異なり、制約（部分）への背進は不定的ではなく無限的（in infinitum）であると言えよう。しかしそれにもかかわらず「無限に分割され得るこのような全体について、それは無限に多くの部分から成るとは言うことができない。なぜなら、すべての部分は全体の直観のうちに含まれているけれども、しかもすべての分割がその中に含まれているわけではないからである。分割は継続的に進んでゆく分割、すなわち背進それ自身においてのみ成立するもので、この背進が系列を始めて現実的にするのである」（A 524, B 552）。要するにカントの言おうとするところは、われわれには全体をどこまでもより小さな部分に分割してゆくということが課せられてはいるが、その与えられた全体が現象であって物自体ではない以上、われわれはその全体が単純な部分から成っているかどうかということを問題とすることはできないのであり、ただ制約の制約を求めて進んでゆかねばならないというのである。

こうしてカントは第一と第二の二律背反については、定立も反定立も共に誤りであるという解決を与えたが、第三と第四の二律背反についてはこれとは逆に、定立も反定立も共に真であり得るという解決を与えようとした。このことはさきに述べた先験的観念論を鍵とする二律背反の解決というカントの思想から見るとどうしても不整合の感の存することは否定できないと思われる。しかしカントはこのような不整合を意に介せず、第一、第二の二律背反とは全く別の解決を与えたのである。

カントによると数学的カテゴリーとはすでに述べたように（本書二一九ページ）同種的なものの総合に関係するものであり、これに対して力学的カテゴリーとは異種的なものの総合に関するものであった。それ故に第一、第二の二律背反の場合には被制約者もその制約も共に同種的な現象に関係するのであり、したがってその場合定立も反定立もいずれも真であるということはできなかった。定立も反定立もそれが同等の権利を以て相対立している以上、二律背反の解決は両者とも誤りであるという仕方で与えられる外はなかったのである。だがこれに反して第三と第四の二律背反は力学的カテゴリーに基づくものであり、したがってこの場合は定立と反定立はそれぞれ異種的なものに関する主張と考えられることができ、共に真であるという解決を与えうる可能性が生じてくるというのである（A 529, B 557）。

それではこれらの二律背反に対してはどうして定立も反定立も共に真であると考えられうるのであろうか。ここにカントが物自体の概念を持ち出して来たことは周知の通りである。物自体の概念は「先験的分析論」においては「先験的感性論」において持っていたような積極的意味を失い、単なる限界概念として消極的意味においてのみ用いられうるものと考えられた。しかし今やこの物自体の概念がふたたびカントの哲学において積極的な役割を演ずることになるのである。すなわちカントによると現象界に関しては反定立の立場の正しいことは疑うことができないが、しかし現象界の外になお物自体の世界、可想界を考えることができるのであるから、定立の主張はこの物自体の世界について妥当すると考えることが許されるというのである。

第三の二律背反について言うならば、われわれはもとより現象界に関しては自然因果律の正しさを否定することはできない。しかしカントによれば、物自体の働きとして自由な原因性を認めるということは決して不可能ではない。しかもこの自由な原因性の結果が現象界に現れる限りは自然因果律によって支配されるということは決して不可能ではなく、したがって自由と自然因果律とは両立することができるのである。「私は感性の対象においてそれ自身現象でないところのものを可想的と名づける。それ故感性界においては現象として見なされなければならないものが、それ自体においては、感性的直観の対象とならないような能力を有し、しかもその能力によって現象の原因であり得るとすれば、そのような存在者の原因性は二つの面から考察されることができる。すなわち物自体としてのその働きから見れば可想的として、そしてまた感性界におけるその現象としてのその結果から見れば感性的としてである」(A 538, B 566)。そしてカントがこのような物自体の世界における自由な原因性の存在を、それが存しないとすれば人間の実践的自由が存しないことになってしまうという理由で、疑い得ないと考えていたことはすでに見たところであるから、ここにはくり返す必要がないであろう。要するにカントによれば、われわれ自身が実践的自由を持っているということによって、現象界とは異なる物自体の世界、可想界の存在がわれわれの前に開かれてくるのであり、自由と自然因果律はこの二つの世界にそれぞれ対応せしめられることによって、第三の二律背反は定立も反定立も共に真であるという解決が与えられるのである。

第四の二律背反に対してもカントは反定立は現象界に関する限り正しいが、しかし物自体の世界を考えればそこでは定立の立場も真である可能性があるという解決を与えた。「それ故ここに問題になっている外見上の二律背反においてはなお一つの出口が開かれている。すなわち感性界におけるすべての事物は全く偶然的であり、したがって常に経験的に制約された存在を有するにすぎないのであるが、それにもかかわらず全系列についてはまた非経験的制約、すなわち無制約的必然的な存在者が成り立つというようにして、相互に矛盾する二つの命題が共に異なった関係において同時に真であり得るということである」(A 560. B 588)。もとよりカントはこの無制約的必然的な存在者が物自体の世界に存在すると主張するのではない。ただこのような存在者を考え得ることは可能であり、矛盾を含んでいないと言うのである。

カントの解決の検討　さて以上のような二律背反に対するカントの解決は確かに表面的には私がさきに述べたところと全く異なっているように見えるであろう。しかし果してそうであろうか。私は以下この点について考察を行わねばならない。

まずわれわれは第一と第二の二律背反に対するカントの解決について考えてみよう。私はさきに二律背反が理性の立場と悟性の立場との対立によって生ずるものである以上、現象界については当然悟性の立場が重んぜられるべきであり、したがって反定立の立場を取らねばならないと述べたが、カントの解決はそうではなく定立も反定立も共に誤りであるということであった。しかしカントの与えた解決を実際によく検討してみると、実はカント自身もほとんど反定立の立場を支持していると言えるのではないかと考えられる。カントの解決は、すでに見たように、われわれには被制約者の制約を求めて制約の系列を無限にさかのぼってゆくことが課せられているが、しかし先験的観念論によれば世界はわれわれの表象を離れて独立に存在するものではないから、被制約者と共にその制約の全体が与えられているのではなく、したがってわれわれはその制約の系列が現実に無限であるということを主張し得ないということであった。しかしこのようなカントの解決が定立の立場に対してはそれを全く否定しているけれども、反定立の立場に対してはそれに極めて近い考え方を取っていることは言うまでもないであろう。カントの考え方にしたがっても、制約の系列をさかのぼってゆくことは無限に行われるべきなのであって、そこに究極的な無制約者を見出すことが絶対に不可能であるということははっきり認められているのである。この点では系列の最初の項としての無制約者を認めない反定立の立場と少しも異なるところはない。ただカントが反定立の立場を誤りであるとしたゆえんは、それが世界を表象から独立に存在するものと考えたために、制約の全系列が現実に無限であるとなしたところに存するのである。しかしカントの立場に立っても、実際にわれわれが制約の系列をさかのぼって探求を進めてゆけば、どこまでいってもその系列の限界を見出すことはできないのであるから、実質的には両者の立場にはほとんど差がないと言えるのではないであろうか。

それ故たとえば第一の二律背反に与えたカントの解答を見ると、それは文字の上では全く反定立の主張と同一である。カントの解答は「世界は時間上究極的な始めを持たず、空間上究極の限界を持たない」というものであった。これは反定立の主張そのままであると言わねばならない。しかもこの解答に与えたカントの証明は、これも前に見たように、要するに空虚な時間、空虚な空間というものは知覚され得ないから、世界の絶対的な限界というものは経験的には不可能であるということであったが、このような証明は経験的な世界においては原理的に絶対的限界の存しないことを示すものではないであろうか。そうすれば、このような証明によって基礎づけられたカントの解答は反定立の主張と異なるところはないと言うべきではないであろうか。そして事実カント自身反定立の空間の無限性の主張の証明には、これと全く同様の証明を用いているのである(本書四四〇ページ参照)。反定立の立場の証明にこのような議論を用いることがカントの立場からみて不整合であることはいうまでもないが、しかし少くともカントが反定立の主張を基礎づけるためにこの議論を用いているという事実は、カント自身の解答と反定立の立場の本質的同一性を示しているものと解し得ると思われる。さらに第二の二律背反の場合においても事情は全く同様である。カントの与えた解答はわれわれが経験的に物体をいかに部分に分割していっても最終的な単純な部分には到達できず、無限の分割が課せられているというものであったが、これもやはり本質的には反定立の主張と同じであることは言うまでもないことである。そしてこの第二の二律背反の反定立の主張の証明においても、カント自身すでにみずからの先験的観念論を前提して議論を行っていたこともすでに注意しておいた通りである（四四五ページ）。このこともカントの与えた解決と反定立の主張との親近性を示すものと言えるであろう。

カントが自己の与えた解決と反定立の主張が異なると考えたのは、みずから二律背反解決の鍵と考えた先験的観念論の思想によってであるが、われわれはこの点についてもまた疑問を提出することができるのではないかと考える。ここに述べられている先験的観念論とは世界というものはわれわれの表象から離れて独立の存在を持たないというものであったが、このような観念論は要するに世界をわれわれの表象にすぎないと考えるものであり、カントみずから独断的観念論と称するものに外ならないのではないであろうか。われわれはすでに「先験的分析論」においてカントがはっきりこのような立場を越えてしまっていることを見て来た。そこではもはや世界は単なる表象ではない。自然界は現象界ではあるが、しかしわれわれの主観から独立に存するものであると考えられているのである。このことは「観念論論駁」などの箇処で明瞭に示されていることであると言わねばならない。「先験的感性論」においては極めて素朴にわれわれの主観から独立に存在して感性を触発するところのものを物自体と考え、したがって現象とは単なる表象であるとする立場から出発したカントは、「先験的分析論」においてはこうした素朴な立場を越えている。現象界の領域はいわば単なる表象の領域からわれわれから独立に存在する自然界にまでひろげられ、それと共に物自体の概念は単なる限界概念となっていったのである。もしそうであるとすれば、カントがここで述べている先験的観念論の思想はカント自身の立場から見ても決してそのまま認められることのできないものであると言わねばならない。この箇処の先験的観念論の叙述がしばしば極めて早い時期の草稿によっていると考えられるのもこの意味で十分根拠のある推定であると思われる(cf. Smith, *Commentary*, p. 503)。

だがこのようにカントが二律背反解決の鍵と考えた先験的観念論が実はカント自身の立場に立っても認められることのできないものであるとするならば、カントの与えた解決を反定立の主張から区別する理由は全く存しないのではないであろうか。世界というものが「先験的分析論」の結果によればすでにわれわれの主観から独立の存在を持っているとするならば、世界において被制約者が与えられるとき、その制約の全系列もまたすでに現実的に与えられていると言わねばならないであろう。そうであるとすれば、われわれが経験的に制約の系列をさかのぼっていっても決して無制約者にいたり得ないというカントの考えを認める以上は、世界には空間的時間的に限界がなく、単純なものがないという反定立の主張を認めねばならないことになることは明らかである。もとよりわれわれは実際に経験的に制約の系列をさかのぼってゆくという努力をしないで、ただ世界における被制約者の制約の系列は限界を持たないということを抽象的に主張することは無意味であると言うことはできよう。その意味で反定立の立場が不毛な空虚なものであると言うことも許されるであろう。しかしそれにしても反定立の立場は内容的に誤っているのではない。カントの与えた解決は実は反定立の立場と全く一致しているのである。

このように見ることが許されるとするならば、カントの数学的カテゴリーの二律背反に対して与えた解決はさきに私が述べた見解と決して相反するものではないと言えるであろう。そしてそれと共にこれらの二律背反が決して真の二律背反ではないことも納得されるであろう。カントはこれらを二律背反と考えようとしたため、自己の解決を何とかして反定立の立場とは異なるものとし、反定立を誤りであると考えようとしたのであろう。しかし宇宙論的理念が現象としての対象に関するものである限り、反定立の立場の正しさは決定的である。それ故カントも実は反定立と全く同一な解決を与えないわけにはゆかなかったのである。

第三と第四の二律背反については私の解釈とカント自身の与えた解決との間にそれ程の相違が存しないから、詳しく論ずる必要はないであろう。ただ私はここでカントがこの力学的カテゴリーに基づく二律背反に対してのみ定立も反定立も共に真であるという解答を与えたことは純粋に論理的に考察する限り何の必然性もないということを附け加えておきたい。カントはこれらの二律背反においても第一、第二の二律背反の場合と同じ仕方で解答を与えることも容易にできたはずである。もとよりこの場合カントの考えによれば自然因果律は現象界においては絶対的妥当性を持つのであるから、当然反定立の立場を取って定立の立場を捨てなければならない。しかしすでに第一、第二の二律背反の場合もカントの解答が実質的には反定立の立場と一致しているとするならば、これで少しも差支えはないのである。しかもカントがこのような解答を与えず定立も反定立も真であるという解答を与えたというところに、二律背反の問題が実は決して現象としての対象に関係するものではなく、自発的な主体の働きに対して自然因果律を適用できるかどうかという問題であったことが示されているのではないであろうか。われわれが自然認識の立場に立つとき自然因果律は絶対であり、したがってわれわれは自我の働きさえ自然因果律によって規定されたものとして考えようとする。しかしわれわれが実践的立場に立って人間自身の実践的自由を否定し得ない事実として自覚するとき、われわれは自然因果律を絶対と考える理論的認識の正しさを疑わないではいられない。ここに真の二律背反が生じてくる。そしてわれわれはこの二律背反を通じて理論的認識そのものの限界を自覚してゆくのである。形而上学への道はこうして開かれる。この意味で自由と自然因果律の二律背反の問題がカント哲学において重要な意義を持ち得るのである。

しかし真の二律背反が人間の実践的自由を取扱っている第三のそれにおいてのみ成立するものであることはこの点からも十分理解されるであろう。第四の二律背反は絶対的な必然的なものを取り扱っているというまさにその故に、第三の二律背反の場合と同一の証明が行われているにもかかわらずもはや真の二律背反ではないことはすでに述べた通りである。この点についてはもはやここで改めて論ずる必要は存しないであろう。第四の二律背反が意義を持つとすれば、それはむしろ絶対的必然者、神を取り扱うことによってつぎの「純粋理性の理想」にいたる橋渡しをなしているというところに認められると思われる。実際われわれが第三の二律背反によって自我の働きに対して自然因果律を適用することができないということを自覚するとき、今度はその自我の根底に、あるいはむしろ自我と自然との両者の根底にその基礎となるべきより高次の絶対的存在者を考え、これによって自我と自然の両者を統一的に把握しようと試みることは極めて自然な考え方であると言えよう。第四の二律背反において絶対的存在者の概念が提出されたことはその故であり、それはすなわち「純粋理性の理想」への移り行きをなしているとも考えられるのである。ちょうど「先験的誤謬推理」において第四の誤謬推理はそれ自身としては決して様相のカテゴリーの適用によるものとは考えられないにもかかわらず、「純粋理性の二律背反」にいたる過渡としての意義を持ち得たのと同様に、今またこの第四の二律背反も、それが様相のカテゴリーに基づく独自の二律背反としては考えられないけれども、事態的に見れば次の段階にいたる過渡を示していると言えると思われる。

このように考えてくるとき、二律背反に対するカント自身の解答も必ずしもさきに述べた私の解釈と矛盾するものではないと言えるであろう。カント自身は二律背反の意義を現象としての対象に関する無制約者を求めようとする際の理性の立場と悟性の立場との相反によって生ずると考えた。しかし実際は二律背反は決してそこから生ずるものではない。現象としての対象に関する限り悟性の立場が正しいことは当然のことだからである。二律背反はただ自然因果律のカテゴリーを自我、すなわち主体に対して適用しようとするところに生ずるのである。「先験的誤謬推理」においては自我に対して実体のカテゴリーを適用しようとするとき、いかなる誤りに陥るかということが示された。そしてそのことによって実体としてとらえられない自我の存在が自覚されたのである。それではこの自我の働きは因果律のカテゴリーによって考え得るのであろうか。これが二律背反の問題であったのである。カントの挙げている四つの二律背反のうち真の二律背反と言えるものが第三のそれのみであるということもこの故に外ならない。われわれは悟性の立場に立ってあくまでも自我の働きにも自然因果律を適用しようとする。しかしわれわれはみずからの実践的自由を自覚するとき、この悟性の立場の限界を知る。そしてその結果自然的世界とは全く異なり、自然因果律によって律しつくし得ぬ自我の実践的働きの存在を理解するのである。自我に対して実体のカテゴリーを適用し得ないことを知ったわれわれは、今また自我に対して自然因果律のカテゴリーもまた適用し得ないことを知り得たのである。こうしてわれわれはいわゆる客観的な経験を対象とする理論的認識の限界をしだいに自覚し、実践的形而上学へと歩を進めてくるのであるが、なお最後にこのような自我と自然界という二つの領域の根底に必然的存在者を考えることによって両者の関係を理論的な立場で統一的に把握し得ないかどうかということを検討する試みが残されている。これが神をその対象とする「純粋理性の理想」である。われわれは次にこの問題の検討に向わねばならない。

四　純粋理性の理想

カントの説明　「純粋理性の理想」とはすでに述べたように理性が選言的推理によって、概念の分類を完成するためにそれ以上何ものをも必要としない分類の項の集合を求めてゆくところに成立する先験的仮象であったが、それはまた具体的に言えば、思惟一般のあらゆる対象の絶対的統一を求めて神という存在者を想定するものである。カントはわれわれがこのような神というものの存在を考えるにいたる過程を次のように説明している。われわれが今矛盾対当の関係にある一対の述語を考えてみると、そのうちのどちらか一方がすべての事物について必ず述語として附け加えられることは明らかである。それ故各一対をなすすべての述語を考えれば、やはりすべての事物はこれらすべての対のうちのいずれか一方を述語として有し得るであろう。したがってわれわれがある事物を完全に認識しようとするならば、実はわれわれは矛盾的関係にあり対をなしているあらゆる可能な述語を知り、すべての対の述語のうちいずれか一つづつをこれに述語として附け加えねばならない（A 571—573, B 599—601）。むろんわれわれは現実にはこのように一切の可能な述語の対を知ることはできない。しかしとにかくわれわれが認識の完全性を欲するならば、このような「一切の可能性の総括」（Inbegriff aller Möglichkeit）（A 573, B 601）という理念を考えねばならない。われわれはこの理念を前提してのみ、はじめてわれわれの認識の完全性を考え得るのである。

さて、このような矛盾的関係において対をなしている述語のうち、一方が肯定的であり他方が否定的なものであることは言うまでもないことであろう。肯定的なものはその述語によって示される内容の存在を、否定的なものはその非存在を示している。ところが元来「否定ということはそれに対立する肯定を基礎におかなければ、明確に考えられることができない」（A 575, B 608）。生れながらの盲人は光という表象を持たないから、闇という表象を持つことができない。野蛮人は富裕ということを知らないから、貧乏ということを知らない。あるいはまた無学な人は学問の概念を知らないから、自分が無学であるということを知らないのである。したがって否定的な概念は肯定的な概念を基礎にしてはじめて生じ得る派生的なものであり、肯定的な概念こそ根源的なものであると言わねばならない。したがってわれわれが事物の完全な認識を得ることができるためには、あらゆる肯定的概念によって示される実在性の総括、すなわち「実在性の総体」（omnitudo realitatis）（A 576, B 604）という理念が考えられねばならないことになる。そして否定とはこの実在性の総体という理念に照してその制限として考えられるのである。経験的に与えられるすべての事物は決してあらゆる実在性を有するものではなく、否定性を含むものであるから、それはこの実在性の総体、すなわち最高の実在性の制限として考えられねばならない。「事物の（その内容からすれば多様の総合である）あらゆる可能性は派生的として見なされ、ただ一切の実在性を自己のうちに含むものの可能性のみが根源的と見なされる。なぜなら、あらゆる否定（それは実に最も実在的な存在者からあらゆる他の存在者がそれによって区別される唯一の述語であるが）はより大きい実在性、そして究極的には最高の実在性の単なる制限であり、したがってあらゆる否定は最高の実在性を前提し、内容からすれば単にこれから導かれたものであるからである」（A 578, B 606）。それ故このような最高の実在性という理念は理性にとって一切の事物の原型（Prototypon）（同上）であり、この意味で理想（Ideal）と名づけることができる。

しかしこのような理想とはもとより単に理念として考えられたものにすぎない。われわれは確かにこういう理想を考えることによってはじめて認識の完全性に到達し得るということは認めることができるであろう。だがそれは決してこの理想、すなわち実在性の総体、――これはまた根源的存在者（ens originarium）、最高存在者（ens summum）、一切の存在者の存在者（ens entium）等と呼ばれ得るが――が現実に存在するということを示すものではないのである（A 579, B 607）。ところがわれわれはこのような理想を理念として立てると、ただちにこれを客観的に実在すると考え、これが最高の実在者であるということからまたこれに唯一、単純、充足的、永遠等々の規定を附け加えて、これを一つの実体として考えてしまう。そしてここに神という概念が生じてくる（A 580, B 608）。しかしこのように神という存在者を考えるということはもとより理性というものを誤って使用することに外ならない。「なぜなら理性はこの理念を、あらゆる実在性という概念として、事物一般を完全に規定するための根底におくのみであって、このあらゆる実在性が客観的に与えられていてみずから一個の物を成しているということを要求しないからである」（A 580, B 608）。すなわち単に認識の完全性のために考えられた理念をただちに実体的な存在者と考えることは統制的なるべき理性を構成的に使用してしまうことに外ならないのである。

さてカントによると、理性はこのようにして最高の実在性という理念を実体化して神の存在を考えるにいたるのであるが、その際理性が行う神の存在の証明には三つの仕方が存する。第一は、「一定の経験とその経験によって認識される感性界の特殊な性質から出発して、そこから因果性の法則にしたがって世界の外にある最高の原因にまでさかのぼろうとするもの」（A 590, B 618）、すなわち自然神学的証明（physikotheologischer Beweis）であり、第二は「単なる不定の経験、すなわち何等かの存在を経験的に基礎にするもの」、すなわち宇宙論的証明（kosmologischer Beweis）であり、第三は「すべての経験を捨象し、全く先天的に単なる概念から最高の原因の存在へ推論するもの」、すなわち存在論的証明（ontologischer Beweis）である。カントは神の存在の証明は理論理性の立場から見れば、「この三種以上には存せず、また存し得ない」(A 591, B 619) ということを強調している。

この三種の神の存在の証明はもとよりいずれも誤った理性推理によって行われているのであるが、カントによるとこのうち論理的に考えて最も基礎的なものは存在論的証明であり、他の二つの証明はこの存在論的証明を基礎としてその上に成立しているものに外ならない。それ故カントは上述の順序を逆にしてまず存在論的証明を検討する。

神の存在論的証明とは、最も実在的な存在者（das allerrealste Wesen）、すなわち神というものを考えてみると、それは「存在する」ということを自己のうちに含んでいなければならない。なぜなら最も実在的な存在者とは一切の実在性を有するものであるから、「存在する」ということもその中に含まれていることは当然であり、したがって神が存在しないということは神という概念自身と矛盾する、という証明である。すなわちこの証明はただ全く神の概念のみから出発して、その存在を論証しようとするものであり、何等の経験をも手がかりとすることのない全く先天的性格のものである。

この証明に対してカントは次のように批判する。この証明は神という主語概念と存在するという述語概念が不可分離であり、神についてこの述語を否定することは矛盾を生ぜしめると主張するのであるが、しかし元来主語と述語との必然的関係というのは全く論理的な関係であって事態そのものの必然的関係を意味するものではない。われわれはいかなる概念についてもその中にすでに含まれているところのものを述語として取り出すことによって分析判断を作ることができる。そしてこの場合その述語を否定することはたしかに矛盾であると言わねばならない。なぜなら主語概念はまさにその述語を含むものであったからである。しかしこれは単に主語概念と述語概念との論理的な必然的関係を示しているのみであって、主語概念によって意味されている対象が事実存在するかどうかということはこのことによって決して示されているわけではない。すなわち事態そのものの必然的関係を示すものではないのである。たとえばわれわれは「三角形は三つの角を持つ」という判断を考えてみよう。この場合確かに主語と述語との間には必然的関係が存している。「三つの角を持つ」という述語を否定するということは「三角形」という主語概念に矛盾することとなるであろう。三角形というものを考える以上、われわれは当然三つの角を持つということを否定することはできないのである。しかしこのことは決して三つの角を持つ三角形というものが現実に存在するということを意味するものではない。三角形が存在するかどうかということは、「三角形は三つの角を持つ」という分析判断によっては決して決定されることができないのである。それ故主語概念と述語概念が不可分離であるとき、述語概念を否定することは主語概念に矛盾するが、われわれは主語概念の意味する対象そのものの存在を否定することは可能なのである。これと同様に最も実在的な存在者、すなわち神という概念が存在するという述語を自己のうちに含んでいるとしても、このことは神というものが現実に存在するかどうかを決定するものではないと言わねばならない。「もしも私が同一判断〔分析判断〕においてその述語を否定してその主語を保持しようとすれば、矛盾が生ずる。それ故に私は〝述語は主語に必然的に属する〟と言うのである。しかし私が述語と共に主語を否定するならば、いかなる矛盾も生じて来ない。なぜなら、その場合にはそれに対して矛盾しうるような何ものももはや存しないからである。三角形を定立しつつしかもその三つの角を否定しようとすることは矛盾である。しかしその三つの角と共に三角形を否定することは決して矛盾ではない。絶対に必然的な存在者という概念に関しても事情は全く同様である。もしも諸君がその存在を否定するならば、そのとき諸君はその一切の述語と共にそのもの自身を否定するのである。そうすればどこに矛盾が生ずるはずがあろうか」（A 594, B 622）とカントは述べている。

カントがさらにこのことを可能的な一〇〇ターレルと現実的な一〇〇ターレルの例を用いて説明していることは周知の通りである。カントによれば可能的な一〇〇ターレルも現実的な一〇〇ターレルも概念としてみれば何も異なるところはない。私が現実に一〇〇ターレル持っていたからといって、一〇〇ターレルという概念、すなわち一〇〇ターレルの可能性に私は何ものをも附け加えるのではない。「現実的な一〇〇ターレルは可能的な一〇〇ターレル以上のものをいささかも含むものではない。なぜなら、可能的な一〇〇ターレルは概念を、そして現実的な一〇〇ターレルは対象とその定立そのものを意味するのであるから、もしも現実的な一〇〇ターレルが可能的な一〇〇ターレル以上のものを含むとすれば、私の概念は対象を完全に表わしていず、したがって対象について適合した概念ではないということになるからである」(A 599, B 627)。しかし概念として見れば同じであっても、私の財産状態においては現実に一〇〇ターレルを持っているということと単に可能的な一〇〇ターレルを考えるということとが全く異なっていることは言うまでもないであろう。それ故「存在するということは明らかに何等実在的述語ではない、すなわちある物の概念に附け加わり得る何かというような概念ではない」(A 598, B 626)のである。そうであるとすれば、われわれが単なる神の概念から神が存在するということを導くことのできないことは当然のことであろう。われわれが神の存在を主張しようとするならば、その概念の外に出なければならない。しかし神というような非経験的な対象については、われわれは概念の外に出てその存在を認識する何の方法も持たないのである。「感性の対象の場合には、このこと〔概念の外に出ること〕は経験的法則にしたがって何らかの私の知覚と連関するということによってなされる。しかし純粋思惟の客体に対しては、その存在を認識する手段は全く存しない」(A 601, B 629)。したがってわれわれは神の存在を主張し得る根拠を持たないと言わねばならない。

こうして存在論的証明はその誤りを暴露されたが、カントは次に宇宙論的証明を検討する。宇宙論的証明とはすでに述べたように単なる不定の経験を基礎にして神の存在を証明しようとするものであるが、それは具体的には次のような推論である。もし何かが存在するとすれば絶対的に必然的な存在者もまた存在しなければならない。さて少くとも私自身は存在する、それ故に絶対に必然的な存在者も存在する。ところが絶対に必然的な存在者として考え得るのはただ最も実在的な存在者 (ens realissimum)、すなわち神のみであるから、神は存在する——。

カントによると、この宇宙論的証明は、存在論的証明のように単なる概念から神の存在を証明しようとするのではなく、少くとも何かが存在するという経験的事実から出発し、その原因を求めてついに神にいたるものであって理性の自然的な推理法に適合しているものであるが、しかしそれにもかかわらず論理的に検討してみると、この証明は存在論的証明以上に多くの誤りを含んだものなのである。なぜなら、この証明は実は存在論的証明を基礎としてさらにこれに他の誤った推論を附け加えているものにすぎないからである。

まずこの証明の前半について考えてみると、そこでは何かが存在する以上は絶対に必然的な存在者が存在しなければならないと主張されたのであるが、この推論は言うまでもなく因果律を前提している。すなわちそれは、第三および第四の二律背反の定立の場合と同様に、経験的に存在するものはすべて偶然的存在であってそれ自身によって存在することはできず必ずその原因を有しなければならない、ところがその原因自身もさらにその原因が存しなければ存在することができず、こうしてわれわれが無限に原因の系列をさかのぼってゆくとき、ついに最高の原因としてみずから存在し得るもの、すなわち絶対に必然的な存在者を考えねばならないと推論するのである。しかしこのような推論は数多くの誤りを含んでいる。カントはその誤りとして次の四つを挙げている。⑴偶然的なものから原因へ推論してゆくということは単に感性界においてのみ意味を持っているのであり、感性界の外では何等の意味をも有するものではない。なぜなら因果律という原則はただ感性界においてのみ妥当するからである。ところがこの証明においては因果律は感性界を超越して使用されている。⑵感性界において次々に与えられる原因を無限にさかのぼってゆくということが不可能であるということから第一の原因を推論するということは、経験のうちにおいても決して成り立つものではなく、まして経験を越えたところにまで拡張されることはできない。⑶この推論は原因の系列の完結に関して、必然性の概念を成立せしめるあらゆる制約*を除き去ってしまい、そしてそうすればもはや何ものも理解され得ないが故に、これを概念の完結と考えるという理性の自己満足に外ならない。⑷この推論にはあらゆる結合された実在性という概念の論理的可能性と先験的可能性との混同がある**（A 609—610, B 637—638)。

＊　必然性の概念を成立せしめる制約とは必然性の要請に示されているものを指すと思われる。したがってカントの言おうとすることは、必然性ということは経験の範囲内で妥当するものであるのに、その制約を除き去って経験の範囲外に及ぼしてしまうということであろう。

＊＊　論理的可能性ということは内的矛盾が存しなければすでに成り立つが、先験的可能性ということは単に論理的に矛盾が存しないということのみならず、経験の領域においてあてはまる原則に適合しているという制約を含まねばならない。したがってあらゆる実在性の総体という概念は論理的には可能であるが、しかし先験的には可能ではない、ということを言っていると思われる。だがもしこのような意味であるとすれば、この誤りはむしろ存在論的証明に含まれている誤りであり、したがって宇宙論的証明の場合においても、この前半の部分よりは次に述べる後半の部分においておかされている誤りであると言うべきであろう。

このようにカントによると、この証明の前半がすでに大きな誤りを含んでいるのであるが、その後半の部分もまた同様に誤っている。というのは、この後半における推論は、一見すると全く違った推論のように見えるけれども、実は存在論的証明の推論を形を変えて使用しているにすぎないからである。前半の推論によって絶対に必然的な存在者の存在を基礎づけたとしても、まだこれによってはこの必然的なものが最も実在的なもの、すなわち神であるということは証明されていない。それ故この宇宙論的証明はさらに一歩を進めて、この必然的な存在者がすなわち神であることを推論しようとするのであるが、この後半の推論は全く単なる概念からなされているのであり、実質的には存在論的証明の行っている推論と同一である。なぜなら存在論的証明は最も実在的なものは必然的に存在すると主張するものであったが、宇宙論的証明もまた必然的に存在すると言われ得るものはただ最も実在的なものであると主張するのだからである。カントはこの点について次のような分りやすい形で説明している。「すべて絶対に必然的な存在者は同時に最も実在的な存在者である」という宇宙論的証明の命題が正しいとすれば、減量換位によって作られる「若干の最も実在的な存在者は絶対に必然的な存在者である」という命題も正しいことは当然である。ところが最も実在的な存在者というものは元来他の同様に最も実在的な存在者というものからいかなる点においても区別されることができないものであるから、若干の最も実在的な存在者について妥当することはすべての最も実在的な存在者についても妥当する。したがって「若干の最も実在的な存在者は絶対に必然的な存在者である」という命題は、「すべて最も実在的な存在者は絶対に必然的な存在者である」という命題にかえることができる。しかしこの命題こそ存在論的証明の主張する命題に外ならないのである（A 608, B 636)。

こうしてカントによると、この宇宙論的証明もまた決して成功していない。それは理性の自然の進行に極めてよく適合し、その故に容易に受け入れられやすいものではあるが、論理的に考えれば、存在論的証明にいたる基礎としてのみ成り立つのであり、存在論的証明以上の多くの誤りを含んでいるのである。

第三の自然神学的証明もまたカントによれば決して成り立つものではない。この証明は一定の経験から神の存在を推論してゆこうとするものであるが、その一定の経験というのはすなわち「現存の世界がわれわれに多様性と秩序と合目的性と美との測り知れない光景を展開する」(A 622, B 650) ということである。ここから出発してこの証明は次のように主張する。このように世界のうちにはいたるところに一定の意図にしたがって偉大な知恵によって遂行された秩序の明白なしるしが存在するが、世界の事物にとってはこのような合目的秩序というものは本来固有のものではなく、単に偶然に附属しているにすぎないものである。それ故にもしも秩序を与える理性的原理が存在して、根底に存する理念にしたがって選択し設計したのでないならば、世界はこうした秩序を持ち得ないであろう。したがって世界には知性として自由によって働く原因が存しなければならない、すなわちここにわれわれは世界の根底に世界に秩序を与えた神の存在を考えねばならない」(A 625, B 653)。

カントによるとこの証明は「最も古く最も明瞭であり、かつ常識に最もよく適合する」(A 623, B 651) ものであって、一方においては自然研究に活気を与えると共に、またみずから自然研究から常に新しい力を得てくるのである。そしてわれわれは神の存在に対する確信に到達させられるのである。したがってわれわれはこの証明の「合理性と有用性に対してはは何等抗議すべきではなく、むしろそれを推奨し鼓舞しなければならない」(A 624, B 652) のであるが、しかし論理的に考察すると、この証明はやはり大きな欠陥を持つのである。

この証明は世界における合目的的な秩序から世界の創造者である神の存在を推論しようとするのであるが、しかし実はこの推論によってはたかだか世界の質料に秩序を与える、すなわちその目的にしたがって世界の質料を使って世界を形成する世界建設者（Weltbaumeister）にいたり得るのみであって、決して世界の質料をもみずから創造した神、すなわち世界創造者（Weltschöpfer）にいたることはできないのである。なぜなら、この推論は世界が合目的秩序を持つという事実は何か叡知的な原因を考えなければ説明できないというのであるが、このことは人間の技術の場合との類推による推論であると言わねばならない。しかし人間の技術について言い得ることはただ質料に対して秩序を与えるということだけであって、決して質料そのものの創造ということではないからである。世界創造者としての神の存在を主張するためには、世界の形式のみならず質料も、すなわち世界の事物はその実体性に関しても最高の叡知の所産でないならば、世界にはこのような秩序は存し得ないということを証明しなければならないのであるが、このことは単なる人間の技術との類推からだけでは不可能なのである（A 626—627, B 654—655）。

それ故、カントによると、本来世界創造者としての神にいたり得ないこの自然神学的証明がそれにもかかわらず神の存在を主張しようとするとき、それはひそかに世界の形式のみならず質料さえ偶然的であると考え、このように世界の事物が偶然的なものであるということから絶対に必然的な存在者が存しなければならないと推論し、これを神と考えるのである。しかしこのような推論は、すでに見て来たように、まさに宇宙論的証明の行ったものであった。すなわち自然神学的証明は、新たな道をたどって神の存在を証明するように見せかけながら、実はその新たな道によってはどうしても神にいたり得ないことを知るや否や、ひそかに宇宙論的証明のたどった道に移ってしまうのである。しかも宇宙論的証明は存在論的証明を基礎とするものであったから、自然神学的証明もまた結局は存在論的証明の基礎の上に立っていることになる。こうして神の存在の証明の三つの仕方のうち、最も根本的なものは存在論的証明であり、この証明が誤っている以上、他の二つの証明もまた誤っているのは当然であると言わねばならない。宇宙論的証明は存在論的証明の誤りの上にさらに新たな誤りを附け加えたものであり、自然神学的証明は宇宙論的証明にさらに新たな誤りを附け加えたものにすぎないのである。

こうしてカントは理論的立場から行われる三種の神の存在の証明を一つづつ検討して、いずれも成立するものでないことを見出した。思弁的神学は全く成立し得ないのであり、「実践理性批判」において展開される道徳的神学（Moral-theologie）を除いては神学の可能性は徹底的に否定されるのである。

「理想」の意義　以上が「純粋理性の理想」において述べられていることの大体であるが、われわれはカントが行っている神の存在の証明の批判についてはそれをほぼ承認し得るのではないかと考える。もとよりカントの論述に欠陥が存在しないとは言うことができない。存在論的証明の批判においてカントが一〇〇ターレルの例を持ち出していることは極めて有名であるが、決して成功しているとは言い得ないであろう。カントは、さきに述べたように、経験の対象については知覚との連関によってその現実的存在を確証し得るが、純粋思惟の対象についてはその現実的存在を確証する手段は存しないと言っているが、このような考え方にしたがえば、結局存在すると言われ得るものは経験的、すなわち空間的時間的に与えられる事物のみであって、それ以外のものは全く存在しないということになる。あるいは少くとも存在するとは積極的に言えないことになる。これは余りにも狭い考え方であると言わねばならないであろう。われわれは空間的時間的とは言えないものの存在することを否定することはできない。むしろ一般に精神的なもの（思想とか価値意識とかいうようなもの）は決して空間的時間的存在であるとは言うことができないであろう。そしてカントみずからいわゆる経験的対象として把握することのできない自我の自発的働きを考えていることはこの「先験的弁証論」においても、そしてさらに「実践理性批判」においてなお一層はっきりと認められるところである。それ故神というものについて、それが感性的な経験的対象でないという理由からその存在を認め得ないとなす議論は余りにも素朴であると言わねばならないであろう。そしてこの存在論的証明の批判がすべての他の証明の批判の根底にもなっているのであるから、カントの批判はこの点で大きな欠陥を持っているとも考えられる。しかしこのようにカントの議論そのものは欠陥を持っているとしても、存在論的証明によっては神の存在は基礎づけられないというカントの考えは十分に成り立つのであり、この点にまさにカントの卓見が存すると言えると思われる。なぜなら、たとえ感性的な対象しか現実的に存在しないというカントの論述が偏狭であるとしても、少くとも神の存在を単にその概念からだけで論証しようとする存在論的証明が成り立ち得ないということはカントの言う通りであると思われるからである。「存在するということは決して実在的な述語ではない」というカントの考えは見事に従来の神の存在証明の誤りをついていると言わねばならない。また宇宙論的証明や自然神学的証明が存在論的証明を基礎にしているという指摘もわれわれは十分に納得することができるであろう。

　このようにカントが「純粋理性の理想」において展開している神の存在証明の批判は内容的に考えてそのまま認めることができると思われるが、問題は神の理念が果してカントの言うように選言的推理における理性の働きによって生ずるものであるかどうかという点に存する。

　この点についてのカントの説明は、すでに述べたように、われわれが事物の完全な認識を得ようとすれば、あらゆる対をなす概念のうちの一方を述語として述べなければならず、ここにあらゆる肯定的概念の総括、実在性の総体というものが理念として考えられるが、この実在性の総体というものが実体化されることによって神の概念が生じてくるというものであった。この説明によれば確かに一見するところ神の理念と選言的推理との間に対応関係が存するようにも思われる。選言的三段論法にあっては大前提において選言枝が述べられ（SはPかQである）、小前提においてその一部を否定し（このSはQでない）、結論において残余の選言枝によって主語を規定する（このSはPである）が、このやり方は実在性の総体という理念を基礎においてその一部を制限して事物を規定するというやり方と全く同様であると考えられるからである。しかしこのことは実は実在性の総体という理念に対してのみあてはまるものであって、神という理念に対してはあてはまらないのではないであろうか。実在性の総体と神との間にははっきりした相違がある。実在性の総体とは、それを基礎として経験的な事物がすべて完全に規定されるものである以上、経験的に与えられる一切の実在性を含んだものであり、言いかえれば、経験の全体を意味すると言い得るであろう。それは「一切を包括する唯一の経験」（die einige allbefassende Erfahrung）（A 582, B 610）である。ところが神とは決してこのようなものではない。神は経験的に与えられるいろいろの性質のすべてを持つものではない。それは形も持たなければ色も持たない。それは経験的に与えられるいくつかの優れた性質を理想化して実体化して考えられたものに外ならない。そうであるとすれば選言的推理との対応関係ということは実在性の総体という理念に対してはあてはまっても、神についてはあてはまらないことは言うまでもないことであろう。われわれは単に神という概念を制限することによって決して個々の事物を完全に限定することはできないのである。

このように見てくると、われわれはカントが神の理念と選言的推理との間に対応関係が存すると考えたところにかなりの無理が存すると言わねばならないと考える。そしてこのことはカント自身ある程度まで認めていたことではなかったかと思うのである。なぜなら、カントは同じ「純粋理性の理想」の箇処の中でこの点について全く異なった説明をも与えているからである。すなわちカントは次のように述べている。「悟性の概念を徹底的に規定するために悟性に対して完全にその基礎として存しうるようなあるものを前提することは理性の切実な要求ではあるが、しかし単にそれだけなら、理性はそのような前提の観念的であり架空のものであることに容易に気づいて理性の思惟の単なる自己所産をただちに現実の存在者であると考えるようにされることはないであろう。理性がこのことをなすのは、与えられた被制約者から無制約者にさかのぼってゆく背進においてどこかで自己の休止点を求めようとするからである。その無制約者とはそれ自身においては、またその単なる概念から考えれば、現実的なものとして与えられてはいないが、しかしそれのみがその根拠へとさかのぼってゆく制約の系列を完成することができるのである。これがすべての人間の理性が、最も普通の理性でさえもが、取るところの自然の歩みなのである。もっともどんな理性でもこの歩みを歩み通せるというわけではないけれども。理性は概念からではなく、普通の経験から出発する。したがって何か存在するところのものを基礎におく。しかしこの地盤は、それが絶対に必然的なものという不動の磐石の上に静止しなければ陥没してしまうのである」(A 583—584, B 611—612)。ここでカントが言おうとしているのは、単に理性が選言的推理によって実在性の総体という理念を求めていっても、それによっては決して神という理念を想定することはない、理性が神の存在を考えるのはむしろ経験的事物の究極の原因を求めてそこに絶対に必然的なものの存在を想定するからである、ということであろう。そうであるとすれば、このカントの説明は明らかに前に述べた選言的推理との対応関係から神の理念を導こうとする仕方とは矛盾すると言わねばならない。もしも神の理念が事物の究極の原因を求めていって絶対に必然的なものの存在を想定するということから生じてくるとするならば、神の理念はむしろ仮言的推理に対応すると言わねばならない。そしてわれわれがすでに見て来た通り、第四の二律背反の定立の立場はまさにこのような仕方で神の存在を証明しようとしたのである。このような説明をカント自身述べているということは、神の理念と選言的推理との対応関係が決して必然的なものではないことをカントみずから認めていることを示すものではないであろうか。選言的推理との対応関係から考えられる理念は単に実在性の総体というものであって、決して神ではないのである。

このように神の理念と選言的推理との対応関係が決して必然的なものではないとするならば、われわれはこの場合にもカント自身の考えたのとは異なった解釈を与え得るのではないであろうか。すでに述べたように、カントは先験的仮象は理性のうちに先天的に存する三種の理念によって生ずると考え、この三種の理念を定言的推理、仮言的推理、選言的推理の三つの推理の形式から導こうとした。しかしこの導出の仕方には極めて大きな無理が存するのであり、われわれはむしろもっと単純に関係のカテゴリーを経験の領域外の対象、すなわち自発的な働きを行う自我に適用しようとするところに先験的仮象が生ずるのではないかと解しようとした。そして「先験的誤謬推理」の場合にも、「純粋理性の二律背反」の場合にもこの解釈は成り立つように思われる。それと同様にこの場合にもわれわれは神という理念を交互作用のカテゴリーとの連関において見ることができるのではないかと考えるのである。

われわれは自発的な働きを行う自我というものの存在を自覚し、まずこれに対して実体のカテゴリーを適用しようとすることによって先験的誤謬推理に陥ってしまった。次にはこの自我に対して因果律のカテゴリーを適用して二律背反に陥ってしまった。そしてその結果、われわれは自我が決して理論的な認識のカテゴリーによってとらえられないことを理解したのである。自我は自発的な働きを行う自由なものであり、自然とは全く異なったものであることが明らかにされたのである。こうしてここに自然因果律の必然性の支配の下に立つ自然と自由な自我の二つの領域が存することになる。このように二つの領域が存在するということが自覚された以上、われわれがこの二つの領域の交互作用を考え、この二つの領域の統一を考えようとすることは極めて当然なのではないであろうか。必然の領域と自由の領域が全く離れ離れのものでない以上は、この両者の関係する根拠を探り、広い意味においての世界の統一的把握をめざすということは不可避的な課題であると言うことができるであろう。こうしてわれわれの理性は二つの領域の統一を神によって考えようとするのである。神においては自由と必然とは合一するであろう。われわれにとって両立し得ないこの二つのものは神にあっては何の矛盾もなく統一されるのである。したがってわれわれがこの世界の根源に世界を創造した神を考えることができるとするならば、自由と必然の二つの領域は統一的に把握されることができる。神は自由である。しかもこの自由な神の働きによって世界が創造され、この世界が必然性を有するということは決して自由と矛盾することではない。こう考えてみると、神の理念は自由と必然との統一的把握のために考えられるのであり、自由な自我と必然な自然の世界との交互作用という考え方から生じてくるものと見ることができるのではないかと思われる。このような考え方はわれわれがあくまでも理論的立場に立って自由の領域と必然の領域とを対象的に考察してこれを統一づけようとする限り、唯一の可能な道であると言わねばならない。したがって神の理念は理論的認識の立場に立って世界を統一的に把握しようとする最後の試みであると言えるのではないであろうか。

そしてわれわれは事実カントが「最もよく最も明瞭であり、かつ常識に最もよく適合する」と言ってそれを「推奨し鼓舞しなければならない」と考えた自然神学的証明において問題となっているのはまさに必然と自由の二つの領域の統一に外ならないことに注意すべきであろう。この証明においては現実の世界に存する秩序と合目的性と美というものから、この世界を創造した神の存在が推論されるのであるが、ここに示されている考え方は二つの領域の統一ということであると言えるであろう。自然は自然因果律によって支配される必然の領域であり、そこには元来秩序や合目的性や美などが存するはずはない。少くともわれわれが「先験的分析論」において示されたような自然認識の立場で自然を考察するとき、秩序、合目的性、美などは自然に対して全く偶然的なものと考えられざるを得ないのである。しかし実際においてわれわれは自然のうちに存する合目的的性格を認めねばならない。ここからわれわれは自然の奥底にその創造者たる神の叡知が働いているのではないかと考えるにいたるのである。すなわち、自然の奥に自由な自発的な神の働きが存し、それによって自然因果律によって必然的に支配されているにもかかわらず自然のうちに合目的性が存することが理解されるのではないかと考えるのである。神によって自由の領域と必然の領域は統一される。この二つの領域の統一のためにこそ創造者としての神が想定されるのである。

このことは「判断力批判」において自然の合目的性が問題とされるとき、さらに一層明瞭に述べられている。「判断力批判」の問題は言うまでもなく、「純粋理性批判」において定立された自然の領域と「実践理性批判」において定立された超感性的な自由の領域の総合統一の問題であった。「さて感性的なものとしての自然概念の領域と超感性的なものとしての自由概念の領域との間にははてしない深淵がつくられていて、前者から後者への移行（理性の理論的使用を媒介としての）は全く不可能であり、一は他に全く影響を与え得ない別個の世界が存するかのように見えるが、しかし後者は前者に対して影響を持たねばならない。すなわち自由概念はその法則によって課せられた目的を感性界において実現すべきであり、したがって自然は、その形式の合法則性が少くともそのうちにおいて生ぜしめられるべき自由の法則による目的の可能性と調和するように考えられねばならない」（*Kritik der Urteilskraft*, Einleitung II, V, S. 175–176）。そしてこのように自然と自由とを調和統一するべき原理として考えられているのが自然の合目的性ということであった。「……判断力は自然概念と自由概念との間の媒介的概念、すなわち純粋理論的な概念から純粋実践的概念への移行、前者による合法則性から後者による終局目的への移行を可能ならしめる概念を、自然の合目的性という概念において与える。なぜなら、これによって終局目的の可能性——それはただ自然のうちに、自然の法則との一致においてのみ実現されるが——が認識されるからである」(*K. d. U.*, Einleitung IX, V, S. 196)。しかしそれではなぜ自然の合目的性という原理によって自然の領域と自由の領域は統一されるのであろうか。それは自然の奥にわれわれの悟性とは異なる何等かの悟性の働きが存してその働きのめざす目的にしたがって自然が創造されると考えることによって、自由な働きと自然とが統一されるからに外ならない。このように考えられるとすればカントが「判断力批判」において問題にしたことはまさに自然神学の問題と同じであり、「判断力批判」において自然の合目的性が自由の領域と自然の領域との統一の役割を担うものとして考えられているということは自然神学の場合にもこの二つの領域の統一という問題が取り扱われていると解し得るのではないであろうか。もとよりカントは「判断力批判」において自然の合目的性というものを取りあげたが、それによって自然神学の主張を肯定しようとしたのでないことは言うまでもない。自然神学の不可能なことはすでに今われわれが考察している「純粋理性の理想」の箇処で徹底的に暴露されたのである。カントは「判断力批判」においては自然の合目的性という概念を単にわれわれの反省的判断力の原理として打ち立てようとするにすぎない。すなわちわれわれはただ自然に合目的性が存するか**のごとく**に自然を観察することが許されるのみであって、自然のうちに客観的に合目的性が存すると主張することはできないのである。しかしこのような相違が存するにせよ、「判断力批判」の問題と自然神学の問題は本質的に同じであり、両者において自然の合目的性ということが考えられるのは、それによって自然の領域と自由の領域との統一をめざすからであると言い得るのである。

このように考えてくるとき、私はカントの言う「純粋理性の理想」としての神の理念は自発的な働きをする自我と必然的な法則のもとに立つ自然との間に交互作用のカテゴリーを適用することによって両者を統一的に把握しようとする試みによって生ずるものであると解し得るのではないかと思うのである。もとより私は神という観念が元来このような目的をもって人間によって考え出されたと言おうとするのではない。しかし少くともカントにおいて神の存在証明が批判されたとき、それはこのように自然の領域と自由の領域とを統一的に把握して理論的認識の立場を固守しようとする最後の試みとして考えられていたのではないかと考える。そのように解してこそカントの神の存在証明の批判は積極的な意義を持ってくるのではないであろうか。

だが以上のような見方に対してはすぐ次のような疑問が生ずるであろう。もしこの見方が成立するとしても、それはただ自然神学的証明について妥当するのみであって、存在論的証明および宇宙論的証明についてはあてはまるものではない。この点についてはどう解釈するのであろうか。——しかし私はカントは確かに三種の神の存在証明を論じているけれども、そのうちで最も本質的なものと考えられているのは自然神学的証明ではなかったかと考える。われわれはまずカントが神の存在証明は三種しか存せずまた存し得ないと強く断言しているにもかかわらず、なぜそうなのかという理由についてははっきりした根拠を示していないことに注意すべきであろう。カントほど何らかの原理からいろいろの事柄を演繹することを常とした人がここでは全くこの種の試みを行っていないのである。この事実はカントの最大の関心が自然神学的証明にあったということを示すものとは見られないであろうか。なぜならもし自然神学的証明の批判がカントの目ざすところであるとするならば、こうした試みは不要であると考えられるからである。自然神学的証明が誤りであるということさえ示されれば、何種類の神の存在証明が存し得るかということは問題ではない。ただ自然神学的証明を検討して、その根底に宇宙論的証明が存し、さらにその根底には存在論的証明が存することを明らかにし、しかもこれらの証明がいずれも誤りであることが論証されれば、自然神学的証明は完全に批判しつくされるのである。存在論的証明や宇宙論的証明の批判は自然神学的証明の批判のために必要なのである。カントが神の存在証明の種類を列挙する際には自然神学的証明をまず第一に挙げておきながら、その証明の批判に際しては存在論的証明から始めて自然神学的証明に終っているということも、カントの主な関心が自然神学的証明に対して注がれていたことを物語っているのではないかと考えられる。

五　先験的弁証論の意義

理論的認識の限界　以上において私は「先験的弁証論」についての検討を終えた。そして私はそれに対してカント自身とは全く異なる解釈を与えようとした。カントによれば、無制約者を求めようとする理性には三つの先験的理念が存し、この理念によってわれわれは不可避的に仮象に陥ることになる。この先験的仮象を暴露してわれわれの悟性をしてその本来の領域である可能的経験の範囲を越えさせないようにすることが先験的弁証論の目的であるということになる。これに対して私は理性のうちに先天的に三つの理念が存するのではなく、ただわれわれが理論的認識の対象となり得ない自我に対して理論的認識のカテゴリーである実体・因果性・交互作用のカテゴリーを適用しようとするときに先験的仮象が生ずると解したのであった。

このような私の解釈が極めて大胆な解釈であることは私自身十分承知している。しかしそれにもかかわらず私があえてこういう解釈を取ろうとするゆえんは、こう解してのみ「先験的弁証論」がカントの本来の意図に適合するような積極的意味を持ち得るからである。すでに述べて来たように、カントの批判哲学の本来の意図は実験的方法を形而上学に導入することによって新たな形而上学を確立しようとするところに存した。しかもその形而上学は単に「第一部門」、すなわち「経験においてそれに対応する対象がそれにしたがって与えられ得るような先天的諸概念を論ずる」(B XVIII)部門を含むのみならず、「第二部門」、すなわち「可能的経験の限界を越え出る」(B XIX)部門をも含むのである。このうち第一部門は「先験的分析論」までで一応その可能性は示されたと言えるであろう。しかし第二部門の可能性はそこでは全く基礎づけられていない。むしろ「先験的分析論」の結果によれば、われわれの認識は可能的経験の範囲を越え出ることができないということが示されたのである。それ故形而上学の第二部門の可能性を基礎づけるべき役目は「先験的弁証論」に負わされていると言わねばならない。ところがカント自身の叙述にしたがうならば、「先験的弁証論」は決してこのような積極的意味を持ち得ないものとなってしまわねばならない。それはただわれわれが理性によって無制約者を求め経験の領域を越え出ようとするとき、いかなる誤りに陥るかということを暴露するにすぎないものとなってしまうのである。なるほどカントは第三と第四の二律背反の解決において物自体の世界の存在を想定する余地があることを述べ、これによって「実践理性批判」において展開される形而上学の第二部門の可能性を示唆している。しかしわれわれが見て来たように、このカントのやり方はカントの叙述から見て全く唐突であって何も必然性を持たない。第一と第二の二律背反について定立も反定立も共に誤りであるという解決を与えたならば、第三と第四の二律背反についてもそれと同じ解決を与えることができるはずである。いやむしろ第三と第四の二律背反の場合には反定立の立場の正しさは「先験的分析論」の結論にしたがう限り疑い得ないものであり、定立の立場は誤りであるとして否定されねばならない。カントは何の理由もなく全くただその主観的信念に基づいて第三と第四の二律背反の定立の立場をも真であり得るとなす解決を与えたと言わねばならないのである。

これに反して私が解釈したように考えると、「先験的弁証論」は真にカントの意図したように、形而上学の第二部門の可能性を基礎づけるための積極的意義を有し得るようになるのではないであろうか。「先験的分析論」の結果によってわれわれは理論的認識が経験の領域を越えることができないことを知った。しかしそれではこの理論的認識は絶対的なものであろうか。すべてのものは理論的認識の対象となり得るであろうか。理論的認識は主観の実験的投げ入れによって成立するものであった。そうすれば、この実験的投げ入れを行う自発的な自我の働きそのものは理論的認識の対象とはなり得ないと言わねばならない。理論的認識はこの主体、自我においてその限界を有するのである。しかしわれわれはなおこのことを自覚せず、この自我に対しても理論的認識のカテゴリーを適用してこれを経験的対象と同じく客体として把握しようとする傾向がある。そしてその時われわれは誤りに陥るのである。「先験的弁証論」はこの誤りを暴露する。ここに「先験的弁証論」は理論的認識の限界を自覚させ、形而上学の第二部門への道を開くための積極的意義を持つこととなるのである。カントの意図が形而上学の第二部門を打ち立てようとするところに存している以上、私の解釈はむしろこのカントの意図を生かすことになるのではないであろうか。

私はさらにこのように解釈することによって物自体というものについてのカントの考えの難点を取り除くことができるように思う。すでに述べた通り物自体についてのカントの考えは「先験的感性論」と「先験的分析論」において変化して来ている。「先験的感性論」においてはカントは極めて素朴にわれわれの感性を触発する外なる対象を物自体と考えていた。しかし「先験的分析論」においてはいわゆる自然界すべてが現象と考え直され、したがって物自体は単に限界概念として消極的意味において用いられ得る概念にすぎないものと考えられるにいたった。物自体は存在するかも知れないが、しかしそれが存在すると積極的に主張することはわれわれに決して許されることではないのである。ところがカントはこのように物自体の概念を単なる限界概念であるとする立場に到達しながら、「先験的弁証論」においては又しても物自体の概念に積極的な意味を与えようとする。それはもとより「先験的感性論」において考えられていたような感性を触発するものとしての物自体ではないが、自然因果律によって規定されない自由の世界を物自体として考えようとするのである。第三と第四の二律背反において定立の立場を物自体について妥当するものと考えようとしているとき、物自体の概念がふたたび肯定されていることは言うまでもないことであろう。しかしひとたび否定された物自体をここにまた肯定するということはどう考えても不整合であると言わねばならないのではないであろうか。われわれは物自体の存在を決して積極的に主張し得ないということが「先験的分析論」において到達された結果であった。しかもその物自体を軽々しくまた復活させようとすることは果して十分な根拠を持っているであろうか。なるほど「先験的分析論」においても物自体の存在の可能性が全く否定されていたわけではない。しかしその存在の可能性が否定されないからといって、それを安易に復活しようとすることは決して許されることではないであろう。カントのやり方はこの点において余りにも単純であり、このためにその物自体の概念はあいまいな混乱したものとなってしまったのではないかと考えられる。

しかし私は「先験的弁証論」の問題は主体的な自我が決して理論的認識のカテゴリーによってはとらえられないということを明らかにすることに存すると解した。もしこのように解すれば、物自体という概念は「先験的弁証論」の内部においてももはや全く不必要になるであろう。われわれは自我を決して物自体と考える必要はないのである。しかしそれでは主体的自我は何であるかと問われるかも知れない。だがわれわれはこれに対してはただ全く単純に、自我は自然と異なる領域であると答えればよいのではないであろうか。自然はわれわれに対して事実与えられている経験的な対象であった。それと同じように自我もまた事実としてわれわれの否定することのできない存在である。われわれはみずから自発的に行為する自我であることを認めないわけにはゆかない。もとよりこの自我は実体としての自我ではない。それはカントが「先験的誤謬推理」において論証したところである。しかしわれわれは自我として自発的に働いている。われわれはみずからの行為を自己自身によって決断しなければならない。われわれは決して単なる自然物のように他からの力によって受動的に動かされてのみいるものではないのである。たしかにわれわれは他人の行為を、あるいは過去の自分自身の行為をさえ、第三者の立場から理論的に観察することはできるかも知れない。しかしわれわれはみずから行為しようとする限り、このような観察によってはついに何等決断することはできないであろう。われわれはみずからの自由によって決断してゆく外はないのである。このことはまたわれわれが理論的認識を行う場合においても同じである。われわれはそこでも自発的に自我を働かせなければならない。われわれは決して単なる受動的態度で認識を行うことはできない。実験的投げ入れによって認識が行われるとするならば、この実験的投げ入れを行うのは自我でなければならない。認識を行うということもわれわれの一つの実践的活動であるということを考えれば、このことは当然のことであると言えるであろう。このようにわれわれが自我として自発的に働かねばならないということは、われわれの決して否定し得ない事実であると言わねばならない。それは自然と並んで存している事実である。それはいわゆる客体的な理論的認識の対象とはなり得ないけれども、しかし広い意味においてはやはり経験的なものであると言うことができるであろう。したがってもしも自然界を現象と称するならば、自我もまた一つの現象と称すべきである。それは決して物自体と言われるべきものではない。

したがってわれわれのように「先験的弁証論」が理論的認識が自我において限界に突当ることを暴露するものと解す

るとき、カントがここで復活しようとした物自体の概念は全く不必要であると言うことができよう。そしてこのことによって「純粋理性批判」は全体として極めて整合的となるのではないであろうか。カントは本来の形而上学、すなわちかれの言う形而上学の「第二部門」は物自体についての学でなければならないとあくまでも確信していたのであろう。それ故に「先験的弁証論」において自然という現象界以外のものにぶつかったとき、それをただちに物自体の世界と考えてしまったのであろう。したがってカントは「先験的弁証論」の問題を自我の問題とは見ず、物自体の問題と考えてしまったのであると思われる。だがこのことによってカント哲学は大きな混乱に陥ることになる。なぜなら物自体というものがあるいは否定されあるいは肯定され、しかも同じ物自体の概念が全く異なった意味に用いられるため、われわれはほとんどカントの真意を把握することができなくなるからである。ヤコービーの批評の示すように、物自体の概念はカント哲学の最大の難点であると言えるであろう。しかしカントが実際「先験的弁証論」において問題にしていたものが物自体ではないということが理解されるならば、ここにカント解釈上の難問は全く解消してしまうのではないであろうか。

実際カントが「実践理性批判」において展開した形而上学は何等の意味においても物自体の学と考えられるべきものではなかった。この点について詳説することは本書の問題ではないが、しかしこのことはわれわれがカントの道徳哲学があくまでも人間自身の立場からの道徳を考えて、神によって道徳を基礎づけようとする態度を徹底的に排撃していることを考えても理解することができるであろう。むろんカントは神の存在を否定したのではない。むしろ理論的立場からはどうしても証明し得ない神の存在を実践理性の立場から復活させようとすることがカントの意図であったと考えられる。しかしカントの主張したことは徳と幸福との一致という最高善の実現のためには神の存在を要請することが必要であるということであって、神を基礎にしてそこから道徳を導き出そうとすることではないのである。「純粋理性批判」の中ですでにカントは次のように述べている。「しかし実践理性が今やこの高い点、すなわち最高の善としての唯一の根源的存在者（Urwesen）の概念に到達しても、あたかも実践理性が概念適用のあらゆる経験的制約を超越して新しい対象を直接に知ることができるように飛躍的に高まったかのように思って、この概念から出発し、道徳律自身をそれから導出しようとあえてすることは決して許されない。なぜなら、道徳律こそ、その内的実践的必然性が、道徳律に効果を与えるために、われわれを導いて独立的な原因すなわち全知なる世界支配者という前提にいたらしめたものであるからである。それ故にわれわれはこのような手続きの後に、再び道徳律を偶然的なものとして単なる意志、とくにわれわれが道徳律にしたがって形成しなかったならばそれについて何等の概念をも持たないであろうような意志から導出されたものと考えることはできない。実践理性がわれわれを導く権利を有する限り、われわれはある行為がそれが神の命令であるが故に義務的であると考えるのではなく、むしろわれわれが内的にそれを義務であると感ずるが故に、それを神の命令と考えるのである」（A 819—820, B 846—847）。カントの立場では、もしもわれわれが神の命令であるからといってその命令にしたがうことを義務と考えるならば、それは他律道徳の立場に外ならない。真の自律的道徳はただわれわれ自身が義務と考えることをそれが義務なるが故に行うという立場でなければならないのである。このような考え方のうちにカントの形而上学が決して物自体の学ではないということがはっきり示されているのではないであろうか。カントはあくまでも道徳というものを人間自身の立場から考えているのである。もしもわれわれが物自体の世界を知り得るなら、われわれは神の命令がいかなるものであるかということを十分に把握しうるのではあるまいか。そしてそうすればわれわれは道徳というものを神を基礎として導くこともできるのではあるまいか。カントはこのような方法を取らない。カントはあくまでもわれわれ自身がみずから自己の行為を決断し得る自由を有するという事実から出発して道徳律を考えようとするのである。カントが問題にしていたのは決して現象界の奥に存する物自体の世界ではなくて、われわれにとって事実として存存している自我の実践的世界に外ならないのである。*

* だが、これに対してはなお次のような疑問が提出されるかも知れない。すなわちもしこのようにカントの実践的形而上学を物自体の世界に関係のないものであると解するならば、第三の二律背反の解決はどう解されるのかという問題である。すでに見たようにカントは、自由を物自体の世界に、因果的必然性を現象の世界に当てることによってこの二律背反を解決しようとした。人間の行為はたしかに現象界のうちにおいて結果を持つ。したがって行為の結果のみを見れば、自然因果律によって決定されていると言えるけれども、行為を決断する意志は現象界に属するものでなく物自体の世界に属するから、自由の原因性によると言えるのであり、自由と必然とはここに両立し得るというのである。これに対してわれわれが上に述べて来たように、自我の実践的世界もまた現象界と呼ばれるべきであって決して物自体の世界ではないとするならば、現象界のうちに自由が存するということになり二律背反の解決は不可能となるとも考えられるかも知れない。しかし実はカントの立場でも問題は決して解決されていないのである。行為の原因である意志そのものが物自体界に属して自由に働き得るとしても、その結果である行為が現象界に属し、したがって、それは先行の現象によって因果法則によって必然的に決定されているとするならば、意志が行為を選択するということは実際には何の意義をも持たないと言うべきではないであろうか。われわれは自由に行為を選ぶことによって現象界に対して影響を与えることができるのでなければならない。いやむしろ実際にわれわれは影響を与えているのである。そうであるならば、第三の二律背反の自由と必然の問題はカントのように物自体界と現象界に割当てることによって解決し得る問題ではなく、現象界内部の問題として解かれなければならないと言うべきであろう。われわれは自由な意志の働きを客体的にとらえることはできない。理論的認識の対象とすることはできない。この意味で自我の実践的な世界はいわゆる自然現象とは異なった現象であろう。しかしそれにしても自我の働きによって行為が生ぜしめられ、その行為は自然現象に対しても影響を与えるのである。たとえばわれわれが手を挙げようと意志して手を挙げるとき、手を挙げるという運動は自然現象であるから、意志の働きが自然

現象に対して影響を与えるということは否定することはできない。この意味で自由と必然は現象界の内部で共存していると言わねばならない。それではこの問題はどういうように解決されるのであろうか。この点についてはここでは詳説することはできないが、私は自然現象が因果法則によって必然的に規定されていると考える考え方、すなわちカントのみならず近世の多くの哲学者が取ったこの考え方が誤っているのであると考える。もしこう考えるならば、自由というものを認めようとすれば、カントの行ったように物自体の世界にでもそれを割当てる外はないであろう。しかし自然現象の過程が因果法則によって必然的に決定されているという考え方が誤っているとするならば、現象界のうちに自由と必然とを認めて少しも不合理は存しないのである。この点については私の「歴史の法則について」という論文（日本哲学会編「哲学」第十二号所載）を参照されたい。

こうして私の見るところによれば、「先験的弁証論」の問題が自我の問題であり、決して物自体の概念を復活させる必要がないと解することによって、「純粋理性批判」は物自体の概念に関するあいまいさを取除かれて整合的に理解されることになる。カントは恐らく形而上学は物自体についての学でなければならないという伝統的な考え方を無雑作に受け継いでしまったため、「先験的弁証論」において実際上自我の問題を扱いながら、それを物自体の世界の問題として考えてしまったのではないかと思われる。

この点と連関してわれわれはなお認識論的主観主義の思想について一言触れておこう。われわれはすでに認識論的主観主義の思想は成り立ち得ないということを詳しく論じて来た。それはカント哲学の功績ではなく、むしろその欠陥と見られねばならないものであった。この思想によって原則論その他において多くの難点が生じて来てしまったのである。しかしカント自身は認識論的主観主義の思想を自負した。そして第一章（本書四七ページ）において述べたように、カントはこの思想の持つ意義を二つの点において求めている。その一つはこれによって形而上学の「第一部門」において先天的認識の可能性を基礎づけ得るということであり、他は形而上学の「第二部門」への道を開くということであった。

第一の点についてはもはやここで論ずる必要はないであろう。われわれの考えによれば、自然科学的認識といえども決して先天的認識ではない。自然科学的認識が確実性を持ち得るのは、それが先天的であるからではなく、実験的方法を用いるからである。したがって形而上学の「第一部門」においては認識論的主観主義は全く必要ではないのであった。しかし第二の点についてはどうであろうか。認識論的主観主義の思想は形而上学の「第二部門」の成立のために不可欠のものであろうか。もしもこの「第二部門」が物自体の学でなければならないとするならば、たしかに認識論的主観主義は必要であろう。だがわれわれのようにそれを自我の実践的世界についての学であると考えるならば、この場合にも認識論的主観主義は全く不必要であると言えるであろう。われわれはただ自然についての理論的認識がその限界を持つということを自覚すればよいのである。この認識によってとらえられない自我の存在を意識するとき、われわれは形而上学の「第二部門」が成り立つことを知るのである。認識論的主観主義の思想はこうしてカント哲学から排除することができる。カント哲学の意図はあくまでも実験的方法の形而上学への導入にあった。しかも認識論的主観主義の思想は実験的方法と矛盾するものなのである。この意味で認識論的主観主義の思想を必要としないわれわれの解釈はむしろカント哲学の意図を生かすものであるとも言えるのではないかと考えるのである。

弁証論と弁証法　だがもしこのような見方を取ることができるとすると、われわれはさらにカントのディアレクティークというものに対しても新たに考え直すことができるのではないかと考える。すでに述べたようにカントにおいてはディアレクティークとは仮象の暴露という消極的な意味を持つものと解されていた。そしてその故にカントの場合ディアレクティークということばはふつう弁証論と訳され、ヘーゲルの場合のように弁証法とは訳されないのである。「先験的弁証論」はしたがって理性的推理が自然的に陥る先験的仮象をあばき、それに陥らないように理性の越権を防止するという役割を果すべきものと考えられることになる。しかしもしわれわれが上に述べたような見方を取るならば、「先験的弁証論」はもっとはるかに積極的役割を果すものとなる。すなわちそれは経験的な客体的対象を認識するに役立つカテゴリーによって主体的自我を把握しようとするときわれわれが必然的に誤謬に陥ることを示すことによって、われわれにいわゆる理論的認識の持つ限界を自覚させ、形而上学の「第二部門」にいたる道を切り開くのである。このように見るとき、ディアレクティークというものがもはや決して単なる仮象の暴露という消極的性格のものに止まらないことは明らかであろう。仮象の暴露という意味はむろん失われはしないけれども、それ以上にわれわれを理論的認識の立場から実践的形而上学の立場へと導いてゆく意味を持つのである。理論的認識の立場を悟性的立場と呼ぶことができるとするならば、悟性的立場から理性的立場への展開を意味するのである。

だがこのようにディアレクティークというものがカント哲学において事態的に見てカント自身が考えた以上の積極的意味を持っていると言うことができるとするならば、それはヘーゲルの場合とかなり近いものとなってゆくのではないであろうか。それは弁証論と言われるよりはむしろ弁証法と言われるべきものとなるのではないであろうか。ヘーゲルの弁証法についてはここでは詳論することはできないが、*少くとも悟性的立場の限界を自覚して理性的立場にいたる展開を意味していると言えるであろう。定立の立場は悟性的立場である。反定立の立場はその悟性的立場の矛盾にぶつかる段階である。そして総合の立場はその矛盾を克服統一した理性的立場である。そうであるとすれば、われわれは両者の間に意外な程の類似性を認め得るのではないであろうか。

* ヘーゲルの弁証法が存在の構造に関する法則なのか認識の展開についての論理なのか、つまり定立―反定立―総合という三段階的発展が存在そのものの運動なのか、認識の展開なのかという問題は弁証法解釈の本質的な問題であるが、私は後者の見解を

取る。この点については拙著「弁証法―その批判と展開」(東大出版会)を参照されたい。

しかし考えてみるとカントとヘーゲルにおいてディアレクティークということばが類似した意味を持っているということはむしろ当然のことなのではないかと考えられる。なぜなら、ディアレクティークということばを近世において新しい意味を持たせて改めて使用したのはカントであり、ヘーゲルがディアレクティークということばを用いたのもこのカントの使用法を基礎にしていると思われるからである。カントはディアレクティークについて次のように述べている。「昔はディアレクティークは非常に熱心に研究された。この技術は、誤った諸原則を真理の仮象のもとに論じ、この原則にしたがって事物を仮象によって主張しようと試みた。ギリシア人にあってはディアレクティカーはその思うところに民衆を導いてゆくことのできる代言者であり弁舌家であった。なぜなら民衆は仮象によって欺かれるものであるからである。ディアレクティークはそれ故当時にあっては仮象の技術であった。論理学においてもそれはしばらくの間弁論術の名のもとに講ぜられたのであり、その間すべての論理学や哲学はあらゆる仮象を作り出す多弁な連中の教養となっていた。しかしこのような技術の教養ほど哲学者にとってふさわしくないものは存しない。それ故ディアレクティークはこの意味においては全く廃せられて、そのかわりにむしろこの仮象の批判が論理学に導き入れられねばならないのである」(*Logik*, Einleitung II, VIII, *S.* 16—17) われわれはここにカントがディアレクティークということばを従来とは異なった意味において用いていることに注意しなければならない。* 仮象を作り出す術であったディアレクティークはむしろそれとは正反対に仮象を退ける論理学と解されるにいたったのである。それ故カントのディアレクティークは仮象の暴露という消極的性格を持っていることは確かであるが、それにしても従来の意味に比べればはるかに積極的意義を持っていると言わねばならないであろう。従来の意味においてはディアレクティークは真理を認識するためには何の役にも立たないものであった。むしろそれは真理の認識を妨げる欺瞞の術であった。これに対してカントのディアレクティークは欺瞞を退ける論理であり、その意味において真理の認識に向って一歩を進めるものなのである。それは仮象の暴露であって、まだ積極的に真理を認識する論理ではないとしても、とにかく従来のディアレクティークということばの意味に比べると、そこにはるかに積極的意味が与えられているのである。

＊ カントは「純粋理性批判」においてもディアレクティークについてほぼ同様の説明を与えている。「古人が〔ディアレクティークという〕一つの学もしくは術の名称を用いた意味はいろいろであるけれども、この名称の実際の使用から見て、それがかれらにあっては仮象の論理学に外ならなかったということは確実に推定することができる。それは論理学が一般に要求するところの厳密な方法を模倣し、論理学の証明法をあらゆる空虚な口実の弁解に利用し、かれらの無知、のみならずその故意の欺瞞に真理らしい外観を与えようとする詭弁的な術であった。……このような教示は決して哲学の品位にふさわしいものではない。それ故ディアレクティークというこの名称はむしろ弁証的仮象の批判として論理学の一部とされた。ここでわれわれもそれをこの意味に理解したいと思う」（A 61—62, B 85—86）。ただここでは仮象の批判という意味にディアレクティークということばを用いることがむしろ今ではふつうであるというように言っている。しかし実際には当時このような意味でディアレクティークということばが用いられてはいなかったようである。マイエル（Meier）においては蓋然的推理の理論と考えられ、バウムガルテン（Baumgarten）においてはただ形容詞的に詭弁的という意味で用いられていたということである（Smith, *Commentary*, p. 441 参照）。

このようにディアレクティークということばがカントにおいてそれ以前の用い方に比較してすでに積極的な意味を持たせられているとするならば、われわれはそこにヘーゲルにおけるディアレクティークというものとの間に密接な連関の存することを見出すことができるであろう。ヘーゲルにおいてはディアレクティークは決して単なる仮象の暴露ではなかった。それは理性的真理に向ってわれわれを導いてゆく論理であった。しかしわれわれは仮象の暴露ということが真理認識のための不可欠な一歩であるということを忘れてはならない。仮象の暴露という段階を経ないでは真理を把握するということはできないのである。それ故ヘーゲルはカントがディアレクティークを重んじたということを高く評価している。「カントはふつう考えられているようにディアレクティークを恣意的なものと考える誤り〔仮象〕を除き去り、それを理性の必然的な働きとして叙述することによって、ディアレクティークを従来より高い位置においたのであり、この点はかれの最大の功績の一つなのである」(Hegel, *Wissenschaft der Logik*, Philosophische Bibliothek, Bd. 1, S. 38)。ヘーゲルのディアレクティークは決してカントのそれと正反対の性格のものではない。むしろ両者は同一の線上にあると言わねばならない。カントはディアレクティークということばを従来に比べて積極的な意味に使用した。ヘーゲルはカントのこの線に沿うてそれをさらに一歩押し進めたに外ならないのである。

このことはさらにヘーゲルにおいて定立―反定立―総合の三段階のうちでとくに第二の反定立の段階が弁証法的(dialektisch)と呼ばれていることを考えても十分納得できるのではないかと思われる。ヘーゲルは「エンチュクロペディー」の第七九節において論理的なもの(das Logische)を三段階に分け、第二の段階を弁証法的あるいは否定的理性的段階と名づけ、これを第一の悟性的段階および第三の思弁的あるいは肯定的理性的段階から区別しているのである。この点から見るとヘーゲルにおいて本来弁証法的と考えられているのは第二の反定立の段階であると言えよう。そしてこの第二の反定立の段階が第一の悟性的段階においてぶつかる矛盾の暴露の段階であることは言うまでもないことであろう。すなわちそれはいわば仮象の暴露に外ならない。われわれはまず悟性的立場に立って事物を考察する。しかしわれわれはやがてこの悟性的立場が矛盾にぶつかることを見出す。そしてこれが第二の反定立の段階、すなわちヘーゲルの言う弁証法的段階に外ならないのである。ヘーゲルはもとよりこの第二の反定立の段階で止まろうとするのではない。

反定立において見出された矛盾は第三の総合の段階において解消統一されるのである。しかし第二の反定立の段階が仮象の暴露の段階であり、これこそ本来の意味で弁証法的段階と呼ばれていることは極めて注目すべきことであろう。ヘーゲルのディアレクティークは決してカントのそれと対立するものではなく、本質的に同じ意味を持っていると言わねばならない。

こう考えてくるとカントのディアレクティークとヘーゲルのそれとは相隔たること極めて僅かであると言えるであろう。それは共に仮象の暴露という意味を持つものであった。その相違はただカントの場合にはこの仮象の暴露ということに重点がおかれていたのに対して、ヘーゲルの場合には仮象の暴露がさらに第三の総合の段階に導くという面が強調されていたという点に存するのみである。しかもこの点においても事態的に考察するとき、両者の間にほとんど差の存しないことはわれわれのすでに見て来たところである。カントはたしかにディアレクティークということばを単なる仮象の暴露という消極的意味に使用した。しかし実際にカントがそのディアレクティークにおいて行っていることは、悟性的な理論的認識の限界を知って理性的な実践的形而上学へと移ってゆくということであったのである。仮象の暴露は決して単なる仮象の暴露にとどまらず、さらにわれわれをより高次の立場へと導いてゆくという積極的意味を持つのである。それはヘーゲルの場合といささかの相違もないのである。もとよりヘーゲルにあってはディアレクティークはその全哲学を貫く方法であった。それ故にディアレクティークはその哲学体系のいたるところで展開される。これに対してカントの「純粋理性批判」においてはディアレクティークはただ「先験的分析論」から実践的形而上学への媒介過程としての意味を持つにすぎない。*ここには両者の間に差の存することは否定することができない。しかしこのような相違があるにせよ、ディアレクティークというものの持っている本質的性格はカントとヘーゲルにおいて本質的に同一であると言えるであろう。

＊　もっとも私はこの点についても、もしディアレクティークというものを広義に解釈すれば、カント哲学の全体にわたってある程度までディアレクティークを見出すことができるのではないかと考える。すでに今までの論述において見て来たように「純粋理性批判」におけるカントの立場は決して固定的なものではない。それは発展的に展開しているのである。「先験的感性論」や「カテゴリーの形而上学的演繹」においてはカントは直観によって対象が与えられ悟性がそれを思惟するという感性と悟性の二元論的立場に立っていたが、「カテゴリーの先験的演繹」においてはすでにこの二元論的立場を越えて、直観的に与えられるもののうちに悟性のカテゴリーがはいっているという見方へと移っている。もとよりカントはこのことをはっきり自覚していたとは言い得ないが、しかし事態的に考察すると、このような立場の展開が存することは否定することができないと思われる。そしてまた物自体の概念もしだいに異なった意味を与えられているのである。「先験的感性論」においては感性を触発するものとして考えられた物自体は「先験的分析論」においては単なる限界概念として消極的意味においてのみ用いられ得る概念とされ、「先験的弁証論」においてはさらに異なった意味において自我の実践的世界をさすものと考えられていると言えよう。この点についてもカント自身の自覚がはっきりしていたとは言えないが、事態的に見てここに立場の発展的展開が存することは十分に認められることができると思われる。「純粋理性批判」におけるこのような立場の展開はいずれも始めの立場の限界を知ることによって一層高次の立場へと移るという仕方によって行われていると言えるであろう。ディアレクティークというものがまず定立の立場に立って次にその矛盾・限界を知って反定立の立場に移り次にその矛盾・限界を解消統一するという発展であるとすれば、「純粋理性批判」の全体を通じてディアレクティークによる展開が存するとも見ることができる。しかし少くともカントはこの展開を自覚的に取りあげていないという点でカントとヘーゲルの間の相違は否定することができない。

ディアレクティークと実験的方法　だがもしもこのようにカントにおいてディアレクティークというものが決して弁証論と訳されるような消極的意味を持つにとどまるものではなく、むしろヘーゲルの弁証法と本質的に相通ずるような積極的意味を持ち、いわゆる理論的認識の限界を自覚させ実践的形而上学への道を開くものであるとするならば、われわれはディアレクティークこそカントが形而上学に導入しようとした実験的方法であると言い得るのではないであろうか。カントが自然科学の実験的方法をまねて形而上学を新たに基礎づけようとしたことは前に見た通りである。ただカントはこの実験的方法の形而上学への導入ということを認識論的主観主義の思想を取るということと同一視し、そこに混乱が生じてしまった。認識論的主観主義の思想はむしろ実験的方法と矛盾するものであった。このことについてはすでに第一章（二七ページ以下）で述べたことであるから、ここではくり返して論ずる必要はないであろうが、要するに自然科学における実験的方法とは決して先天的な主観の形式を自然に対して投げ入れるということではないのである。実験的に投げ入れられるものは経験的なものについての思想であり、それが経験的であるが故に投げ入れによってその思想の正否が検討され得るのである。それ故認識論的主観主義の思想は決して実験的に吟味されることができず、「先験的感性論」および「先験的分析論」においてしばしばあらわれているように、カントの先験的方法は常に循環論証となってしまわねばならなかったのであった。同様にカントのいわゆる形而上学の「第二部門」に対しても認識論的主観主義の思想は決して実験的方法という意味を持つことはできない。カントは認識論的主観主義の思想が物自体の領域の可能性を残すが故に、それは形而上学を基礎づけ得るのであり、実験は成功すると考えているのであるが、しかしこれは単なる間接証明であって（四八ページ）、決して認識論的主観主義の思想の正しさを証するものではない。それはただ形而上学とは物自体についての学であるという前提のもとにおいてのみ成立するものにすぎないのである。

われわれはむしろ認識論的主観主義の思想と実験的方法とをはっきり分離しなければならない。カントの意図が実験的方法の形而上学への導入にあるとするならば、われわれはカントのうちからその認識論的主観主義を取除かねばならない。そして実際カントが「先験的分析論」において行ったことは認識論的主観主義を取除いても十分に理解し得るのであり、むしろその場合に自然科学における実験的方法というものがはっきり浮き上ってくるのである。同様に「先験的弁証論」においてもまたわれわれが認識論的主観主義の思想を取除いてゆくとき、形而上学への実験的方法の導入というカントの意図は純粋な形で見出されるのではないであろうか。カントの意図した形而上学は決して物自体の学ではない。それはむしろ人間にとって最も直接的な自我の実践的世界の学であった。この自我の実践的働きに対してわれわれは理論的認識のカテゴリーを適用しようとするとき、そこにいかなる誤りが生ずるかを見ることによって、われわれは理論的認識の限界を知り、形而上学へ向っての一歩を進めるのである。先験的仮象は決して理性のうちに先天的に存する理念によって必然的に生じてくるものではなく、理論的認識の限界を自覚せず主体的自我をあくまでも対象的にとらえようとするところに生ずるものにすぎないのである。そうであるとすれば、ここにこそ形而上学における実験的方法があると言えるのではないであろうか。カントは「先験的弁証論」において理論的認識のカテゴリーによって果して一切の問題が解決されるかという実験を行っているのである。この実験によってわれわれが理論的認識の限界を自覚するとき、そこに形而上学の可能性と必然性がわれわれの前にはっきりした形で確証されるのである。カントのディアレクティークはカント自身の考えている以上の意味を持つと言わねばならない。それはむしろ弁証法であり、形而上学に導き入れられた実験的方法であると言うべきであると思われる。

形而上学における実験的方法　以上において私は「純粋理性批判」の検討を終えた。私の批判と解釈はかなり著しい主観的性格を持っているであろう。私は決してカントが事実どう考えていたかということを問題にしたのではなく、むしろカントはどう考えるべきであったかということを問題にしたのである。

しかし私の考えではこのように解釈するとき、カント哲学ははじめて現代においても十分その意義を持ち得るのではないかと考えられる。カントみずからコペルニクス的転回と考えた認識論的主観主義の思想は決してそのまま認められ得るものではないであろう。それ故もしもカント哲学が単にこの思想を主張したにすぎないならば、カント哲学はもはやそれほどの意義を有するものではないこととなってしまわねばならない。しかしもしもカントの意図するところが実験的方法の形而上学への導入ということにあったとするならば、このカントの意図は現在なお依然として十分の意義を有するのではないであろうか。われわれは形而上学を非学問的な形のままで放置することはできない。しかしまたわれわれは形而上学そのものを全く否定してしまうこともできないであろう。なぜならまさにカントの考えたように、われわれは決していわゆる科学的認識によって一切を解決してしまうことはできないからである。われわれは主体的な自我の世界を持っている。そしてそこにおいてわれわれは絶えず自己自身の決断によって行為を選んでゆかねばならないのである。ここに形而上学が成立する。しかもこの形而上学に何等かの形で学問性を附与することが必要であるとすれば、われわれは自然科学を成功させた実験的方法をそこに導入するという努力を試みるべきではないであろうか。もとより実験的方法が文字通り形而上学に適用されるということはあり得ない。自然科学の場合には、われわれに客観として対立する対象のあり方が問題なのであるから、われわれは実験的に投げ入れたことを対象によって検証することができる。しかし形而上学の場合にはこうした意味での実験による検証は不可能であると言わねばならない。だが実験的方法というものの本質が実験的に投げ入れた一つの思想によってどういう結果が生ずるかを吟味し、その吟味によってしだいにより高次の思想に移ってゆくというところに存するとするならば、形而上学においてもこのことは可能であろう。ディアレクティークこそ形而上学において可能な実験的方法であると言うべきであろう。カントはこの意味での実験的方法を形而上学へ導入しようと試みたのである。ここにこそカント哲学の不滅の意義があると言うべきではないであろうか。

私はさきにカントのコペルニクス的転回は決して認識論的主観主義の思想にあるのではなく、むしろ真理観の転回にあるということを述べた。今まで無限者の立場から真理というものを考えていたのに対して、人間的・有限者的立場から真理を見直すというところにその本質的意義が存したのである。自然科学が成功したのは実験的方法を用いたということによるが、しかしさらに実験的方法がなぜ用いられるようになったかということを考えると、その根底にはこの真理観の転回が存すると言わねばならない。われわれが自然現象の本質ないし隠れた性質を把握しようと考えている限り、そこには実験的方法は適用されることができない。ただわれわれに対して現象する限りでの自然現象のあり方を把握しようとすることによって、実験的方法は自然科学において可能となるのである。コペルニクス的転回が真理観の転回にあるとすれば、それはまた実験的方法というものとも離し得ない密接な関係を持つのである。もしこのように見ることができるとするならば、形而上学への実験的方法の導入ということもまた、この真理観の転回ということと密接な関係を持つのではあるまいか。もしも形而上学というものが無限者的立場からの真理を把握しようとするものであるならば、それは決して学問として成立することができないことは言うまでもないことであろう。われわれ人間は決して無限者的立場の真理をとらえることはできない。われわれの問題はどこまでも人間的立場における真理でなければならない。カントの実践的形而上学はまさにこのような形而上学ではないであろうか。カント自身はこのことを十分に自覚していない。そのことはカントがあくまでも形而上学を物自体の学として考えていることから明らかである。物自体とは無限者的立場からのみとらえられるべきものであるからである。しかしカントの実践的形而上学が実際には決して物自体の学といわれるべきものではなく、最も人間的な実践的世界の学であったことはすでに見て来た通りである。それ故にこそカントはここにディアレクティークという実験的方法を適用できたと考えることができよう。われわれはまず自然現象を理論的に探求する。そしてこのような理論的認識が成功することによって、それを絶対的なものと考え、一切をこれで解決し得ると考える。しかしわれわれはこの理論的認識によって主体的自我の問題に立向うとき、そこにその限界を自覚し、いわゆる理論的認識を越えた形而上学的領域が存することを認識するのである。われわれはいわば自然科学の実験的方法を適用することによって自然科学的認識の限界を知るのである。こうして見出された形而上学的領域は決して物自体の世界ではない。それは最も人間的な世界なのである。カントは実験的方法を形而上学に導入することによって形而上学の性格を一変したと言えるのではないであろうか。そしてこの意味での形而上学は、われわれが人間として主体的に生きてゆくものである限り、永遠に必要なのではないであろうか。「純粋理性批判」におけるカントの所説が多くの点で難点を示しているとしても、このカントの業績は決してその意義を失うものではない。この意味でのコペルニクス的転回は現在なお最も強く要求されていると言うべきであると考えられる。

著者略歴

1913年　東京都に生まれる
1936年　東京大学文学部哲学科卒業
現　在　東京大学名誉教授　1976年歿
主　著　『西洋哲学史』(有斐閣，1952年)
『弁証法──その批判と展開』(東京大学出版会，1954年)
『現代英米の倫理学』(勁草書房，1963年．のち『英米現代哲学入門』講談社学術文庫)
『岩崎武雄著作集』全10巻（新地書房，1981〜2年）ほか

カント「純粋理性批判」の研究　[新装版]

1965年11月1日　第1版第1刷発行
2010年5月10日　新装版第1刷発行

著者　岩《いわ》崎《さき》武《たけ》雄《お》

発行者　井村寿人

発行所　株式会社　勁《けい》草《そう》書房

112-0005 東京都文京区水道2-1-1　振替 00150-2-175253
(編集) 電話 03-3815-5277／FAX 03-3814-6968
(営業) 電話 03-3814-6861／FAX 03-3814-6854
精興社・青木製本

ISBN978-4-326-10195-5　Printed in Japan

http://www.keisoshobo.co.jp

索　　引

ア　行

アリストテレス (Aristoteles)………103

意識一般 (Bewusstsein überhaupt)…
92, 93, 152
意識の同一性 ……………………126, 127
依存性 (Dependenz) …………………96
一般的論理学 (allgemeine Logik)……
101
イデア ……………………………………6
因果性 ……………………………194, 251
因果律………………15, 29, 38, 39, 92, 167
——の批判 (ヒュームの) ……19, 279
——の原則……**264**, 289, 294, 295, 296,
297, 301, 302, 315, 342, 382,385,423

ウェルドン (T. D. Weldon)………114,
266, 273

エネルギー恒存の原則……………39, 263
演繹的方法………………………………16

カ　行

カッシーラー (H. W. Cassirer)…113,
215, 271
ガリレイ (Galileo Galilei) ……11, 20,
27, 28, 35, 36, 37, 169, 173, 181,237,
285, 304
ガルヴェ (Christian Garve)…………2
外延量(extensive Grösse)……224, 225,
227, 228, 229, 230, 233, 235, 248, 307
外感 (äusserer Sinn)…………………58
概観 (Synopsis)…………………118, 120
懐疑論…………………30, 91, 92, 106, 178
蓋然性 (Wahrscheinlichkeit) ……358
蓋然的観念論　→観念論
蓋然判断 (problematisches Urteil)…
95, 98
概念………………61, 62, 67, 99, 101, 102,
125
解明判断 (Erläuterungsurteil) ……34
客観的演繹 (カテゴリーの) (objektive
Deduktion)…110, 116, 117, 118, 153
覚知 (Apprehension)……120, 233, 256,
268
——と知覚 …………………………121
——の総合 ………………118, **119**, 123
拡張判断 (Erweiterungsurteil) ……34
かくれた性質 (qualitas occulta)……17,
22, 177, 180
仮言的推理　→推理
仮言判断 (hypothetisches Urteil)…95,
306
仮象 (Schein) ……76, 81, 82, 83, 93, 358
先験的——……359, 361, 369, 370, 386,
387, 388, 390
論理的—— …………………………359
経験的—— …………………………359
——の論理学 (Logik des Scheins)…
358
可想界 (Noumena) …………………465
カテゴリー (Kategorie) ……93, 94, 97,
98, 99, 100, 101, 103, 104, 107, 108,
111, 112, 113, 116, 135, 136, 137,
138, 147, 152, 153, 154, 155, 157,
159, 161, 164, 167, 169, 182, 189,
192, 199, 200, 202, 203, 204, 209,

221, 262, 277, 287, 305, 334, 336, 337, 343, 354, 358, 360, 370, 378, 387, 389, 392, 401, 408, 416
カテゴリー表 (Tafel der Kategorien) ……95, 97, 101, 103, 104, 217, 219, 240, 253, 316, 392
可能性 (Möglichkeit)…96, 97, 195, 328, 409, 473
論理的—— ……………………320, 480
先験的—— …………………………480
——の要請 (Postulat der Möglichkeit) ………………**320**, 341
神…………………… 367, 471, 473, 475, 498
——の存在の自然神学的証明……475, 482, 485, 489, 492
——の存在の宇宙論的証明…368, 457, 475, 479, 483, 485
——の存在の存在論的証明…475, 476, 481, 483, 484, 492
感覚 (Empfindung) ……57, 66, 77, 194, 232, 233, 234, 235, 308, 337
関係 (カテゴリーとしての) (Relation) ……98, 247, 408, 417
感性 (Sinnlichkeit)……55, 67, 86, 107, 113, 119, 120, 139, 140, 143, 201, 202
間接推理 …………………………362, 365
間接的証明 ……………………48, 49, 270
観念論 (Idealismus) ……346, 411, 413, 468
蓋然的——(problematischer I.)…… 347
質料的——(materialer I.) ……346, 349
先験的——(transzendentaler I.)…… 346, 445, 459, 468
独断的——(dogmatischer I.) …347, 468
観念論論駁 (Widerlegung des Idealismus) ……259, **344**, 410, 411, 412

幾何学……………62, 69, 70, 116, 227, 311

空間 …58, 59, 62, 63, 64, 65, 170, 289, 305
空虚な——………………………60, 440
——の形而上学的究明 …58, 65, 67, 71
——の先験的究明……………62, 69, 71
——の先天性…………………………64
偶然性 (Zufälligkeit) ………………96

ケイアード (E. Caird)………………252
経験 (Erfahrung)…………111, 214, 243
——の一般的制約 …………………341
——の形式的制約…317, 320, 322, 334, 336, 338
——の質料的制約…317, 330, 332, 333, 335, 337
——の類推……218, **241**, 287, 291, 294, 305, 308, 314, 326, 340, 341, 343
経験的仮象 →仮象
経験的構想力 →構想力
経験的思惟一般の要請 …………218, 317
経験的実在性 ………………………76, 77
経験的親和性 →親和性
経験的統覚 →統覚
経験的判断 (empirisches Urteil) …… 34, 90
経験判断 (Erfahrungs Urteil)……90, 91, 92, 93, 141, 142, 154, 155, 161, 163, 164, 207, 220
経験論……**13**, 17, 22, 29, 30, 178, 421, 427
形式的直観 (formale Anschauung) … 115

形而上学……………………9, 10, 12, 42, 356
実践的—— ……………………1, 472, 507
——の第一部門……………47, 357, 494
——の第二部門 ……47, 357, 370, 387, 407, 494, 498, 503
——の否定（イギリス経験論の）…15
形而上学的演繹（カテゴリーの）……94, **98**
形像（Bild）……124, 127, 128, 131, 132, 187, 188, 189, 198, 199
形像的総合 (synthesis speciosa)…144, 145
原因 ………………………………293, 296
原因性……………………………………96
限界概念 (Grenzbegriff) ……1, 80, 81, 174, 355, 496
現実性（Wirklichkeit）…195, 323, 328, 409, 413
——の要請 ……………………323, **337**
現象（Erscheinung）……48, 50, 57, 75, 76, 81, 83, 93, 172, 174, 175, 176, 178, 267, 354, 495
権利問題（quid juris）………………106

高坂正顕 ……………………………13, 79
コーヘン (H. Cohen) …………238, 314
コペルニクス (Kopernikus) ……24, 25
交互作用（Wechselwirkung） ……96, 491
——の原則 ………………315, 382, 385
交互性 (Gemeinschaft) ……………195
構成的原則 ………………………246, 248
構想力 (Einbildungskraft)…118, 120, **122**, **130**, 135, 140, 143, 145, 156, 157, 165, 201, 206, 212, 215, 225, 286, 352
——と判断力 ………………………206
経験的—— (empirische E.) ……189
再現的—— (reproduktive E.) …190
産出的—— (produktive E.)……124, 131, 132, 134, 135, 141, 146, 189, 190, 192, 197
肯定判断 (bejahendes Urteil) ……95, 97, 246
合目的性 ………………………………490
公理 (Axiom) …………………222, 223
合理的宇宙論 (rationale Kosmologie) ……………………………………416
合理的心理学 (rationale Psychologie) …………………392, 406, 409, 413
合理論 (Rationalismus)……**13**, 16, 22, 29, 30, 56, 177, 178
心 (Seele) ………367, 391, 397, 398, 409
悟性 (Verstand) ……55, 67, 85, 86, 87, 92, 107, 108, 113, 139, 140, 143, 144, 152, 156, 186, 200, 201, 202, 208, 226, 361, 362, 374, 386, 426, 430
——と先験的統覚…………… 146, 200
——と判断力 ………………………203
——と理性 …………………………378
——に対して過大 …………………426
コペルニクス的転回……26, 51, 179, 180, 181, 512, 513
根源的統覚　→統覚

サ　行

再現的構想力　→構想力
再現の総合 (Synthesis der Reproduktion)……118, 120, **122**, 130, 132, 148
最高善 …………………………………498
再認識の総合 (Synthesis der Rekognition) ……………… 118, 120, **125**
産出的構想力　→構想力
産出的総合 (produktive Synthesis)…

124, 125, 131, 136, 149
三段論法 ……………………………366

シェリング (F. W. J. Schelling)……6
シュタール (Stahl)……………………11
ショーペンハウエル (Arthur Schopenhauer) ……278, 279, 294, 295, 296, 306, 346
自我……388, 389, 399, 401, 403, 413, 423, 434, 458
時間 ……63, 119, 170, 216, 243, 254, 258, 276, 400
——系列 (Zeitreihe) ……………193
——順序 (Zeitordnung)…………195
——総括 (Zeitinbegriff)…………195
——内容 (Zeitinhalt) ……………194
——の形而上学的究明………………63
——の先験的究明……………………63
実験的投げ入れ………185, 264, 288, 310, 311, 312, 344, 380
実験的方法………**9**, 16, 20, 21, 23, 24, 26, 27, 28, 35, 46, 51, 79, 173, 174, 180, 181, 356, 508
自己意識 (Selbstbewusstsein) ……150
事実問題 (quid facti) ………………106
自然 ……………………172, 175, 176, 345
——の基本法則 ……………………168
——の特殊法則 ……………………168
自然科学……10, 11, 13, 49, 236, 242, 317, 345
——の実証性 ……………14, 18, 24, 30
純粋—— ………37, 38, 39, 40, 169, 345
自然の斉一性 …………………………134
質 (カテゴリーとしての) …96, 408, 417
質料 (感覚の) (Materie) ……………58
質料的観念論　→観念論
実在性 (Realität) ………………96, 240
——の総体 (omnitudo realitatis)… 474
実在論者 ………………………………460
実証性 (自然科学の)　→自然科学
実践的形而上学　→形而上学
実践的自由　→自由
実然判断 (assertorisches Urteil)…95, 98
実存主義 …………………………………7
実体 (Substanz) ……194, 203, 254, 255, 256, 257, 261, 293, 297, 298, 350, 367, 391, 397, 399, 401, 403, 409, 423, 458
実体性……………………………………96
実体持続の原則………**253**, 272, 274, 276, 286, 287, 297, 314, 335, 382, 385
自由 (Freiheit)………446, 448, 453, 488
実践的——……450, 451, 452, 457, 467, 471
先験的—— …………………………451
主観的演繹 (カテゴリーの) (subjektive Deduktion)…110, 116, 117, 118, 153
種の原理 (Prinzip der Arten) …383, 384, 385
循環論証 ……48, 69, 70, 71, 72, 244, 287, 305, 437, 438, 443
純粋感性的概念 ………………………191
純粋悟性概念　→カテゴリー
純粋自然科学　→自然科学
純粋直観 (reine Anschauung)……43, 58, 61, 68, **84**, 107, 116, 122, 157, 227
純粋統覚　→統覚
触発 (affizieren)……57, **77**, 93, 174, 468
自律 (Autonomie) …………………499
新カント学派 …………………………6, 9
真理 ………………163, 177, 178, 213, 359
——と夢の区別…………………94, 160

真理観の転換 ……………………180, 181
真理の論理学 (Logik der Wahrheit) ……………………………359
親和性 (Affinität)……132, 133, 134, 135
——の原理 (Prinzip der Affinität) ………………………383, 384, 385
経験的—— ………………133, 134, 135
先験的—— ……………………124, **132**

スピノザ (Spinoza)……………………14
スミス (Norman Kemp Smith)……1, 3, 59, 65, 71, 96, 117, 125, 130, 189, 190, 232, 252, 265, 266, 325, 328, 438, 505
推理 (Schluss) …………………372, 380
仮言的—— (hypothetischer S.)…… 367, 415, 421, 488
選言的—— (disjunktiver S.) …368, 473, 487, 489
定言的—— (kategorischer S.) …… 368, 394, 488
数 (図式としての)…………193, 235, 248
数学……10, 23, 40, 49, 170, 228, 230, 238, 242, 317
数学観 (カントの) ………………23, 311
数学的カテゴリー………97, 219, 464, 470
数学的原則 …218, 220, 221, 240, 241, 262
数学的方法……………………14, 17, 22
数多性 (Vielheit)………96, 97, 229, 231
図式 (Schema)………187, 188, 189, 190, 192, 197, 198, 199, 202, 205, 206, 247
——の三種類 ………………………191
先験的 ——……187, 191, 192, 199, 248

制限性 (Limitation) ……………96, 240
性質 →質
世界建設者 (Weltbaumeister) ……483
世界創造者 (Weltschöpfer) ………483
先験的 (transzendental)……………360
先験的演繹 (カテゴリーの) …**105**, 106, 116
先験的仮象 →仮象
先験的可能性 →可能性
先験的観念性……………………………76
先験的観念論 →観念論
先験的構想力 …………159, 163, 164, 190
先験的誤謬推理 (transzendentaler Paralogismus)……95, **391**, 415, 423, 431, 433, 458, 488, 497
先験的時間限定 (transzendentale Zeitbestimmung)………………192
先験的自由 →自由
先験的親和性 →親和性
先験的図式 →図式
先験的対象 (transzendentaler Gegenstand) ……………………………129
先験的理念 →理念
先験的論理学 (transzendentale Logik) ……………………………………101
先験的統覚 →統覚
——と悟性 ……146, 200, 201, 202, 203
選言的推理 →推理
選言判断……………………………95, 306
全称判断 ………………95, 96, 97, 98, 229
先天的 (a priori) ……………………27
先天的総合判断 (synthetisches Urteil a priori)………33, 34, 35, 37, 38, 39, 40, 43, 47, 52, 54, 56, 57, 73, 74, 86, 87, 89, 91, 92, 105, 106, 108, 183, 187, 213, 215, 217, 235, 261, 308, 309
先天的認識………………………29, 30, 31

総合 (Synthesis)……101, 118, 120, 137,

145, 217, 233
総合判断……33, 34, 35, 41, 43, 56, 63, 87, 184, 210, 211, 212, 213
総合的概念 ……………………………100
総合的方法 (synthetische Methode)… 72, 73
相互作用の原則 …………………**289**, 342
相互性 ………………………………96, 97
総体性 (Allheit) ……………96, 97, 229

タ　行

タレス (Thales) ……………………………11
対当 (Opposition)
　分析的—— (analytische O.) ……462
　弁証的—— (dialektische O.) ……462
他律 (Heteronomie)…………………499
多様 (das Mannigfaltige)……112, 115, 118, 119, 121, 128, 138, 157
単一性 (Einheit) ……………96, 97, 229
単子論者 ……………………………445
単称判断 ………………95, 96, 97, 98, 229

知覚 (Wahrnehmung)……90, 121, 136, 137, 141, 147, 152, 155, 164, 167, 207, 217, 221, 243, 268, 339
　——の可逆性………280, 292, 298, 301, 304, 334
　——の不可逆性……268, 275, 280, 282, 286
知覚の予料 (Antizipationen der Wahrnehmung)………218, **229**, 240, 241, 245, 246, 308, 312, 313, 326, 333, 343
知覚判断 (Wahrnehmungsurteil)…… 90, 91, 92, 93, 141, 142, 154, 155, 161, 163, 164, 207, 220, 379
知的総合 (synthesis intellectualis) … 144, 145
直観 (Anschauung)……62, 67, 77, 108, 118, 307
直観形式 (Anschauungsform) ……48, 55, **56**, 65, 66, 76, **84**, 88, 115, 116, 122, 157, 159, 336, 337
直観の公理 (Axiome der Anschauung) 218, **222**, 230, 231, 235, 239, 240, 241, 245, 246, 307, 310, 313, 326, 333, 343
超越的 (transzendent)………………360
超越的判断 (transzendentes Urteil)… 360
超個人的主観 ………………52, 83, 92, 93

つぎはぎ細工説 (patchwork theory)… 3, 4, 7, 117, 125

デカルト (Descartes) …13, 14, 347, 349
ディアレクティーク (Dialektik)…359, 502, 504, 508, 511
定言的推理　→推理
定言判断 (Kategorisches Urteil)…45, 306

トリチェリ (Torricelli) ……11, 27, 28, 35, 37, 169, 173, 237, 285, 304, 345
度 (図式としての) (Grad) …194, 234, 235
ドイツ観念論 …………………………6
統覚 (Apperzeption)……120, 212, 215, 243
　経験的—— (empirische A.) ……388
　根源的—— (ursprüngliche A.) …… 149, 243
　先験的—— (transzendentale A.) … 127, 128, 129, **130**, 134, 135, 139,

149, 155, 201, 202, 205, 388, 391, 399, 400, 403
純粋—— (reine A.)…………127, 149
同種性の原理 (Prinzip der Homogeneität) ……………………………383
統制的原則 (regulatives Prinzip)…… 246, 248
道徳的神学 (Moraltheologie) ……484
道徳律 ……………………………………499
特殊化の原理 (Prinzip der Spezifikation)………………………………383
特称判断 ………………………95, 98, 229
独断的観念論 →観念論
独断論 (Dogmatismus)…………80, 420

ナ　行

内感 (innerer Sinn) ……58, 212, 215, 216, 243
内包量 (intensive Grösse) …231, 233, 234, 238, 313

ニュートン (Newton)…………………40
二元論
感性と悟性の——……67, 85, 102, 105, 113, 136, 139, 184, 196, 198, 205, 249, 508
二律背反 (Antionomie) ……4, 49, **415**, 479, 488, 500
人間的立場 ………………………175, 498
認識論的主観主義 ……13, **24**, 25, 26, 28, **45**, 51, 54, 69, 74, 81, 83, 88, 91, 108, 162, 169, 173, 179, 183, 202, 209, 217, 245, 262, 309, 316, 345, 353, 355, 501, 509
——とコペルニクスの業績…………25

ハ　行

ハイデッガー (M. Heidegger) …7, 140
バウムガルテン (Baumgarten)……505
パウルゼン (Paulsen) ………………71
バークリー (G. Berkeley) ……15, 347
バード (Graham Bird) ……………130
媒概念多義の虚偽 (sophisma figurae dictionis) ………………………461
判断 (Urteil)…………………………380
判断表 ………94, 95, 96, 97, 98, 100, 101, 103, 113, 137, 253, 306
判断力 (Urteilskraft)…………186, 374
——と構想力 ………………………206
——と悟性 …………………………203

ヒューム (D. Hume)……13, 15, 19, 20, 23, 29, 30, 92, 106, 108, 123, 265, 268, 279, 280, 281
必然性 (Notwendigkeit)………96, 97, 195, 328, 480
——の要請 ……………………323, **341**
必然判断 (apodiktisches Urteil)…95, 98
否定性 (Negation) ………………96, 240
否定判断(verneinendes Urteil)……95, 240
批判主義……………………………………80
非ユークリッド幾何学…………………41

ファイヒンガー (Hans Vaihinger) … 3, 65, 71, 78, 117, 125, 187, 189, 190
フィヒテ (J. G. Fichte) …………6, 78
プラトン (Platon)…………………6, 364
附属性 (Inhärenz) ……………………96
不適中の誤り (ignoratio elenchi)…… 438
物質不滅の原則…………………………39
分析的概念 ……………………………100

分析的対当　→対当
分析的方法 (analytische Methode) …72, 73
分析判断 (analytisches Urteil) …33, 34, 41, 56, 62, 87, 184, 210, 211, 476. 477
分量　→量

ペイトン (H. J. Paton)……4, 5, 25, 59, 68, 71, 104, 113, 114, 125, 130, 134, 153, 215, 225, 229, 252, 265, 273, 284, 299
ヘーゲル (Hegel) ……6, 359, 502, 503, 504, 505, 507, 508
ヘルツ (Marcus Herz) ………………2
弁証的対当　→対当
弁証法 (Dialektik) …359, 502, 503, 506
弁証論 (Dialektik) …………………358

包摂 (Subsumtion) ………186, 196, 197
法則……………………………18, 20, 27

マ　行

マイエル (Meier) ……………………505
マイモン (Salomon Maimon) ………78

矛盾律 ………………………………211
無制約者 (das Unbedingte)…363, 366, 383, 385, 388, 419, 425, 430, 494
無限者的立場 ………………177, 178, 181
無限判断 (unendliches Urteil)……95, 97, 240

メンデルスゾーン(Hans Mendelssohn) ……………………………………2

物自体 (Ding an sich)………1, 47, 48, 50, **74**, 92, 93, 129, 174, 175, 176, 177, 178, 267, 346, 354, 371, 389, 464, 465, 468, 495, 500, 508, 512

ヤ　行

ヤコービー (F. H. Jacobi) ……50, 77, 498
ヤスパース (K. Jaspers)………………7

唯心論 (Pneumatismus)………416, 431
唯物論 (Materialismus) ……………431
有限者的立場 …………………………181

要請 (Postulat)………………………318
様相(カテゴリーとしての) (Modalität) …………96, 318, 328, 408, 418, 456
予料 (Antizipation)…………………231

ラ　行

ライプニッツ (Leibniz) ……………15

リール (A. Riehl) ………………71, 125
力学的カテゴリー (dynamische Kategorie)……………………97, 219, 464
力学的原則 ………218, 220, 221, 241, 242
理性 (Vernunft) ……208, 361, 362, 372, 374, 378, 426, 430
——と悟性 …………………………378
——に対して過小 …………………426
——の形式的使用 …………………362
——の構成的使用 …………………375
——の実在的使用 …………………362
——の統制的使用 ……………375, 383
——の論理的使用 …………………362
——概念の多義性 …………………386
理性推理 (Vernunftschluss) …365,369
理性統一 (Vernunfteinheit) ……362,

378
理想 (Ideal) ………………433, 471, 473
理念 (Idee)……………………………364
先験的—— ………………365, 383, 385
——の構成的使用 …………………374
——の統制的使用 …………………374
量(カテゴリーとしての)(Quantität)…
96, 229, 408, 416
量子力学……………………………………39

類推 (Analogie) ……………………**250**
第一の—— ……………………**253**, 289
第二の—— …………**264**, 289, 292, 300
第三の—— …………………………**289**

類の原理 (Prinzip der Gattungen) …
383, 385

連続性の原理 (Prinzip der Kontinuität) ……………………………383

ロック (J. Locke) ……………………13
論理的仮象 →仮象
論理的可能性 →可能性

ワ 行

われ思う (ich denke)……150, 201, 202, 388, 391, 393, 399, 400, 434